図表目次

凡例

一　史料を参照する際の典拠について。発表時の記載を尊重しながら、参照に容易となることを念頭に置いて、註に適切な活字本を掲げるよう努めた。加えて、可能な範囲で、東京大学史料編纂所（以下、本書では史料編纂所と表記する）の写真帳・影写本およびデジタル画像、また多様な機関からWeb公開されている画像などを参照した。「東寺百合文書」は東寺百合文書WEBに拠った。なお、以下に掲げる機関からWeb公開されている画像を参照した場合には、註に「画像公開」と記した。

九州国立博物館収蔵品ギャラリー、京都国立博物館館蔵品データベース、國學院大學図書館デジタルライブラリー、国文学研究資料館国書データベース、国立公文書館デジタルアーカイブ、国立国会図書館デジタルコレクション、国立歴史民俗博物館館蔵資料データベース、（宮内庁）書陵部所蔵資料目録・画像公開システム、史料編纂所Hi-CAT（所蔵史料目録データベース）およびHi-CAT Plus、デジタルアーカイブ秋田県公文書館、デジタルアーカイブ福井、早稲田大学図書館古典籍総合データベース

一　史料検索には、史料編纂所の各種データベースを活用した。また、地名に関わる史料の検索には、『角川日本地名大辞典』（角川書店）および『日本歴史地名大系』（平凡社）を参照した。

序　論

室町幕府のイメージは茫洋としている。そのおもな理由は、幕府を成り立たせている基本的な枠組み＝基盤が、鎌倉幕府などと比べて明瞭でない点にある。室町幕府研究が飛躍的な展開を遂げている現在、さまざまな知見や分析視角を新たに獲得しているけれども、いまだ検討の余地は残っていそうである。基盤を解明するには、多様な視点からのアプローチがありうるであろうが、本書では、幕府を構成する基本的な要素のうち、経済基盤・組織制度に注目する。

将軍ではおおよそ足利義満から義政の時期、室町幕府は安定期を迎える。組織制度について、安定期の状況におおよそのイメージはあるものの、簡潔に表現するのは容易ではない。鎌倉幕府を代表する組織は評定といえよう。一方、室町幕府ではなにか。簡明な応答は難しい。経済基盤でも、鎌倉幕府との懸隔は大きい。鎌倉幕府は、御家人の経済的負担、および関東御領などの所領を中心に、財政基盤を形成していた。一方、室町幕府では、主要構成員である守護からの出銭、日常的な交換経済にあたる折紙銭、都市課税である酒屋土倉役、貿易による利益、これらに加え、従来型の御料所をはじめとする所領からの収入などと、多様な財源を列挙することになる。

室町幕府の経済基盤・組織制度を検討するにあたり、ふたつの課題を掲げたい。ひとつは、南北朝期に注目し、室町幕府はどのように自己の経済基盤・組織制度を確立していったのか、その過程を追究する。途中経過を検討することで、安定期室町幕府のイメージをより豊かに、明確化できるのではないか、と考えるからである。室町幕府は発足当初、まず鎌倉幕府の模倣もしくは継承を試みたはずである。鎌倉幕府の基本的な枠組みをどのように継承しようとしたか。実際には、条件の異なるなか、単なる継承は困難であったろう。新たな状況に合わせて、どのような変容を加えていったか。また、状況に応じて、どのような新たな試行を施したか。これらを具体的な課題としたい。

そして、継承・変容と新たな試行の先に、室町幕府は安定的なかたちを確立していく。どのようにして幕府は安定を達成しえたのか、安定へと導いた工夫や通念を検討することで、安定期幕府の基本的な枠組み＝基盤の一端を明らかにできないか。これがもうひとつの課題となる。安定期といっても、義持・義教・義政で状況は異なり、もちろん各代のなかでも変化はみられる。第二の課題では、各代を通底する枠組みを検討してみたい。

よって、本書の目的は、第一に、鎌倉幕府を前提とした、室町幕府の経済基盤や組織制度の確立過程を明らかにすること、第二に、室町幕府を安定に導いた、経済基盤・組織制度などを成り立たせている工夫・通念を検討し、基本的な枠組み＝基盤について新たな情報を提示すること、となる。

＊

次に本書の構成を示そう。四つの部とそれを構成する各章のテーマ、あるいは本書での位置付けを簡単にまとめる。既発表論考は、若干の加筆修正を施したものの、おおむね発表時の内容を維持している。内容に関わる加筆修正を施した場合には、註や補註でその旨を明記するように努めた。

第一部は、財政基盤を扱い、鎌倉幕府からの継承・変容や新たな試行につき分析する。

第一章　新恩地年貢・五十分一年貢など、室町幕府が、鎌倉幕府からの継承と連動しつつ企図した、新たな試行を検討する。

第二章　若狭太良荘を素材に、鎌倉幕府から継承した地頭御家人役の変容を検討する。
第三章　足利義持執政期に宇都宮持綱が上総守護となる背景を検討する。鎌倉期に足利氏が守護職を有したという記憶の影響を想定し、継承した所職所領の変容のひとつのあり方と位置付けている。
第四章　駿河大岡荘内諸職が足利義満弟である満詮とその周辺に伝領された背景を検討する。鎌倉期に北条氏が関わった諸職という記憶の影響を想定し、前章と同じく、継承した所職所領の変容のひとつのあり方と位置付けている。

第二部は、経済基盤のうち所領を取り上げ、所領収入の安定を生む新たな工夫を措定しつつ、幕府関係者の所領の具体相を分析する。
第一章　南北朝期の禅僧龍湫周沢への所領寄進を題材に、その政治的意味とともに、所領からの得分を確保する工夫を検討する。
第二章　幕府関係所領の様相の一端として、室町前期までの幕府奉行人の所領を検討する。奉行人経済の検討から、奉行人について考察する。
第三章　幕府関係所領の様相の一端として、加賀・越中などを分析する。

第三部は、組織制度を扱い、鎌倉幕府からの継承・変容や新たな試行・工夫につき分析する。
第一章　訴訟を扱う組織の変遷を扱い、その継承・変容や試行につき、新たな工夫を念頭に置きながら検討する。
第二章　足利氏被官である伊勢氏が幕府政所執事となり、政所を管理するに至る背景を、鎌倉幕府からの継承と変容という視点で検討する。

第四部は、第三部での組織制度の検討のうえに、安定期室町幕府にみられる新たな秩序、およびそれを支える通念につき検討する。

第一章　安定期室町幕府の基本的枠組みを検討する。

第二章　幕府財政における支出担当者、および将軍との間の仲介者を取り上げ、基本的枠組みの特徴とともに、それを成り立たせた通念を検討する。

第三章　賦を切り口に、安定期室町幕府の訴訟処理に通底する特徴を検討する。あわせて第二章で提示した通念や幕府奉行人の分析を行う。

各章の論文、そして本書の課題が、現在の研究状況とどう関わるのかを明示するのはなかなか難しい。まず、各章は、第二部第三章後半、第四部第二章とふたつの補論を除き、既発表論文をほぼ踏襲しており、多くは発表からかなりの年月を経て、すでに研究史上にある論文となる。各章の論点について、現在の研究状況に位置付け、切り結ぶことは困難が伴う。いくつかの章で、補註を加えて現状の紹介を試みるに留めていることをご容赦いただきたい。また、本書の課題は、最初に発表した論考の時点である程度まで意識していたものとなる。残念ながら、近年の研究動向を反映し、そこから生み出されたとは言い難い。ここでは、室町幕府そのものを論ずる近年の研究動向を著者なりにおおまかに整理し、そこに本書を位置付けることで、現今の研究動向との関わりを整理しておきたい。

南北朝の移行期の動向はさまざまに解明が進んでいる。吉田賢司「室町幕府論」(1)は、時期的変遷に留意し、鎌倉幕府からの遺制と、そこからの変質や解体をまとめ、新たな支配や秩序の形成、さらにはその展開を論述した。佐藤進一氏の規定した二元論統合と権限吸収という切り口を現段階でどう克服しえているか、的確な整理を行いつつ、安定期室町幕府を見通している。本書では第一部第一章で二元論の影響を色濃く受けているものの、権限吸収といった視点からの分析はない。研究史を踏まえた分析というよりは、鎌倉幕府からの継承・展開という視点を堅持することに留意していると改めて気づかされる。

安定期の室町幕府を分析する視角は多様であるが、おおまかに列挙すると、幕府に視点を置いた研究では、都市京都を意識した中央政権としての分析、これと密接に関わる公武関係および宗教政策の分析、そして守護などに注目した地域支配の分析、さらには対外政策の分析などとなろうか。一方、地域勢力に視点を置き、幕府との距離を考察する研究も幕府研究に欠かせない。ここでも、寺社との関わりや対外関係という視点は有効になっている。

　幕府の組織制度と経済基盤を扱う本書は、幕府に視点を置いた分析となる。中央政権としての研究動向は、在京への再評価をはじめ、京都に所在する政権という点を重視する傾向にある。武家政権としての幕府の内部構造、都市京都への依存など、幅広い研究を含む。近年の成果は、『京都の中世史』シリーズに明らかで、執筆者はいずれもこの視角による研究を牽引する面々である。『南北朝内乱と京都』は山田徹氏の単著、『首都京都と室町幕府』は、早島大祐氏（総論と文化）、大田壮一郎氏（禅宗と宗教儀礼）、松永和浩氏（公武関係と酒）、そして吉田氏（御家人制と守護在京）の共著である[2]。本書は、京都に展開した政権としての分析にあたると思う。京都を重視する研究は、在京するものたちが日常的に接することに意義を見出していると理解している。本書では、京都を強く意識するにはいたっていないけれども、第二の課題においては、幕府を構成する人々の近接さに注目したい。

　公武関係に焦点を絞った分析は長い研究史を有する。近年では相互依存として理解しようとする傾向が顕著で、きわめて有効だと考えている。経済面に注目する松永氏ら、公家の論理を重視して立論する石原比伊呂氏、公武関係に注目しつつ多様に展開する桃崎有一郎氏など、近年の研究傾向を体現していよう[3]。宗教政策の分析は、京都の寺社を中心に、南都や各地の寺社も含めたものとなる。密教・禅宗など幅広い視野から分析を進める大田氏をはじめ、注目すべき業績が陸続している。本書では、公武関係や宗教政策そのものを論じていない。将軍に近い公家や僧侶たちを、幕府関係者の一員として、所領や基本的な枠組みを検討する際に対象とし、また所領を論ずるなかで禅宗寺院と幕府との関わりに言及している程度である。公武関係論としては、幕府としての継承を重視したためか、武家中心の視点に立つ結果となっているのは否定できないようだ。

地域支配としての分析は、川岡勉氏の室町幕府―守護体制論を契機に、地域社会論、あるいは室町期荘園制の議論とも関連し、様々な展開をみせている(4)。本書はこれらと直接に結び付く議論はなしえていないけれども、費用徴収において守護の果たす重要性、あるいは幕府関係者の所領経営における守護の役割に注目しており、後者は地域編成の議論にも関わりうるかと思う。なお、対外関係論もまた、近年飛躍的に成果を蓄積した分野であり、安定期までの幕府との関わりでは、橋本雄氏の研究などが想起される(5)。本書では、対外関係を視野に入れた分析は行っていない。

著者なりに課題設定をし、それに応答することで、少しでも研究の発展に貢献できればと願うばかりである。

註

（1）『岩波講座日本歴史 八』中世三、岩波書店、二〇一四年。

（2）いずれも吉川弘文館、前者は二〇二一年、後者は二〇二二年。山田氏は「室町領主社会の形成と武家勢力」（『ヒストリア』二二三、二〇一〇年）をはじめとする本書各所で論及した諸論文、早島『首都の経済と室町幕府』（吉川弘文館、二〇〇六年）・『室町幕府論』（講談社、二〇一〇年）、大田『室町幕府の政治と宗教』（塙書房、二〇一四年）、松永『室町期公武関係と南北朝内乱』（吉川弘文館、二〇一三年）なども参照。ほか細川武稔『京都の寺社と室町幕府』（吉川弘文館、二〇一〇年）、三枝暁子『比叡山と室町幕府―寺社と武家の京都支配―』（東京大学出版会、二〇一一年）、論集として桃崎有一郎・山田邦和編著『室町政権の首府構想と京都―室町・北山・東山―』（文理閣、二〇一六年）、また桜井英治『交換・権力・文化―ひとつの日本中世社会論―』（みすず書房、二〇一七年）など、京都に視点を置いた室町幕府研究の重要作は数多い。

（3）石原『室町時代の将軍家と天皇家』（勉誠出版、二〇一五年、増補改訂版二〇二四年）、桃崎『中世京都の空間構造と礼節体系』（思文閣出版、二〇一〇年）・『室町の覇者足利義満―朝廷と幕府はいかに統一されたか―』（ちくま新書、二〇二〇年）。

（4）川岡『室町幕府と守護権力』（吉川弘文館、二〇〇二年）。川岡氏の最近の見解として、「中世後期守護の歴史的位置」（『中世後期の守護と文書システム』思文閣出版、二〇二二年）がある。吉田『室町幕府軍制の構造と展開』（吉川弘文館、二〇一〇年）など参照。

（5）橋本『中華幻想―唐物と外交の室町時代史―』（勉誠出版、二〇一一年）など。

第一部

経済基盤の継承と展開

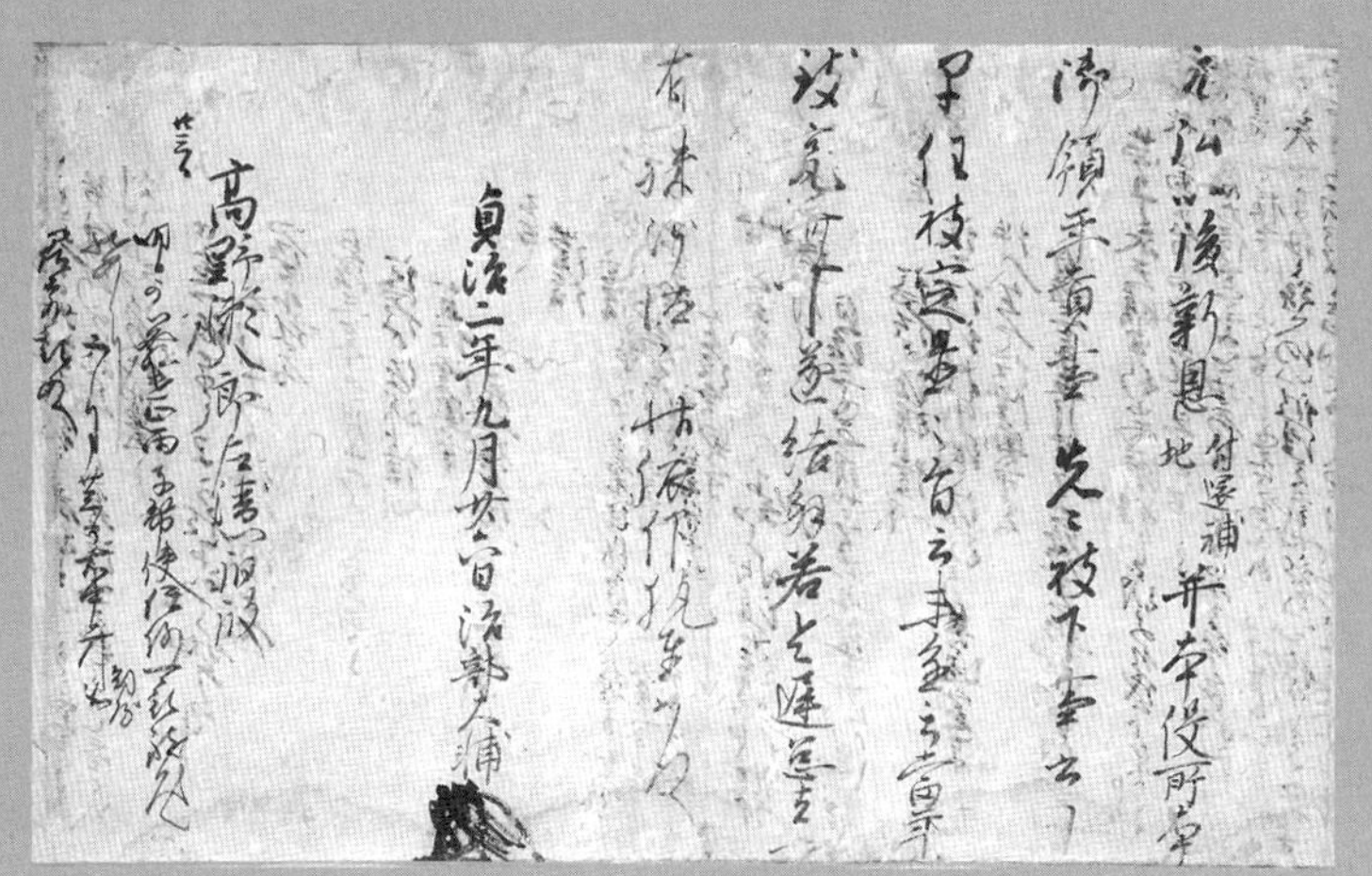

室町幕府御教書（貞治２年９月26日，『師守記』貞治３年５月条紙背，国立国会図書館ウェブサイト）

第一章　室町幕府初期の財政基盤

室町幕府の財政基盤については、重厚な研究史を有する。佐藤進一氏の概観、桑山浩然氏・田沼睦氏の個別研究にはじまり、守護による負担、都市産業に対する賦課、さらには交換経済への依拠など、多様な視点から検討が進められている。(1)成立期の財政基盤に限っても、これまで少なからず研究が蓄積されてきた。大まかに整理すると、鎌倉幕府と同様に、直轄領からの年貢と、御家人からの経済的奉仕とを柱とし、鎌倉幕府からそれらを継承して基盤とすることを目指した。内乱の過程のなか継承した財源は機能せず、政所料所など直轄領の再編、また新たな財源として守護からの出銭、さらには都市経済への課税に依拠し、また臨時経費については、朝廷機能を代替した段銭を活用する、などと展開していく。先年、吉田賢司氏は、武家編成の転換という観点から、南北朝期幕府の財政基盤を分析した。御家人制からの転換を主題に、朝廷機能を代替した国家財政という視点も取り入れ、初期には鎌倉幕府から継承した御家人役などに新規の要素を加味していたが、観応の擾乱を経て新たな財政基盤への模索がはじまり、土倉役や段銭・棟別銭へと転換したと整理しており、南北朝期の幕府財政を見通した貴重な成果である。(2)ただ、観応の擾乱までの、足利尊氏・直義らが志向した幕府初期の財政、およびその展開については、なお分析の余地がある。初期財政とそこから展開した南北朝中後期の財政という脈絡のうえに、その連続・不連続として室町期の幕府財政は成立している。結果として成功せずに有力な財源として継承されなかったにせよ、企図や試行錯誤を確認しておくことは、幕府財政全体を評価するうえで、また武家政権としての経済基盤の継承・展開を考察するうえで、必要な作業であると考える。

鎌倉幕府財政のひとつの柱であった御家人からの経済的奉仕とは、御家人に課せられた関東御公事のうち、経済的負担へと転化した部分に当たる。恒例役と臨時役に分かれ、恒例役は、正月行事である垸飯に充てる費用、将軍住居の修理や日用の消耗品に充てる修理替物、幕府政所や侍所の構成員の給分などを代表とする。人に賦課される公事が、領有する公田を基準とした所領からの支出に転化しており、公事と年貢の境目は、実態においては明瞭でなくなっている。しかし、経済的負担に転化しても「関東御公事」と称されて、人に対する賦課であるという原則は失っていない。室町幕府では、関東御公事は「地頭御家人役」という呼称に変化しつつも継承された。一方、鎌倉幕府財政のもうひとつの柱である直轄領からの収入は、関東御領といわれる将軍家が保持した荘園諸職や、東国の国衙領への賦課などに依拠していた。室町幕府は直轄領の継承に努力する。加えて、明瞭ではないが新たな展開も垣間見える。室町幕府初期には、直轄領とはいいがたい所領から「年貢」の収納が行われていた形跡がある。本章では、この「年貢」と史料上に表記される新たな財源につき検討を行いたい。ひとつは、近年、断片的ながら言及されるようになった新恩地からの年貢である。あわせて、継承した直轄領からの年貢収納の一端についても分析し、位置付けを明らかにする。もうひとつは、言及されることは多いものの実態は解明されていない五十分一役である。建武政権の二十分一役との連続性という点でも注目されてきた(3)。室町幕府初期の財政で不明瞭であった諸点を検討することを通じて、初期幕府が依拠しようとした財政基盤を明確にしたい。そのなかで鎌倉幕府からの継承の具体像にも言及したい。もとより史料の制約があり、推測を重ねる結果となるが、一試案として議論の対象となることを願う。

第一節　新恩地年貢

第一項　関係史料の整理

吉田賢司氏は、室町幕府初期（観応年間〈一三五〇―五二〉以前）の幕府直轄領の年貢や御家人役に関する史料を一覧化したうえで、そこに見える「元弘以後新恩地」への賦課に言及している。吉田氏は、この新恩地を「関東御領型の直轄領」と見なし、鎌倉将軍家が本所・領家として預所職や地頭職を給与した関東御領に近いものと位置付けている。新恩地年貢に関する史料は少ないものの七例を数える。新恩地からの年貢収納の実際を明らかにするには、個々の史料の丁寧な分析が必要となっている。煩瑣ではあるが、関係史料をひとつずつ分析することからはじめたい。

〔史料1〕『吉川家文書』(4)

将軍家政所本役所幷元弘以後新恩御年貢事、去(康永)元十一月九日御奉書幷今年正月十六日御催促、去月十三日到来、謹拝見仕候了、猶当知行之地大朝庄大塚村者、去承久兵乱之時、曽祖父吉川弥二郎経光法師依二軍忠一令二拝領一之間、於二関東御公事一不レ令二勤仕一候、以二此旨一可レ有二御披露一候、恐惶謹言、

康永二年三月廿七日　　藤原龍熊丸(実経)（裏花押）請文

康永二年（一三四三）、吉川龍熊丸（実経）が、元弘以後新恩地年貢などにつき、「御奉書」や催促を内容とする文書を受領した旨、記した請文である。冒頭の「将軍家政所本役所幷元弘以後新恩御年貢事」に類似する表現は、次の室町幕府御教書にも見える。

〔史料2〕『師守記』貞治三年五月条紙背(5)

元弘以後新恩(付還補地)幷本役所・本御領年貢事、先々被レ下二事書一了、早任下被二定置一之旨上、云二未進一、云二当年分一、

致二究済一可レ遂二結解一、若令二遅怠一者、可レ有二殊沙汰一之状、依レ仰執達如レ件、

貞治〔二〕□年〔九〕□月廿六日　治部大輔（花押）〔斯波義将〕

大竹四郎左衛門尉跡

同じ文面で高野瀬八郎左衛門尉に宛てた文書も残る（第一部中扉の写真参照）。貞治二年（一三六三）、幕府が両使に宛てて、元弘以後新恩地年貢などにつき、先に下した「事書」どおりに、未進分・本年分ともに決済するよう命じた文書である。対象は山城である可能性が高い。

まず、これらに見える元弘以後新恩地年貢を検討する。ついで、次節で、併記されている「将軍家政所本役所」「本御領」それぞれの年貢につき、順に検討したい。

本項では、新恩地年貢に関する他の五例を紹介する。ついで次項で新恩地年貢の特徴を探る。

〔史料3〕『正木文書』寮米保西内嶋村田数等注文(6)

（前略）御下文巳年みのとしより康永二年八月中ニさた、三年分さたす、

一西内嶋分ひつしの年まて

a　公田二丁四反分、段別三十文つゝ、目銭六十九文、正物二貫百六十文、夫料二百十六文、

b上野国山田郡寮米保内西内嶋村佐貫内嶋彦六入道同孫六入道跡事、為二勲功賞一所レ被二預置一也、守二先例一可レ致二沙汰一之状、依レ仰執達如レ件、

暦応四年二月十日　民部大輔在判〔上杉憲顕〕

佐貫江口又四郎入道

c一西内嶋御所垸飯用途事

合六百六十八文公田四丁分段別十六文定惣〔領、以下同ジ〕飯配分定

一侍所雑仕五条局衣料用途事
　合八百八十二文公田同前、惣飯配分定　段別廿六文定（一カ）
d一西内嶋新恩地請取のあん
　新恩地御年貢用途事
　　合弐佰陸拾文〔貫脱〕
右佐貫江口又四郎分、且所レ納如レ件、
　康永弐年八月廿日
景泰在判
（長尾）
なかおの二郎左衛門

康永三年（一三四四）成立の注文の後半部分に当たる。この注文は「西内嶋村百姓荅田数事　康永三年壬二月日」とはじまり、上野国寮米保西内嶋村の田数の書き上げ、同村の公田についての記載（および公田にかかる地頭御家人役の分担につき一部を記載）、そして同村の境界についての詳しい記載、と続き、引用箇所につながる。引用箇所は、a西内嶋村の年貢の内訳、b佐貫江口又四郎入道に所領を給与した関東管領のひとり上杉憲顕の奉書(7)、c垸飯用途など二項目の注文、d佐貫江口又四郎（入道）分の西内嶋村新恩地年貢の請取からなる。aは、二町四反に段別三〇文、暦応四年辛巳から康永二年癸未まで三年間で二貫一六〇文という計算であり、dの納入金額と一致すると考えられる。そこで、aは佐貫江口又四郎入道分の新恩地年貢を指し、bでは佐貫江口又四郎入道に公田で二町四反分が給与されたことになる。bの給与によって佐貫江口又四郎入道に公田を基準とした新恩地年貢が賦課され、dで三年分の納入がなされているのである。cの負担は、関東御公事を継承する地頭御家人役と見なされ、引用していない箇所から西内嶋村の公田は四町とわかるため、西内嶋村全体での負担となる。

〔史料4〕『大友家文書』(8)（折紙）

（端裏書）
「暦応四年」
新恩之地去年々貢内参貫文事、為二古伊太郎三郎給物一、不日致二其沙汰一、可レ被レ遂二結解一、仍執達如レ件、
　　暦応四年閏四月廿三日　　　　光顕（花押）
　　　　　　　　　　　　　　　　貞重
　　　　　　　　　　　　　　　　（二階堂）
　　　　　　　　　　　　　　　　行直（花押）
　　大友式部丞殿
　　　（氏泰）

大友殿方へ被二仰付一候用途参貫文、請取候了、仍状如レ件、
　　暦応四年五月四日　　　　平頼定（花押）

暦応四年（一三四一）大友氏泰に対し、新恩地年貢から、古伊太郎三郎への給物として、三貫文を支払うように命じた文書と、その三貫文の請取状である。奉書の奥に署判しているのは、二階堂行直であり、幕府政所発給の奉書と見なされている。そのため、古伊太郎三郎は、他に見えないものの、後年の事例から政所構成員と見なされる(9)。なお、賦課された新恩地については、絞り込むことが難しい。

〔史料5〕『諸国文書』「条々」第二条・第六条(10)

一　御家務料足付御台所御方贄殿分事
元弘以後新恩之地年貢在二註文二通一幷本御領足利庄・市東西両郡・朝平南郡・広沢・大佐貫・愛甲庄等年貢参分壱参分弐御免可レ被レ検二納之一、次元弘以後注文二通内一通者、被レ載二年貢員数一了、一通者少所、年貢支配無二左右一不二事行一之間、於二関東一相二尋分限一、有二支配一可レ被二検納一、但在京奉公之仁所領、悉本新共可レ為二京庫納一、次武

州夏物事、雖レ被レ載二注進状一、追可レ有二其沙汰一、

（中略）

一　召米以下済物事

可二京進一之由可二催促一之旨、去年仰二奥州両管領一被レ成二奉書一畢、若去年分令二検納一哉否、相二尋之一可レ被レ注二進之一、

「条々」とはじまり、貞和二年（一三四六）、京都の幕府から鎌倉府に宛てた事書と理解されている。関東・東北の所領からの収益につき、その使途や京都幕府への進納につき定めている。青木文彦氏が詳しく分析した。第二条の「御家務」とは、青木氏の解釈のように、京都の尊氏らの日常生活の費用を指すと考えたい。元弘以後新恩地年貢と本御領年貢のうち、三分一を京都に進納するよう命じており、御免とされる残り三分二は、鎌倉府での義詮らの日常生活の費用に充てられたのであろう。在京奉公者の場合は、鎌倉府を介さずに、直接に京都で納めるという但し書きがつく。また、第六条では、鎌倉幕府以来、陸奥に賦課された召米などを挙げ、去年分を京都幕府に進納したかどうか、鎌倉府から奥州管領に確認するよう命じている。陸奥国召米は、第一条では鶴岡八幡宮の修理料足に充てられている。

〔史料6〕『比志島文書』(11)

元弘以後新恩地以下年貢事、今年八月五日御奉書、去十二日到来、御□□（奉書）幷注文等如レ此、早任下被二仰下一之旨上、於二満家院内名主分御年貢一者、不日可レ被レ進二済之一、所詮来月十日以前、可レ被レ申二是非散状一、若令二違期一者、可レ申二注進一、仍執達如レ件、

貞和四年十一月廿一日　沙弥（島津貞久）（花押）

満家院一族御中

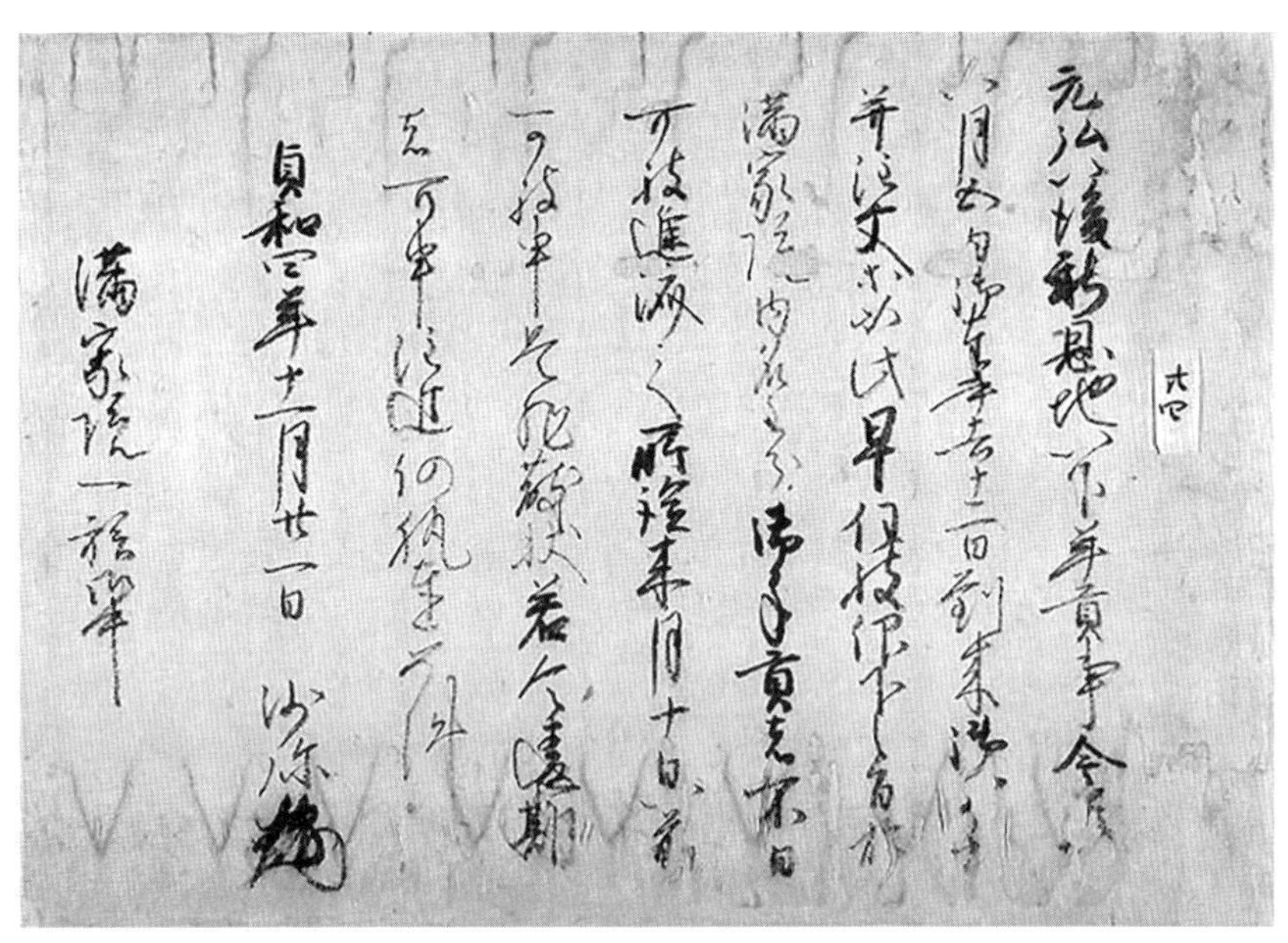

図1　薩摩守護島津貞久遵行状（貞和4年11月21日，『比志島文書』東京大学史料編纂所所蔵）

貞和四年（一三四八）、薩摩守護島津貞久が、「御奉書」と「注文」に任せて、満家院内名主分につき、元弘以後新恩地年貢の進納を命じたもの。文書を伝えた比志島氏は、満家院の比志島・河田・西俣などの名主職を相伝し、満家院一族という族縁集団の中心であった。『比志島文書』には、名主職などが新恩であったことを示す明証はないけれども、本文書から、満家院の名主職などに新恩地年貢の賦課対象となる新恩の地があったことは疑いないであろう。

〔史料7〕『九条家文書』(12)

（端裏書）「奉書案文就二伊勢大神宮之遷用途幷神木御帰座用途一　貞治四年六月日」

伊勢大神宮御遷宮料足幷神木御帰座之供奉人御訪料足、元弘以後新恩還補地御年貢等事、御教書如レ此、早任下被二仰下一旨上、以二図田帳一令レ支二配周防国中一、注文急速可レ被二調進一之状如レ件、

貞治四年四月廿二日　御判

森余三殿

貞治四年（一三六五）元弘以後新恩還補地年貢などにつき、「御教書」を受けて、図田帳を典拠に周防国中に

「支配」し、注文を作成するように命じた文書である。署判者は、御教書を受けて周防国中に命令していることから、周防守護大内弘世である可能性が高い。宛所森余三は他に確認できていないが、森氏は大内氏の奉行人層に散見される。伊勢大神宮遷宮料足や神木帰座供奉人御訪料足は、一国平均役と見なされ、田沼氏は、一国平均役の幕府による徴収の事例として注目していた。伊勢神宮では、前年に内宮の遷宮を終え、外宮の遷宮を企図していた時期に当たる。また、このとき、春日神木が京都に動座していた。

第二項　新恩地年貢の特徴

○新恩給与の主体

史料1・2・5・6・7には「元弘以後」と表記される。史料3・4には単に新恩地年貢と表記されるが、元弘以後が略されたものとして問題ないであろう。新恩地が何を指すか、については、史料5が紹介された当初は、足利氏本領と併記されていることから、足利氏にとっての新恩地、つまり尊氏・直義が後醍醐天皇から給与された恩賞地と見なしていた。しかし、この史料を検討した青木氏は、注で、ひろく地頭御家人にとっての新恩地である可能性を提示し、吉田氏は、元弘三年（一三三三）以降、尊氏が配下の武士に給与した恩賞地を指す、と理解している。本章でも、尊氏は給与する側であろうと考える。

吉田氏は根拠を二点示している。第一に、尊氏は「元弘三年以来没収地返付令」によって、建武政権下での本権の移転を無効としたので、後醍醐天皇から受けた新恩という意味で用いたとは考えにくい、というもの。この理解には疑問があり、次に検討したい。第二に、史料に見える新恩地の所領は、尊氏や直義が後醍醐天皇から受けた新恩地やのちの御料所（室町幕府の関係所領）と一致しない、というもの。掲げた史料に見える所領はひろく分散しており、すべて尊氏や直義が受けた恩賞地と見なすのは無理だと考える。第二の理由に立って、元弘以後新恩地と表現される所領は、尊氏が給与する立場に立った恩賞地を指す、と理解したい。史料2・7では、還補地も新恩地に含まれている。失った権利を給与によって回復した事例も徴収の対象となったことがわかる。

○元弘以後の意味

次に元弘以後新恩地には、建武政権下の新恩地も含む、という理解を示したい。

理由の第一は、「元弘以後」という表現は、尊氏が返付を伝える文書で「元弘以来被㆓収公㆒」と表現するように、後醍醐天皇および建武政権の施策を意識させる表現であること(13)。第二に、室町幕府は、支持する北朝天皇に後醍醐天皇から神器が授与された時点で、建武政権の正統な継承者と自己認識したと考えられること。第二の理解に立つと、室町幕府の基本姿勢は、建武政権による正当な給与は認可することになる。

「元弘三年以来没収地返付令」については、基本的に幕府設立以前の戦時期の施策であり、また、対象も旧北条氏所領と誤認された所領を主眼としたと考えている。幕府が権利を確定するにあたって、建武政権による収公、および安堵は、権利認定の根拠ともなっている。返付令は、幕府確立以降の施策としてある程度まで維持されたようだが、すべての没収地を返付するという意図で用いられたとは考え難い(14)。

建武政権下の新恩地を含むかどうかは、なお慎重な検討が必要であろう。ここでは、尊氏を中心とする室町幕府が建武政権による根拠のある恩賞給与を継承者として受け継いだ可能性がある点を重視し、元弘以後新恩地年貢には、室町幕府による尊氏の新恩地だけでなく、建武政権下の後醍醐天皇の恩賞地も含む、と理解しておく。その場合、尊氏・直義が後醍醐天皇から受けた恩賞地の理解が問題となるが、これらは被官に再給付され、その被官から新恩地年貢が進納された、と考えておく。

○公田への賦課

史料3から公田に賦課されることがわかり、史料7でも図田帳を基としており公田賦課が確認される。史料5では、新恩地年貢につき、京都幕府から鎌倉府に渡した二通の「注文」があり、一通には年貢の数量が記載され、一通は「少所」のため、年貢の「支配」が難しく、鎌倉府で「分限」を確認し「支配」して京都に進納するよう、命じている。両者とも対象所領のリストであり、前者には年貢量が記載され、後者には記載されていなかったことになる。史料7では、図田帳をもとに周防国中に「支配」して「注文」が作成されている。史料7から史料5の記述内容を類推すると、「分限」とは図田帳などで確認しうる所領規模を指すのであろう。「支配」とは、把握した管轄地域の対象所領の規模に応じて、新恩地年貢の数量を決定することと考えられる。史料6にも「注文」は見える。これらを総合すると、おおよそ次のようになるであろうか。新恩地年貢は、対象所領を列記した台帳（注文）をもとに賦課された。京都幕府では、年貢の数量については、把握していない場合があり、その場合は、鎌倉府や守護に対し、図田帳などに記載された公田数をもとに、進納すべき新恩地年貢の数量を把握したうえで進納するよう、命じた。

○賦課率

史料3に、段別三〇文とあり、つねにこの基準であったかはわからないが、ひとつの目安となる。段別賦課の事例としては、段銭が想起される。応安五年（一三七二）、日吉社神輿造替のため、幕府が徴収を請け負った際には、段別三〇文、のち応永八年（一四〇一）の造内裏段銭では、段別五〇文である。段別三〇文は造営段銭と同等以下であることが多く、概して低率と評価できよう。室町幕府が、朝廷から段銭徴収の権限を吸収するのは南北朝後期となる。新恩地年貢は、幕府による段別賦課の早い事例のうちに位置付けられる。(15)

○使　途

新恩地年貢の使途として明らかなのは、史料4に見える、幕府政所構成員である可能性の高い人物への給物、および史料5に見える、足利将軍家の日常生活を維持するための費用である。新恩地年貢は、将軍家や幕府を日常的に運営するための財源のひとつ、と位置付けられていたことになる。史料4の給物は、のちに地頭御家人役での賦課が確認される。また史料3では、侍所雑仕の衣料など、鎌倉幕府の関東御公事を継承する地頭御家人役と併記される。これらの地頭御家人役は、毎年決まって賦課されるもので、臨時役ではなく恒例役に当たる。新恩地年貢は、地頭御家人役とは基本的に性格を異にするものの、使途は近いことが確認される。

○小括と補足―徴収の経路と地域差―

新恩地年貢は、建武政権・室町幕府が給与した新恩地（還補地を含む）に賦課された。公田数を基準としたことが確認される。賦課率は低いと判断され、使途は地頭御家人役の恒例役に近い。所領を対象とした恒常的な賦課となる。鎌倉幕府では、新恩地に年貢を賦課することはなかった、と理解するのが通例であり、新恩地年貢は、室町幕府が新たに設定した賦課と見なされる。新恩地を関東御領型の直轄領とする吉田氏の理解は、関東御領からは、相当額の年貢の負担があったと想定されるため、妥当ではない。ただし、直轄領を収入のある所領とひろく定義するならば、直轄領と表現することも可能かもしれない。

新恩地年貢について、なお二点整理しておきたい。ひとつは徴収の経路について。先に触れたように、史料6・7では守護を介して徴収命令が伝達されており、史料3では上野守護上杉憲顕の守護代と思われる長尾景泰が請取状を出している。また史料5では、鎌倉府を介して徴収が行われている。鎌倉府や守護を介するのが原則と見なされる。また、史料5では、在京して幕府に奉公する者は京都での納入が認められている。この徴収方法は、地頭御家人役の徴取方法と類似している。新恩地年貢ほかの徴収方法の詳細については、吉田氏が詳しく分析されている。

もう一点、引用した史料を一覧して、地域に偏差が見られるかどうか。観応以前に限ると、史料1が西国であるほかは、史料3・5は東国、史料4・6は九州であり（観応以後の史料2・7は西国）、鎌倉幕府が基盤を置いた地域の事例がやや多いともいえる。史料の残存によるものか、闕所所領の中心であろう北条氏関係所領の分布を反映したのか、決めがたいが、新恩地年貢という施策を考察するうえでは留意したい点である。

第二節　将軍家政所本役所・本御領の年貢

第一項　本役所と本御領

次に「本役所」「本御領」という表現を検討したい。本御領は、史料2・5に見え、年貢という言葉と一体となっている。本役所は、史料1に「将軍家政所本役所」と見え、史料2には単に「本役所」とあり、これらも年貢という言葉と一体になっている。本御領・本役所は、史料2で新恩地と併記されており、幕府への年貢進納を義務付けられた所領である点は動かないであろう。

本御領については大きな手掛かりがある。史料5では、「本御領」として具体的に所領が列挙されており、足利氏が鎌倉時代より持つ所領、いわゆる足利氏根本所領となっている。史料2の「本御領」も、史料5を尊重して足利氏根本所領と理解しておきたい。

次に、史料1の将軍家政所本役所年貢と類似した史料表現は、次のふたつに見られる。

〔史料8〕『小笠原文書』[16]

将軍家政所進近江国兵主社年貢米五十石事、近年依二動乱一被レ閣レ之訖、所詮守二員数一今月廿日以前可レ被二究済一、

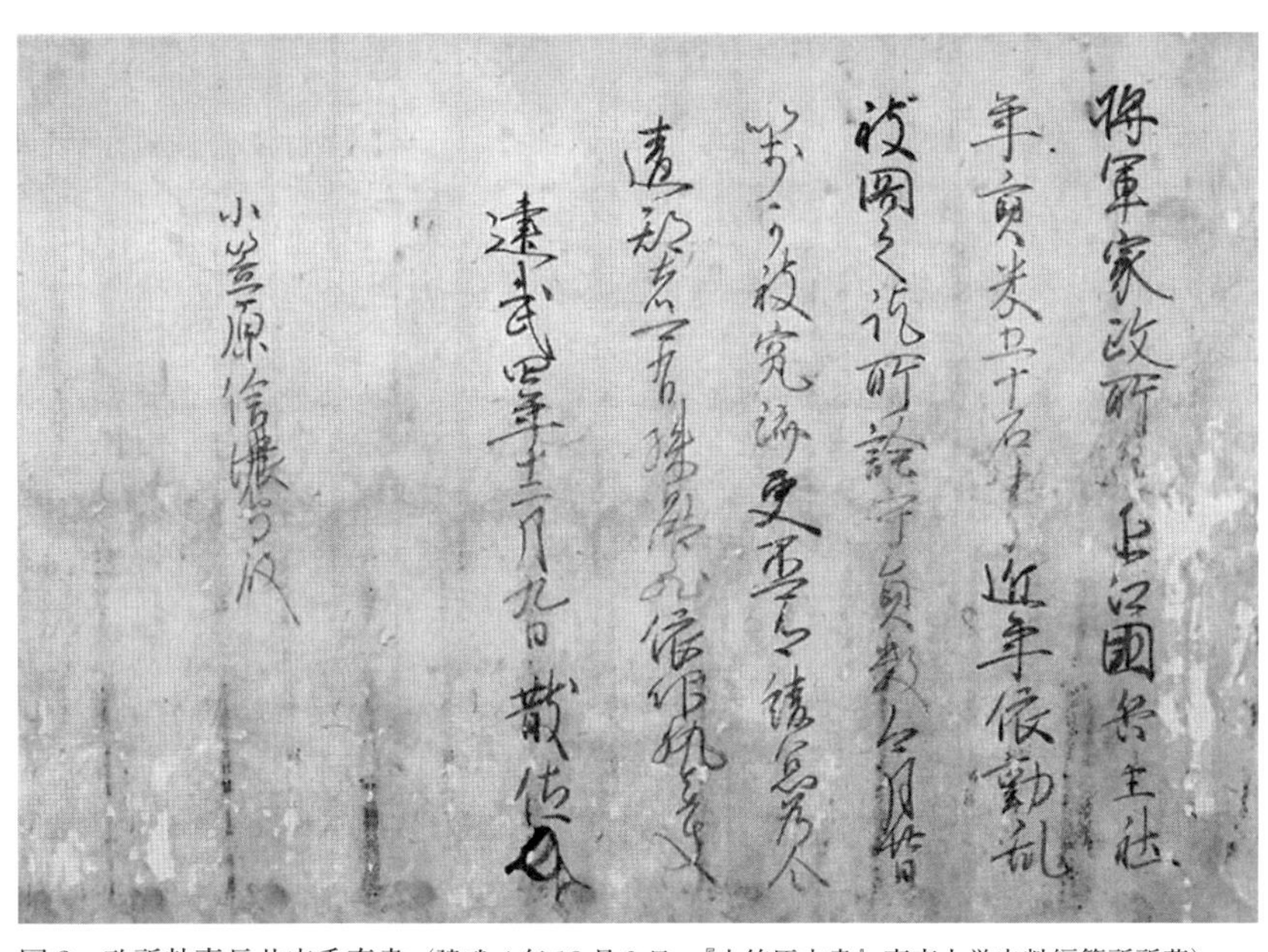

図2　政所執事長井広秀奉書（建武4年12月9日,『小笠原文書』東京大学史料編纂所所蔵）

更不レ可レ有二緩怠一、若令レ違二期一者、可レ有二殊沙汰一
歟、依レ仰執達如レ件、

建武四年十二月九日　散位（長井広秀）（花押）

小笠原信濃守（貞宗）殿

〔史料9〕『二階堂文書』(17)

将軍家政所進御年貢薩摩国阿多北方銭百五拾貫文事、
今年十一月廿八日奉書如レ此、急速可レ被レ申二散状一
候、仍執達如レ件、

建武四年十二月廿五日　沙弥（島津貞久）（花押）

隠岐三郎左衛門入道（二階堂行雄）殿

両者とも建武四年（一三三七）末、「将軍家政所進」の年貢に関する史料である。史料8の奉者は、長井広秀で、すでに成立している室町幕府の政所執事である。内容は、小笠原貞宗に対し、近江国兵主社（の周辺所領）からの年貢米を、将軍家政所に納入するよう命じたものである。納入は近年免除されていたようだ。史料9は、薩摩守護島津貞久の施行状で、二階堂行雄に対し、阿多北方からの年貢米を、同じく将軍家政所に納入するよう命じたもの。文中の「奉書」とは史料8のような文書を

指すと思われ、史料9は幕府政所の意向を受けて守護の立場で発給されているのであろう。

阿多北方については、『二階堂文書』に関連文書が残る。正和三年（一三一四）の尼忍照置文に、「薩摩国阿多北方御所用途百伍拾貫文」と見えるのをはじめ、鎌倉時代から一五〇貫文が将軍家へ納入されていた。つまり史料9で阿多北方に賦課されている将軍家政所御年貢は、鎌倉幕府将軍家への貢納を、成立間もない室町幕府将軍家が継承しようとしたものとなる。兵主社については鎌倉時代の関連史料がないが、同様に考えられよう(18)。

史料1に見える将軍家政所本役所は、この事例と比べて、「将軍家政所」「年貢」という点で共通し、おそらくは同様に、鎌倉幕府将軍家が持っていた年貢収納に関わる権利を、室町幕府将軍家が継承した所領と見なすことができると考える。史料2の「本役所」も、史料1を尊重して、鎌倉将軍家が年貢収納に関わる権利を有していた所領と理解しておきたい(19)。

第二項　柳営本役

次に、類似の表現として、南北朝中期に見える「柳営本役」を検討する。

〔史料10〕『東寺百合文書』ホ函三〇(20)

当寺八幡宮領山城国久世庄年貢灯油事、任二建武・暦応之公験一、致二沙汰一之処、号二柳営本役一、去年始及二政所譴責一条、参差之由、雑掌所レ申非レ無二其謂一歟、早守二寺社寄進之通例一、一向所レ被レ免二許武家之所役一也、宜下挑二不断般若法灯一、増中鎮守霊神之威光上之旨、可レ有レ御三下一知衆徒二之状、依レ仰執達如レ件、

延文五年十月廿二日　　相模守清氏（細川）（花押）

謹上　東寺長者前大僧正御房（覚雄）

〔史料11〕『東寺百合文書』ユ函四五―二

東寺雑掌申造営料所山城国東西九条年貢筵代事、号二柳営本役一、及二政所譴責一云々、且同国久世庄就二当寺八幡宮御寄附一、被レ免二許本役灯油一之条、去延文五年十月廿二日証状分明之上、寺社寄進之通例、不レ可レ有二用捨一、向後所レ被レ停二止武家之所役一也、宜レ専二修造一之旨、可下令レ下二知衆徒一給上之状、依レ仰執達如レ件、

応安二年十一月十二日　　武蔵守（細川頼之）（花押）

当寺長者僧正（光済）御坊

いずれも、室町幕府政所から、「柳営本役」として年貢が賦課されている事例である。年貢灯油代を賦課されている久世荘の事例から検討しよう。延文五年（一三六〇）に出された史料10には、関連史料がいくつか知られるので、整理を行いたい。

〔史料12―1〕『東寺百合文書』な函一一二

（端裏書）「政所執事代安威左衛門入道袖判延文元十二」

（外題）「御倉可レ納候、

同日　　沙弥（安威資脩）（花押）」

送進　用途事

合拾貫文者、

右用途者、為二久世庄油役御免一、所二送進一之如レ件、

延文元年十二月廿九日　　雑掌頼憲（花押）

同日付で、妙覚の請取が残り（な函一一三）、端裏に「政所請取」と見え、「久世庄別進分」を「東寺沙汰」として受け取った旨記している。

〔史料12―2〕『東寺百合文書』な函一一四

（端裏書）
「政所請取延文四分
執事代斎藤左衛門入道々永」

納　山城国上久世庄油代事

合拾貫文者、

右当年分所納如レ件、

延文四年十一月三日　　妙覚（花押）

ほぼ同文で、「当年分」のところが「延文□〔参ヵ〕年分」（端裏書「延文三分」）となっている十三日付の請取（な函一一五）もある。

史料12―1は東寺が出した納入文書、史料12―2は、幕府政所が出した請取となる。史料12―1では、納入状に幕府政所執事代が袖書を加え、幕府の御倉への納入を命じている。史料12―2にも執事代の名が見える。これらを年次順に整理する。

①延文元年（一三五六）　史料12―1では「油役御免」とあるので、延文元年の段階では、年貢灯油代は免除されたものの、免除料という名目で一〇貫文を幕府政所に貢進している。史料10によると、一昨年（延文三年）までは、「建武・暦応之公験」に任せて沙汰したことになる。具体的内容は不明だが、公験とは免除の証拠であり、それに任せて沙汰をするとは、免除料を支払うという意味だった可能性もあろう。

②延文四年　史料10によると、延文四年にはじめて政所が譴責したとあり、史料12―2では、延文四年十一月に、同じ一〇貫文ながら、年貢灯油代として幕府政所に貢進していると見なされる。十日後に前年分も貢進しており、前年延文三年は、免除料の支払いもしていなかったことになる。東寺供僧の日記『延文四年記』十月十五日条には、「久世油役御免事」について、幕府に使節として参向したとあり、先例とおりの免除を目指していた。十月下旬、東寺は、六条八幡宮や石清水八幡宮に、社領に政所役など武家役が賦課される先例を確認したようで、両社からの返信

が伝わる。六条八幡宮領では「自二右大将家（源頼朝）御時一至二于故将軍家（足利尊氏）御代一、御寄進之地雖レ在二数个所一、政所役勤仕之事、不レ及二其例承一候」と報告があり、石清水八幡宮領でも同様の注進があった。東寺の主張の論拠は、寄進という点にある。しかし、この年は、免除のうえ免除料として支払うことは叶わなかった(21)。

③延文五年　史料10によって、延文五年には、以前と同様の免除を目指し、それが実現している。史料10では「寺社寄進之通例」が尊重されており、前年に行った六条八幡宮などに対する先例調査が功を奏したことになる。免除料を支払ったかどうかは明らかでない。

以上より、東寺は、幕府から（上）久世荘に賦課された油役につき、延文元年は免除料を、延文四年には、延文三年・四年分の油役を納入したと確認される。

次に史料11では、応安二年（一三六九）、東西九条に対し年貢筵代が賦課されている。柳営本役と号して政所が譴責した点、（上）久世荘の事例と同じであり、（上）久世荘の先例が援用され、また「寺社寄進之通例」も尊重されて、賦課は免除されている。

上久世荘は、もと北条氏関係所領で尊氏が東寺八幡宮に寄進したもの、東西九条は、東寺の修造料所として、義詮が一時的に寄進したのち、義満が寄進している。両者とも室町幕府からの寄進地であるため、賦課された柳営本役は、新恩地年貢という可能性を否定できない。しかし、賦課根拠は柳営本役と表現されて、鎌倉幕府の権利を継承しようとする役と見なされ、将軍家政所本役に属する課役である可能性のほうが高いであろう。

留意すべきはその費目である。灯油・筵ともに、日常生活で消耗品として必要な物品である。将軍家政所本役は、将軍家や幕府の日常を支える財源のひとつだったことが確認される。特に油は、炭とともに、生活に欠かせない物品であった。鎌倉府の事例であるが、応永二十四年（一四一七）、南一揆は、忠節を理由に鎌倉公方足利持氏から「政所方公事等」を五年間免除されているが、「除二日供炭油一」とある(22)。油や炭は、政所が徴収する物品のなかでも特に不可欠であり、そのため免除の対象外となったのであろう。

〔史料13〕『喜連川家御書案留書』(23)

武蔵・相模・安房・上総日供炭油事、於二本役所一者、可レ弁之処、或号二官符宣一、或称二免除之地一、准二諸公事一為二料所一為
対捍之条、甚無レ謂、所詮云二寺社領一云二人給一、守二先例一厳蜜可レ加二催供〔促〕一、若至二于難渋所々一者、為
レ背〔致カ〕二其沙汰一、可レ注二進子細一之状如レ件、

正長元年七月十六日　　持氏御判

（二階堂盛秀）信濃前司殿

これも鎌倉府の事例で、年代も正長元年（一四二八）とやや下がるが、鎌倉公方持氏が日供炭油の徴収につき、政所執事二階堂盛秀に命じた文書である。対象は、武蔵・相模・安房・上総四か国の「本役所」であり、先の本役所の解釈に従うと、鎌倉幕府が日供炭油を賦課していた所領となる。またここでは寺社領も免除の対象とはなっていない。

鎌倉幕府は、相模・武蔵の国衙領を把握し、その収入は幕府の経済を支えていたと想定されている。そこで、四か国の本役所とは、特定の数か所というより、広範囲の所領を措定したほうが実態に近いと思われる(24)。鎌倉幕府は、関東南部に経済的根拠を得ており、同じ鎌倉を本拠とした鎌倉府はそれをある程度継承していたのであろう。

類例として陸奥国がある。鎌倉幕府の政所は、陸奥国玉造郡内や八幡荘において、召米を徴収していたことが確認される。おそらくは、陸奥国衙領への賦課に由来し、鎌倉幕府が継承したのであろう(25)。史料5の第六条から、室町幕府は、召米徴収の権利を継承したと確認される。先述したように、第一条では、陸奥国召米の貞和二年（一三四六）分は、鶴岡八幡宮の修理料に充てられ、鎌倉府に委ねられている。同じく第二条に見える「武州夏物」も、詳細は不明だが、鎌倉幕府の武蔵への所課を継承したものかと思われる。

一方、京都では、本役所とは、個別の由緒による所領の集積であったろう。先の事例では、上久世荘は北条氏関係

所領であり、東西九条は、建長四年（一二五二）に、鎌倉幕府から大弐法印に祈禱の賞として「宛行」がなされており、いずれもひろい意味で鎌倉幕府が権利を有したことが確認される。[26]ただし、鎌倉幕府は、京都周辺で、関東南部に匹敵する財政基盤を有したとは考えがたい。京都を本拠とした室町幕府にとって、継承しえたとしても収入源として小規模であったと推測される。室町幕府は、日常を維持するために、継承だけでなく、新たな財源を開拓する必要に迫られていたことになる。

第三節　五十分一年貢

第一項　五十分一年貢の具体像

室町幕府初期の課役として五十分一役があることは、桑山氏をはじめ、これまでの研究で指摘されてきた。しかし、次に掲げる『太平記』など二次史料をもとに言及されることが多い。田沼氏は、桑山氏が守護出銭の脈絡で言及したのを承け、後掲する赤穴氏や茂木氏の事例など一次史料の存在に触れつつ、地頭御家人役として位置付けているが、詳細な分析は行っていない。

〔史料14〕『太平記』巻三九[27]

諸人ノ心ニ違ケル事ハ、一ニハ近年日本国ノ地頭御家人ノ所領ニ、五十分一ノ武家役ヲ毎年被レ懸ケルヲ、此管領ノ時ニ二十分一ニナサル、是天下ノ先例ニ非スト憤ヲ含ム処也、

二代将軍義詮を支え、執事（管領）の立場を実質的に担った斯波高経が失脚する場面、「地頭御家人ノ所領」に賦課していた「五十分一ノ武家役」を二十分一の高率としたことが要因のひとつとして挙げられている。一次史料ではないという難点は残るものの、ここから、幕府の課役として五十分一役があったこと、賦課の対象は地頭御家人の所

領であったこと、などがわかる。

五十分一役は、建武政権が賦課した二十分一役のうえに成立したと理解されている。建武政権のいわゆる二十分一役とは、『建武記』にある四か条の事書およびそれを施行した雑訴決断所牒に見える。「員数」について定めた第一条では、所有する田地の数量を本領・新恩を問わず注進し、その「所出」の二十分一を御倉に納めるよう、命じている。建武政権は、まず田地の数量を把握し、そのうえで二十分一の計算の基礎となる年貢高の把握を目指している[28]。年貢総量を基準とした課役は鎌倉幕府でも見られず、二十分一役は、年貢総量を基準とする点で初見といいうる早い段階のものである。その画期性は言を俟たない。

五十分一役の一次史料は少ないなか、田沼氏が注目された、『茂木文書』に伝わる、文和二年（一三五三）六月十日茂木明阿（知貞）置文写の一節は貴重である。

〔史料15〕『茂木文書』[29]

一五十分一御年貢事、雖二東茂木分一、已□□宮頭役以下東西乃立分無レ之、是相□□合力之儀也、而物保仁令二配分一天可レ致二沙汰一□□

茂木保は、東西に分かれていた。南北朝中期に至るまで、東茂木の領有は不安定であった。明阿の一連の置文写によると、置文の時点では、東西ともに領有は実現していたらしい。引用箇所は、下部を焼損しているものの、おおよそ次のような意味であろう。

五十分一御年貢について。東茂木が負担する役ではあるけれども、これまで宇都宮頭役以下の諸役の負担にあたって、東茂木・西茂木の区別をしたことはない。東西でたがいに協力しあう事柄である。そこで、五十分一年貢は、茂木保全体に配分して負担するように。

ここでは、「五十分一御年貢」という表現から、いわゆる五十分一役は年貢に類する課役であったこと、東茂木保への課役であったが、茂木保東西の全体で負担したこと、がわかる（以下、表記は五十分一年貢で統一する）。東茂木保は、西茂木保と異なり、鎌倉期には茂木氏の領有下になかったとされ、幕府崩壊ののち、茂木氏はその回復に努める。

〔史料16〕『茂木文書』(30)

下野国東茂木保、茂木三郎左衛門尉知貞□勲功賞可レ令二知行一□、天気如レ此、悉レ之、以状、

建武元年三月十九日　　左中将（中院具光ヵ）

下野国東茂木□、所レ被二預置一也、守二先例一□被レ致二沙汰一之状、依レ仰執〔達〕□如レ件、

暦応三年六月三日　　参河（高師冬）

茂木越中権守（知貞）入道殿

前者は建武元年（一三三四）、建武政権下の後醍醐天皇綸旨、後者は暦応三年（一三四〇）鎌倉府で執事を務めた高師冬の奉書である。前者には勲功の賞としての給与であると明記され、その後も領有不安定ななか、鎌倉府からも給与を受けている。これらから、東茂木保は、元弘以後新恩地に該当すると見なされる。五十分一年貢が、茂木保全体ではなく、東茂木保だけに賦課された根拠は、五十分一年貢もまた、賦課の根拠が新恩地だからではないだろうか。五十分一年貢は、第一節で検討した新恩地年貢と共通している。では、五十分一年貢と新恩地年貢はどのような関係にあるのか、以下に整理を進めよう。

第二項　新恩地年貢との共通点

五十分一年貢と新恩地年貢の共通点として、以下の諸点を挙げうる。

①年貢である点　史料15で年貢と表現されており、両者ともに年貢の範疇に属している。新恩地年貢はおそらく低率の賦課であり、五十分一という賦課率と大きな乖離はないと見なされる。

②対象は地頭御家人　新恩地年貢を負担する義務が生じうるのは、恩賞地であることから、基本的に幕府と直接に関わる武士、地頭御家人たちであろう。五十分一年貢は、『太平記』の記事ではあるが史料14に地頭御家人の所領への賦課と見える。

③恒常的な賦課　臨時の賦課の場合は名目を示す場合が多いのに対し、新恩地年貢・五十分一年貢ともに、名目が示される事例は確認されない。両者ともに、恒常的な賦課を目指したと理解してよいであろう。

④室町幕府による新たな賦課　両者ともに、鎌倉幕府には類似の賦課は見えず、室町幕府が新たにはじめたものと理解される。

②のように、地頭御家人を対象とした賦課としては、地頭御家人役が想起される。新恩地年貢が、使途や徴収方法の点で、地頭御家人役に近い性格を有していることは、第一節でも指摘した。本章冒頭に述べたように、地頭御家人役は公事の系譜をひき、所領に賦課される年貢である新恩地年貢・五十分一年貢と基本的性格を異にすると見なされるが、地頭御家人役でも経済的な負担は、公田を基準とした、土地に対する賦課に転化しており、実態の差は少ない。むしろ共通する面があるともいえる。関東御公事と地頭御家人役の系譜関係を重視する本章では、田沼氏のように、五十分一役を地頭御家人役とする見解には従い難いが、両者の近似性は注目すべきだと考える。地頭御家人役のうちでも、③の点から、恒例役に近いことになる。

新恩地年貢・五十分一年貢の共通点としてもうひとつ留意したいのは、関係史料の残存数の少なさである。新恩地への年貢賦課は、新恩地全体を対象としている。全国にひろがる多様な所領から一律に年貢を徴収するのは、当然ながら、直轄領からの徴収と比べ、はるかに困難だったであろう。観応の擾乱以前、幕府の各種制度は整備が進むものの、戦乱のなか、恩賞を給与されたものが支配を確立することも、また、守護などが安定して徴収することも、難航したことは想像に難くない。賦課の実績は、限定されていたと考えられる。

新恩地年貢で挙げた史料2には、未進のあったことが明記され、史料3では、新恩地年貢については三年分まとめての支払いとなっている。また、史料3と五十分一年貢で挙げた史料16で、ともに鎌倉府からの預置の文書が確認されるのも注目される。新恩地年貢・五十分一年貢ともに、史料上の所見が限られるなか、預置のなかで確認されることに一定の意味を見出すことも許されるであろう。慎重な検討は必要だが、預置は、一般の給与と比べて、給与側に権利保留の度合いが高く、その所領には給与者の意向が及びやすかったと想定される。幕府の意向が反映しやすい所領だったからこそ、賦課が実現しえたと理解したい。それは一方で、通常の給与の場合には、徴収が困難であったことの表れとも理解できよう。

第三項　年貢総量の把握と公田基準との棲み分け

五十分一年貢を徴収する場合、前提として、年貢総量の把握が必要となる。年貢総量の情報が、領有者以外にどのように共有されていたのか、整理しておきたい。その全体像を示すのは容易ではないので、ここでは、南北朝期に、所領を給与する立場で、また給与される立場で、年貢総量を基準としていた実例をいくつか挙げておきたい。

もっとも目に付くのは、足利直義による、利生塔への所領給付の場面である。

①　利生塔の料所には、元弘以後の新恩地のうち、各国中の一、二の大きな所領の一部を充てる方針であったらしい。この旨を記した貞和三年（一三四七）幕府の事書によると、幕府は、筑後国利生塔のある浄土寺の訴えを受け、料所として、広河荘のうち、「寺納」で「銭貝弐百貫文相応之下地」を、浄土寺に渡付することを決め、「在所名字」を注進するよう、同日付で、九州探題一色範氏に命じている(31)。

②　貞和元年、直義は、関東を司る義詮に、下総国利生塔の料所として、「三百貫地」を寄進するので、子細を注進するように、命じている。これも具体的な所領の候補選定を命じたのであろう。(32)

③　観応二年（一三五一）十二月、関東に敗走した直義は、伊豆守護上杉能憲に、これまでの決定に従って、伊豆国利生塔の料所として、同国江馬荘のうち「寺納高定」で「銭弐百貫下地」を渡付ように命じている。(33)

これらの事例から、幕府は、まず給与する年貢高を定め、詳細を守護や広域支配機関の持つ情報に委ねた場合があったと考えられる。事例②では、荘園も定めていないが、事例①や③では、荘園は特定され、荘園内の情報を守護などに注進させている。幕府は、給与可能な所領とともに、その年貢高の概数も把握していた場合が多かったのであろう。また守護などは、年貢高について、個別所領の内部に及ぶ、より詳細な情報を把握することを求められていた。なお、事例③では、以前から地頭寺岡顕忠による抵抗を受けており、荘園内に具体的な所領を特定できていない一因であったろう。

所領の給与には、受給者が自らに所縁のある所領を要求する場合もある。『東宝記』は、南北朝期、東寺僧の杲宝・賢宝が、東寺の歴史などを纏めた書物である。杲宝・賢宝の自筆で、草稿・清書が一体化して残り、紙背文書を有する。そのうち二点は、一連の折紙で、「東寺望申料所注文」とあり、丹波国貴野河内、山城国女御田（東西九条）など、五か所以上の所領名が掲げられ、石高概数と、簡単な説明が付せられている。貴野河内は三〇〇石、女御田は二〇〇石とある。康安元年（一三六一）九月には、東寺修造料所として、山城国東西九条の当年年貢が寄進されており、これに関わるものであろう。(34)所領給与を申請する際、具体的な候補を、石高とともに列記しているのである。

給与する者、給与される者ともに、所領を年貢高として把握した痕跡が見えるのは注目される。ただし、幕府および守護などが、個別所領の年貢総量をどこまで把握していたのか、明確ではない。五十分一年貢が存在した以上、ある程度までは把握していたであろう一方、③や受給者東寺側から情報提供がなされた事例を見ると、把握が十全であったとは思えない。

さて、新恩地年貢には、第一節で検討したように、史料3および史料7から、公田に賦課されたと判断されるものが含まれる。五十分一年貢は、その名称から、年貢総量を基準として、その五十分一を支出する課役だったと見なされ、賦課基準の点で、公田とは大きな差がある。一方、両者はともに新恩地に賦課されたと見なされ、共通点も多い。同趣旨にもかかわらず、賦課基準の異なる課役が存在したことになる。

その理由について、残念ながら、本章で明確な理解を示すのは難しい。念頭に浮かぶのは、幕府が所領を給与する際、所領の規模を何で把握していたかに拠って賦課基準を選択したという理解である。新恩地につき、年貢総量を把握していた場合には、その五十分の一を徴収し、公田数で把握していた場合には、公田数に基づいて年貢を賦課した。前者は五十分一年貢と呼ばれる場合があったことになる。大田文が形骸化するなか、把握された公田数の数値は実態からかけ離れていた可能性が高く、新恩地から年貢を徴収するには、概数であっても、現状の年貢総量を把握し、それに応じて賦課するほうが望ましかったと推測される。しかし、前述のように、年貢総量の把握は十全ではなく、所領の個別事情により、公田数での把握のほうが容易な場合もあったであろう。本章ではひとまずこの理解で進めたい。

第四項　五十分一年貢の推移

南北朝期の五十分一年貢に関する一次史料は、東茂木保に関わるもののみである。他には、『太平記』など二次史料となる（南北朝中期に成立した往来物に見える事例は、のちほど紹介する）。南北朝期の直後、応永年間（一三九四—一四二八）になると、一次史料が三点確認される。順に検討しよう。

○隅田一族

紀伊の隅田一族に関わる文書群のひとつ『葛原家文書』には、応永二十三年（一四一六）の「公方やく」に関わる注文が残る。最初に、「かつらわら殿」をはじめとする七人につき、名と石高を並べる。ひとり一〇石強だが、最初の二人は二〇石強で、この二人には「二分」と注記がある。一〇石を一分として、全体で九分となる。そののち、次のように記す。

〔史料17〕『葛原家文書』(35)

已上百五石七斗一升一合、公方へのこたゑ斗百文
(四)
此内を(和佐)わさの九人のとく分(得)□□んかためなり、九分一にわくれは、八貫八百五十三文、
合七十九貫六百七十七文、此五十分一ニ、
一貫六百四十五文内四十八文は夫せん、
五十分一をわくれは一分ニ百八十一文つゝか、

七人の合計石高を斗一〇〇文で計算した場合のほぼ四分三に当たる貫高七九貫余に対し、「五十分一」を計算している。公方役とあるので、五十分一年貢と見なしてよいであろう。五十分一の貫高に夫銭を足した額を九分一にして、各分の負担額を決めている。なお、基準額となった七九貫余は、「とく分」を除いた年貢額であると推測される。

この所領は、和佐荘地頭職と見なされている。また、正平九年（一三五四）の譲状にある「一そく中へくはうより給たる御をん」(族)(公方)(恩)に該当する可能性が高いとされ、その場合は新恩地となる。史料17のころ、隅田一族は、紀伊守護畠山氏との関係を強めているとされる(36)。

○赤穴氏

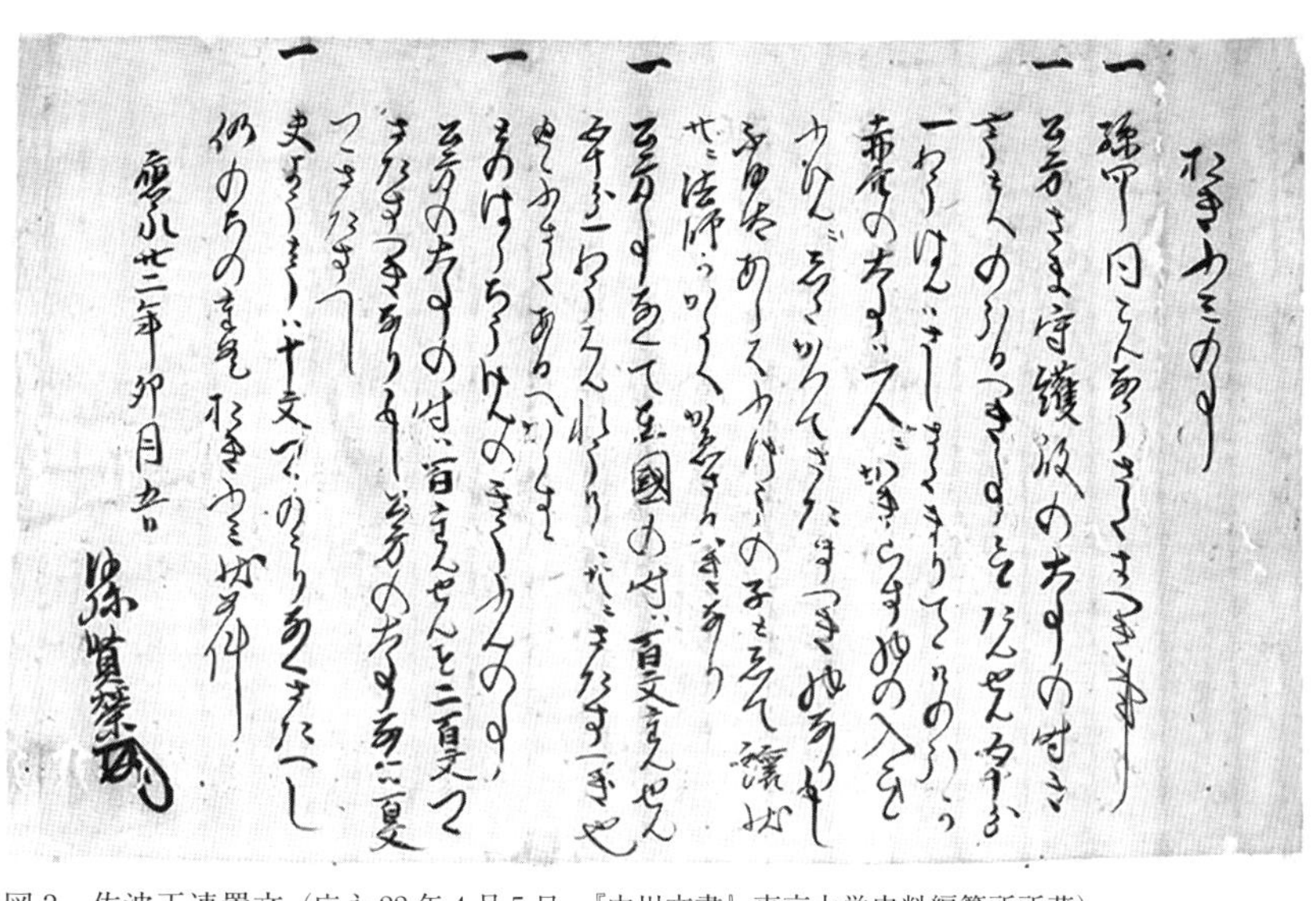

図３　佐波正連置文（応永 22 年 4 月 5 日,『中川文書』東京大学史料編纂所所蔵）

室町幕府奉公衆石見佐波氏の一族で、出雲国赤穴荘を領有する赤穴氏に伝わった文書群のなかに、応永二十二年（一四一五）、佐波賢栄（正連）が、庶子孫四郎およびこんなう丸に与えた置文がある。その二条目から四条目を引用する。

〔史料18〕『中川文書』(37)

一公方さま・守護殿の大事の時、きやうと（京都）へのほるへき事候は、、たんせん（段銭）、五十分一、わうはん（垸飯）はさし（差）さた（定）まりて候、そのほか赤穴の大事は一人ニかきらす、物の入候は、、ふけん（分限）ニしたかつてさたすへき物なり、もし不沙汰あらは、ふけう（不孝）の子として譲状共ニ法師かかたへかゑ（返）さるへきなり、

一公方事なくて、在国の時は、百文たんせん、五十分一、わうはん、れうそく共ニさたすへき也、返々ふさたあるへからす候、

一とのはら（殿原）・ちうけん（中間）のきうふん（給分）の事
公方の大事の時は、百たんせんを二百文つ、さたすへきなり、もし公方の大事なくは、百文つ、さたすへし、

公方様は将軍、公方で将軍・守護総体をさしているのであろう。公方の大事の時、そうでない時にわけて庶子の負担を定め

ている。三条目では、平常時にも、嫡子・庶子で負担を分担する定めになっている。四条目に、公方の大事の時には、庶子の負担が二倍になっている。公方の大事の時には、嫡子法師丸は京都に上るので、嫡子の分も負担するからであろう。これを踏まえると、二条目は、負担は「差し定ま」った、つまり免除のない賦課であり、公方の大事の時には、嫡子負担分も加えて庶子が負担する、という意味であろう。

いま負担と称したのは、「たんせん」「五十分一」「わうはん」である。段銭は、殿原・中間の給分に充てられているので、家もしくは一族として構成員に課した負担であろうか。「五十分一」は、将軍が文面に見えることから、五十分一年貢で間違いないであろう。垸飯も、地頭御家人役としての垸飯役である可能性が高い。西内嶋の事例で、新恩地年貢と垸飯が並んで見えていたことも参考となる。この事例では、将軍と守護とに両属するような立場の武士が、五十分一年貢の義務を果たそうとしている姿が読み取れる。なお、譲与の対象に新恩地を含むかどうかは明証を欠く。

○結城氏

下総結城氏の歴史を伝える『結城御代記』の結城基光の項に、応永三十三年（一四二六）の基光寄進状が書き写されている。

〔史料19〕『結城御代記』(38)

聯芳菴領在□□日之
天海以来至二于今一、寄進状□〔白〕由也、除二伊勢役并五十分一同雑仕用途・御厩・修理□□一、一切大小諸役、人馬以下
諸公事等永代免レ之、先寄進与二此料足一相加而、於□□□厳密有二勘定一、以　天海之日霊供、同月忌年忌、同灯明
等仁可レ有二受用一、有二余銭一者、可□致二造営一也、於二禅貴子々孫々一、若有下致二異儀一輩上者、永可レ為レ於〔出カ〕二不孝之仁一
者也、為二後証一評定人数之連判□□〔相副〕所レ寄二附当菴一也、仍為二末代一亀鏡之状、如レ件、

応永卅三年丙午二月十七日　沙弥禅貴（結城基光）（花押影）

聯芳菴主禅師

禅貴（結城基光）は、父天海（結城直光）の菩提のため、聯芳庵に所領を寄進している。所領に本来賦課される課役として、「伊勢役」「五十分一」「雑仕用途」「御厩」「修理」が見える。「五十分一」は五十分一年貢であろう。伊勢役は、史料7にも見える、遷宮料足に当たるであろうか。雑仕は、史料3にも見える侍所雑仕用途、修理は修理替物だとすれば、御厩用途も含め、いずれも地頭御家人役と見なすことも可能である。ここでも、五十分一年貢は、地頭御家人役と併記されていることになる。なお、寄進された所領は確定できず、新恩地か否かは、わからない。

結城基光は、小山義政の乱ののち、下野守護となるなど、鎌倉公方に近い存在だった。五十分一年貢や地頭御家人役を義務として強く意識する立場にあったといえよう。

これら三例から、五十分一年貢は、将軍義持のころまで、ある程度は機能していたと判断される。もっとも、一例は将軍直勤者、一例は鎌倉公方の近臣、もう一例は管領畠山家の被官である。納入者は、納入先である将軍のほか、徴収の役割を担う鎌倉公方・守護に近い立場にある。将軍義持のころには、五十分一年貢の支出は、将軍や徴収を担う立場の人々への奉公と連関して意識されていたと思われる。新恩地への賦課は難しいゆえに、貢納に積極的な意味を見出す直勤者を中心に負担は残存し、象徴的な義務のひとつとして存続していったのであろう。また、いずれの例も表記は「五十分一」であり、年貢という表現は消えている。特に赤穴氏の事例では、特定の所領からの負担という意識が薄くなっている。将軍などに奉公する立場として、公事としての負担と意識されていたとも表現しうるであろう。

地頭御家人役との類似性はさらに高まっていることになる。地頭御家人役は、応永年間前半、義満の北山殿の時代には、将軍直勤者は所領を特定されて徴収命令を受け、守護は分国役として賦課される、という形式で安定し、固定化したようだ。これは奉公衆の整備・固定化と連関している。(39)地頭御家人役を支出する、というのは、将軍直勤者の義務であり、同時に立場を証する栄誉となっている。反面、財源としての意義は大きく低下している。幕府からの賦課である五十分一年貢も、同じような位置付けに変化していると推定される。

第五項　新恩地年貢から五十分一年貢へ

新恩地年貢、五十分一年貢と表記される史料を概観すると、残存状況に一定の傾向が見られる。第一節第一項で見た新恩地年貢の史料は、幕府初期のものが多く、一番下っているのは、史料7の貞治四年（一三六五）である。一方、本節でこれまで見た五十分一年貢は、史料は少ないものの、史料15の文和二年（一三五三）を初見とし、応永年間まで確認される。史料14の『太平記』の内容も、将軍義詮の時代となる。史料の所見は、おおむね新恩地年貢から五十分一年貢へと推移している。

新恩地年貢から五十分一年貢へと、呼称の推移があったと見なすことはできないであろうか。本章では、両者は、賦課基準は異なるものの、同じ趣旨のものと理解している。この理解が正しければ、当初は、新恩地を賦課対象とし、賦課基準として、公田数とともに、年貢額の五十分一が設定されていた。しかし、前項で見たように、時間の経過とともに、負担者は限定され、一種の身分証明として、負担すること自体に意味が移るとともに、人への賦課という性格が強まり、所領を根拠とした賦課という性格は薄れていったと見なされる。それとともに、新恩地への賦課という淵源は重要視されなくなっていったのではないか。加えて、年貢高を把握して定率で賦課する傾向が、次第に強まっていったことも関係していると思われる。(40)

五十分一年貢のもうひとつの史料は、往来物『新札往来』である。僧素眼の撰、貞治六年（一三六七）成立とされ、全体が一通の書状である。

〔史料20〕『新札往来』(41)

就二尫弱所領一、被レ懸二抜群課役一事、難レ堪次第也、五十分一之御年貢、不レ可レ有二懈怠一、胡乱之所存、能々可レ有二諷諫一候、

「五十分一之御年貢」という表現が文例として採用されている。五十分一年貢という名称は、それまで存在した課役を代表する位置付けを得ていたとは考え難い。この書が成立した貞治年間（一三六二―六八）に、課役の呼称として新たに知られるものとなったため、取り上げられた、と理解することも可能であろう。貞治年間は、尊氏が死去したのち、後継者義詮が新たな施策を展開しようとした時期に当たる。史料14の『太平記』の記述も、斯波高経が実権を持った時期なので、貞治年間のことがらとなる。高経が五十分一から二十分一に税率を変えたという真偽は定かではないが、五十分一年貢にとって貞治年間がひとつの画期であることの証左といえるかもしれない。そして、『太平記』の記述に新恩地の要素が見られないのも、新恩地の要素が失われていくなかで五十分一年貢という呼称が定着していく、という流れのうえで理解できないかと考えている。

第四節　室町幕府財政基盤の再整理

新恩地年貢と五十分一年貢について、本章で述べたことをまとめ、あわせて室町幕府の財政基盤としての位置付けを、整理しておこう。

・史料上に見える新恩地年貢と五十分一年貢は、いずれも新恩地に対する少額の賦課であった。両者は、賦課の基準を異にするものの、同趣旨の賦課と理解され、幕府財政を補うべく、新たに創出されたものであった。

・両者の棲み分けは明確にしえていないが、新恩地の年貢総量を把握することができる場合は、その五十分一を徴

収し、できない場合は公田数を基準に賦課した、と推測しておく。

・新恩地年貢の所見は南北朝初期が多く、五十分一年貢の所見は南北朝中期以降であり、呼称は新恩地年貢から五十分一年貢へと転化していったと思われる。

第三節第二項でまとめたように、新恩地年貢・五十分一年貢は、関東御公事を継承する地頭御家人役とは系譜を異にするものの、内容は地頭御家人役の恒例役に近い。対象は地頭御家人であること、恒常的な賦課であること、使途として給物が見えること、納入方法として、幕府直勤者は京都で直接納入し、他は守護を介して納入すること、などを共通点として指摘した。地頭御家人役の恒例役は、幕府・将軍家の日常生活の特定部分を支える経費であった。第二節で検討した本御領・本役所も、前代からの徴収権を継承した所領であった。また、その年貢は、同じく幕府・将軍家の日常的な経費を賄うものだった。史料1・2・5で、新恩地年貢は将軍家政所本役所や本御領と併記されており、これらが近い関係にあることを象徴している。

室町幕府開創のころ、御家人制の再構築は難しく、また本役所は関東以外ではひろく存在したとは考えられず、継承した財政基盤では不十分となることは、予想されたはずである。新恩地への年貢賦課は、かつて鎌倉幕府において、関東御公事のうちの恒例役や直轄領からの年貢が幕府財政に果たしていた役割のうち、室町幕府にいたって、不足すると予想される部分を補うことを期待されたのではないだろうか。新恩地年貢・五十分一年貢は、幕府・将軍家が日常に必要とする経費を確保することを目的としていたと考えたい。

しかし、新恩地への年貢賦課は、第三節第二項などで述べたように、財源として期待された役割を果たせなかったと思われる。地頭御家人役も、御家人が身分化した室町幕府のもとでは十全に機能していない(42)。本役所の年貢も、検討した(上)久世荘や東西九条の事例で、徴収は幕府の意図とおりに進まず、関係史料が少ないこともあわせ、確実に確保しうる財源となりえなかったと見なされる。本章では、室町幕府が継承した財政基盤のうち、本役所を除く直轄領、たとえば職の体系に基づく関東御領からの年貢などについて、分析していないけれども、所領をめぐる秩序が崩壊するなか、幕府・将軍家の日常を支えるには十全でなかったと見なして大過ないであろう。

新たに設定した新恩地への年貢賦課も、継承した諸種の財源も、ともに有効な収入源たりえなかったとなると、幕府は、その中枢の日常を支える経費を、他から調達する必要が生じる。以下、研究史に依拠しつつ、おおまかな整理を記しておきたい。

南北朝期に散見される、政所料所をはじめとする料所群は、その代替策であった。「柳営本役」を検討した上久世荘の事例では、その後、荘内に得宗跡があるとして、幕府は政所料所として給人を付しており、貞治二年（一三六三）にいたって、料所が止められている(43)。本役所としての徴取をあきらめ、かわりに政所料所と位置付けて徴収を試みた事例と理解され、興味深い。しかしながら、料所群も、必ずしも安定的な収入とならなかった。義満の時代、京都市中への商業税として成立した酒屋土倉役は、「政所方年中行事要脚」に充てられた。幕府中枢を支える日常的経費は、酒屋土倉役の成立により、ひとまず確保することが可能となったのである(44)。

註

（1）　佐藤進一『日本中世史論集』（岩波書店、一九九〇年）、桑山浩然『室町幕府の政治と経済』（吉川弘文館、二〇〇六年）、田沼睦『中世後期社会と公田体制』（岩田書院、二〇〇七年）、早島大祐『首都の経済と室町幕府』（吉川弘文館、二〇〇六年）、桜井英治『交換・権力・文化―ひとつの日本中世社会論―』（みすず書房、二〇一七年）など。なお、本章は多くの先行研究に依拠しており、その一部のみ言及していることをお断りさせていただく。

（2）　吉田賢司「武家編制の転換と南北朝内乱」（『日本史研究』六〇六、二〇一三年）。

（3）　関東御公事については、筧雅博「鎌倉幕府掌論」（『三浦古文化』五〇、一九九二年）、盛本昌広氏の「関東御公事と鎌倉幕府財政」（『鎌倉』九三、二〇〇一年）などの一連の論考、清水亮『鎌倉幕府御家人制の政治史的研究』（校倉書房、二〇〇七年）など参照。「地頭御家人役」という史料表現は少なく、幕府事書に侍所の「雑色小舎人雑仕等給物」が「地頭御家人役」と明記されるのが代表例（追加法四三条『田代文書』、『中世法制史料集』二室町幕府法）。五十分一役については、田沼睦「室町幕府・守護・国人」（註(1)著書、初出一九七六年）、同「室町幕府権力の構造」（三浦圭一編『日本史(3)』中世2、有斐閣新書、一九七八年）など参照。

(4) 大日本古文書『吉川家文書』二、一〇四一。端裏書はあるが読めていない。

(5) 史料纂集『師守記』第七冊一九六頁。原本は、国立国会図書館所蔵、画像公開。建武三年（一三三六）には、高野瀬七郎信景が佐々木氏被官（『東寺百合文書』み函一八―七・八）に、また大竹又四郎が近江の武士（『田代文書』建武三年十月一日田代顕綱軍忠状、『大日本史料』六編之三、七八七頁）として確認される。史料2の宛名の両名は佐々木氏被官であろう。侍所長官が兼帯した山城国守護は、貞治二年前半まで佐々木高秀であったが、高秀は、七月に有力家臣吉田厳覚を殺害した（大日本古記録『後愚昧記』二十日条）。高秀は罷免され、後任未定であったため、幕府は、佐々木氏被官に対し、直接に命令したと考えられる。また、なぜ中原師守の日記紙背に正文が残ったのか、中原家に権利のある所領に関わるのか、あるいは職務に関わる可能性も残るのか、理由は定かでない。永井英治「『師守記』紙背文書にみる文書管理」（『アルケイア』七、二〇一三年）参照。

(6)『群馬県史』資料編中世一『正木文書』九五。梁瀬大輔「山田郡寮米保内嶋村の開発と領有」（『群馬県立歴史博物館紀要』一八、一九九七年）に詳しい分析がある。この史料に見える公田は、垸飯用途など、地頭御家人役を賦課する基準となっており、大田文などで把握された公田と理解する。本章では、公田をいわゆる国家的公田の意味で用いている（田沼睦「中世的公田体制の成立と展開」註(1)著書、初出一九七〇年）。

(7) bでは、所領を預け置くという表現になっている。同様の文言を持つ関東管領奉書は、建武四年（一三三七）以降観応年間まで、ほかに少なくとも四例確認される（発給文書を集成した『神奈川県史』資料編三、古代中世（三上）を通覧すると、三三二七〈建武四年・安保文書〉・三四五六〈暦応二年・安保文書〉・三四八二〈暦応三年・茂木文書〉・三四八七〈暦応三年・江戸文書〉の四例が確認される）。建武三年、斯波家長が東国で出した奉書に、「将軍家御計程、暫所レ被二預置一也」という文言が数例確認される。預置の文言は、将軍尊氏の正式な判断ではない一時的なもの、という体裁を保持した可能性もあるものの、事実上は給与と見なしうるであろう。漆原徹「預状と預置制度の成立」（『法学研究』七三―八、二〇〇〇年）参照。

(8)『大分県史料』二六『大友家文書』八・九（二一〇九頁）。

(9) 長禄四年（一四六〇）の『政所方御奉書修理替物給物方引付』（国立公文書館所蔵、古〇一六―〇二九一、画像公開）後半には、政所発

給文書で給物の納入を命ずる文書が列挙されている。給物の受給者として奉行人や政所公人などが確認され、すべて政所関係者と見なされる。侍所の雑色・小舎人・雑仕の給分は地頭御家人役と明記されており（註(3)）、政所関係者への給分も、地頭御家人役として体制化されたと理解されている。丹生谷哲一「室町幕府の下級官僚機構について」（『検非違使』平凡社、一九八六年、初出一九八二年）参照。本書第一部第二章参照。

(10) 国立公文書館所蔵『諸国文書』（一五九—〇三七六）。山田邦明氏が内容分析を行ったのち、青木文彦「内閣文庫所蔵『諸国文書』所収事書に関する基礎的考察(上)(下)」（『歴史』八一・八二、一九九三・九四年）で詳細に検討されている。田中淳子「室町幕府御料所の構造とその展開」（大山喬平教授退官記念会編『日本国家の史的特質　古代・中世』思文閣出版、一九九七年）などでも言及される。

(11) 『鹿児島県史料』旧記雑録拾遺、諸氏系譜三『比志島文書』二〇一。『中世法制史料集』二室町幕府法、参考資料三五。史料編纂所所蔵『比志島家文書』五「後醍醐天皇御綸旨其他道鑑公等ノ御筆巻」のうち、S島津家文書—八三—五。Hi-CAT 画像公開。

(12) 図書寮叢刊『九条家文書』六、一八二三。Hi-CAT Plus 画像公開。東福寺領周防国得地保の関係文書かと思われる。田沼註(3)論文。

(13) 南朝の立場での表現として、延元三年（一三三八）五月十五日の北畠顕家奏状案に「凡以元弘以来没官地頭職者、被閣他用、配分有功之士、以国領及庄公等本所領者、被擬官官道俗之恩者、朝礼不廃、勲功不空者歟」とある（大日本古文書『醍醐寺文書』三六〇五、二三函六一）。建武政権での施策を「元弘以来」と表現している。

(14) 幕府と元弘収公地について、花田卓司「初期室町幕府の所領政策と建武政権・南朝」（『立命館史学』二九、二〇〇八年）参照。返付令については、家永遵嗣「室町幕府の成立」（『学習院大学文学部研究年報』五四、二〇〇八年）、亀田俊和「室町幕府安堵施行状の形成と展開」（『室町幕府管領施行システムの研究』思文閣出版、二〇一三年、初出二〇〇五年）参照。本章発表後、永山愛氏は、「鎌倉幕府滅亡時における没官—『元弘没収地』の位相—」（『日本史研究』七四三、二〇二四年）で、元弘没収地の理解を整理して検討し、室町幕府への継承を論じている。

(15) 『大日本史料』第六編之三六、応安五年七月十一日条。『同』第七編之五、応永八年八月三日条合叙。史料5の第一条、鶴岡八幡宮修理料に、陸奥国召米とともに関東分国の「公田段別拾文」が充てられている。小林保夫「室町幕府における段銭制度の確立」（『日本史研究』一六七、一九七六年）など参照。

(16)『新編信濃史料叢書』一二「勝山小笠原文書」五頁。史料編纂所所蔵、Hi-CAT画像公開。

(17)『鹿児島県史料』旧記雑録拾遺、家わけ一、四二。史料編纂所所蔵『二階堂家文書』四「御家御判物其外文書二拾一通」のうち、S島津家文書―七九―四―四―三。Hi-CAT画像公開。正和三年二月二十八日尼忍照置文は、同二八、同七九―四―三―一〇。

(18)筧雅博「荘園の収取体系と領主経済　六　武家領」（講座日本荘園史二『荘園の成立と領有』吉川弘文館、一九九一年）参照。

(19)この点、少し丁寧に確認をするため、史料2につき、逆の解釈がありうるかの検証をしておきたい。史料2の「本役所」を、鎌倉時代以来の足利氏の権利と解釈すると、足利氏が鎌倉時代以来、根本所領以外に、なんらかの根拠のうえに収入を得ていた所領をある程度広範に保有していたと想定することになる。しかし、この可能性は高くないと判断する。次に、史料2の「本御領」を、鎌倉将軍家の権利を指すと解釈する余地はあるであろうか。阿多北方の場合、鎌倉将軍家の権利は年貢量で表現され、鎌倉将軍家が領家職などを持つ関東御領とは少し様相が異なる。そこで、たとえば、本御領は領家職・本家職に基づく権利を有する関東御領を、本役所は鎌倉将軍家がそのほかの根拠を有する所領を指す、という解釈も成立しよう。しかし、通説的な理解では、鎌倉幕府後期には関東御領は得宗領へと転化する場合が多いとされ、阿多北方のような、職の体系に基づかずに、将軍家政所へ一定額を進納する所領が設定されるのは、関東御領の退転に替わる財源を確保するため、と理解するのが妥当であり、両者を本御領・本役所と区別して表記する可能性は高くないと判断する。なお、本章の解釈では、「本」という表現は、本来の、という字句どおりの意味にとどまり、鎌倉将軍家の権利を指す場合と鎌倉時代以来の足利氏の権利を指す場合の双方がある、ということになる。

(20)京都府立総合資料館編『東寺百合文書』八。鍜治利雄氏は、この一連の史料の分析を進めており、一端は『総合資料館だより』一八七（二〇一六年）に示されている。鍜治氏は地頭御家人役と位置付けている。なお、支出した史料12―2のみ上久世荘と表記されており、留意が必要かもしれない。

(21)『延文四年記』は、続群書類従巻八六八。山家「『延文四年記』記主考」（東寺文書研究会編『東寺文書と中世の諸相』思文閣出版、二〇一一年）。ヒ函五二に、延文四年十月二十三日六条八幡宮法印栄賢書状、延文四年十月二十八日石清水八幡宮社務法印曩清書状、延文四年石清水八幡宮領武家政所役先例注文の三種が継がれている。

(22)『三島明神社文書』応永二十四年十二月二十六日足利持氏御判御教書写、『大日本史料』当該日条。

(23)『神奈川県史』資料編三、古代中世（三上）五八〇八。国立国会図書館所蔵『喜連川文書』一　御書案留書上（『喜連川町史』五、喜連川文書下、四四頁、また画像公開）。

(24) 筧雅博「関東御領考」(『史学雑誌』九三―四、一九八四年)参照。

(25) 青木註(10)論文の理解に従う。入間田宣夫氏は御家人役とする(「金沢氏と陸奥国玉造郡地頭職」『北日本中世社会史論』吉川弘文館、二〇〇五年、初出一九七〇年)。

(26) 上久世荘は、一例として、貞和二年(一三四六)十二月二十七日東寺公文所山城国上久世荘下知条々事書案(を函三三〇―三、大日本古文書『東寺文書』二―三)に「為二当庄得宗領一」と見える。東西九条は、建長四年二月二十日関東御教書案(ミ函八七―九)。

(27) 流布本の『日本古典文学大系』による。

(28) 『建武記』所収「諸国庄園郷保地頭職以下所領等御年貢事」第一条「員数事」(群書類従巻四五四『建武年間記』)。『太平記』巻一二。網野善彦「建武の所出二十分一進済令」(『悪党と海賊』法政大学出版局、一九九五年、初出一九九三年、『網野善彦著作集』一三所収)。

(29) 『栃木県史』史料編中世二『茂木文書』二　茂木家証文写のうち。この置文は七か条からなり、引用は四か条目。田沼註(3)論文、松本一夫『下野中世史の世界』(岩田書店、二〇一〇年)の諸論考、とりわけ第五章補論一「茂木氏と東茂木保」参照。茂木文書については、茂木町まちなか文化交流館ふみの森もてぎの展示図録・茂木文書研究会編『茂木文書の世界』(二〇一九年)に、鮮明な写真とともに個別文書の詳細な解説がある。

(30) 『茂木文書』六および二〇。

(31) 『歴世古文書』一所収貞和三年八月二十一日事書写、および同日室町幕府御教書写(『南北朝遺文』九州編二三六一・二三六〇)。この月五日に、筑後浄土寺に利生塔という通号が与えられている。暦応三年十二月十三日の直義発給文書などに、筑後浄土寺に塔婆を建立し仏舎利を奉納することが見える。なお、範氏は、筑後守護を兼ねていた可能性も残る。

(32) 『大慈恩寺文書』康永四年三月十五日足利直義御判御教書(『千葉県史料』中世篇諸家文書補遺、一五号)。

(33) 『相州文書』所収「妙楽寺文書」観応二年十二月二日足利直義御判御教書写、『武州文書』所収「鳳閣寺文書」同五日上杉能憲施行状写。『大日本史料』同二日条。『同』観応二年六月二十五日条参照。

(34) 『国宝東宝記　紙背文書影印』による。一連の文書は、八二・一一九(同書二五七頁参照)。一一八(および関連断簡)は、東寺領の注文と思われるが、所領名とともに貫高が記されており、年貢量の概数を示していると判断される。『東寺百合文書』康安元年九月十六日足利義詮御判御教書案（の函三二―一など）。

(35)『和歌山県史』中世史料一「葛原家文書」七〇。「とく分」の理解は本章発表時から変えている。

(36)久留島典子「隅田荘関係文書の再検討」（『国立歴史民俗博物館研究報告』六九、一九九六年）。引用は正平九年六月三十日了覚譲状（『和歌山県史』中世史料一「隅田家文書」一〇〇、「葛原家文書」四〇に前欠の写がある）。

(37)応永二十二年四月五日佐波正連置文。『中川文書』は旧「中川四郎氏所蔵文書」、史料編纂所所蔵、史料番号二五。Hi-CAT画像公開。岸田裕之「守護山名氏の備後国支配の展開と知行制」（『大名領国の構成的展開』吉川弘文館、一九八三年、初出一九七二年）。なお、三条目「れうそく」は料足で〈垸飯料足〉を意味すると思われるものの、「りやうそく」の誤りで〈両息共に〉という可能性も捨てがたい。

(38)『結城市史』一古代中世史料編、一七七頁。広瀬光稔編、嘉永五年三月序。越前松平家伝来。史料編纂所架蔵謄写本（一九〇八年書写）の画像はHi-CAT公開、松平文庫本（一九一三年書写、福井県文書館所蔵）は画像公開。引用史料の冒頭行は、本章発表時には位置付けが不明なため省略したが、今回は底本のまま掲載した。

(39)山家「太良荘に賦課された室町幕府地頭御家人役」（本書第一部第二章、初出一九九九年）参照。

(40)定率賦課の系譜については、本章の補論で簡単に整理した。

(41)続群書類従巻三六三。五十分一年貢の史料として、ほかに二点確認される。

〔松雲公採集遺編類纂〕一五〇古文書部五一、雑文書上（砺波図書館協会等発行の影印による）

知行分年貢五十分一事、書〔云〕二年々未進分一、書〔云〕二当年分一、厳密可レ有二其沙汰一、次分限之段、載二起請之詞一、可レ被二註申一之状、依レ仰執達如レ件、

明徳二年七月十二日　右京大夫（細川頼元）（花押影）

前田太郎左衛門尉殿

『松雲公採集遺編類纂』の前田氏宛の文書には、他文書の宛所を加工したと見なされる事例がある（末柄豊「西園寺家文書について」『遥かなる中世』一九、二〇〇一年）。この明徳二年（一三九一）の文書は、五十分一年貢の進納を命ずるのと同時に、賦課の根拠となる分限の注進を命じており、やや疑問を感ずるため、検討の対象から外す。南北朝末期に五十分一年貢の徴収が実効性を持っていた、と考えられていたことを示すかもしれない。

もう一点は、桑山氏が紹介されて以来よく知られる『細川頼之記』である。『太平記』の内容を大きく膨らませた内容となっている。『細川頼之記』は、『太平記』の注釈書で一六世紀末ころに集成された『太平記秘伝理尽鈔』の末尾、後日譚の記述の一部と密接に関わる（武田昌憲「『細川頼之記』の構成と『理尽鈔』」『茨女国文』九、一九九七年など）。興味深い内容だが、本章では、成立時期の遅れる史料として検討しないこととする。

(42)　山家註(39)論文参照。なお、桑山氏は、足利氏根本所領は室町幕府の御料所に繋がらないと述べる（「室町幕府の草創期における所領」註(1)著書、初出一九六三年）。

(43)　『東寺百合文書』せ函足利将軍家下文二二　貞治二年八月十二日足利義詮御判御教書。政所料所と一線を画す御料所については、山田徹「足利将軍家の荘園制的基盤―『御料所』の再検討―」（『史学雑誌』一二三―九、二〇一四年）参照。

(44)　追加法一四八条。幕府は、南北朝後期以降、朝廷にかわって段銭を徴収し、臨時的な賦課として造営や行事の費用とした。新恩地年貢に見られる段別賦課は、他の段別賦課の経験と相まって、段銭徴収の前提となったと位置付けられよう。なお、応永年間以降、義持や義教の時期、守護出銭は、幕府財源に大きな意味を持った。守護が規模に応じて、必要な経費を支出するもので、守護にとっては臨時的な負担となる。守護が本来持つ納入義務のうえに、この負担は成立したはずである。恒例的な地頭御家人役は、国役として固定化し、形式的ながら守護の負担として継続した。新恩地年貢・五十分一年貢もまた、守護が納入義務を負った賦課と見なされ、守護出銭の制度的な背景のひとつとなったと思われる。ただし、臨時的な賦課である守護出銭に、直接に結びつくとは考えられない。

補論　定率賦課の系譜

第一章で、新恩地への年貢賦課について、五十分一年貢への呼称の推移があったかという理解を示し、背景に、定率賦課の傾向が強まったことを推測した。定率賦課には、算出根拠となる数値の把握が前提となる。収益としての年貢量（もしくは生産量）をどう把握したか、については、貫高制の議論に代表される分厚い研究史を有する。また、守護や戦国大名による定率賦課については、様々な事例が紹介され、各々の課税体系における位置付けが議論されてきた。ここでは代表的な事例を整理し、五十分一年貢の歴史的な位置付けを確認したい。

整理にあたって、五十分一年貢との比較のために、いくつかの視点を設定しておきたい。ひとつは、賦課対象が新恩地に限定されているか否か。次に、同じく対象が地頭職（武家領・給人領）に限定されているか否か。さらに、臨時の賦課か、恒例の賦課か、という点にも留意したい。

第一節　建武政権の二十分一役

建武政権のいわゆる二十分一役は、第一章で触れたように、『建武記』にある四か条の事書およびそれを施行した雑訴決断所牒にみえる。事書の題と一条目を引用する。

〔史料1〕『建武記』(1)

諸国庄園郷保地頭職以下所領等御年貢事

一　員数事

不レ論二本領新恩一、当時管領田地之分、任二実正一不日可レ注二進之一、以二彼正税以下色々雑物等所出廿分之一一（於二料所并保役勤仕之地一、非二此限一、）可レ進二済御倉一、但至二貢金・貢馬等之類一者、可レ守二先例一、若注進之田数以下減少之条、支証出来者、於二余田一者可レ被二収公一也、

管領田地所出の二十分一を御倉に進めることを定めている。「注進之田数」とあり、建武政権は、まず田地の数量を把握し、そのうえで、二十分一の計算の基礎となる年貢高の把握を目指したように読める点にも注意したい。このほか、『太平記』には、大内裏造営に充てるために「日本国ノ地頭・御家人ノ所領ノ得分二十分一」を賦課したとみえる。実際に徴収された痕跡もわずかながら存在するとされている。

この二十分一役は、五十分一年貢の前提とされる。類似する点、相違する点を見ていこう。二十分一役は、「地頭職以下」を対象とし、武家を念頭に置いた課役だと理解される。五十分一年貢の対象は地頭御家人と判断されるので、賦課対象では共通する。しかし、「以下」という表現には、より広範な対象を目指した可能性も想定され、留保も必要であろう。次に、二十分一役は、本領・新恩を区別せずに賦課している。この点は、新恩地への賦課である五十分一年貢とは異なる。建武政権には、所領体系の再確認、再構築をしようという意図が窺える。一方、武家政権である室町幕府は、本領には関与しないという原則を保持しており、武家政権の限界を示しているともいえよう。もうひとつ、二十分一役は、大内裏造営を目的としたのであれば、臨時役であり、恒例的な賦課であった五十分一年貢は、この点でも異なる。

五十分一年貢は、二十分一役を前提としつつ、室町幕府の賦課として可能なものに転化したことになる。定率賦課という大原則を継承したうえで、対象を新恩地へと限定し、また地頭御家人のみとし、さらに率を低減した。また、

年貢量把握の難しい所領は公田数基準の賦課を併用し、両者あわせて恒例の賦課となるよう目指した、と第一章では推測した。

第二節　室町期の定率賦課

それでは、五十分一年貢が形骸化した室町期、定率賦課はどのように展開していったか。代表例を整理していこう。

第一項　京都の政権などによるもの

○相国寺造営の費用に充てる十分一年貢

応永元年（一三九四）、創建まもなく焼失した相国寺の再建にあたって、「拾分一御年貢」が徴収されている。応永元年から五年間の措置であった。伊藤俊一氏の整理に従って略述しよう。[2] 守護を介した徴収で、具体例は、東寺の史料などにより一色氏や赤松氏で確認される。一色氏には山門造営の費用、赤松氏には播磨の事例で塔婆材木の費用と費目が特定されている。東寺は守護のもとに「本帳目六」などを持参しており、守護は、東寺の年貢を具体的に把握したうえで、賦課を行っている。ただし、実際の額は十分一より低額だった事例もある。一方、山城国では、相国寺造営を目的として段別五十五文の段銭が賦課され、丹波ほかでも段銭の事例が確認される。

この十分一年貢は、賦課対象は新恩地・地頭職（武家領）に限定されておらず、臨時の賦課である点も、五十分一年貢とは異なる。臨時役だからこそ、所領を限定しない賦課が実現したともいえよう。反面、段銭と併用されており、田数を基準にした賦課と年貢高を基準とした賦課が併用された点では、新恩地年貢（五十分一年貢）と類似しており、注目される。

○近衛家領に課せられた、拝賀の費用に充てる十五分一

同じく応永元年、近衛良嗣は、十二月二十五日に大納言になる。この月のはじめ、広橋兼宣は、その拝賀にかかる費用の調達を相談している。

〔史料2〕『兼宣公記』(3)

四日、天晴、藤井前宰相(嗣尹)幷知高(西洞院)等参申、是殿(近衛良嗣)中御拝賀用脚等事、為二談合一也、所詮御恩之地、不レ論二多少一、十五分壱之用脚可レ致二沙汰一云々、（下略）

前月四日、兼宣は、足利義満の計らいで、近衛良嗣の年預となり、美濃国生津荘東方を料所として奉行するよう命じられている。兼宣の日記に、大納言拝賀の費用調達の記事があるのは、年預の立場にあるためである。良嗣の大納言昇進は、兼宣の父仲光が義満に働きかけており、良嗣も、十二月十九日に、義満の計らいで、美濃国大井荘の奉行となっている。しかし、広橋家だけが必要経費を負担したのではないだろう。

十五分一の意味は明瞭ではない。拝賀必要経費を十五等分して、十五の御恩地（近衛家領で家礼が奉行している所領）に、年貢の多寡は考慮せずにひとしく賦課する、とも解釈しうる。その場合、所領の特定が必要だが、その記述はない。ここでは、近衛家が御恩地を対象に、年貢額の十五分一をひとしく賦課することを企図した、と解釈したい。この十五分一は、公家の賦課であり、臨時役である点、五十分一年貢とは異なる。しかし、給恩地への賦課である点は共通する。主従的な関係のなかで、給恩地には賦課が容易であることの例となろう。

なお、先の相国寺の例と同じ時期の事例である。同じ応永年間（一三九四―一四二八）には、五十分一年貢の所見もある。この頃、年貢量の把握が進み、定率賦課がある程度一般化していたことになろう。こののち、京都を拠点とする勢力に定率賦課が確認しえなくなるのは、在京勢力にとって、所領からの収入は、財源として機能はしていたもののの安定性を失っていったことの反映なのかもしれない。

第二項　守護によるもの

守護による定率賦課については、年貢の貫高把握を検討するなかで注目されてきた。

○山名氏

守護による定率賦課の事例として、次の『山内首藤家文書』に伝わる永享四年（一四三二）の案文はよく知られている。

〔史料3〕『山内首藤家文書』(4)

（端裏書）「本領廿一分一」

注進

山内次郎四郎知行分事

合

本領　百六十九貫文　廿分一八貫四百五十文

給分二个所（津口半済　河北半済）四十貫七百文十分一四貫七十文

以上　十弐貫伍百廿文　進上分

本領の目六は、先年親にて候上野（熙通）と、下野兄弟相論の時、佐々木の檀方代官佐藤入部（善円）仕候て、検知仕候上は、其隠候はす候、猶以六十余州仏神の御罰を罷かふり候はんするに、偽申候はす候、可レ有二御披露一候、恐惶謹言、

永享四年十二月　藤原時通

給与地二か所は、守護山名氏からの給与であること、本領を検地した佐々木とは、守護山名時熙の守護代佐々木筑前入道と見なされることから、進上先は守護山名氏と確認される。山名氏が、被官に対し、本領には年貢高の十分一、給分には年貢高の二十分一を賦課していることがわかる。守護山名氏は、相論を通じて検地を行い、山内氏の本領の年貢高を把握しているのも興味深い。

武家による武家領への賦課である点、恒例的な賦課と見なされる点、五十分一年貢と共通する。対象は給恩地に限定していないけれども、給恩地と本領とで賦課率を変えているのは興味深い。この史料を分析した岸田裕之氏は、「室町幕府—守護・御家人体制下の賦課」について、「政治諸権力の賦課は、大きくは『五十分一』『二十分一』『十分二』『五分二』などと称する所領高（年貢高）賦課と段銭との二形態に分けられる」と総括している(5)。第一章の理解のうえにたてば、新恩地年貢における、年貢高基準（五十分一）と公田数基準の併用のうえに位置付けられることとなる。

○大内氏

〔史料4〕『阿弥陀寺文書(6)』

就防州阿弥陀寺領十分二事、自寺家被申子細候、国衙一円地候間、自此方はか様御公事、前々より不被懸申之由候、以前様定可有存知候、任先規可被申付候、恐々謹言、

嘉吉元　十一月十三日　飯田大炊允　秀家（花押）
鷲頭肥前守　弘忠（花押）

中村入道殿（重方カ）

嘉吉元年（一四四一）、阿弥陀寺領に賦課された「十分二」につき、阿弥陀寺から、国衙一円地のため、この類の

賦課はこれまでなかった旨の訴えを受け、大内氏奉行人が、先例通りに執行するよう、命じている。この史料を紹介された松岡久人氏は、背景に、大内教弘の九州出陣を想定している。阿弥陀寺が拒否している点からも、臨時役である可能性は高い。阿弥陀寺は、免除の根拠を国衙一円地である点に置いている。おそらくは、大内氏は、武家領を対象としつつ、多くの所領への賦課を意図したかと思われる。なお、川岡勉氏は、大内氏の知行制を論ずるなかで、給恩地年貢高を基準とした負担を大内氏被官（御家人）に課したことを明らかにしており、大内氏の場合、給恩地に対する賦課が機能していた。

第三節　戦国大名による定率賦課

○武田氏

山室恭子氏が「段銭」と理解した事例がある。[7]

〔史料5〕『一蓮寺文書』（折紙）

面付之事

上務
合参百貫文　一条

此内

弐百四拾六貫役

（朱印）□七貫三百八十文請取相済候、三月四日

一　上務百貫ニ三貫宛之事

一　可レ為二地頭役一之事
　　付不レ可レ有二百姓之綺一事

以上

（天正四年）
丙子
三月四日

今井新左衛門尉　信衡（花押）
日向玄東斎　宗立（花押）
小原丹後守　継忠（花押）

（朱印）
□追而去庚申・（永禄三年）
（天正二年）
甲戌如二両年之
納帳一請取候、以上、

一蓮寺
　　納所

天正四年（一五七六）、武田氏の奉行人連署奉書のなかで、一〇〇貫文につき三貫文の役が課せられ、二四六貫文に七貫三八〇文を支払っている。寺社領に対するもので、武家領に限った賦課ではなく、また本領・新恩地の区別もみられない。永禄三年（一五六〇）・天正二年の納帳が存在しており、恒常的と断定はできないものの、臨時役としても繰り返される賦課であった。この三％の役の所見は、ほぼ同じときにもう一例ある。また、弘治三年（一五五七）、京進の役として、一〇〇貫文に八〇〇文の役も確認される。こちらは臨時役と思われ、負担を地頭と百姓（村落）で折半している点、史料5が地頭の負担と限定しているのとは異なる。これらの役を武田氏の賦課体系にどう位置付けるか、については見解は分かれるが、定率賦課が存在したことは確かである。

○後北条氏

後北条氏では、定率賦課は多く確認される。懸銭と整理されている畠地への賦課、出銭と総称されているさまざまな賦課率の臨時的な役などが確認される。賦課率が明示されるのは、天文十九年（一五五〇）四月に一斉に出された「国中諸郡就二退転一、庚戌四月諸郷公事赦免之様躰之事」とはじまる北条家朱印状である。「為二諸点役之替一、百貫文之地より六貫文懸に可レ出趣、相定候」、六月と十月に分けて御倉に納めることを命じ、「此已後は、昔より定候諸公事、一も不レ残令二赦免一候」という内容で共通する。それまでの複雑な賦課を整理し、六%の定率賦課とした。本領・新恩地の区別ほかなく、恒例役として確立した定率賦課であり、後北条氏の支配の深化を窺わせる(8)。

第四節　徳川家康による五十分一役

徳川家康は、五か国領有の段階で、史料上「五十分一」とみえる賦課を実施している。新行紀一氏の再検討、それを批判的に継承した本多隆成氏・谷口央氏の論争など、その実態や評価はいまだ確定していないが、おおまかに整理していきたい(9)。

○実施年、賦課範囲、賦課基準

天正十五年（一五八七）から十六年の二か年の賦課である。背景には、天正十四年の家康上洛を経て、豊臣秀吉のもとでの経費増大が想定されている。ただし、谷口氏は、西三河を中心とした地域では、天正十五年分が十七年に賦課されたと理解している。賦課の実例は、三河・甲斐の所見が多く、遠江に加え、駿河でも確認されている。賦課基準は年貢高であるが、本多氏は、甲斐のみ、知行高と区別している。

なお、佐竹義宣は、天正十八年の上洛にあたり、分国中に「十分一」を賦課していることを谷口氏が指摘している。

○賦課対象

武家領か否か、また本領・新恩を問わず、すべての所領（給人領・寺社領）を対象としている。この点、室町幕府の五十分一年貢とは大きく異なる。ただし、甲斐の事例を分析した鈴木将典氏は、五十分一役徴収の所見が、家康の支配の及んだ国中領に限られ、有力国衆の支配した郡内領・河内領には及ばないことを指摘している。徴収に限界があったことは疑いない。なお、甲斐では、地頭役などとして賦課され、給人などが負担することが明記されている。

○賦課の趣旨―恒例役か臨時役か―

臨時役と理解するか否かは、天正十七年から十八年初頭にかけて実施された五か国総検地との関連をどう理解するか、と関わって、大きな論点となっている。新行氏は、総検地の第一段階として積極的に評価し、谷口氏は地域支配体制の転換で、総検地に発展的に継承されたと位置付ける。恒例役とはいえないまでも、単に必要に迫られた賦課ではないと理解している。本多氏は、経費増大に応じて財政基盤を強化するための、緊急の増収策と位置付け、鈴木氏は、戦時の軍役賦課に類するものと整理し、ともに、総検地との関連を評価せず、状況に即した臨時の賦課と理解する。

総検地のなかで、五十分一役が言及されることはないようである。検地ののち、知行書立や寺社領証文を交付する際、三河では、五十分一役の請取が必要とされる事例が複数確認され、甲斐では、五十分一役の負担額をもとに、それを五十倍した額を知行高として確定している事例が三例ある。五十分一役は、検地後に、知行高を確認する先例として、一定の位置付けがなされたことは確かである。

○室町幕府の五十分一年貢との関連

関連を重視しない新行氏、関連を想定する本多氏など、見解は分かれる。私は、五十分一という賦課率を選択していること自体、室町幕府の五十分一年貢を意識していると考えたい。家康が本拠とした三河は、鎌倉時代に足利氏が守護を務め、足利一族が発展した場所で、室町幕府下でも奉公衆があまた存在していた。五十分一年貢の負担も、他の地域と比べて、のちの時代まで継続した度合いが高かったと推測される。家康が年貢高を基準とした均一的な賦課を目指すにあたり、室町幕府の五十分一役を想起したと想像するのも、あながち無理ではないと考える。

この想定に立つと、家康は恒例的な役として意識していたことになろう。この理解は、先行研究のなかでは、谷口氏に近い。

○定率賦課が継続しなかったこと

五十分一役をはじめとする定率賦課は、こののち家康のもと、臨時的、恒例的なものいずれも確認されない。総検地が行われ、賦課の基準となる数値の把握は格段に進んだはずである。もちろん、天正十八年には、関東転封がなされ、五か国総検地の成果を生かせなかったことは確かである。しかし、関東においても検地は進行し、また後北条氏のもとでの定率賦課の実績を踏まえれば、関東転封後に定率賦課を実現することは可能だったように思える。なぜ賦課基準の数値をある程度まで把握しえたのちも、家康は定率賦課を目指さなかったのか。

定率賦課の抱える問題は、これまでみたように、第一に、基準となる年貢高などの把握の難しさにある。もうひとつ、徴収方法の困難さもあるのではないだろうか。鈴木氏の整理された、五十分一役の甲斐の事例では、給人と寺社では徴収方法が異なり、寺社の場合、天正十五年には奉行衆が徴収を代行、もしくは仲介し、天正十六年には「八幡之別当」が請取を出している。徴収方法が安定していない。この点からも、五十分一役徴収の体制を整えるのは困難だったと想像される。全所領からの定率賦課を安定的に実現するには、然るべき成熟した統治体制が必要なのである。室町幕府においても、五十分一年貢は機能しえなかった。それでもいくらかの痕跡は残しているのは、武士に対象を限定したため、地頭御家人役を徴収する体制を援用しえたからだろう。室町幕府の築いた、幕府直結と守護による仲介という体制の有効性を改めて確認する次第である。

註

（1）内閣文庫本による。一六二―〇一八九、画像公開。翻刻は日本思想大系『中世政治社会思想』下。『太平記』は、日本古典文学大系の流布本による。

（2）伊藤俊一「相国寺の造営と造営役」（『室町期荘園制の研究』塙書房、二〇一〇年）。

（3）応永元年十二月四日条、史料纂集一新訂増補版。

（4）大日本古文書『山内首藤家文書』九二。

（5）岸田裕之『大名領国の構成的展開』（吉川弘文館、一九八三年）、引用は「成果と課題　室町幕府体制の構造」（初出一九七五年）、「守護山名氏の備後国支配の展開と知行制」（初出一九七二年）参照。「五分一」は、大内氏配下の小笠原氏が永正年間（一五〇四―二一）に賦課した事例を同論文で紹介している。

（6）『山口県史』史料編中世二『阿弥陀寺文書』五一。松岡久人「室町戦国期の周防国衙領と大内氏」（『大内氏の研究』清文堂出版、二〇一一年、初出一九七二年）。川岡勉「大内氏の知行制と御家人制」（『室町幕府と守護権力』吉川弘文館、二〇〇二年、初出一九八三年）。

（7）『山梨県史』資料編四・中世一、二三、朱印は今井信衡のもの。山中（山室）恭子「中世の中に生まれた『近世』―戦国大名武田氏の場合―」（『遥かなる中世』四、一九八〇年）。柴辻俊六「武田領の反銭と棟別役」（『戦国大名武田氏領の支配構造』名著出版、一九九一年、初出一九八二年）参照。宇田川徳哉氏は「田役」と位置付けている（「武田氏領国の『田役』賦課」『武田史研究』二三、二〇〇一年）。鈴木将典「武田氏の田役と段銭」（『戦国大名武田氏の領国支配』岩田書院、二〇一五年、初出二〇一一年）も参照されたい。

（8）引用は『剣持文書』（『小田原市史』史料編中世二小田原北条一、二五七。以下二六四まで朔日付で同内容となっている）。佐脇

栄智「後北条氏の懸銭・段銭再考」（『後北条氏と領国経営』吉川弘文館、一九九七年、初出一九九二年）など。

（9）　新行紀一「徳川五か国検地研究ノート―五十分一役を中心に―」（『愛知県史研究』創刊号、一九九七年）、本多隆成『初期徳川氏の農村支配』（吉川弘文館、二〇〇六年）、谷口央『幕藩制成立期の社会政治史研究』（校倉書房、二〇一四年）、鈴木将典「『五十分一役』の再検討―徳川領国下の甲斐を中心に―」（『戦国史研究』五一、二〇〇六年）。

第二章　太良荘に賦課された室町幕府地頭御家人役

はじめに

東寺伝来の史料群は、室町期の政治史・制度史を解明するうえでも貴重である。本章では、若狭国太良荘の史料を材料に、室町幕府の地頭御家人役について考察を試みたい。室町幕府の地頭御家人役とは、鎌倉幕府の関東御公事を引き継ぐ課役を指す。本来史料表現であるが、そのまま術語として用いられている。これまで、桑山浩然・田沼睦・丹生谷哲一・今岡典和らの諸氏によりその概要は明らかにされており、以下に、主要な史料(群)に触れつつ紹介する(1)。

Ⅰ　室町幕府初期の貞和三年(一三四七)、侍所の職員である「雑色小舎人雑仕等」の「給物」についての幕府追加法が定められる(2)。これらの給物は「地頭御家人役」から支出されることを確認したうえで、将軍に直接奉公する人々を除き、地頭御家人に平均して人別一貫文を懸けると定める。徴収方法にも言及し、そのなかで、各地頭御家人が期日までに守護所に持参するのが原則であると判明する。この追加法から、室町幕府にも地頭御家人への課役が機能していたこと、また納入方法は二本立てで、一般の地頭御家人は守護を介して納入し、直勤御家人は幕府に直接納めることなどが明らかとなる。

Ⅱ　一六〇年ほどのち永正七年(一五一〇)、越後守護上杉定実の在京雑掌は、奉行人に宛て、上杉氏が負担すべき「毎年相定国役注文」を送る(3)。内容は次のとおり。

五貫文　采女養料
拾貫文　御垸飯料
弐拾貫文　御修理替物
拾貫文　治部四郎左衛門尉給物
拾貫文　朝夕新右衛門衣料
五拾貫文　小舎人雑色等給物

雑色小舎人等給物が見えるように、これらの項目のほとんどは地頭御家人役の系譜を引く。Ⅰで見た守護を介しての納入から発展して、守護による請負というべき方法に変化しているのである。形を変えながらも、地頭御家人役は十六世紀まで命脈を保っている。また請け負った内容は「国役」と呼ばれ、同じく国役と表現される、守護に対する賦課（守護出銭）や守護による一国平均役の請負と同列に意識されていることがわかる。

Ⅲ　長禄四年（一四六〇）、幕府政所発給の文書の控集『政所方御奉書引付』(4)が伝わり、修理替物料（将軍住居の修理や日用の消耗品に充てる費用）および政所職員給物の徴収の実態がわかる。両者とも徴収方法はふたつに大別され、ひとつは守護に宛てて「某国役」として納入を命ずるもの、もうひとつは奉公衆などに対して納入を命ずるもので、Ⅱで見た守護による請負がすでに成立しているとともに、Ⅰで見た直勤御家人の直接納入という方式も生きていることが確認される。

本章では、このような全体像のなかで、一四〇〇年前後の地頭御家人役徴収の様子を明らかにして、南北朝後期の幕府が地頭御家人役をどのように位置付けていたかを考察し、また「国役」への変化などをより具体的に跡づけたいと思う。

第一節　賦課の実態

第一項　概　　要

太良荘に賦課された地頭御家人役について言及したものとして、まず『小浜市史』通史編上巻（一九九二年）五四一頁を引用しよう（須磨千頴氏執筆）。

守護は幕府から将軍周囲の公私の行事や仏神事などに必要な費用などの負担を命じられた。守護出銭と呼ばれたものであるが、（中略）守護はしばしばこれを地頭御家人に転嫁した。応安三年太良荘地頭方に対して「等持院殿（足利尊氏）十三廻御仏事料足弐貫文」が守護方から懸けられているのはその一例である。本来地頭御家人の負担となっている課役も幾種類もあったが、それらも国役として守護を通じて賦課された。南北朝から室町時代にかけて多数伝えられている太良荘地頭方年貢算用状に、やはりほぼ応安年間ごろ以降守護方への負担として計上されるようになる三月三日節句料足・九月九日節句料足・采女養料・垸飯料足・修理替要脚などはこの種のものであった。若狭国に限っては、八幡宮放生会・上下宮流鏑馬役などの負担もあった。このほか守護は必要に応じて兵糧銭・陣夫・馬・京上夫などを諸所領に対して要求した。

ついで『福井県史』通史編2中世（一九九四年）四九一頁（河村昭一氏執筆）。

地頭・御家人役には、鎌倉期以来の幕府諸行事費・建物造営費と幕府下級役人の俸給の二種があり、守護を通じて納入された。太良荘では、南北朝期には多様な役が課せられたが次第に減少していき、応永十六年以降は節供・垸飯・修理替・采女養の各料足（合計二貫五〇〇文）に固定された。それも永享六年三月幕府から太良荘の「守護不入」が確認されて以後はなくなる。

いずれも、的を射た概説となっているけれども、何か所か不正確な記述があり、『小浜市史』で、尊氏十三回忌仏事銭の賦課を、守護への賦課の転嫁とするのは疑問が残る。桑山氏も守護出銭の説明のなかでこの事例を引用しているものの、この賦課は臨時の地頭御家人役と判断するのが妥当であろう。たとえば、鎌倉府の例だが、永和四年（一三七八）、関東公方であった足利基氏の十三回忌にあたり、別府幸直に仏事料足三貫文が賦課されており、これは地頭御家人に対する課役であろう(5)。尊氏の年忌仏事でも、地頭御家人に賦課が行われたと考えたい。なお、本章では若狭の事例を通じて幕府の賦課を考察するため、若狭一国に限る八幡宮放生会などは考察の対象から除く。

では、具体的に史料を示そう。応安六年（一三七三）の算用状である（『東寺百合文書』ハ函七七号、以下同文書は函名と号数のみ記す）。

（端裏書）
「太良庄地頭方散用状応安六」

注進　太良庄地頭御方御年貢散用之事

　合　陸十石肆斗弐升壱合八勺内

半分定参十石弐斗壱升九勺内

　　除

陸斗六升六合六勺六才　自二応安五年一河成二石代分

伍斗七升五合　三郎介次テチクテン（逐電）、

壱石四斗　不作、当年分、

　以上弐石六斗四升壱合六勺六才

残米弐十柒石伍斗六升九合二勺四才内

捌百参十文　本利　応安五年十二月廿七日垸飯料足二守護方出、

①

百六十〔六〕文三分一　本利　応安五年十二月廿七日守護方奉行酒肴入候、

百六十六文三分一　本利　応安六年正月廿一日守護方奉行酒肴入候、

百四文三分一　本利　守護方若殿原度々酒買了、

百四十文三分一　本利　守護方奉行方大豆買出了、

百十六文　本利　三月三日節供料足、於二請料一沙汰出候不足分　②

五百文　九月九日節供料足出、　③

壱貫陸百六十六文三分一　御所築地料足ニ守護方出レ之、　④

百卅二文三分一　同時料足於免せられんかためニ奉行方酒肴入、

参百文　御所壬十月御台所料足ニ守護方出、　⑤

捌百卅二文三分一　守護方借用物出、

以上銭肆貫九百六十壱文

代米捌石柒斗　和市石別五百七十文定、

伍百文　御所垸飯料足ニ守護方十二月六日出了、　⑥

代米柒斗七升　和市斗別六十五文充、

弐斗　大豆代　守護方奉行方出了、是ハしよまう、（所望）

以上玖石陸斗柒升

残定米拾柒石捌斗玖升九合二勺四才内

参斗伍升　現米　八月廿五日　送文

拾肆石参升　代銭捌貫文　和市石別五百七十文定、　壬十月十日　送文

壱石弐斗参升代銭捌百文 和市石別六百五十文定、　十二月七日　送文

以上拾伍石六斗壱升　進上分也、

庄未進弐石弐斗捌升九合二勺四才

右算用状如レ件、

応安六年十二月　日

公文弁祐（花押）

政所正覚（花押）

年貢納入に関わる算用状で、守護への支出は年貢の一部として処理されている。年貢総額からこれらを差し引いた額が東寺への進上年貢となるため、費目も含めて細かく計上されており、詳細に実態を知ることができる。地頭御家人役で守護を介して幕府に納入されたと見なされるものは、①から⑥という符号を付した費目である。

地頭御家人役と判断した費目は、守護への支出のうち、守護の奉行人などに関わるものや夫役を除いたもので、関東御公事によく見られる垸飯役など、将軍の近辺に関わる課役と推測されるものである。ただし、判断の根拠を明瞭に示すことは難しい。以下、不十分ながら、幕府から賦課された地頭御家人役であることの確認を試みておきたい。

東寺は御家人でない以上、東寺が負担する理由は、地頭職を有している点にある。周知のように、南北朝期になると東寺は太良荘の領家職に加えて地頭職も所持する（ただし半済が実施されており、算用状の冒頭で年貢が「半分定」になっているのはこのためである）。ならば、地頭御家人役と見なされる課役は、幕府から守護を通じて地頭方に賦課されているはずであろう。先に引用した算用状の⑤には、若狭国守護代小笠原長房の奉書による納入命令が伝わっている（6）（オ六四）。

閏十月分御所御台所方料足事、御奉書如レ此、早任下被二仰下一之旨上、来十日以前、三百文可レ被レ致二其沙汰一之状、

仍執達如レ件、

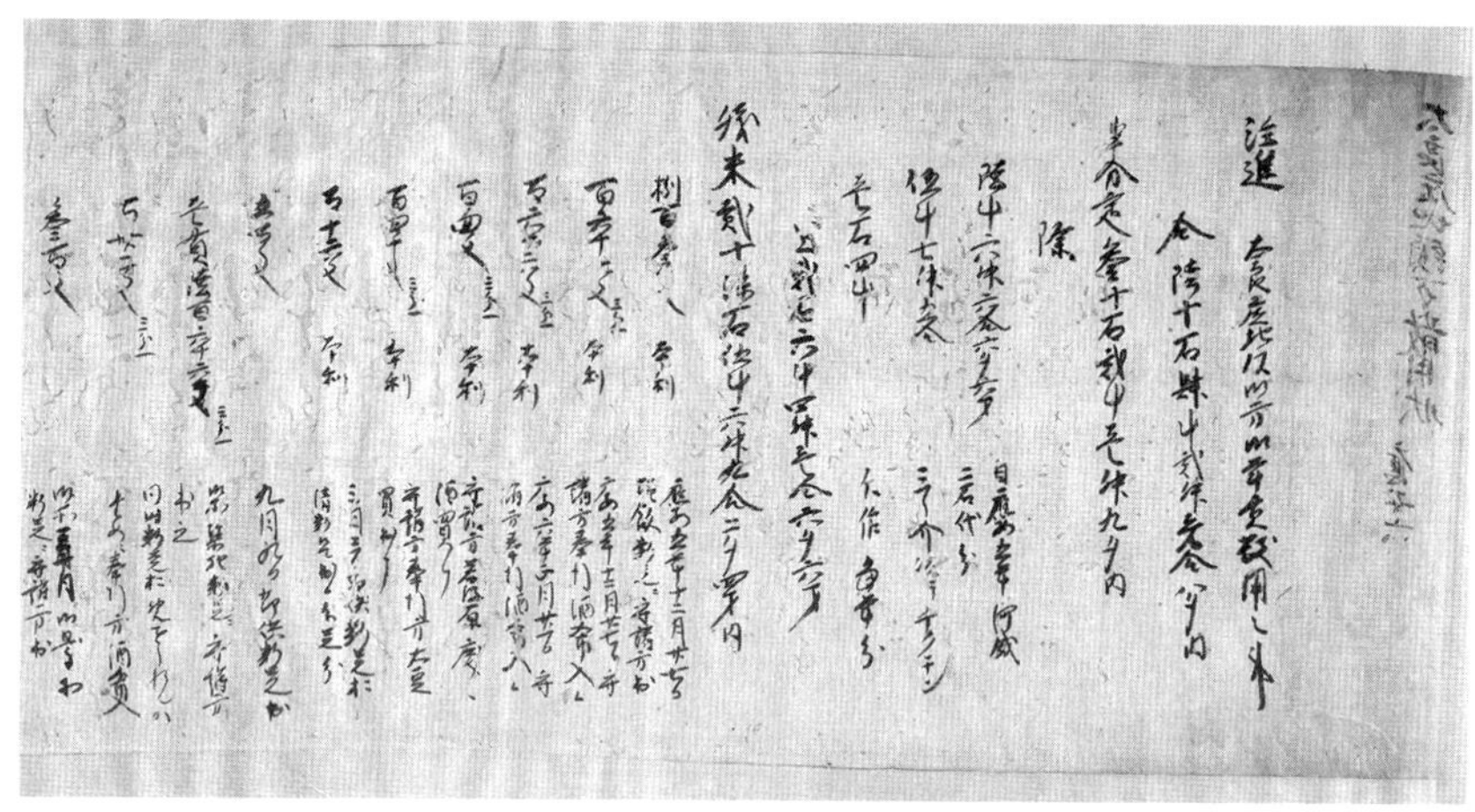

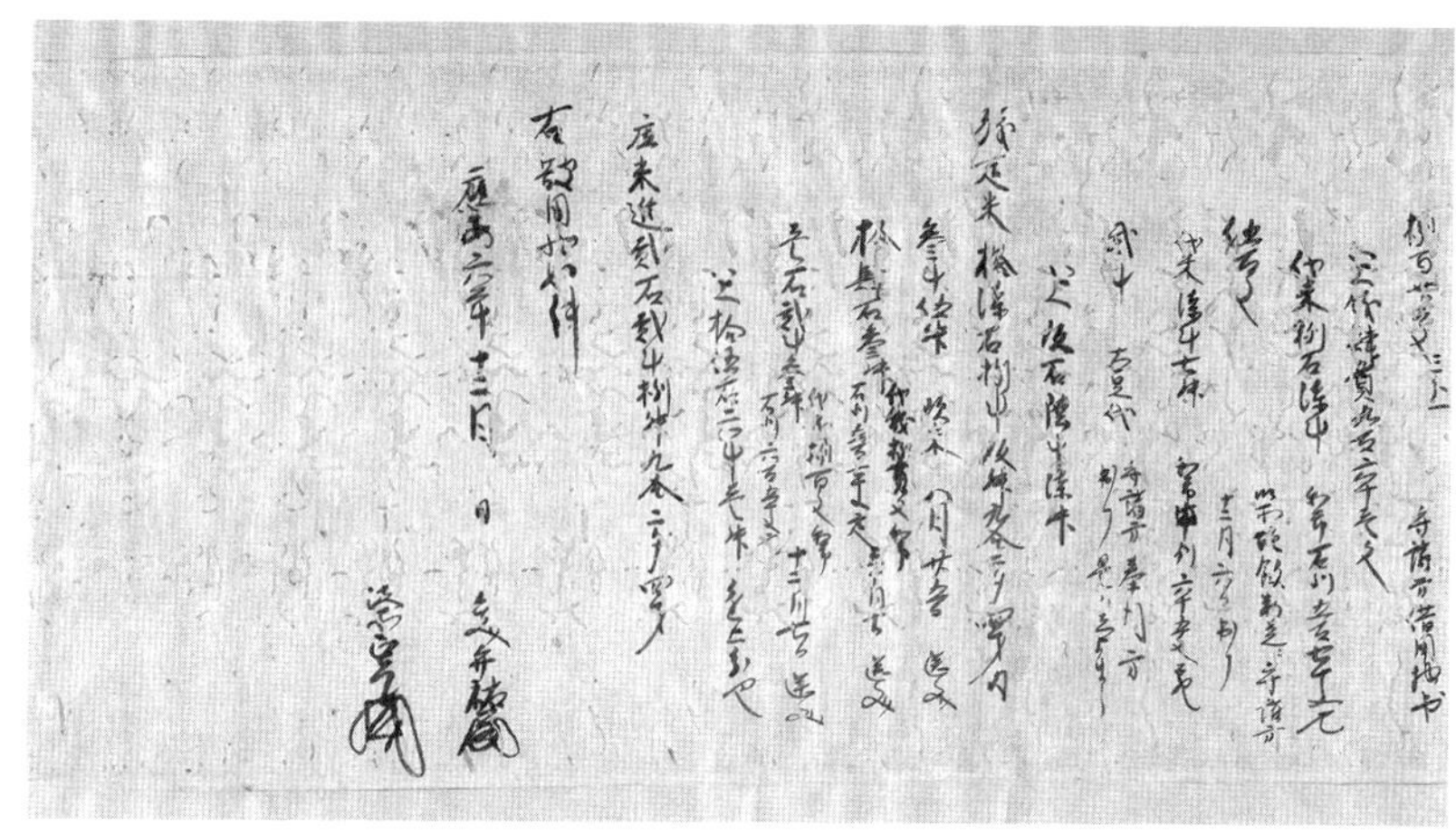

図 4　若狭国太良荘地頭方年貢算用状（応安 6 年 12 月日，京都府立京都学・歴彩館 東寺百合文書 WEB）

散位（小笠原長房）（花押）

応安六年十月廿九日

太良保地頭方□□（公文ヵ）所殿

まず、宛所は地頭方であることに留意したい。ついでこの命令が「御奉書」の命を伝達しているのも注目される。若狭守護代の奉書で「御奉書」と表現するのは、幕府発給文書である可能性が高い。応安四年に同じく守護代の奉書で「閏月御所贄殿方料足」五〇〇文を地頭方に賦課した例では、「政所切符幷御奉書如レ此」とあり、「御奉書」とは、幕府政所の徴収命令書をうけて、守護に宛てた文書かと推測される（ツ六四）。また、九月九日の節供料足についても、守護代の奉書で地頭方に命令が伝えられた例があり（オ五四）、三月・九月の節供料足もまた、幕府からの賦課と見なされる。

この奉書では「御所」という表現にも注意が必要である。これは将軍を指す表現であろう。たとえば、応安三年の『太良荘地頭方評定引付』に、先に言及した「等持院殿十三回御仏事料足弐貫文」の賦課が見え（正月二十四日条・四月二十九日条、タ二〇）、同年分の算用状に「御所御仏事料足」として二貫文が計上されている（ハ七二）ことなどは参考になろう。算用状の費目には他にも「御所垸飯料足」⑥など「御所」を冠するものがあり、将軍に関わる賦課であるという判断の根拠となる。

さて、先の算用状はいわば本年貢に関わるもので、この頃の太良荘から東寺に納入される費目には、他に請料・修理替物、麦地子、秋地子などがあり、この年はそれらにつき別の算用状が作成されたかと思われる。三月三日の節供料は、ふつう請料から支出される。先の算用状に三月三日節供料足がみえず、②に不足分のみ計上されているのは、もうひとつの算用状に計上されるからであろう。

第二項　地頭方・領家方

先に引用した算用状で、金額の脇に「三分一」と見えるものがある。たとえば④「御所築地料足」に一貫六六六文が計上され、「三分一」とある。この費目には守護方の請取状が伝存し、金額は五貫文である（オ六三）。地頭方の負担分は守護に支払うべき額の三分の一という意味であり、残りの三分の二は領家方が負担したのであろう。また、⑤の閏月御台所料足三〇〇文には「三分一」と記されないが、先に見たように徴収命令でも三〇〇文とあり、「三分一」と付記されない費目は地頭方のみの負担となる。地頭御家人役には、地頭方のみで負担する費目と、地頭方・領家方双方で分担する費目があったことになる。

本来のありかたである、地頭方のみで支出する費目から整理しよう。先の算用状では、まず①⑥「垸飯料足」（二年分）、②③三月三日および九月九日の節供料足が挙げられる。いずれも、ほぼ毎年の算用状に見える費目である。ついで⑤「御所壬十月御台所料足」、将軍家の食事に関わる費用のうち、閏月の分のみ地頭御家人役として賦課されたもので、「贄殿料足」と表現されることも多く、閏月のある年のみに見える。なお、応永十六年（一四〇九）の日付をもつ某年の領家方算用状に「御直衣始贄殿・修理替」の「参色分」一貫四〇〇文が計上されていて、贄殿料足を領家方から支出しているけれども（『教王護国寺文書』九二九）、特殊な事例と見なしておく。

地頭方・領家方双方で分担する費目は、ほとんど守護方への礼銭や夫役などであるけれども、地頭御家人役と判断されるものとして、修理関係の費目が挙げられる。先の算用状に見える④「御所築地料足」は、御所という表現から将軍邸宅の築地の費用と推定され、地頭方の負担は総額の三分一である。類例として康応元年（一三八九）「築地料足」五〇〇文（ハ九六）、応永七年（一四〇〇）「大御所修理料足」六六六文（ハ九九）が挙げられる。いずれも地頭方算用状に見える。後者は三倍すると二貫文になり、地頭方は三分一を負担した可能性が高い。

地頭方・領家方いずれかに決めがたい費目もある。ひとつは、将軍子女に関わる、誕生などの祝儀の費用。地頭方算用状では、永和二年（一三七六）「御所御産料足」三三三文（『教王護国寺文書』五四七）、永徳元年（一三八一）「御所若御料御祝料足」一貫三〇〇文、「御産料足」七〇〇文（八八七）、永徳二年「姫君料足」三三二文（八八九）、嘉慶二年（一三八八）「若君料足」五〇〇文、「若君御台料足」五〇〇文（八九三）などが、該当する可能性のあるもの。うち、永徳元年の二例については守護方の請取状が残り（『教王護国寺文書』五九四）、金額はおのおの一貫文、七〇〇文とあって、後者は一致し、前者は請取のほうが三〇〇文少ないけれども、使に関わる費用をあわせて算用状に計上したかと考えられる。つまり、永徳元年は地頭方のみの負担である。一方、永和二年、永徳二年は、三倍すると一貫文になり、地頭方の負担は三分一であった可能性が高い（永和二年の場合、翌々年に不足分が計上された可能性も残る、『教王護国寺文書』五六一）。領家方算用状では、先に掲げた応永十六年頃の「御直衣始」が挙げられるけれども、費目もやや他と異なるうえ、三種合算になっており、特殊な事例と考えるべきかと思う。

もうひとつは、仏事の費用を守護方に出す事例。内容は表1のとおりで[7]、いずれも守護に支出しており、東寺の修法に充てる費用ではない。少なくとも、応安三年の尊氏十三回忌仏事および応安七年の後光厳院仏事は、地頭方に賦課されており、幕府がもよおす修法の費用が地頭御家人役として賦課されていると考えられる。表をみると、南北朝末期は地頭方、応永年間（一三九四―一四二八）初期は領家方から支出されているけれども、これは史料の伝存状況、地頭方算用状は応永初期に少なく、領家方算用状は南北朝末期に少ないという状況に依り、また表に掲げる年のうち、双方ともに算用状の残る年は一例のみなので、負担の分担を明確にできない。先の尊氏仏事や後光厳院仏事の費用は、地頭方のみで負担しているようだが、明徳元年（一三九〇）には地頭領家双方の算用状が残り、ともに「御祈禱料足」一貫七〇〇文を支出しており、双方で等分に分担している。

では、費目による分担方法の違いはなにに由来するのであろうか。地頭御家人役は、恒例役と臨時役に大別される。地頭方のみで負担する費目のうち、垸飯・節供は毎年の支出、他も閏月のある年に決まった賦課で、おおよそ恒例役と見なされる。一方、修理・祝儀・仏事の費用の場合、先に見た事例はいずれも一定せず、臨時の賦課であろう。おそらく、恒例役は地頭方のみで負担し、臨時役の場合はときにより領家方と分担するという原則であったと思われる。

修理関係の費用を双方で負担する理由を考えるうえで、太良荘現地から東寺に納入する費目のなかに、修理替物用途が見えるのは注目される。修理替物用途は、かつて太良荘が得宗の支配下におかれたときに賦課され、南北朝以降も東寺に引き継がれて定着し、算用状に東寺への納入費目として散見する。(8) 南北朝初期の暦応四年（一三四一）、地頭代の目安「太良御庄地頭御方加増米分米銭条々事」の一節を引用しよう（ハ一四）。

表1　太良荘から守護方に出した仏事費用

年	次	方	額（文）	費　目	典　拠
貞治6	1367	地頭	500	七仏薬師	ハ68
			500	大法	
応安3	1370	地頭	2,000	（尊氏十三回忌仏事）	ハ72・タ20＊
			535	八講	ハ72
応安7	1374	地頭	1,500	（後光厳院御仏事）	ハ78＊
永和2	1376	地頭	1,066	公家御仏事	教547
			907	後光厳院御仏事	
			432	星祈禱	
康暦2	1380	?	300	（義詮仏事）	教594＊
至徳元	1384	地頭	332	御仏事	ハ90
至徳2	1385	地頭	500	不動供	フ62
嘉慶元	1387	地頭	500	五壇法	フ66
嘉慶2	1388	地頭	500	内外典	ハ93
			500	御祈禱	
			500	御仏事	
			500	観音懺法	
康応元	1389	地頭	1,000	御祈禱	ハ96
明徳元	1390	地頭	1,700	御祈禱	ハ95
		領家	1,700	御祈禱	教658
応永4	1397	領家	1,000	御仏事	オ103
応永5	1398	領家	1,000	公方御仏事	教787
応永6	1399	領家	1,000	御仏事	ツ90

一修理用途十一貫九百廿七文、但於二半分一者御免、残半分五貫九百六十四文、此内於二公田分一者、自二領家方一被二執進一之間、当方分一貫五百五十四文執進畢、

修理用途半分を公田分として領家方から、そのほか（新田や地頭給田などの分）は地頭方からと分けて納入している。地頭方分は総額の約二六％で、三分一という数字の根拠も窺われる。守護を通じて臨時に賦課される修理関係の費用も、東寺への納入方法の延長線上で処理されたのであろう。そして、他の臨時課役にも適用される場合があったと判断される。

第二節　賦課の契機

太良荘に賦課された地頭御家人役には、ふたつの大きな特徴がある。ひとつは、賦課の所見が貞治六年（一三六七）頃からであること。室町幕府成立期から南北朝中期までは、賦課の事実は確認されない。類別ごとに初見を確認すると、先に掲げたように、仏事は貞治六年、修理関係は応安六年（一三七三）、祝儀などは永和二年（一三七六）であり、恒例役のうち、節供料足は応安元年（一三六八）、垸飯料足は応安四年、閏月料足は応安六年となる。ただし、これらはおもに年貢納入に関わる算用状からの知見であり、これ以前は東寺の責任で京済していたため、算用状に記載されずに賦課を確認できないという可能性も念頭に置かなければならない。その場合でも、納入方式は京済から現地納入へと、納入者にとって不利な方向へ変わっていることとなり、徴収が強化されているのは間違いないであろう(9)。もうひとつの特徴は、この時期に地頭御家人役の賦課が確認される事例はきわめて少なく、類例がないという点である。太良荘をとりまくなんらかの特殊な状況により、賦課が実現したのではないかと予想される。

この二点を考えるにあたり、まず想起されるのは貞治五年（一三六六）の若狭守護の交替である。それ以前、若狭

守護は斯波義種、実質上はその父斯波高経であった。高経は、子息義将を管領に据えるなど、時の幕府を主導する第一人者であったが、この年八月初旬、一族ともに失脚する。のち幕府は、人事の刷新をはじめ、さまざまな施策を講ずる。

（武家）評定始幷引付等自二明日一可二始行一云々、摂州幷若州寺社本所領等事、守護未補之間、下二遣京都奉行人一、各一円沙二汰一付之一云々、(10)

若狭は、斯波氏が守護を務めた北陸の三国の一、摂津は、守護は務めていないものの、斯波氏の介入で混乱した国である。両国は守護が空席のため、幕府奉行人を遣わして、寺社本所領の保護を図ることになるとの情報が記されている。若狭・摂津両国は、一時的に幕府直轄となったと理解される。実際、若狭には白井弾正左衛門入道（行胤）と斎藤五郎右衛門尉康行が下向し、太良荘領家地頭両職は九月二十六日付で両名から東寺に打ち渡される（オ45）など、両名連署の打渡状が計四通、いずれも九月の日付で伝存する。摂津の場合、奉行人連署の打渡状は三通伝わる。摂津守護には、斯波氏没落前から継続して赤松光範が復任しており、没落前後で大きな状況の変化はなかったと見なされる。

新たに若狭守護となるのは、一色範光である。足利一門である一色氏は、範光の父道猷が九州探題となったため、九州で守護の職権を担った例はあるものの、本州で守護に任ぜられるのはこれが初めてである。かつての在任者を復任したのではなく、幕府の意志による登用であり、摂津と異なり、若狭は幕府直轄であった経歴を継承し、幕府の意志が反映されやすい側面を残したと推測される。

翌貞治六年末、将軍義詮は死去し、細川頼之が幕政を主導する。斯波高経の失脚の一因は、『太平記』によると、地頭御家人に対する新たな課税の税率を引き上げたことにあるという。頼之の主導する幕府は、財政難に別の方法で対処するため、従来からあるいわゆる地頭御家人役という枠組みを利用して、増収を図ったという可能性は十分に想定されよう。先に検討した費目には、従来の地頭御家人役の範疇にはいる垸飯料足や節供料足、修理料足ばかりでなく、仏事、それも将軍の追善などではない祈禱の料足が含まれるのも、枠組みを利用したという点から説明しうる。地頭御家人役は、財源としていまだ有効であると見なされていたことになる。そして地頭御家人役による増収という意図は、京都に近いうえ、最前に直轄下にあった若狭国に強く反映されたのではないだろうか。守護一色範光は、すぐに半済を強行するなど幕府の意向に従順ではないけれども、地頭御家人役の徴収は、自らの権限拡大にも有利なため、積極的に取り組んだと考えられる。太良荘での賦課は、先に例示したように、早くても貞治六年、恒例役は翌応安元年からである。貞治五年後半の、一時的な幕府直轄を経ての一色氏の若狭守護登用、そして翌六年末の細川頼之による主導体制の成立と密接に対応すると判断したい。

さて、太良荘をとりまく状況として、若狭という点を考察してきたが、さらに太良荘（地頭方）が得宗跡であるという点にも留意が必要である。たとえば東寺領山城国上久世荘の場合、南北朝中期の貞治二年（一三六三）に、幕府から「得宗跡ありと称して」政所料所として給人を付されるという事件がおこる[11]（せ足利将軍家下文一一）。ことなきを得たようだが、「ありと称して」という表現からは、得宗跡ならば幕府の権限が強く及びうるという意識を窺うことができよう。太良荘は得宗跡であるために、若狭国のなかでも、地頭御家人役による増収という意図が強く反映される場であったと推測される。

第三節　賦課の変遷

南北朝期を過ぎて応永年間にはいると、太良荘への賦課にも変化が生ずる。二点に分けて特徴を掲げよう。

A　臨時役の消滅

先に例示したように、応永年間初期には、臨時的な賦課は減少していく。費目ごとに最後の所見を確認すると、仏事は応永六年（一三九九）、修理関係は応永七年、誕生などの祝儀は嘉慶二年（一三八八）、ついでやや特殊な応永十六年である。また仏事の場合、康応元年（一三八九）以降、修法を特定せず、「御祈禱料足」「御仏事料足」という費目になるのも、臨時役消滅の前段階として留意される。さらに、先に恒例役と分類したもののうち、閏年のみの賦課である将軍家の食事に関わる費目は、応永二年（一三九五、フ七三）ののち途絶え、そののち応永十六年の領家方算用状に三種合算で見えるのみである。臨時役の消滅は、貞治六・応安元年ころに始まった地頭御家人役の徴収が、現実の需要に対応できなくなり、財源としての重要度が低下したことを示している。

B　恒例役の再編成

一方で、これまでに見えなかった費目も登場する。地頭方算用状から例示しよう。

応永七年　「朝夕料足」七〇〇文（ハ九九）
応永十年　「朝夕料足」五〇〇文・「修理替料足」五〇〇文（ハ一〇二）
応永十一年「朝夕・修理替料足」一貫文（応永十二年分も同内容で計上、フ七八）
応永十六年「采女養・修理替料足」一貫文（オ一一七）
　応永二十年まで二例同じ（オ一二二・リ九八）
応永二十一年「垸飯・采女・修理替」一貫五〇〇文（リ九九）

応永二十一年（一四一四）に見える三種をあわせた費目は、こののち永享年間（一四二九―四一）まで継続する。垸飯料足は、応永二十年まで単独で五〇〇文計上されている。節供料足は、応永二十一年では、三月と九月を別に五〇〇文ずつ計上しており、同二十七年には合計して一貫文で計上するようになる（フ九〇）。守護不入となった永享六年（一四三四）以降は、これらの費用は、「御公平」すなわち東寺に進納する年貢から京済されるものの、永享六・七年の両年は、守護への礼物の借銭に充てるとの理由で、現地で支出される部分にも、この費目で計上されている（八一七四・一七八）。

領家方算用状にはたびたび言及してきた次の一例が見える。

応永十六年ヵ　「御直衣始贄殿・修理替」一貫四〇〇文（『教王護国寺文書』九二九）

贄殿料足は通常は地頭方の負担であり、これは特殊な事例であろう。

新たな費目として、朝夕料足、采女料足が見え、またこれまで守護への納入費目にはなかった修理替料足も登場する。朝夕は小侍所の職員で、それに支給する費用は地頭御家人の負担であったと見なされるけれども、采女養料は、本来国司の系統の負担で地頭御家人役の系譜をひかない費目である[12]。そして、これら三つの費目いずれも、冒頭でⅡとして紹介した永正七年（一五一〇）の『上杉家文書』に、国役の費目として見えているのは注目に値しよう。守護の納入費目は、この頃に再編成されて固定化し、のちに継承されたと判断される。再編成の画期は応永十年（一四〇三）より前にあり、同二十年前後にほぼ固定すると見なされる。

A・Bの特徴は、幕府の施策を体現している。財源としての重要度を低下させる反面、毎年、特定の費目につき収入を確保する。南北両朝合一の翌年明徳四年（一三九三）、幕府は酒屋土倉役を恒例役化しており[13]、明徳から応永年間前期は、幕府財政の再構成の時期といえよう。

地頭御家人役の徴収方法もまた、守護を介する個別の徴収から、国役という守護による毎年一定額の請負へ、安定した収入を確保する方向に変化していっていると推測される。太良荘の再編成された費目は、のちに越後守護上杉氏が国役として請け負った費目に近づいている。また、右に列挙した事例を見ると、応永十一年から、異なる費目を合算して計上する例が見えはじめ、ついで合算が通例となっていく。従来どおりに個別費目ごとに徴収されていたならば生じにくい現象であり、少なくとも賦課が形式化している事態を反映している。守護が各費目につき定額で請け負い、それを転嫁しているために起こっているとも考えられよう。(14) 太良荘の事例から、地頭御家人役の守護請負化につき、画期は応永十年までにあり、応永二十年前後にはほぼ確立していたという仮説を提示することができると思う。

第四節　地頭御家人役徴収体制の変化

では太良荘の事例から導きだした仮説は、他の史料群でも確認できるだろうか。冒頭にⅢとして説明した長禄四年（一四六〇）の『政所方御奉書引付』は、修理替物および政所構成員に対する給物の徴収を内容とする政所執事と奉行人の連署奉書の控集で、地頭御家人役徴収の全体像を窺いうる唯一の史料である。奉書の内容は、守護や守護代に対し、国役として納入を命ずるものと、個人に対し、知行分年貢内からの進納を命ずるものに大別され、給物の場合、受取人と金額も明示され、請取を執進するようにとも付言される。ここでの個人とは、おおよそ奉公衆とそれに準ずるものであると解明されている。

冒頭Ⅱで言及したように、永正七年（一五一〇）の越後守護上杉定実の国役注文に「拾貫文　治部四郎左衛門尉(貞兼)給物」と政所奉行人への給物が見える。『政所方御奉書引付』で、治部河内守国通給物一〇貫文を、越後国役として、守護上杉房定に命じているのに対応しており、長禄の給物徴収の体制は、永正年間（一五〇四―二一）まで保持されていると確認される。さらに、丹生谷哲一氏により、給物徴収の体制は、一五四〇年代の天文年間まで、おおよそ継承されていることが明らかになっている。

では、長禄の給物徴収の体制は、どこまで遡りうるだろうか。長禄以前の、給物徴収を命ずる文書を列挙しよう。(15)

ア　永享三年（一四三一）十一月十九日　政所執事・奉行人連署奉書　赤松伊豆守貞村宛
　二宮左衛門五郎給物　一〇貫文（『尊経閣古文書纂』）
『政所方御奉書引付』の「赤松刑部少輔（貞長）宛　二宮新左衛門尉給物　十貫文」に対応する。

イ　応永十六年（一四〇九）八月十日　政所執事・奉行人連署奉書案　一色阿波守跡宛
　御力者孫法師給物　五貫文（『室町家御内書案』）
『政所方御奉書引付』の「一色阿波太郎宛　御力者孫法師給物　五貫文」に対応する。

ウ　応永八年三月十日　政所執事・奉行人連署奉書案（『蜷川家文書』）
斎藤蔵人入道給物徒（従）徒部郷（越前）年貢之内弐拾貫文事、為㆓定役㆒、被㆑仰㆓長井兵庫入道跡（氏春カ）㆒之処、年々未進四拾三貫文相積之間、於㆓領内㆒可㆓責渡㆒之旨、先度雖㆑被㆑仰、不㆓事行㆒云々、太無㆑謂、急速沙汰渡、可㆑執㆓進請取㆒、猶以令㆓難渋㆒者、載㆓起請之詞㆒可㆓注申㆒之由、所㆑被㆓仰下㆒也、仍執達如㆑件、

　応永八年三月十日　藤原　在判
　伊勢守（伊勢貞行）在判
　甲斐美濃入道（祐徳）殿

『政所方御奉書引付』の「長井因幡守宛　斎藤三郎兵衛入道給物　二十貫文」に対応する。

ア・イは長禄の奉書と同じ形式である。ウは異なって、直納者の未進分の徴収を守護代に命じており、役を務めるべき所領名も明示されているけれども、長禄の奉書との対応は確認される。よって、長禄の給物徴収の体制は、応永八年（一四〇一）までは遡りうることになる。

冒頭Iに見たように、直勤御家人は幕府成立当初から守護を介さずに直接に納入しているため、ア・イ・ウのような直納する家は、幕府当初まで遡りうる可能性もあるかもしれない。しかし、南北朝期の直勤御家人、いわゆる「当

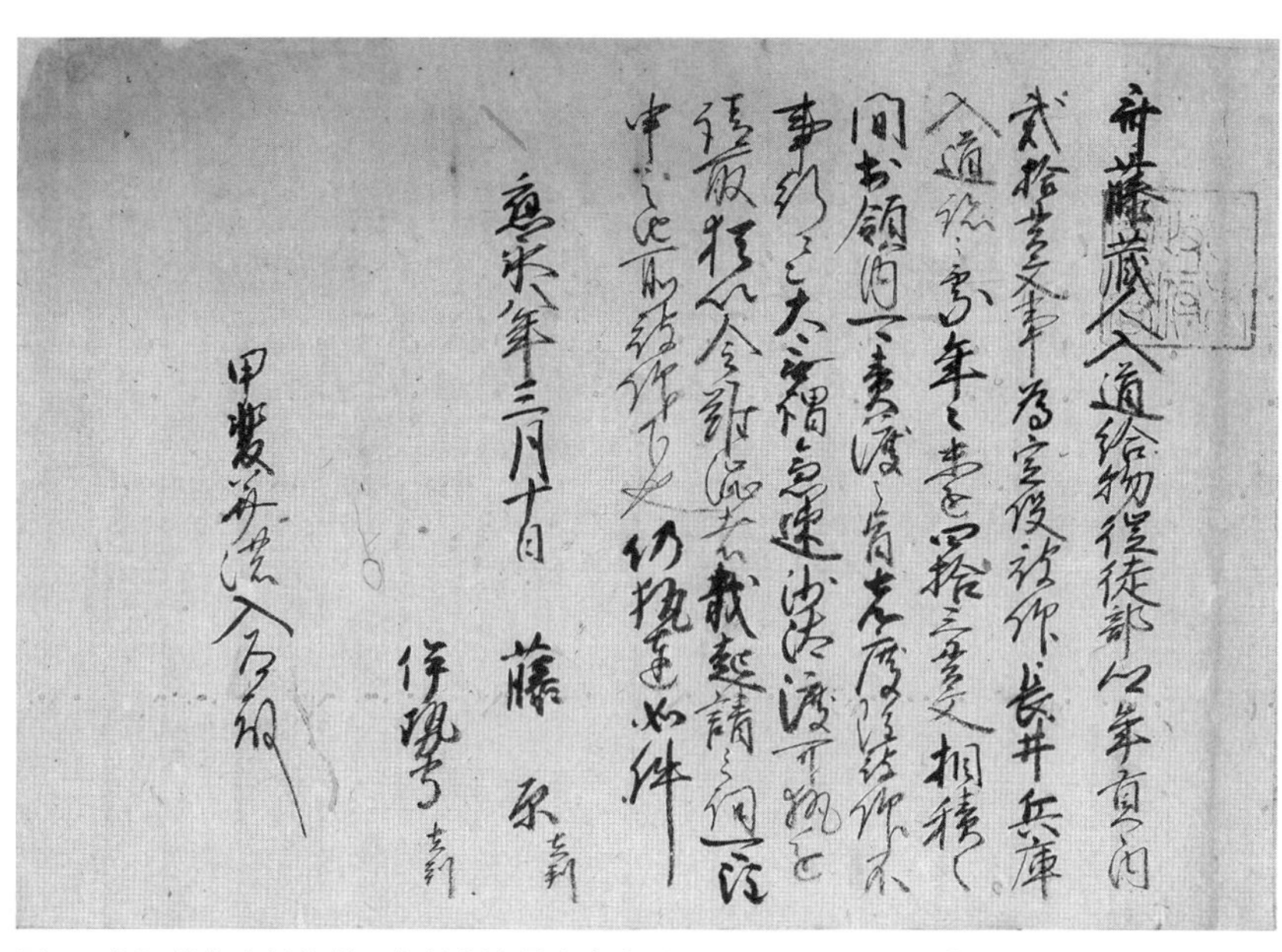

図5　室町幕府政所執事・奉行人連署奉書案（応永8年3月10日，『蜷川家古文書』国立公文書館デジタルアーカイブ）

参奉公人」は、のちの時期の奉公衆そのものではなく、段階を経て奉公衆という形に整備されたと考えられている。また『政所方御奉書引付』に見える、守護などに国役として賦課する体制は整然としていて、ある時期に整備されたと捉えるべきであり、直接納入の部分も、あわせて整備された可能性が高いであろう。整備は段階を経て行われたであろうが、ウの応永八年より前の時期であり、ウで徴収に手間取っているのは、あるいは整備がなされて間もないからとも考えうる。

太良荘の事例では、地頭御家人役の国役化の画期は、応永十年より前にあると判断される。『政所方御奉書引付』に見える給物徴収の体制、守護などに国役として納入を命じ、奉公衆などには直納を命ずる体制は、応永八年より前に成立していると見なされる。このふたつの事例が示す時期は、ほぼ同じと捉えて差し支えあるまい。応永初年、一四〇〇年頃より、地頭御家人役の徴収方法は、それまでの守護を介しての個別徴収から、守護による請負へと変化していったと考えられる。それにともなって直接納入する家についても、再編成が行われたと推測される。

福田豊彦氏は、南北朝期の「当参奉公人」を奉公衆と区別して捉えたうえで、奉公衆が成立する時期に関する所説を、①永享年間初期、②応永年間、③貞治年間と整理し、義教執政期に五か番が成立し、後の史料に見える番ごとの家の固定がすでに確認される点から、①を採る。「奉公衆の番所属の固定に対応する強い連帯感、排他的な身分意識、守護大名や奉行人に対する政治勢力としての彼らの役割、などを奉公衆の属性として重視するならば、その成立期は今のところなお義教期とせざるを得ず、これ以前の諸時期は、それへの前提的諸段階として捉えることができる」という見解は従うべきであろう(16)。ただし、地頭御家人役の直納者は応永初年から固定されたと見なされ、長禄段階の直納者の過半は奉公衆である。直納者の家の固定化は、奉公衆の家の固定化に、直ちには結びつかないけれども、大きな影響を与えたと推測される。諸種の奉行人表を一見すれば明らかなように、奉行人の家が数家に固定される現象は、南北朝末期から応永年間前半にみられ、また応永六年の大内義弘の反抗ののち、守護の固定化も顕著になることなども参考となろう。これまで②の説は根拠が薄弱であったが、奉公衆成立の一段階としていま少し注目する必要があると思う。

註

（1）　桑山浩然「室町幕府経済の構造」（『室町幕府の政治と経済』吉川弘文館、二〇〇六年、初出一九六五年）、田沼睦「室町幕府・守護・国人」（『中世後期社会と公田体制』岩田書院、二〇〇七年、初出一九七六年）、同「室町幕府経済の構造」（三浦圭一編『日本史（3）』中世2、有斐閣新書、一九七八年）、丹生谷哲一「室町幕府の下級官僚機構について」（『検非違使』平凡社、一九八六年、初出一九八二年）、今岡典和「幕府―守護体制の変質過程―」（『史林』六八―四、一九八五年）など。

（2）　『田代文書』（『中世法制史料集』二室町幕府法、追加法四三条）。

（3）　『上杉家文書』（『新潟県史』資料編三中世一、五八九）。采女養料を除き、それぞれの徴収命令の文書五通が残っており、修理替物と奉行人給物は、同日付の政所執事・奉行人連署奉書（八〇〇・七九九）、他は奉行人連署奉書で、うち垸飯料足と朝夕衣料は、一名が共通して同日付である（七九五・七九六、小舎人給物は七九七）。

（4）国立公文書館所蔵、内題は「政所方御奉書修理替物給物方引付」、古〇一六―〇二九一、画像公開。

（5）『佐藤行信氏所蔵文書』（『神奈川県史』資料編三、古代中世（三上）四八一一）。なお、太良荘への地頭御家人役の賦課については、網野善彦『中世荘園の様相』（塙書房、一九六六年）三一三頁以下にも言及されている。

（6）散位の花押は、永徳二年六月一日三河守奉書（ツ76）の三河守と同一と見なされる。この三河守は、若狭国守護代小笠原長房である（佐藤進一『室町幕府守護制度の研究』上、東京大学出版会、一九六七年、二二一頁）。

（7）費目の表記は、算用状の表現をそのまま採り、それ以外の場合は括弧を付す。典拠の『教』は『教王護国寺文書』。＊は算用状以外の史料を意味する。なお、貞治六年の二例は、守護への支出と明記されておらず、うち一〇〇文は使料足と記すなど、表記が他と異なる。

（8）一例として、永徳元年分の算用状には、春済分として、請料とともに、修理替物六〇〇文が納入すべき額として計上されており（八八七）、額は毎年一定である。

（9）守護方への礼銭や夫役は、貞治五年以前から、年貢のうちの現地支出として算用状に計上されている。たとえば、貞治二年の地頭方算用状には、「守護方奉行雑掌」に出す料足三分一として一貫三二文が計上されている（八六二）。

（10）『後愚昧記』八月十八日条、大日本古記録一冊目、八七頁。高経没落以下につき、史料は『大日本史料』第六編之二七、三四三頁以下を、分析は佐藤進一『南北朝の動乱』（『日本の歴史』九、中央公論社、一九六五年）三四九頁以下を参照されたい。若狭と摂津の守護については、佐藤註（6）著書の二二〇頁・三九頁に言及がある。『新版角川日本史辞典』（角川書店、一九九六年）付録の室町幕府守護表・若狭項では、貞治五年、斯波義種と一色範光の間に「幕府直轄」を置いている。また、打ち渡しの奉行人のうち、白井行胤は、観応三年（一三五二）三月、鎌倉に在った今川範国の奉書で、斎藤道恵（範国の被官的存在）とともに相模の所領の打ち渡しを命ぜられて打渡状に署判し（『古簡雑纂』『円覚寺文書』、前掲『神奈川県史』四一五二・四一五八）、延文二年（一三五七）十一月、真下心蓮（奉行人ではないであろう）とともに、越中の所領につき打渡状に署判しており（『八坂神社文書』下、一六四九・一六五三）、打ち渡しに特異な活動を残す。

（11）貞治二年八月十二日足利義詮御判御教書。関連史料は、『大日本史料』第六編之二五、同日条参照。

（12）室町期の采女養料については、田中修實「室町～戦国期における王朝国家法的擬制『国司』について」（『日本中世の法と権威』

高科書店、一九九三年）に言及がある。また、応永二十年以降に太良荘に賦課されている費目のうち、永正の『上杉家文書』の注文にみえない費目は、三月と九月の節供料である。『斎藤基恒日記』宝徳元年（一四四九）四月二日条（増補続史料大成）によると、「五節供要脚」は「諸大名巡役」として徴収されており、いわゆる守護出銭で賄われている。地頭御家人役としては確認されないが、類似の課役として継続しているのである。

(13)『中世法制史料集』二室町幕府法、追加法一四六から一五〇条。

(14)算用状の記載方式の変化を検討する際には、作成者の変化も考慮に入れる必要があろう。この時期の地頭方算用状は、ふつう二名の連署である。一名は公文で、貞治元年（一三六二）から一貫して弁祐、もう一名は代官で、同じく貞治元年頃から続いた教実（禅朝）ののち、禅慶・朝禅、朝賢（朝禅）、乾嘉と変わる。本文で掲げた年次に代官として署判している人物を整理すると、

応永七年分（応永八年十二月付）　禅朝
応永十年分（応永十一年六月付）　署判なし
応永十一・十二年分（応永十二年十二月付）　禅慶・朝禅
応永十六年分（応永十八年十二月付）　朝賢
応永二十年分（同年十二月付）　乾嘉（リ九八）
応永二十一年分（同年十二月付）　乾嘉（以下の年次乾嘉）

費目の変化との対応関係はある程度まで見られるけれども、費目も代官も大きく変わっているうえ、朝夕料足の初見史料は禅朝の在任中、乾嘉に変わっても朝賢と同じ記載を用いるなど、厳密な対応はない。記載方式の変化は、署判者の変化からのみでは説明しえないと考える。公文・代官の変遷については、前掲『小浜市史』五六二頁以下に簡潔に説明されている。

本章の見解を明確にするため、第一節第一項で引用した『小浜市史』の記述で、不正確と考える部分を指摘しておこう。南北朝末期から応永年間の時期、太良荘では守護出銭の転嫁は確認されない（応永十六年頃の御直衣始料足など、特異な感を受ける例はその可能性を残す）。太良荘に賦課される地頭御家人役は、国役という納入形式が成立する以前の所見が多い。采女養料・修理替要脚の初見は、応永十年代であり、節供料足や垸飯料足とは一線を画す。

(15)アは、編年文書仁包二八一―五（『尊経閣善本影印集成』八五所収）。イは、『改定史籍集覧』二七所収。ウは、大日本古文書一冊目、一二号。端裏書により、政所奉行人が官位なしで奉書に署判する先例として、永正十六年（一五一九）に書写されたものが

伝存していると判明する。

(16)　福田豊彦「室町幕府の御家人と御家人制」(『室町幕府と国人一揆』吉川弘文館、一九九五年、初出一九八一年)。引用は一四五頁。本章発表時に失念したが、森幸夫氏は、「室町幕府奉公衆の成立時期について」(『中世の武家官僚と奉行人』同成社、二〇一六年、初出一九九三年)で、義満・義持期の「番衆」「小番衆」の史料を詳しく検討され、奉公衆の成立を義満執政期、永徳年間(一三八一―八四)頃かとする。あわせ参照されたい。(補註2参照)

(補註1)　守護一色氏による太良荘への賦課については、松浦義則氏が分析を進めている。「若狭太良荘における守護課役と算用状」(『福井県文書館研究紀要』一三、二〇一六年)など。

(補註2)　奉公衆の成立について、木下聡氏は、「奉公衆の成立は、骨子としては永和末から永徳頃に、「文安」(番帳・山家追記)のような形に番頭や番が固定化するのは義満時代の応永以降と見るほうがよいだろう」と総括している(「室町幕府奉公衆の成立と変遷」『室町幕府の外様衆と奉公衆』同成社、二〇一八年)。

第三章　上総守護宇都宮持綱

――根本所領の記憶――

宇都宮持綱が上総国守護に補任されたのは、応永二十五年（一四一八）、上杉禅秀（氏憲）の反乱が鎮圧されて間もない頃で、鎌倉府からの補任ではあるものの、京都幕府の推挙をうけている。持綱は、関東におりながら親幕府の立場をとる、いわゆる京都扶持衆の一員であるため、将軍足利義持の推挙を得たのであり、鎌倉公方足利持氏は、禅秀の乱で幕府の援助により劣勢を挽回しており、受け入れざるをえなかったのかもしれない。上総守護は、禅秀の手にあったため、乱後闕所となっていた[1]。

持綱は応永三十年八月、持氏自ら率いる軍により討たれている。直前の下野小栗などや、前年の常陸山入に対する討伐は、禅秀の乱の事後処分という側面をもちながら、同時に京都扶持衆への攻撃となり、京都では「自二京都一御扶持之輩、大略滅亡」と噂されている。禅秀の乱後、反持氏勢力と親幕府勢力の重なりが表面化して、幕府と鎌倉府の関係は緊張を増しているのであり、持綱も反持氏勢力と見なされたのであろう。

禅秀の乱の際、持綱は、幕府が持氏援助の姿勢を明確にしたのち、持氏を勝利に導くのに少なからぬ働きをした徴証があり、上総守護を恩賞として要求したことは否定しえない。しかし、持綱は関東で守護として活動する困難さを予測していたであろう。宇都宮氏にとって上総は本貫地でもない。にもかかわらず持綱が要求したのには別の背景もあると私は思う。以下、関連史料の提示からはじめよう[2]。

第一節　素材

補任の経過は、三宝院満済の記した日記に詳しい。まず応永二十四年（一四一七）八月七日条。

参二下御所一、御対面、宇都宮状□□上□国御吹□□□□〔挙治定由被カ〕仰下、

「上□」が「上総」であることは、十月十七日条から知られる。

参二御所一、御対面、自二宇津宮一注進状□上総国御吹挙処異儀由事懸□□了、重可レ有二御下知一由御返事□

欠損箇所が多いけれども、持綱が上総守護を望んで、将軍義持の吹挙を二度にわたり得ていると読み取りうる。そして一年が過ぎ、翌年九月十五日の記事に補任の事実が記されている。

自二宇都宮方一上総国守護職事、無二相違一自二鎌倉一補任由畏申、□披露、御所様御悦喜、但今日不レ及二披露一、

義持への正式な報告は、この頃上洛した関東よりの使者花宗心栄によりなされたようである。(3)

また、持綱の在任を示す史料として、文書二点が知られている。

A進士九郎左衛門尉重行申、上総国加津社内三佐古村東西事、〔任脱カ〕注進状其沙汰訖、不日莅二彼所一、縦雖三固支二申之一、不レ可二許容一、可レ沙二汰一付下地於重行一之状如レ件、

応永廿六年十二月十五日　（足利持氏）（花押）

宇都宮右馬頭殿（持綱）(4)

B地蔵院雑掌申上総国飫富社別当職幷本納加納両郷等事、早任二去廿四年十二月廿七日　御判之旨一、可レ被レ退二（宣守）恵命院法印代官一之状如レ件、

応永廿七年十二月廿日　（宇都宮持綱）右馬頭（花押）

芳賀右兵衛尉殿（成高）(5)

第二節　分　析――満　済――

補任の際、持綱と義持との仲介に立っているのは醍醐寺座主満済である。満済の日記には、宇都宮氏からの使者や書状の記事が散見される。まず端的な例として、『建内記』正長元年（一四二八）五月二十五日条をあげると、満済に面謁して関東の情勢を聞いた万里小路時房は、その概要を記したのち、

是宇都宮辺注進也云々、

と書いている。京都扶持衆の一員である宇都宮氏は、特に満済と密な連絡をとり、関東に関する情報を提供していたのである。満済は京都で宇都宮氏を援助し、持綱討伐の直前には、「宇都宮不レ可レ随二関東成敗一」という御内書を持綱に伝達している。また持綱歿後は、藤鶴丸（等綱か）の関東における復権を画策し、永享元年（一四二九）十月には、篠川御所足利満直などに藤鶴丸の扶持を命ずる義教の御内書を獲得するのに成功している。(6)

補任の際の仲介者が満済であるという点に留意すると、Bが醍醐寺地蔵院の所職所領の回復を内容としているのは見逃せない。持綱の守護補任により、持綱ばかりでなく、満済も所領回復という利益を得ようとしているのであり、満済に視点を置いて、満済は上総の所領回復のため、遵行の要となる守護に親幕府の持綱を据えるべく画策した、と捉えるのもあながち無理ではあるまい。持綱が上総守護を望む原因のひとつに満済の意図を想定することにより、持綱の要求に、より積極的な説明を与えうると思う。

Aもまたこの想定の一助となる。加津社内三佐古村東西。加津、三佐古という地名は、現袖ケ浦市の中部に位置する勝、三ツ作に比定されている。一方Bの飫富社とは、飽富・飯富とも表記され、オフ・アキトミ・イイトミと呼ば

れる古社であるが、鎮座の地は同じ袖ケ浦市、三ツ作の西二キロほどにあたる。A・Bにみえる所領は隣接と言いうるほど近い(7)。

さらに貞和五年（一三四九）の次の文書も興味をひく。

当村事、所レ被レ仰二付秋元又次郎一也、相二従彼所務一、御年貢以下不レ可レ致二懈怠一、次当年社用拾貫文進士四郎致二其沙汰一候了、以二夏御年貢一定致二立用一候歟、此外不レ及二御年貢之沙汰一上者、当給主方可レ有二所務一候也、可レ令二存知一之旨、可レ被レ相二触百姓等一之由、依レ仰下知如レ件、

貞和五年七月廿六日　法眼（朝円）判

梅佐古村沙汰人等中

紙背文書であり、表は「篠村八幡宮領上総国梅佐古村」の「任符案」、すなわち裏と同日付で秋元又次郎を宛所とする醍醐寺座主賢俊袖判御教書案である。醍醐寺の管轄下にある篠村八幡宮の所領梅佐古村の比定はなされていない(8)。

Aの三佐古村との共通点はふたつ、ひとつは「佐古」という名である。サコとは小さな谷を意味し、両者が類似した地形であることを窺わせる(9)。ただ地形の類似から、三佐古村と梅佐古村も近接し、三佐古村は醍醐寺の影響力の強い地域に位置したとするのは強引な推論であるかもしれぬ。もうひとつは、三佐古村が進士重行の所領であるのに対し、梅佐古村の社用調進者として進士四郎がみえること。進士氏が醍醐寺関係の所領にみえるのは、進士氏を介して醍醐寺とAが結びつく可能性を示している(10)。

位置・進士氏というふたつの要素を根拠として、三佐古村は醍醐寺そして満済と浅からぬ関係のある所領だと考えたい。

満済が上総所領の回復を目指した契機として、応永二十四年十二月十一日の地蔵院主聖快（道快）の死も注目される。聖快の病、近づく院主交替に備え、地蔵院のもつ所職所領の回復へ向けて準備がなされたかもしれない。Bにみえる御判は、「去廿四年十二月廿七日」付で聖快死後十六日のものである(11)。

第三節　追　究——上　総——

だがもちろん、地蔵院の所領は上総ばかりでなく、他の醍醐寺所領も関東に散在する(12)。満済にとっての上総の意味を問わねばなるまい。

Aの三佐古村は関連史料に乏しいけれども、Bの飫富社別当職は、ある程度経歴をたどることができる。足利基氏の書下により地蔵院覚雄に寄せられたのは貞治三年（一三六四）十月、下総国小見郷木内彦五郎跡の替としてであった。覚雄から道快（聖快）に直接譲られたのではなく、道快の俗弟にあたる相覚の手を経ている。これらの譲与に対して幕府は安堵を与えている。覚雄から相覚に譲られた応安元年（一三六八）には「御相続事、令₂披露₁候訖」という管領細川頼之の書状がなされ、明徳三年（一三九二）、相覚の譲与の二年後に、将軍義満は道快に安堵の御判御教書を与えている。Bにみえる恵命院法印とは、鶴岡八幡宮供僧宣守である。あるいは、関東僧との相論は覚雄の時期からあり、そのため相覚などは義満の安堵を求めたのかもしれぬ。いずれにせよ、幕府が安堵を与えうるという点には留意せねばならないだろう(13)。

先に述べた基氏の書下では、「飫富庄内飫富宮別当職」と表記されている。

（足利尊氏）
（花押）

下　南遠江守宗継

可レ令二早領知一陸奥国伊具庄、下総国印西庄、上総国饑〔飫〕富庄、相模国和田・深見両郷幷俣野彦太郎入道跡事

右為二勲功之賞一所二充行一也者、早守二先例一可レ致二沙汰一之状如レ件、

正平七年正月二日(14)

南氏は高南とも称し、足利氏根本被官高氏の一族。宗継は傍流ながら子宗久を師直のいとこ尾張守師兼の猶子となし、侍所頭人、三河守護などを勤めた。貞和元年（一三四五）八月の天龍寺供養には、将軍尊氏の御剣役を勤め、また尊氏が直義追討のため東下したのに従い、尊氏鎌倉在留中は、尊氏発給文書を施行するなど、執事仁木頼章に比肩する立場にあった(15)。文書の日付は観応の擾乱の最中、西暦では一三五二年、尊氏の鎌倉入部の三日前にあたる。飫富荘は、すでに大勢の決した時点で、根本被官という出自をもつ有力側近に、恩賞として給与されている所領である。

根本被官という点では、Aの進士九郎左衛門尉重行も注目される(16)。進士氏は幕府奉公衆の一員で数種の御番帳に散見され、『永享以来御番帳』五番には「進士九郎左衛門尉」とあって、重行の流れも奉公衆に含まれる。文和三年（一三五四）には、御所近習として「進士太郎左衛門尉為行」「進士藤左衛門尉義俊」の名がみえ、進士氏と足利将軍家との関係は南北朝期にも確認される(17)。鎌倉期にまで遡る明証はないものの、可能性は高い。たとえば、足利荘山河郷内観音堂俗別当職を進士氏が保有していることなどは徴証となろう。康暦二年（一三八〇）には進士自成（為行）に、応永十三年には「進士九郎左衛門尉氏行」に、同二十四年十一月には当の進士重行に、それぞれ打ち渡すよう命令がなされている。足利荘に根本被官の所領がみられるのは、言うまでもない。進士氏が、少なくとも南北朝期に、足利氏根本被官と同列に扱われたことは確実であろう(18)。

隣接するA・Bの所領には、ともに南北朝期以降、足利氏根本被官が関与しており、いずれも足利将軍家に縁ある所領である。そして上総における足利氏根本被官から想起されるのは、鎌倉時代中後期の上総守護は、後の室町将軍家足利氏という事実である。建武政権下でも継承されたといわれ、幕府設立後、建武年間（一三三四—三八）は執事

高師直の在任が推測されている。[19]

さて、醍醐寺地蔵院が上総にもつ所職所領として、飫富社のほかに、市原八幡宮（現飯香岡八幡宮）別当職がある。応永二十四年十月の地蔵院聖快の譲状には「上総国市原八幡宮寺別当職不知行」とあり、明証はないものの、応永二十五年頃にこの所職の回復が図られた可能性は高い。[20]

地蔵院に付されたのは、飫富社と同じく覚雄のとき、観応元年（一三五〇）十月二十六日の執事高師直の奉書による。直義党の挙兵に対し尊氏自ら西征するため出陣する前々日（直義の立場では、二度の京都脱出のうち、初度の前日）にあたり、戦勝祈願のための給与であろう。それ以前では長崎高資の書状にみえ、「披露候処無二相違一候、仍被レ成二安堵一候畢」とあり、この所職、ひいては市原荘は得宗領であったとされている。[21]

市原八幡宮は国府に近接し、南北朝末期にも一国平均役で造営がなされるなど、国衙機構に依拠した八幡社である。また、『和名抄』にみえる市原郡はのち中世的郡に分化し、その大部分は市東・市西両郡へと移行したが、この両郡は、足利氏の根本所領・根本被官を知る手掛かりである「足利氏所領奉行注文」にみえ、「守護領」と見なされる。本来、市東・市西両郡のひとつの中心となるべき市原八幡宮とそれに付随する所領は、得宗の手にあったとはいえ、鎌倉幕府滅亡後闕所として足利氏に属し、根本所領と同じ扱いをうけたのではないかと思う。[22]

梅佐古村にも触れておこう。上総には郡保が多く検出され、国衙領の比率が高いと指摘されており、「上総国梅佐古村」という表記から、この地も国衙領であったと思われる。尊氏が篠村八幡宮に寄進したのは、建武二年（一三三五）九月二十四日、「粟飯原五郎跡」とあり、この時点での闕所ということから、得宗被官粟飯原氏と見なされている。[23]

中先代の乱を平定してほぼ一か月、後醍醐天皇との袂別を明確にしつつあった時点での寄進であり、同日付で富士浅間社、三島社にも寄進がなされている。[24] 討幕の旗を掲げた故地篠村八幡宮に、戦勝の感謝を込めて寄進がなされたのであろうが、同時に、新たな戦いに向けて更なる加護を求める気持ちも含まれていたであろう。尊氏にとって特別な意味をもつ寄進であり、梅佐古村は特に選ばれた所領に違いない。それが上総国衙領内の闕所であるのは興味深い。Aの三佐古村、Bの飫富社別当職、そして市原八幡宮別当職、梅佐古村、意味あいは少しずつ異なるものの、いずれも足利将軍家と関わりをもつ所職所領である。将軍家に縁ある、それもかつて守護を務めた国にある所領の回復、これこそ満済の目指したものだと私は思う(25)。

第四節　結　語

足利氏にゆかりある八幡宮などが醍醐寺の管轄下に置かれたことはよく知られている。篠村八幡宮は観応二年（一三五一）以前から三宝院の管轄となっている。また、直義・義詮の三条坊門亭の鎮守である三条八幡宮の別当職には、貞治六年（一三六七）九月三宝院光済が補任され、下って正長二年（一四二九）、義教は「林光院殿御跡小社」すなわち義満の愛息義嗣の邸跡の神社を、「如二三条八幡宮一」管領するよう満済に命じている(26)。

足利氏が守護を務めたもうひとつの国、三河に目を移すと、応永十四年（一四〇七）、義満の御内書により三河国衙職は満済に付されている。義満歿後、醍醐寺における追善仏事の要脚に、三河国衙役が充てられており、この所職が、義満ひいては将軍家足利氏を意識させる所領であったことの証左だと思う(27)。

応永二十年代、満済の日記は分量・内容とも豊富とは言えず、満済の政治的地位は後年ほど高くなかったといわれる。そしてこの時期、満済は関東の情勢に通じていることで、地位を高めていったといわれる(28)。禅秀の乱による上総守護の空白は格好の機会と映ったと思う。持綱を守護に据え、失地を回復するならば、幕府勢力を伸長する上で満済の存在が重要であることを示しうる。それも将軍家に縁の深い所領であるために、外ならぬ将軍義持に強い印象を残すであろう。回復の試みられている地蔵院所領の場合、聖快亡きあとの院主は、小河殿足利満詮の子持円、義持のいとこであり、いうなれば、足利氏にゆかりある所領が足利一門の手に帰るのである。(29) 補任の報を聞いて喜ぶ義持の笑顔をみて、満済もまた嬉しかったに違いない。

註

(1) 湯山学氏は「禅秀の乱後における房総三国の守護―上杉定頼の動向を中心として―」(『関東上杉氏の研究』岩田書院、二〇〇九年、初出一九七六年)で持綱の上総守護在任を指摘され、関連史料を紹介された。幕府はのち甲斐・常陸の守護も推挙するが、鎌倉府の承諾を得られず、ついには応永三十年六月、これまで「関東進止」であった両国守護を将軍義持の御判御教書で補任するに至る(『満済准后日記』応永三十年六月五日条、『続群書類従』補遺、上二三九頁、および渡辺世祐『関東中心足利時代之研究』雄山閣、一九二六年、二六七頁等)。関東各国の守護の補任権については、伊藤喜良「室町期の国家と東国」(『中世国家と東国・奥羽』校倉書房、一九九九年、初出一九七九年)参照。また、持綱の京都扶持衆としての行動は、渡政和「『京都様』の『御扶持』について」(『武蔵大学日本文化研究』五、一九八六年)に整理されている。

(2) 禅秀の乱後の経過は、渡辺註(1)著書のほか、『神奈川県史』通史編一、原始・古代・中世(一九八一年)第三編第三章第二節(田辺久子執筆)および『茨城県史』中世編(一九八六年)第三章第三・四節(新田英治執筆)に詳しい。引用は『兼宣公記』八月十七日条(史料纂集)。『鎌倉大草紙』にひく今川範政書状は、幕府の意を承け禅秀与党に対して持氏への忠節を訴えているが、『結城古文書写』にある同文の書状の端に「自宇都宮館」とあり、この書状の伝播に持綱が一役買っている(渡辺註(1)著書二三九頁、田辺久子「京都扶持衆に関する一考察」『三浦古文化』一六、一九七四年)。それまでの持綱の立場については見解が分かれている。持綱の上総守護補任を論功行賞とする捉え方は、『栃木県史』通史編三・中世(一九八四年)五三三頁(新川武紀執筆)など。『宇都宮市史』第三巻、中世通史編(一九八一年)にも関説がある。なお、幕府が任命した甲斐・常陸守護は、武田信重・山入祐義と、いずれも各々の国を本拠地とする。

(3) 引用は順に『満済准后日記』上一一一頁、一一六頁、一三五頁。史料編纂所架蔵写真帳で補訂した。持綱からの注進状は、この間たびたび満済のもとに届いており、応永二十四年五月二十八日(「御吹挙事」とみえる、一〇八頁)、翌三月十一日(一二四頁)、五月二十五日(一二八頁)に義持へ披露されている。また同二十五年三月十日に「鎌倉使節日峯和尚」が京着しており、用件は「甲斐国上総国等事」であった(一二四頁)。花宗心栄は八月二十八日頃京着しており、その用務は十月十二日条に記されている（一三七頁）。

関東使節僧花宗（心栄）和尚明日下向之間、為二暇請一来臨、一昨日十日御返事被レ下云々、今度三个条□内、一个条宇都宮上総国守護職事、無二相違一御領掌、相残二□（个条上杉ヵ）房州跡中分事、常陸守護佐竹上□入□此両条難儀可レ有二御免一由云々、

但□

「可レ有二御免一」とは持氏の要望であろうから、「御領掌」も持氏の承認と読みとるべきであろう。本文に引用した九月十五日条の翌日に、

宇都宮注進之趣今日披露、御悦喜、

とあり、披露は二日にわたっている。口頭による報告と、宇都宮からの状の上覧ということであろうか。

（4）『京都大学文学部文書』（『千葉縣史料』中世篇縣外文書〈以下『千葉縣史料』〉一三二頁・『千葉県の歴史』資料編中世五〈以下『千葉県の歴史』五〉、二四五頁）。本来進士氏に伝来した文書であろう。

（5）『尊経閣文庫文書（尊経閣古文書纂宝菩提院文書）』（『千葉縣史料』一一七頁・『千葉県の歴史』四、五〇一頁）。新川武紀氏の指摘のとおり、芳賀右兵衛尉は守護代と考えられる（「（口絵解説）宇都宮持綱遵行状について」『栃木県史研究』二三、一九八二年）。新川氏はまた成高に比定されている。『満済准后日記』応永三十年九月四日条の紙背文書は、関東からの注進に対する満済の返書の土代で、「芳賀□振舞言語道断事候」とみえる（大日本古文書『醍醐寺文書別集』一、一二四頁）。

（6）『建内記』は大日本古記録一、一五八頁。御内書の伝達は『満済准后日記』応永三十年六月五日条（上二三八頁）、七月四日には宇都宮からの使者僧が京着している（同二四二頁）。持綱の討伐は八月（渡辺註(1)著書二六一頁）。藤鶴丸からの使者僧は翌年三月三日には参洛している（上二五八頁）。義教の御内書は十月二十五日条（下九五頁）、『昔御内書符案』には二十六日付で満直への御内書が載せられている（『ビブリア』八〇所収『大館記』三、宛所「右兵衛佐」が満直であることは『満済准后日記』永享三年七月二十四日条参照、下二七一頁）。藤鶴丸の地位は安定しなかったようで、永享三年に義教が関東使節対面の条件として要求した持氏の「罰状」には、「宇都宮藤鶴丸事、如レ元可レ被二沙汰付一事」という一条が含まれるはずであった（四月十一日条、下二三三頁）。これも満済の画策によるのであろう。

満済の日記は応永三十年八月から年末にかけてほとんど記事を欠いている。満済はこのころ病気がちであったようだが、八月に持綱が討伐され、幕府による鎌倉府攻撃計画の形跡がみられながらも、翌年二月両者が和睦する（渡辺註(1)著書二六八頁以下）

という流れのなかで捉えると、鎌倉府攻撃を強く主張したと推測される満済の日記の該当部分が残存しないのは、満済の故意によるのではないかという疑いも生ずる。

宇都宮氏と満済あるいは醍醐寺が結びついた時期や機縁は明らかでないが、あるいは関東における東密の展開と関連するかもしれない。たとえば、下野小俣の鶏足寺は、三宝院流を伝え、北関東における有力寺院であるが、観応の擾乱後、宇都宮氏の支配下におかれたという（小此木輝之「室町時代における真言宗の展開」『中世寺院と関東武士』青史出版、二〇〇二年、初出一九八六年）。

(7)　三佐古から三ツ作への推移については、『袖ケ浦町史研究』四、地名特集号（一九八一年）に記述がある。

(8)　『三宝院文書』（『千葉縣史料』一七三頁・『千葉県の歴史』五、二五五頁）。見消を略すなど体裁は整えている。大日本古文書『醍醐寺文書』一九四六、一三函一九。法眼朝円は表の文書の奉者、また秋元という地名は現君津市にある。

(9)　上総国で佐古の名がつく地名として、ほかに現いすみ市の「佐古田郷」がある。伊北荘に含まれる佐古田郷は、夢窓疎石の「三会院遺誡」に、臨川寺三会院の資縁たるべき荘園として、日向国国富荘内南加納とともにみえ（暦応二年〈一三三九〉五月下澣、『黄梅院文書』、『神奈川県史』資料編三、古代・中世（三上）〈以下『神奈川県史』〉一二四頁・『千葉県の歴史』四、五九七頁、院主心岩周己の書写にかかり、春屋妙葩が証判を据えている）、のち天龍寺雲居庵領に移り（右奥書）、円覚寺黄梅院での夢窓の仏事料に毎月三貫文が支出されている（永徳三年〈一三八三〉十一月十二日春屋等連署置文、『黄梅院文書』、『千葉縣史料』八四頁・『千葉県の歴史』四、五九八頁、右遺誡の証判と同日付である）。将軍家との関わりが窺われる所領である。

(10)　『満済准后日記』永享三年正月十日条に、進士某が満済の許に年始礼にきたことがみえる（下一一九頁）。

(11)　『満済准后日記』同日条の記事による（上一一八頁）。後に触れる聖快の譲状は十月二十一日、置文は十一月二日である。

(12)　応永二十四年には、関東にある醍醐寺所領を回復しようとする動きが、報恩院や三宝院の所領でもみられる。報恩院管轄下の犬懸坊領武蔵国栗木寺などは、十二月六日の室町幕府御教書で報恩院雑掌への交付が命ぜられ（『醍醐寺文書』一四函一七―六、『神奈川県史』八八一頁）、伊豆走湯山密厳院をめぐる相論も再燃し（九月日密厳院雑掌栄快支状案、同一八函二〇二、同八七六頁）、義持は持氏に御内書を遣し、隆源を別当に補したことを伝えている（七月一日、同一七函一四二など、同八七三頁）。また六月十九日に三宝院管轄下にある鎌倉の二位家右大臣家両法華堂の供僧補任状が出されているが、ほかにあまり例をみない（同二六函三三、同八七三頁）。

(13) 典拠はおもに『尊経閣文庫文書（尊経閣古文書纂宝菩提院文書）』（『千葉縣史料』一一五頁以下・『千葉県の歴史』四、五〇〇頁以下）。基氏の書下は貞治三年十月二十八日、『千葉縣史料』でおちている宛所は「地蔵院前大僧正御房」（『神奈川県史』四八七頁）。頼之の書状は応安元年十二月二十六日、このとき義満は未だ御判御教書を発給していない。相覚の譲状は明徳元年八月二十一日（『正嫡相承秘書』史料編纂所架蔵謄写本、『千葉県の歴史』五、五四〇頁、『思文閣古書資料目録』一七三に写真掲載）、義満の御判御教書は明徳三年五月七日。渡辺氏は註(1)著書一〇五頁で、飯富社別当職を幕府進止の職として紹介されている。覚雄は、醍醐寺座主を務め、義満の元服記に護持僧として、三宝院光済とともに名がみえる（『松田貞秀筆記』、続群書類従巻八六七、刊本三七、八〇頁）。相覚・道快の叔父である（『尊卑分脈』村上源氏久我項、『新訂増補国史大系』三、五〇五頁）。また宣守は、『鶴岡八幡宮寺供僧次第』（続群書類従巻一〇四による）の円乗坊の項にみえ、「恵命院内大臣法印」と注記がなされる（刊本四下、八八〇頁）。

Bにみえる「御判」は、まれに持氏発給文書を御判と呼ぶため、発給者を断定しえないけれども、義満の安堵から類推して義持の御判御教書と見なすと、持綱はこれを直接施行しているため、持氏は関与していないこととなる。湯山氏が疑問とされているように、Bの翌日付で、上総の所領に関するものながら、上杉定頼に宛てられた持氏の書下が存在し、同時に二人の守護が確認される。あるいはこの時点では、鎌倉府は持綱ではなく定頼を守護と見なし、一方持綱は守護在任を主張していたのであろうか。（補註1参照）

(14) 『清源寺文書』（『千葉県の歴史』四、三五二頁）。清源寺は宗継の菩提寺である。飫富荘は和田合戦ののち、勲功賞として武蔵守時房に与えられ（『吾妻鏡』建保元年五月七日条、『新訂増補国史大系』二、六九三頁）、のち得宗領であったと推定される。伊具荘も北条氏所領（遠藤巖他「東北地方における北条氏の所領」『日本文化研究所研究報告』別巻七、一九七〇年）、印西荘は金沢氏所領（岡田清一「鎌倉政権下の両総」『鎌倉幕府と東国』続群書類従完成会、二〇〇六年、初出一九七三年、など）であった。印西荘は一時幕府重臣佐々木導誉の所領となり（年未詳五月十八日足利尊氏書状案、『佐々木文書』、『千葉県の歴史』五、四三六頁）、のち円覚寺領となっている（応永七年七月二十五日円覚寺新文書目録、『円覚寺文書』、『神奈川県史』七七三頁・『千葉県の歴史』四、五九三頁）。印西荘と導誉の関わりについては、山田邦明「千葉氏と足利政権」（『鎌倉府と関東』校倉書房、一九九五年、初出一九八八年）に言及がある。

飫富荘内本納加納両郷は、貞治元年（一三六二）十二月十八日に、「前安芸守平貞清」が「亡父因幡守」の避状に任せて飫富社に寄進している（『尊経閣文庫文書（尊経閣古文書纂宝菩提院文書）』、『千葉縣史料』一一五頁・『千葉県の歴史』四、五〇〇頁）。貞清は、応永十七年五月三日に武蔵国入西郡粟生田郷上村の田畠を円覚寺伝宗庵に寄進している「前安芸守貞春」と一族であろう（『黒田太久馬氏所蔵文書』、『神奈川県史』八四一頁）。本章発表後に湯山学氏からご教示いただき、「前安芸守平貞清」は三浦横須賀氏である。湯山「相模三浦氏についての考察」（『わが住む里』二三、一九七一年、のち改題して『相模国の中世史』下、一九九一年に収録）、同「三浦横須賀氏に関する考察」（『三浦氏・後北条氏の研究』岩田書院、二〇〇九年、初出一九九七年）など参照。

(15) 宗継については佐藤進一『室町幕府守護制度の研究』上（東京大学出版会、一九六七年）三河項九〇頁に説明がある。天龍寺供養は『園太暦』貞和元年八月二十九日条など（『大日本史料』第六編之九、二四九頁）、鎌倉における活動は小川信『足利一門守護発展史の研究』（吉川弘文館、一九八〇年）一九四・五四〇頁。

(16) Aには次のような関連文書がある（『千葉縣史料』一三一頁・『千葉県の歴史』四、九一八頁）。

〔古文書鑑〕真田宝物館所蔵（『小川文書』とも呼ばれる）

上総国加津社内三佐古東西村地頭職事、早任二去年十二月十一日還補下文之旨一、村上民部丞相共莅二彼所一、可レ沙二汰一付下地於進士九郎（重行）左衛門尉二之状如レ件、

応永廿五年十月廿九日　（足利持氏）（花押）

由比左衛門入道殿

持綱が関与していないのは、関東よりの使僧花宗心栄が京を発って数日後で、未だ正式な補任がなされていなかったか、持綱が入国していなかったか、いずれかであろう。なお、禅秀の乱後、上総所領の施行は両使に宛てたものが多いけれども、一例だけ、上総権介に宛てており注目される（応永二十四年閏五月二十四日足利持氏御判御教書、『上杉家文書』、『千葉県の歴史』四、一七四頁、福島金治「金沢称名寺領上総国佐貫郷について」『三浦古文化』四二、一九八七年参照）。

本文書に「還補下文」とみえるが、下文とは鎌倉公方の御判御教書を指す言葉である（小林保夫「南北朝・室町期の京と鎌倉（下）」『堺女子短期大学紀要』一八、一九八二年）。「御」がないことも考えあわせ、この場合も発給者は持氏であろう。持氏自ら施行しているのは、管領が空位となっているためである。また、幕府奉公衆に対して持氏が所領給与を行っているのは、禅秀の乱による闕所地の処分の一環として、本主である重行に還付したためであろう。

(17) 『永享以来御番帳』は群書類従巻五一一。また文和三年九月六日足利義詮袖判下文案（『東寺百合文書』レ六〇・ヱ七六、『大日

本史料』第六編之一九、一四九頁)。進士氏は、鎌倉府の奉公衆としては確認されていない(山田邦明「鎌倉府の奉公衆」、註(14)著書、初出一九八七年)。

(18) すでに新行紀一氏は、進士氏が根本被官である可能性を指摘されている(「十五世紀三河の守護と国人」『年報中世史研究』四、一九七九年)。足利荘の典拠は順に、康暦二年四月十日安芸守某打渡状(『小川文書』、『栃木県史』史料編中世四、二〇頁)、応永十三年四月十四日室町幕府御教書(『進士文書』、『広島大学所蔵猪熊文書』(一)九頁)、応永二十四年十一月三日管領細川満元書下(同一二頁)。この文書は、註(16)所引文書にみえる還補下文とほぼ同時期に発給されている。進士氏と足利荘のかかわりについては、松本一夫「足利庄をめぐる京・鎌倉関係」(『古文書研究』二九、一九八八年)に言及がある。重行の所領としてほかに河内国伊香賀郷などがある。

また、永和四年(一三七八)に、三河国額田郡内の大矢原郷が進士自成に与えられていることも参考となる(十月二十三日高階光春打渡状、『進士文書』前同七頁)。額田郡は足利氏の根本所領で、倉持氏・粟生氏など根本被官の所領がみられる。額田郡では観応元年(一三五〇)十二月に一揆が結ばれており、直義の袖判が据えられた一揆交名には「進左衛門太郎行重」「進左衛門六郎行光」の名がみえる(『尊経閣文庫所蔵文書』、『新編岡崎市史』史料編古代・中世、一一七三頁)。名字や名乗が類似することから進士氏一族ではないかと推測される。この交名および粟生氏については三木靖「観応元年十二月十日三河国額田郡一揆」(『鹿児島短大紀要』二、一九六八年)参照。

(19) 佐藤進一『増訂　鎌倉幕府守護制度の研究』(東京大学出版会、一九七一年)六七頁、および同註(15)著書、一四七頁。

(20) 応永二十四年十月二十一日前大僧正聖快所職所領譲状写(『正嫡相承秘書』、『千葉県の歴史』五、二六〇頁)、覚雄からの譲与分を記しているため、飫富社別当職はみえない。

『鶴岡八幡宮寺社務職次第』(群書類従巻五三)によると、応永二十三年から翌年にかけて社務であった快尊の項に「上総八幡別当」とあり、国府八幡宮である市原八幡宮を指す可能性が高く、関東僧の知行により地蔵院は不知行となっていたことが明らかとなる。

(21) 典拠はいずれも『尊経閣文庫文書(尊経閣古文書纂宝菩提院文書)』、高資の書状は年未詳十二月十三日(『千葉縣史料』二二六頁・『千葉県の歴史』四、四九九頁)。得宗領であることは岡田註(14)論文参照。関連史料にはほかに観応元年十一月十八日足利義詮書状(『東寺文書観智院』、『千葉県の歴史』五、二七一頁)などがある。市原八幡宮の専論として、寺田廣「中世における上総国飯香岡八幡宮（市原八幡宮）について」（『市原地方史研究』九、一九七八年）がある。また、市原八幡宮別当職と同じ日に、伝法院座主職が三宝院賢俊に寄せられている（光厳上皇院宣、『三宝院文書』、『大日本史料』第六編之二三、九八七頁）。（補註2参照）

(22)「足利氏所領奉行注文」は『千葉県の歴史』四、一五一頁。『倉持文書』に伝存したもので、倉持氏はまた、市西郡に勝馬郷（永仁四年（一二九六）三月十一日足利貞氏袖判下文案、『千葉県の歴史』四、一四九頁）などの所領をもっている。

『千葉縣史料』に載せる関連史料のうち、応安四年九月十二日の室町幕府御教書にみえる違乱者「石川左近将監」は当時の上総守護代であり（佐藤註(15)著書、一五〇頁）、市原荘は本来守護の手にあるべきものという意識を窺えるかもしれない。前々註で触れた上総八幡別当快尊は、当時の守護禅秀の息である。

上総国府の比定には諸説があり、中世国衙は現市原市能満・郡本とする説が有力であるが、この地が市東・市西両郡に含まれた確証はない（『市原市史』中巻、一九八六年、四六頁、高村隆執筆分）。海上郡馬野郷から発展した中世的郡である馬野郡に含まれた可能性もある（伊藤喜良「室町初期における上総国国衙領について」、註(1)著書、初出一九七三年）。

市原八幡宮は、保元年間（一一五六―五九）、市原別宮として石清水八幡宮の管轄下にあり（保元三年〈一一五八〉十二月三日官宣旨、大日本古文書『石清水文書』一、三〇〇頁）、関東御領であった形跡もある（石井進「関東御領覚え書」『神奈川県史研究』五〇、一九八三年、のち石井進著作集四『鎌倉幕府と北条氏』岩波書店、二〇〇四年、収録）。また、飫富社も石清水八幡宮の支配下におかれたことがある（『石清水皇年代記』上、天承二年〈一一三二〉十一月一日条、前同四、三五六頁）。

(23) 寄進状は、『三宝院文書』（『千葉縣史料』一七一頁・『千葉県の歴史』五、二五五頁）、大日本古文書『醍醐寺文書』一八、一函二―四。

本章で検討した四つの所職所領のうち、三佐古村を除く三点は、ひろい意味での北条氏所領である。岡田註(14)論文などによると、上総で確認される北条氏所領は、ほかに、弘安六年（一二八三）に円覚寺に寄進された畔蒜南荘亀山郷、そして以下の三点である。

①橘木荘十三郷方　北条義時の請所であった（二月二十四日義時書状、『橘神社（橘木社）文書』、『千葉縣史料』中世編、諸家文書二三二頁）。橘木荘は二宮橘木社をもとに成立し、南北朝以降二宮荘と呼ばれた。足利氏根本被官粟生氏の観応二年（一三五一）の譲状に二宮荘内秋羽郷高師村参分壱がみえ（八月二十三日粟生為広譲状写、『尊経閣文庫所蔵文書』、『千葉県の歴史』四、四九八頁）、同荘内荘吉郷は、康安二年（一三六二）の文書に細川清氏跡などとみえる（四月二十五日関東管領施行状、『帰源院

文書』、『神奈川県史』四五四頁・『千葉県の歴史』四、八四八頁など)。
②与宇呂保　金沢氏所領であった。『市原市史』中巻、六〇頁で指摘されているように、正平九年(一三五四)二月日の所望地注進状に「彦部五郎兵衛尉跡」とあり(『臼田文書』、『茨城県史料』中世編I、四二八頁・『千葉県の歴史』四、二七二頁)、彦部氏は足利氏根本被官である。彦部氏については、新行註(18)論文に詳しい。
③武射郡内小松村　工藤中務右衛門跡。観応三年七月四日、尊氏は、他の所領とともに、鎌倉宝戒寺に造営料所として寄進している(『宝戒寺文書』、『神奈川県史』三七二頁・『千葉県の歴史』四、八七六頁)。
合わせて七点となる。荘号をもつ四点のうち、三点は神社、それも国府八幡宮、二宮である橘木社などを核として成立しており、北条氏の勢力は国衙機構に浸透していたことが窺われる。金沢氏が、多く上総介を官途とすることと関係しようか。守護足利氏にとっては障害となったであろう。闕所となったのち、三か所が根本被官の所領として確認される(梅佐古村では給主に進士氏がみえる)など、足利氏の影が濃いのは興味深い(本章〈附論〉参照)。
(24)『富士文書』・『三島神社文書』(『大日本史料』第六編之二、六〇六頁)。
(25)上総における醍醐寺所領には、ほかに、明王院別当に付属する周西郡内の所領がある。明王院は地蔵院や理性院の管轄下にあった。関連史料は、『千葉縣史料』一三三頁、『神奈川県史』四三〇・五一六頁、および『千葉県の歴史』五、二五九頁。また註(23)で触れた橘木荘は、信西(藤原通憲)の寄進にかかる安楽寿院領で、十三郷方は、元久三年(一二〇六)に醍醐寺座主良海に譲られている。良海は、信西の孫成賢の弟子である。
(26)(観応二年)十月二十六日足利尊氏書状・貞治六年九月二十七日足利義詮御判御教書、いずれも大日本古文書『醍醐寺文書』二三・五二、一函二—一〇・一函三—二〇。宮地直一「室町幕府の宗祀」(『神祇史の研究』古今書院、一九二四年)参照。また『満済准后日記』正長二年七月六日条(下六二頁)。義嗣が林光院殿と呼ばれたことは、『尊卑分脈』清和源氏足利の義嗣項による(新訂増補国史大系『尊卑分脈』三、二五四頁)。
(27)(応永十四年)四月二十五日足利義満御内書案(大日本古文書『醍醐寺文書』一八二九、一二函四九、正文は醍醐寺所蔵『大手鑑』)、および『満済准后日記』永享五年五月六日条(下四六八頁)。応永二十九年正月二十二日条(上一九七頁)では、不動不断護摩の供料に「三河国衙沙汰」とある。
(28)週刊朝日百科日本の歴史一四『義満と室町幕府』(朝日新聞社、一九八六年)のうち「黒衣の宰相・満済」(新田英治執筆)参照。

(29)　満済は永享四年五月にも、関東における地蔵院所領の回復を試みている(『満済准后日記』五月二十五・二十六日条、下三九一頁)。義教が将軍となって初めて関東からの使者と対面して半年ほど経た同年三月、関東管領上杉憲実の使者が「関東京方所領共悉可ㇾ渡進ㇾ」との旨を義教に伝えており(同記三月十一日条、下三五九頁)、満済は速やかに対応したのである。

(補註1)　本章発表と前後して、上総守護の任免をめぐり、特に上杉定頼の位置付けに関して議論が活発となった。渡政和「上杉三郎定頼に関する考察—鎌倉府体制下での位置付けを中心に—」(『文化史泉』一、一九八九年、『扇谷上杉氏』戎光祥出版、二〇一二年に再録)、江田郁夫「持氏政権期の宇都宮氏」(『室町幕府東国支配の研究』高志書院、二〇〇八年、初出一九八九年)、小国浩寿「持氏期鎌倉府の守護政策と分国支配」(『鎌倉府体制と東国』吉川弘文館、二〇〇一年、初出一九九一年)、島村圭一「上杉禅秀の乱後における室町幕府の対東国政策の特質について」(『地方史研究』二四九、一九九四年)、松本一夫「上総守護の任免状況とその背景」(『東国守護の歴史的特質』岩田書院、二〇〇一年、初出二〇〇〇年)、杉山一弥「室町幕府と下野『京都扶持衆』」(『室町幕府の東国政策』思文閣出版、二〇一四年、初出二〇〇五年)。

大まかに整理すれば、上杉定頼につき、湯山学氏の上総半国守護と見なす見解に対し諸氏ともに否定的で、渡氏は安房守護として活動した可能性を指摘、小国氏・島村氏・松本氏は、鎌倉府のもとで実質的に上総守護の職権を行使したと見なしている(小国氏・島村氏は、宇都宮持綱と上杉定頼が結果としてであれ支配領域を分け合ったとするのに対し、松本氏はそれに疑問を呈している)。江田氏・杉山氏はおもに宇都宮氏に視点を置いた検討となっている。

また、新田英治「中世後期の東国守護をめぐる二、三の問題」(『学習院大学文学部研究年報』四〇、一九九四年)は、東国の守護補任に関わる根本的な問題を提示している。


(補註2)　市原八幡宮の関係史料は、ほかに東寺観智院金剛蔵聖教に伝来し、『千葉県の歴史』五、二六八頁以下に収録されている。観応元年(一三五〇)十月二十六日の足利尊氏書状写・執事高師直奉書写のほか、観応年間三通、文和年間(一三五二—五六)二通、永和二年(一三七六)一通の計八通で、いずれも地蔵院の権利を認定している。永和二年十月十七日室町幕府御教書写では、石清水八幡宮の主張が退けられている。また、この史料群には、飫富荘の関係史料で、嘉吉二年と推定されている上杉清方書状写も含まれる。

〈附論〉三浦氏と尊氏

建武頃に名のみえる三浦氏三例を検討しよう。

A　正慶四年（一三三五）八月十五日、三浦「若狭守時明」は、「市東郡内年貢用途伍拾貫文」を「天下安穏泰平、自身寿福長遠、息災康楽、子孫繁昌」のため、鶴岡八幡宮に寄進している。①

上総国市東・市西両郡は、足利氏の手に帰するまえ、上総介ともなった千葉常秀の所領であった。国検に関する書状に「市東西常秀請所也、除二地頭各別所一」とあり、常秀は郡地頭職を所持したものの、郡内にはほかに地頭も存在したのであり、②宝治合戦後、常秀の子上総権介秀胤の跡を拝領した足利義氏の所領の内容も同一であろう。③三浦時明は、この各別の地頭、あるいはその権利を受け継ぐものと思われる。

使用年号からもわかるとおり、時明は、すでに鎌倉に入っていた北条時行の与党である。寄進の数日後、相模懐島で自害し時行と運命をともにした三浦「若狭五郎判官」（天正本系統『太平記』）を系図では時明とする。④反尊氏勢力の所領が、守護領のいわば内部に存在しているのである。

B　時明の三代前にあたる盛時は、寛元四年（一二四六）、北条時頼の袖判下文で陸奥国糠部郡五戸地頭代職を安堵されている得宗被官であり、⑤宝治合戦でも時頼に参じ、三浦介の家督を受け継ぐ。その本流三浦介時継（道海）は、一時は建武政権側に就き、建武元年（一三三四）、成良親王令旨により恩賞を得ているが、中先代の乱では、一度逃れたものの六条河原で刎首されている。⑥

ところが、その子高継は、『太平記』の「天文本」などに拠ると、時行攻撃のため東下した尊氏に従っており、しかも乱平定後、建武二年九月二十七日に行われた尊氏自身による恩賞給与で、「父介入道々海跡本領」を勲功賞とし

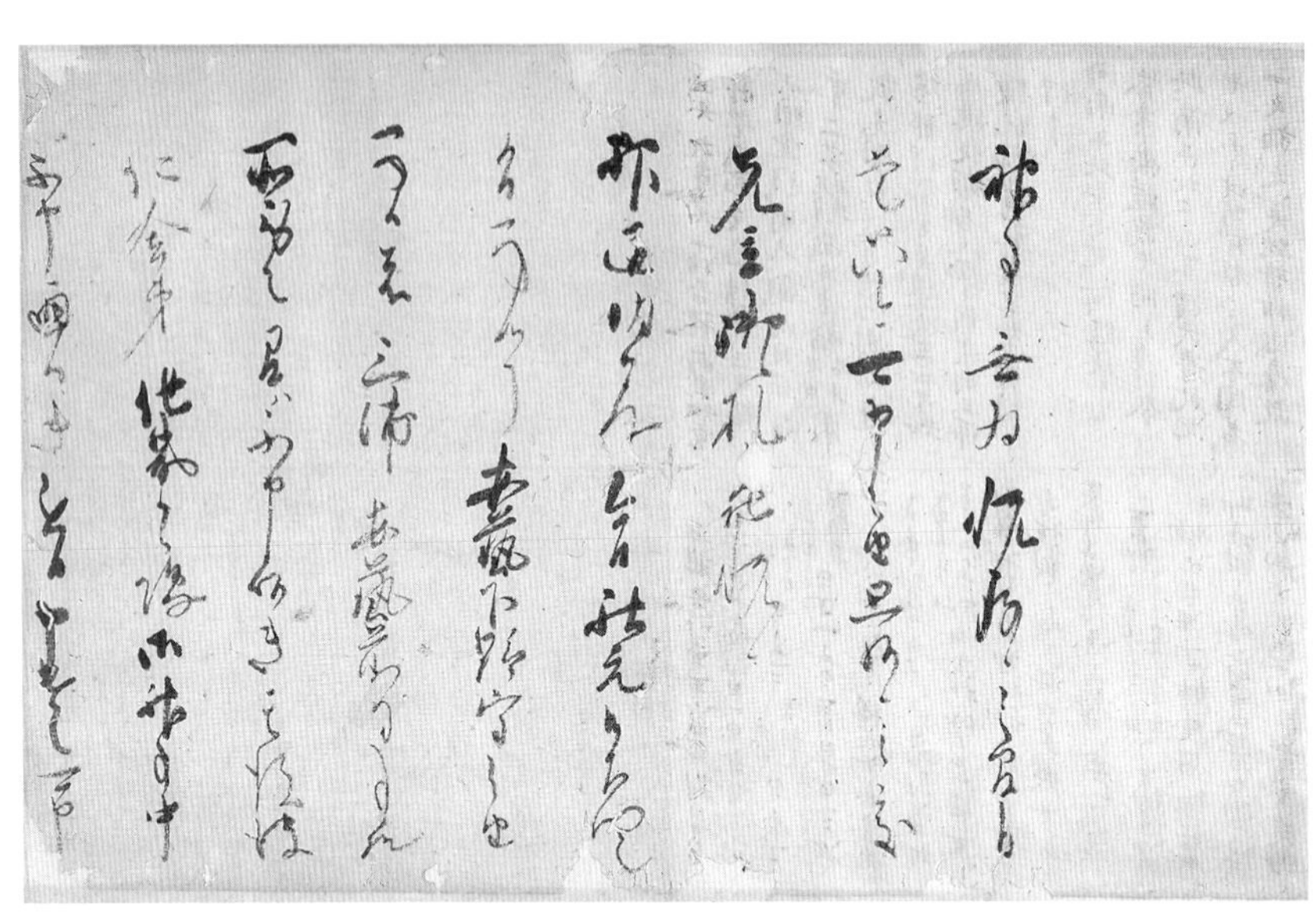

図 6　金沢貞顕書状（年月日未詳,『金沢文庫文書』称名寺所蔵，神奈川県立金沢文庫管理）
「三浦安芸前司」は 6 行目に見える。4 行目の「秋元」は上総の地名である。別の聖教紙背文書から，杉本時明は，称名寺造営に柱 3 本を用意したことも知られる。

て与えられ、なかに糠部郡内五戸もみえる（本領とは元弘以後新恩地を含まないという意味であろう）[⑦]。闕所という手続きを取りながらも、北条氏被官という性格を残した三浦介の所領が、その子孫に留保されたのである（尊氏の下文にみえる会津河沼郡議塚并上野・新田の場合も、会津が、顕業跡として元弘三年〈一三三三〉に恩賞の対象となっていることから、同様に北条氏のもとの知行であったと思われる[⑧]）。実は、糠部郡（北条泰家跡）は、尊氏が建武政権から給与された恩賞地であり[⑨]、高継が尊氏に参じたのは、ひとつには五戸に関わる権益を守るためであり、尊氏がいち早く恩賞を給与したのも、ひとつには糠部郡経営のためと考えられる。高継の子高通は、のち相模守護となる[⑩]。

道海跡には、上総国天羽郡内古谷・吉野両郷、大貫下郷もみえる。また、高継は、恩賞給与をうけた一か月後、上総国真（馬）野郡椎津郷内田地を、時明と似た文章で鶴岡八幡宮に寄進している[⑪]。寄進を前提に尊氏の恩賞給与から除かれたと考えるならば、この所領も道海跡となる。

C　金沢貞顕の上総に関わる書状に、「三浦安芸前司」と音信をとっていたことが窺われるのも興味深い。[12]系図に、三浦安芸守、母平頼綱女とみえる杉本時明のことであろう。[13]北条貞時の十三年忌供養記にも一品経調進者として三浦安芸守がみえる。[14]建武三年正月に幕府侍所頭人と確認される三浦因幡守貞連は時明の子、そして貞連の子とされる貞久は鎌倉府奉公衆である。また、貞和元年（一三四五）の天龍寺供養に尊氏・直義の随兵としてみえる三浦遠江守行連は、時明の甥として系図に載る。[15]

以上の三例は、北条氏と深く結びついていることばかりでなく、所領などを通じて上総と関わりをもつことでも共通している。三浦地方は東京湾をへだてて上総と向かいあい、三浦氏が上総と関わるのは容易に肯首される。所領はいずれも上総西部で、特に椎津・大貫は東京湾に面している。

上総が三浦氏のひとつの本拠地であったことを重視するならば、Bの高継やCの貞連などが、北条氏と関わりを持ちながらも尊氏に参じた機縁のひとつに、足利氏が上総守護であったことが含まれる可能性も生じよう。A・Bでは倒幕以後に視点を置いたため、北条氏勢力である三浦氏を、基本的に尊氏に抗する存在として捉えたけれども、そもそも足利氏自身、姻戚関係などを通して北条氏と結びついていたのであり、尊氏の挙兵以前、三浦氏と足利氏は対立していたのではあるまい。

附論註

① 『鶴岡八幡宮文書』（『千葉縣史料』二二三頁・『千葉県の歴史』四、八六〇頁）。
② 『中右記裏文書』（『鎌倉遺文』三五六二・『千葉県の歴史』四、四二八頁）。
③ 『吾妻鏡』宝治元年（一二四七）七月十四日条。秀胤の跡地は、足利氏の上総における基盤となったと考えられる。
④ 『大日本史料』第六編之二、五四九頁、五五八頁。
⑤ 『宇都宮文書』（『鎌倉遺文』六七六八）。この文書の盛時が、平頼綱の父とされる平盛時だとしても、道海跡に五戸がみえることから、本附論の論旨に大きな影響はない。

⑥『宇都宮文書』建武元年四月十日成良親王令旨（『神奈川県史』八頁）。『大日本史料』では『葦名古文書』として載せる。葦名氏は三浦一族である。この文書で与えられた所領は尊氏の下文にはみえない。また④に同じ。

⑦『宇都宮文書』（『千葉縣史料』一八八頁・『大日本史料』第六編之二、六〇九頁）・『小田部庄右衛門氏所蔵文書』（『千葉県の歴史』四、二九二頁）。

⑧遠藤他本文註(14)論文、糠部郡についても詳述されている。

⑨『比志島文書』（『神奈川県史』一頁）。この目録には上総の所領はない。

⑩佐藤本文註(15)著書。

⑪『鶴岡八幡宮文書』（『千葉縣史料』二四二頁・『千葉県の歴史』四、八六〇頁）。

⑫『金沢文庫文書』（『神奈川県史』資料編二、六一一頁・『千葉県の歴史』四、六五八頁）。

⑬『系図纂要』平氏三など。父宗明は下野守。

⑭『円覚寺文書』（『神奈川県史』資料編二、六九八頁）。足利貞氏もみえる。三浦介は諸方進物にみえる。

⑮山田本文註(17)論文など、および本文註(15)参照。親子関係は系図に従う。

第四章　駿河国大岡荘と足利満詮
——北条氏所領の記憶——

駿河国大岡荘は、現在の沼津市から裾野市にかけての地域にあたる。この荘園に関する史料は、まとまってひとつの史料群に伝来することはないものの、伝来の異なる複数の史料群によって、様々な側面を窺うことができて興味深い。本章では、もと醍醐寺地蔵院に伝わった、荘内の寺社の別当職についての文書三点を取り上げる(1)。

1　〔尊経閣古文書纂〕宝菩提院文書

駿河国大岡庄内牧御堂・浅間宮・大幡寺等別当職事、任二先師頼恵去応安四年六月廿九日譲状一、可レ令二領掌一之状、依レ仰執達如レ件、

応安六年十月廿九日　　武蔵守（細川頼之）（花押）

中納言法印御房（頼印）

2　〔平成四年明治古典会七夕大入札会目録〕

（足利義持）（花押）

駿河国大岡庄内牧御堂幷大幡寺・浅間宮号岡宮等別当職事、任二相伝当知行之旨一、土用寿丸領掌不レ可レ有二相違一之状如レ件、

応永廿年十月廿一日

3〔尊経閣古文書纂〕宝菩提院文書
(付箋)「養徳院殿御判」
駿河国大岡庄内牧御堂幷岡宮・大幡寺別当職事、為二闕所分一可レ有二知行一之状、如レ件、
(足利満詮)(花押)
応永廿壱年七月廿八日
(持円)地蔵院法眼御房

1は応安六年（一三七三）、2は四十年後の応永二十年（一四一三）、3はその翌年の文書である。まず、補任された人物をみよう。1の宛所の中納言法印は、鎌倉鶴岡八幡宮供僧（密乗坊）の頼印である。頼印は、遍照院と号し、鶴岡八幡宮の執事・執行を勤めたほか、上野国榛名山座主・執行職をはじめ、多くの職を兼帯した。様々の付法を受けた碩学であり、また関東護持僧となって、鎌倉公方足利氏満など政治の中枢部と関わる。詞書のみながら『頼印大僧正行状絵詞』が伝わることでも知られる。頼印に譲与した頼恵も、同じく鶴岡八幡宮供僧（宝蔵坊）。2の土用寿丸は、残念ながら不明。3の地蔵院法眼は、前年三月に京都醍醐寺地蔵院に入室した持円である。判明している二者の相互の関連は、一見したところ明瞭でない。一方、補任した主体をみると、1は幕府管領の奉書、2は将軍義持の御判御教書で、1・2ともに幕府となり、問題を生じないのに対し、3は、足利満詮、すなわち足利義満の弟で、時の将軍義持には伯父にあたる人物である。地蔵院持円は、満詮の子供であるが、親ということのみを理由として、補任状を発給するとは考えがたい。また、満詮が、たとえば守護のような、広域的な支配権をもった徴証はない。おそらくは、大岡荘内に存在した寺社の別当職は、満詮の保持する所職であり、それゆえ補任を行ったと思われる。本章では、奇異な感を受ける、これら別当職の相伝の背景について検討し、満詮が関わる経緯につき推測を試みたい(2)。

ここで、これ以前の大岡荘につき、簡単に触れよう。鎌倉幕府初期の寿永三年（一一八四）、源頼朝は、池大納言平頼盛に、旧領を返還するが、うち平家没官領の部分に大岡荘がみえる。『愚管抄』に、次の一節がある。

時正〔政〕ワカキ妻ヲ設ケテ、ソレガ腹ニ子共設ケ、ムスメ多クモチタリケリ、コノ妻ハ大舎人允宗親ト云ケル者ノムスメ也、セウト、テ大岡判官時親トテ五位尉ニナリテ有キ、其宗親、頼盛〔平〕入道ガモトニ多年ツカイテ、駿河国ノ大岡ノ牧ト云所ヲシラセケリ、

北条時政の若い妻とは、『吾妻鏡』で牧御方と呼ばれる人物である。宗親が平頼盛のもと大岡牧を知行し、また時親が大岡を名乗っており、大岡牧は牧氏の根本所領であろう。ただし、時政・牧御方の引退とともに、牧氏は活動の痕跡をとどめなくなる。のち、幕府崩壊直後の元弘三年（一三三三）、大岡荘は、北条泰家跡として、岩松経家に与えられており、泰家は、最後の得宗高時の兄にあたる。大岡牧から転化した大岡荘は、時政後室ゆかりの地として、北条氏家督に近い人物に伝領されたと推測される。なお、岩松氏に与えられてからのち、冒頭に掲げた史料まで、大岡荘の史料は伝わっていない（3）。

第一節　頼印と地蔵院

頼印と持円は、直接に結びつかないものの、頼印と地蔵院は、深く関わる。醍醐寺地蔵院は、鎌倉時代後期、関東に下向して、貴重な日記を残した親玄ののち、覚雄、道快（のち聖快）を経て、持円へと受け継がれる。以下、頼印と地蔵院の関係を整理し、大岡荘内諸別当職の相伝の背景につき検討しよう。

まず、頼印が入室して法を受けたのは、南北朝前中期に鶴岡八幡宮社務をつとめた頼仲である。頼仲は、佐々目頼助に入室受法したうえ、地蔵院親玄から灌頂を受けており、頼印は、親玄の孫弟子にあたる。なお、頼印に譲与した頼恵もまた、頼仲から法を伝えられている（4）。

次に、至徳四年（一三八七）七月、頼印が、小山義政の乱の平定にあたり、祈禱の賞として、鎌倉明王院別当職

（寺務職）を望んだ申状土代を取り上げよう[5]。冒頭に、明王院別当職の相承の様子が記されている。

こゝに宰相僧正仲尊、宝篋院殿（足利義詮）御代拝領、しかるにいとまを申さすして関東下向のきさみ、彼職をあらためて地蔵院覚雄大僧正拝領相続して、地蔵院道快僧正当知行之処、彼職をかりめされて、理性院僧正宗助被レ補者也、寺務無二相違一之処、本覚院より御所望、何事の子細そや、在京によりて、さゝへ申におよはす、不便次第也、

明王院五大堂は、将軍藤原頼経の御願寺である。南北朝期の明王院別当職に関わる史料は、醍醐寺地蔵院のほか、右にもみえる醍醐寺理性院、また青蓮院にも伝わり、おのおの権利を主張して、複雑な様相を呈している。

まず、地蔵院覚雄は、貞治三年（一三六四）十二月に、鎌倉公方足利基氏から安堵を受け、貞治六年九月には、義詮から安堵されており、右の引用によると、道快が受け継いだらしい。一方、宰相僧正仲尊は、理性院・青蓮院の文書に見え、文和二年（一三五三）十二月に、足利尊氏とみられる某から安堵を受けている。以下、理性院の文書によると、康安元年（一三六一）、仲尊は入室の弟子の二位法印快季に譲る。のち仲尊が再任された可能性もあるが、右の引用どおりに、仲尊が改替されたかどうか、確認しえない。そして、永和四年（一三七八）四月、快季は、理性院宗助に譲り、翌年幕府の安堵がなされる。これより先、南北朝前期の理性院院主道賢も、明王院寺務であった徴証があり、宗助は、明王院別当職の権利を強める目的で、快季からの譲与を望んだのであろう。右の引用には「かりめされて」とあるが、地蔵院との関係は不明。宗助は、応永十二年（一四〇五）、理性院院主職とともに、宗観に譲っている。ところが、青蓮院の文書によると、康応元年（一三八九）八月、快季は、師弟一分の約を成した宗助への譲与を改め、親類で、師資の約諾を結んだ仲祐に譲る。仲祐は、足利義満の子尊満が青蓮院尊道に入室すると、応永二年、尊満に譲与し、さらに応永十年、同じく義満の子義円が青蓮院尊道に入室するころ、尊円に改めて契約状を出す。

〔青蓮院文書〕

明王院、（寺領上総国周西郷、）清浄金剛寺、（寺領駿河国藪田郷、）願成寺、（寺領常陸国石神村、）并美濃国荘戸郷、駿河国稲葉郷、

此外不知行所々注文在㆓別紙㆒

右件寺務職幷所領等者、故明王院快季僧正所㆓譲賜㆒也、雖㆑然就㆓由緒㆒、先年奉㆑寄㆔附御門跡㆒、仍此所々御当知行無㆓子細㆒、而若君御(義円)入室之間、重而所㆑奉㆑献㆓契状㆒也、弥後々末代不㆑可㆑有㆓依違㆒、於㆓半分㆒者、任㆓応永二年十月十三日御書㆒、可㆘全㆓領掌㆒仕㆖候、仍殊更所㆑奉㆓契約㆒之状如㆑件、

応永十年六月十八日　　法印権大僧都(仲祐)在判

理性院宗助も、清浄金剛寺別当職や美濃国荏戸郷をあわせて譲与されており、右に列挙された所職所領は、明王院別当職に付帯すると考えられる。(6)

『華頂要略』によると、聖光院仲祐は、永徳元年（一三八一）、本覚院聖助（後光厳天皇子）が青蓮院尊道に入室する際、有職三人のなかに見えて、本覚院聖助と関係のあることが推測され、またその二年後、青蓮院尊道に印可をうけている。本覚院は、鎌倉時代以来、関東と深く関わり、日光山別当や勝長寿院別当を兼帯している。明王院との関わりについて他に明証はないものの、さきの頼印の申状にみえる本覚院は、聖助であろう。頼印の申状の時点では、いまだ仲祐は譲与を受けておらず、また仲祐に譲与した快季は本覚院と関わるか否か不明だけれども、少なくとも、仲祐が譲与を受けたことにより、本覚院は明王院別当職保持への確かな根拠を得たこととなり、その根拠は、青蓮院へと受け継がれる。(7)

さて、頼印の申状に戻ろう。先の引用から少しのち、

爰道快僧正、為㆓関東護持㆒、以㆓本寺聖教霊宝等㆒、二にわけて進㆓置都鄙㆒、剰以㆓永福寺㆒譲補する者也、然者覚雄・道快二代相続の本職也、いかて不㆑企㆓微望㆒哉、

頼印は、地蔵院の法流を受け継いでいるという主張のもと、地蔵院の相続する明王院別当職への補任を要求している。法流継承の根拠は、地蔵院の重宝などの保持、永福寺別当職への補任である。

地蔵院の重宝と関東との関わりは、頼印と地蔵院の関係を考える手がかりとなる。他の史料、『頼印大僧正行状絵詞』と『密宗血脈鈔』覚雄項を検討しよう。ふたつの史料は、細部に違いはみられるものの、基本的な経過は共通する。すなわち、関東に下向していた覚雄は、建武政権の頃、上洛するにあたり、重宝を極楽寺に預け、約五十年ののち道快が取り戻しを試みるが、極楽寺との直接の交渉は進展せず、鎌倉公方氏満に提訴してようやく成功、この間、道快の俗弟宝蓮院相覚が、関東に下向する。

では、『頼印大僧正行状絵詞』から。極楽寺が、年序を経ているという理由で、道快の返還の要請を断った、という記述の次の部分。円海（印教房）は、覚雄が本尊・聖教を預けた極楽寺長老である。

仍印教(円海)上人之預状等ヲ院主(頼印)ニ奪ハラセラル、、状云、

極楽寺本尊・重宝事、故円海上人印教房数通書状進㆑之ソロ、能々御籌策以天可㆑被㆑出ソロ、然者重宝之内五鈷経等ノ間、一種ヲハ可㆑被㆑返㆓付本流㆒候、且又可㆑為㆓御興隆㆒候、
至徳二　五　三

同五月廿四日、武衛(足利氏満)真言御伝受ノ次ニ、院主此事申出サル、時、二階堂式部大輔入道友政ヲ奉行トシテ寺家ト問答スヘキヨシ仰付ラル、間、（下略）

極楽寺が奉行の変更などを要求する記事ののち、現在も正文の伝存する次の文書が引用される。

〔尊経閣古文書纂〕宝菩提院文書

地蔵院僧正(道快)所㆑被㆑預㆓置極楽寺㆒本尊聖教幷道具等事、与㆓奪遍照院(頼印)㆒云々、所詮所㆑被㆑申無㆓相違㆒者、任㆓円海上人契状之旨㆒、被㆓返渡㆒之様、可㆑被㆓申沙汰㆒、若又有㆓子細㆒者、可㆑有㆓御注進㆒之状、依㆑仰執達如㆑件、

至徳二年七月廿九日　左衛門佐(斯波義将)（花押）

上杉安房入道(憲方、道合)殿

この文書は、なぜか公方氏満に披露されなかったようだが、奉行人が強硬な態度で極楽寺と交渉した結果、極楽寺が

返還を承諾、十一月一日、鎌倉府奉行人と宝蓮院相覚らが極楽寺から経、袈裟、五鈷などを請け取り、三日後、聖教、曼陀羅などを奉行人が新宮別当房、つまり頼印のもとに送っている(8)。

引用した最初の文書（至徳二年五月三日）に、「御籌策をもって出さるべく候」とみえる。頼印に付託された極楽寺の預り状は、地蔵院に伝来したはずであり、また前の文章との繋がりも考慮に入れると、この文書は、地蔵院が頼印に返還を委託したものではなかろうか。頼印は、これをうけて公方氏満に提訴し、地蔵院も、引用した幕府奉書を獲得して頼印を補佐する。取り戻しは成功し、結果として重宝は、先の頼印の申状どおり、道快により京都と関東に分置されたこととなる。

だが、『密宗血脈鈔』覚雄項の記述は、やや趣を異にする。この史料は、十七世紀前半の成立、編者恭畏が相伝した地蔵院流房玄方を中心とする。房玄は、親玄の法を嗣いで覚雄と並び立つ人物であるため、覚雄に批判的で、重宝は質物であったなどと記すものの、地蔵院の側に立つ記述となっている。覚雄が請け返しをせずに死去したことに続けて、

　然間当時道快大僧正御舎弟法蓮院僧正相覚、鎌倉遍照院僧正(頼印)被レ申ケルハ、我身付法事ヲカキ候、乍レ恐法蓮院御下候者、憑入可レ申候、関東護持候ヘト所望被レ申、

地蔵院道快は拒絶しながらも、次のように言う。

　但一裏宝珠本尊聖教未レ帰ニ本寺一、若爾加様次法蓮院下候、此等重宝本寺被レ上ヘキ歟、左様候者可ニ下申一、

宝蓮院相覚は下向し、極楽寺との直接交渉に失敗するけれども、氏満に訴えて、金銭を払うことなく、重宝を取り戻す。その際、頼印の関与は記されていない(9)。

頼印から相覚への付法は、実際に行われたようだ。もと鶴岡八幡宮我覚院（密乗坊）に伝来した、嘉慶二年（一三八八）の文書を引用する。

〔相州文書〕我覚院文書

〔諸カ〕
所供僧職事

一鎌倉明王院鎮守春日供僧職事一口

一同所久遠寿量院供僧職事

一同所梅谷新阿弥陀堂供僧職事一期仁弘葉□

一同所日輪寺供僧職事

一同所蓮花寺供僧職事

一豆州願成就院供僧職事

右、六个所職者、任二師資相伝之旨一、領掌無二相違一者也、爰相二副調度之文契一、悉令レ譲二与付法嫡弟前大僧都相覚一畢、更不レ可レ有二□人妨一、仍譲与状如レ件、

嘉慶二年二月廿八日

権僧正頼印（花押影）

相覚を「付法嫡弟」と呼んでいる(10)。

地蔵院の重宝奪回を記すふたつの史料は、おそらく事実の異なる側面を示していると思われる。頼印は、地蔵院主に近い僧に付法をなすことを通じて、自らが本流のなかに位置すると誇示することが可能となり、自らを関東において有利な立場に置くことができよう。そして地蔵院道快は、頼印の京都への指向に乗り、頼印の政治力を利用して、懸案であった重宝の奪還に成功したのである。重宝は一部分、頼印の許にとどまったため、頼印は、重宝の獲得そのものによっても、権威付けを得たこととなる。

では、頼印の申状にもどり、頼印が地蔵院の法流継承の根拠として掲げたもうひとつの事実、永福寺別当職への補

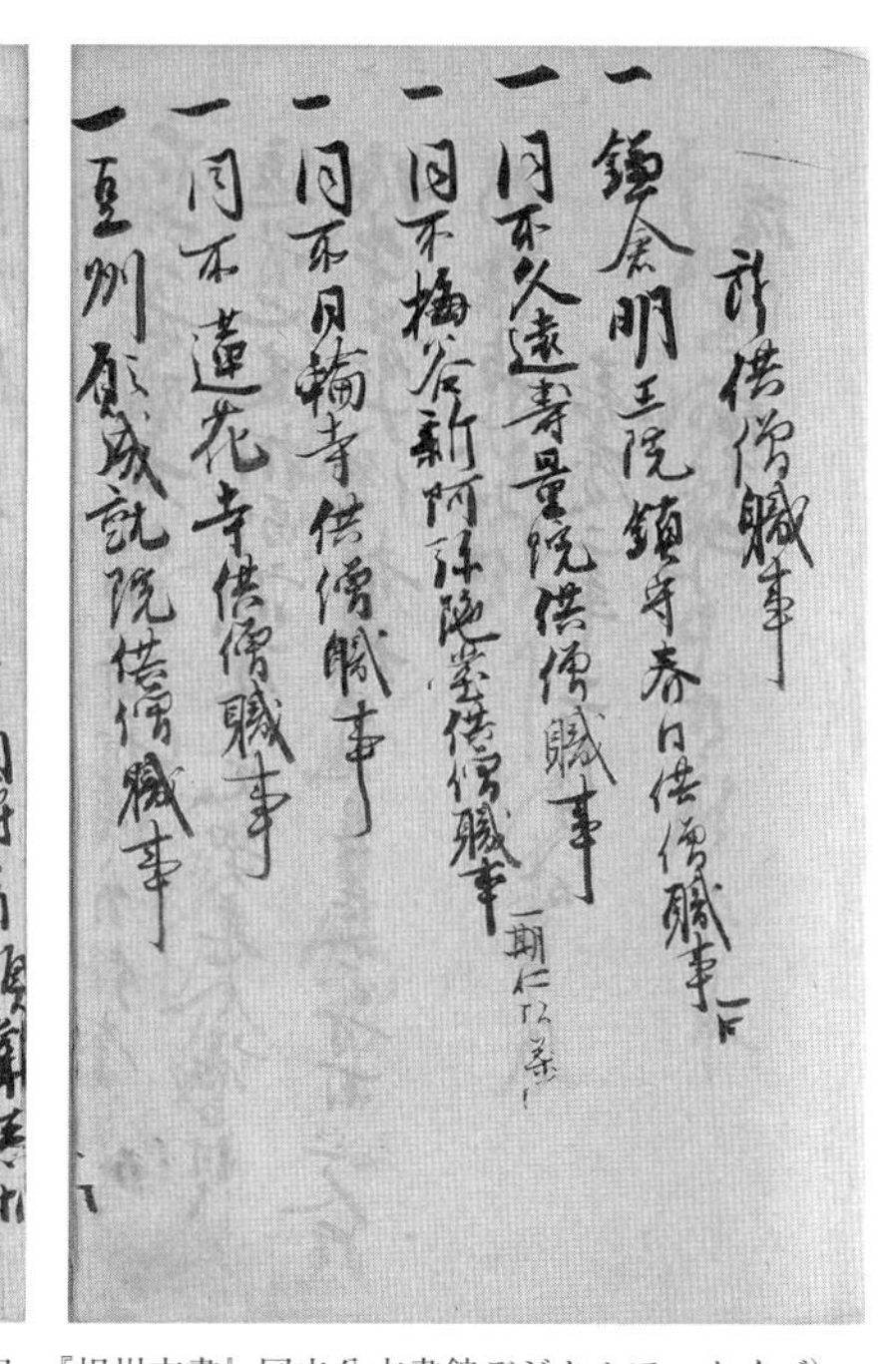
諸供僧職事
一 鎌倉明王院鎮守春日供僧職事
一 同下久遠寿量院供僧職事
一 同下稲谷新阿弥陀堂供僧職事
一 同下月輪寺供僧職事
一 同下蓮花寺供僧職事
一 豆州願成就院供僧職事

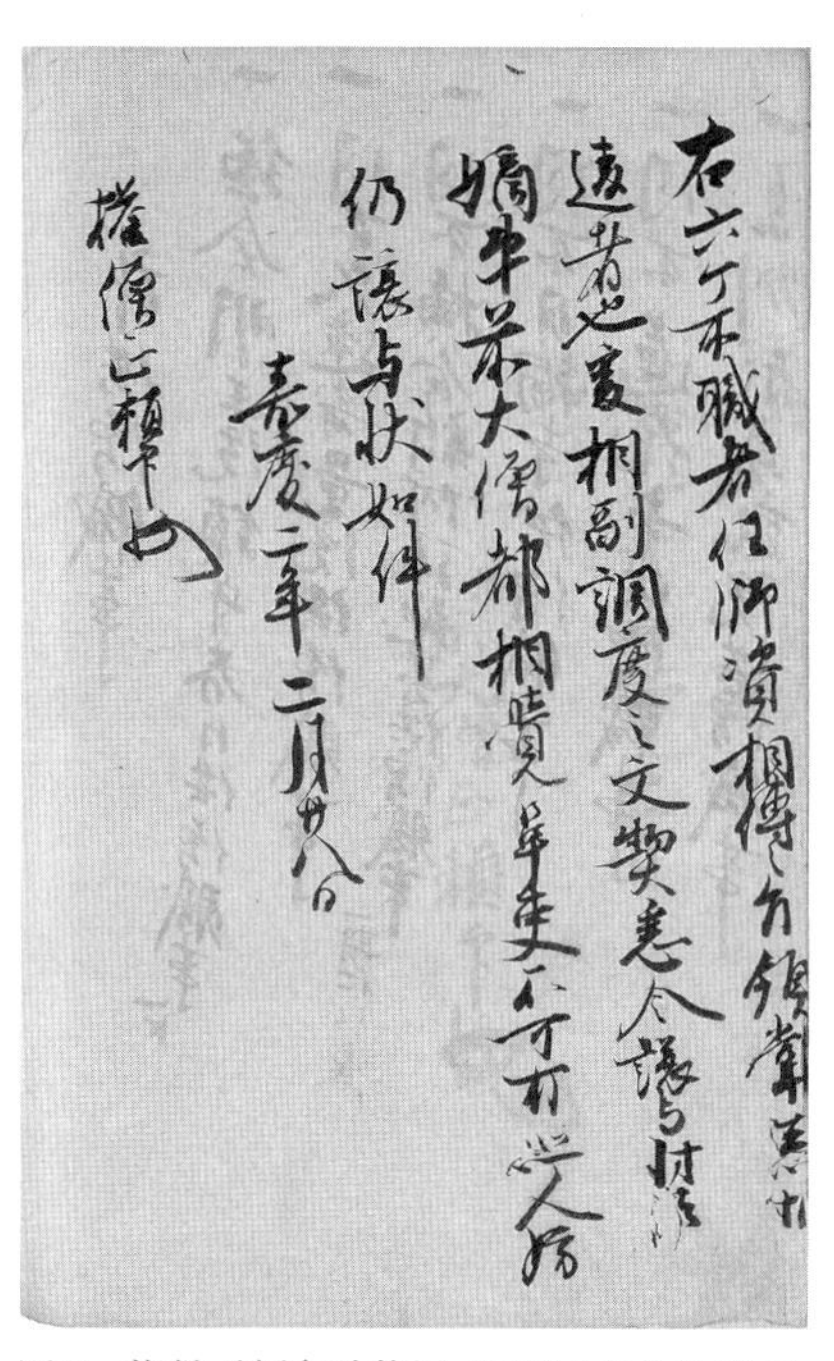
仍譲与状如件
嘉慶二年二月廿八日
権僧正頼印

図７　権僧正頼印譲状写（嘉慶２年２月28日，『相州文書』国立公文書館デジタルアーカイブ）

任を検討しよう。道快から譲与されたのは、聖教の返還をみた一か月後、十二月三日、そして二十五日付で、鎌倉公方氏満から安堵をうけている。明らかに、奪還の成功に対する代償のひとつである。永福寺別当職は、かつて親玄の保持した職であり、元亨二年（一三二二）、親玄は、二条僧正道承に譲与し、一期の後は覚雄に与えるよう指示した。『頼印大僧正行状絵詞』によると、頼印は、嘉暦元年（一三二六）五歳のとき、永福寺別当の道承に初めて出仕しており、永福寺は頼印にゆかりの寺である[11]。

頼印は、自らの死後、獲得した寺社の職が、どのように継承されるよう望んだのか、明確ではないけれども、現存する文書によると、相覚に譲ったのは供僧職のみで、それも明王院、久遠寿量院などは、地蔵院が別当職に権利を持つ寺院の供僧職である。あるいは、別当職は地蔵院本流に返し、地蔵院のもと、関東で諸職を継承しようとしたかと思われる。だが相覚は、関東下向、奪回から六年後、頼印から譲与をうけて四年後の明徳三年（一三九二）三月、

関東で死亡、頼印の計画は実を結ばず、頼印も後を追うように一か月後に死去する。(12)

のち、応永二十四年、聖快（道快）は、持円に諸職を譲るが、そのなかに、永福寺別当職と明王院別当職がみえ、頼印が保持した、あるいは保持しようとした寺社の職は、本流に継承されるべきものとして位置付けられている。もっとも、不知行と注記され、実態をともなわない継承であった。(13)

頼印の晩年の頃、南北朝末期は、鎌倉府が独立性を高め、新たな意味で、京と鎌倉が分裂を始めた時期にあたる。京都との繋がりにより自らの立場を保持しようとする頼印の指向も、そして、重宝を奪回はするものの、その後も関東の諸職を維持しようとする地蔵院の思惑も、古い枠組みのなかでの行動で、時代の流れに逆行していたのである。

最後に、日輪寺別当職の相伝をみよう。日輪寺の名は、北条高時が日輪寺殿と呼ばれることで知られている。正応五年（一二九二）、親玄の日記に、日輪寺で供養法を行ったことがみえ、親玄が関与したと確認される。のち、正和五年（一三一六）に鶴岡八幡宮供僧（座心坊）となる（勧修寺）慈尊院栄海は、「日輪寺々務」と記され、また栄海の師にあたる聖済に「日輪寺僧正」と注記する史料もある。栄海は、貞和二年（一三四六）、慈尊院住房・聖教や私領・勧修寺領とともに、日輪寺別当職と寺領を、俊然に譲る。その一方、文和元年（一三五二）に、頼仲が、日輪寺寺務職に補任されている。前述したように、頼仲は、親玄から灌頂をうけ、かつ、頼印の師である。そして、前掲した文書により、頼印が日輪寺供僧職を相覚に譲っていることが判明し、明王院の例を参考にすると、あるいは、頼印は別当職（寺務職）も有したかもしれない。応永二年（一三九五）にいたって、この別当職は、足利義満により、「相伝領掌に任せて」地蔵院道快に安堵される。これは、道快の代に、地蔵院領が「有名無実」な状態のなか、「由緒を申し立てて」獲得した、唯一の所職であった。そして、満詮息の持円が地蔵院に入室してわずか半年後、日輪寺別当職は聖快（道快）から持円に譲られ、将軍義持の安堵を受けている。(14)

日輪寺別当職の相承は、大岡荘内の諸別当職の相伝と類似する面をもつ。しかし、聖快から持円に譲与され、将軍の安堵をうけている点で、満詮が闕所分として安堵した大岡荘の例とは違いがある。次に、本節の検討のうえにたち、満詮の関わる経緯を検討しよう。

第二節　紀良子を経て地蔵院へ

冒頭に引用した2の史料は、当知行安堵であり、なにかを契機として発給されたはずである。可能性は様々であるが、3との関連で考えると、足利満詮の母、小川殿紀良子が、この年七月十三日に死去したことと関係するのではないだろうか。紀良子は、石清水八幡宮祠官善法寺家の出身、義詮夫人で、義満の生母でもある。満詮は、居所小川殿とともにその称号を継承したことに象徴されるように、母紀良子との繋がりが目立ち、満詮夫人のひとりもまた、善法寺家の出身だったらしい。おそらくは、大岡荘内の諸別当職は、はじめ紀良子が保持し、それゆえ、補任の権限を持つ良子の死去を契機に、安堵がなされたと思われる。満詮は良子から譲られたのであろう。

満詮の夫人のひとりは、善室寿慶といい、東山妙雲院の開基である。妙雲院の院主は、善室ののち、満詮の娘文渓（聖詮か）、さらに竺英聖瑞へと受け継がれた。竺英は、同じく満詮の娘（長女）で、紀良子の母である智泉尼聖通が開いた通玄寺の塔頭曇華院の院主を勤め、二度にわたり景愛寺住持となっている。竺英は、寛正五年（一四六四）末、善室の三十三回忌にあたり、春浦宗熙を請じて、尼寺から僧寺になし、院号も、満詮の号である養徳院に改めた。養徳院は、大徳寺の塔頭として現存する(15)。

『大徳寺文書』に、文渓のものと見なされるかな置文がある。妙雲院の文書が紛失したため、これ以後、妙雲院領の文書を持つものは盗人であることを明記する内容となっているが、最後に次のように記す。

するか（駿河）のいなは（稲葉）のもんそ（文書）はかりは、ふ（奉）行のかたに候ほとに、うせ（失）候はす候、

「するかのいなは」とは、駿河国志太郡稲葉郷のことであろう。この所領、前節で引用した仲祐の契状に、明王院付帯の所領としてみえている。そして、この契状には、明王院付帯の清浄金剛寺の所領として、同じく駿河国志太郡の藪田郷が挙げられている。この藪田郷、『蔭凉軒日録』寛正六年八月四日条に、「洪恩院領駿河国藪田郷事」とみえる。嵯峨洪恩院は、もと紀良子の山荘で、のち禅院となり、良子は洪恩院殿と号される(16)。

良子の院号を冠する寺院の所領が、もと良子の所領だった可能性は十分に考えられよう。一方、妙雲院は、満詮の菩提を弔うため建てられたかと思われ、その所領は、近江国西今村など、もと満詮の所領と確認されるものを含み、さらに母の良子に遡ると想定するのも、あながち無理ではあるまい。明王院付帯の駿河国の所領二か所は、良子の所領という時期があったのではないだろうか。

この想定に立つと、大岡荘内諸別当職と、明王院付帯の駿河国所領は、ともに紀良子が保持したこととなり、さらに、ともに頼印が関わり、また後者は地蔵院が相伝を主張し、前者はのちに地蔵院のものとなるなど、両者の相伝には、共通点が多くみられる。大岡荘内諸別当職と紀良子とが関わるに至る経緯には、いくつかの可能性が考えられるが、以下、明王院付帯の所領の相承と比較することにより、ひとつの可能性を提示しよう。

前節で検討したように、仲祐は、明王院別当職を、青蓮院に入室した義満の子に譲っている。紀良子が、付帯の所領を保有するのは、これと対応する現象であろうから、良子もまた、寄進されて手中にした可能性がきわめて高い。すると、大岡荘内諸別当職も、良子に寄進されたと推測されよう。明王院別当職と同じく、他に権利を主張するものがあり、相論が起きていたために寄進が行われたと想定され、良子は、補任に関する権益、あるいは別当からのなんらかの得分を手にしたのではないかと思われる。

次に、寄進の主体。大岡荘内諸別当職の場合、寄進の主体は、頼印か、その後継者か不明だが、京都への寄進であり、当然ながら地蔵院が助力していよう。あるいは、永福寺などの場合と同じく、頼印の死後、地蔵院自身が大岡荘内諸別当職を保有したかもしれない。

明王院別当職の場合、可能性として、理性院と地蔵院が挙げられるが、大岡荘内諸別当職にも関わっていることから、地蔵院となろうか。

明王院別当職はもと地蔵院覚雄が保持し、のち頼印が獲得を試みたという経緯から、さらに想像を逞しくすると、あるいは、大岡荘内諸別当職もまた、本来地蔵院が保持していたかもしれない。保持した時期は、頼印に譲与した頼恵より以前で、おそらく鎌倉後期の（頼仲の師である）親玄にまで遡るであろう。親玄は、その日記に北条氏被官の名が多くみえることに窺えるように、北条氏と深い繋がりをもち、一方、冒頭に言及したように、大岡荘は、牧御方ゆかりの地で、北条氏本流に伝領されており、親玄が、その荘内の諸別当職を獲得したという想定も、成立しえよう。ここで参考となるのは、前節で検討した、頼印が相覚に譲った供僧職のなかに、伊豆国願成就院供僧職が含まれる事実である。願成就院は、北条氏の出身地伊豆国北条に、時政により建立されたと見なされる寺院である。前述したとおり、頼印が譲った供僧職には、地蔵院が別当職に権利を持つ寺院のものが含まれ、願成就院の別当職もまた、地蔵院により保持された可能性が考えられる。想像を重ねるならば、これもまた親玄に由来し、親玄は、北条の地に時政が建てた寺院と、時政後室ゆかりの荘園内の寺社の、双方の別当職を合わせ持ったのかもしれない。

さて、良子から満詮に譲られたのちに移ろう。満詮は冒頭2の九か月後、3を発給し、闕所分として、地蔵院に入室した持円に安堵した。おそらくは、土用寿丸が闕所処分となったのであろう。大岡荘内諸別当職は、さきの推測のうえに立つと、地蔵院に戻ったこととなる。あるいは、満詮の子のひとりが地蔵院に入室したのは、寄進を通して生じた由縁によるのかもしれない。持円は、入室して半年後頃、いまだ聖快（道快）の次の地蔵院院主と決まっていなかったにもかかわらず、日輪寺別当職を聖快から譲られており、聖快は、満詮の子を、関東の諸職と結びつけて意識していたかと思われる。それにこたえるかのように、満詮は、自ら署判する文書で、大岡荘内諸別当職を持円に付し

たのである。(17)

第三節　将軍近親者の所領の相伝

前節で推測した大岡荘内諸別当職の相承には、検討すべき問題がいまだ残されている。寄進先がなぜ紀良子なのかという点。推測するに、寄進にあたり、大岡荘は時政後室ゆかりの地であることが想起され、時の将軍夫人が選ばれたのではあるまいか。つまり、北条氏嫡流の夫人から足利将軍夫人へ、という相承が意識されたのではないだろうか。なお、明王院付帯の駿河国所領の場合、仲祐は足利義満子へ、地蔵院は紀良子へと、いずれも将軍に近い人物に寄進されたこととなる。無論、権力者に近い所として選ばれたのであろうが、同時に、明王院は藤原頼経の御願寺であり、将軍との関わりが意識されたという側面もあるかと思われる。ただし、地蔵院の場合、近親者のなかでなぜ紀良子かという点は、明らかにすることが困難で、あるいは、大岡荘内諸別当職の寄進に連動したのかもしれない。(18)

さて、将軍夫人どうしではないものの、夫人から夫人へという意識が存在した、という右の推測の成否を確認するためには、将軍夫人の所職所領の相伝につき検討しなければならないが、いまはその準備がない。以下、本章で注目してきた足利満詮の、他の所職所領の相伝を検討し、参考材料としたい。満詮は、非嫡流であり、その所領は、将軍近親者の所領という点で、夫人領に通ずる側面があると考えられる。

a〔高橋義彦氏所蔵文書〕

たんこのくにかゑ(賀悦)のしやうは、とうしん(登真)院殿よりやうとく(養徳)院殿へゆつりまいらせたてまつり候を、又やうとく院殿よりわれ〳〵に給候て、わつらひなくちきやうの所にて候ほとに、ゆつりまいり候、のちをも御とふらひ候へく候、

ゑいきやう(永享)三年
七月十九日　　　　　めう(妙)雲院（花押）
しちさう(実相)院殿へ

署判者の妙雲院は、満詮室のひとり善室であろう。寛正六年に三十三回忌に当たるため、没年は永享五年（一四三三）初頭となり、永享三年の本書状は死去の少し前となる。登真院殿は、尊氏正室の赤橋登子で、養徳院殿満詮に譲っており、非嫡流の孫へと譲与したことになる。満詮から夫人善室へ、さらに満詮の子の実相院義運（はじめ増詮と名乗る）へと譲られた。義運は、のち長禄三年（一四五九）、「養徳院・妙雲院」から寄進された所領八か所を書き上げており、その中に、遠江国苫野郷とともに、丹後国賀悦荘もみえる。

紀良子の場合も、非嫡流の孫に譲与した例がある。良子は、越中国阿怒(努)荘を、義満の子で、良子が養育し、御室に入った法尊に譲っている。義満から良子に給与された所領ではあるが、参考となる一例であろう(19)。

b〔蔭凉軒日録〕文正元年（一四六六）五月十二日条

丹州須智村、為㆓雲松庵跡㆒、自㆓普広院殿(足利義教)㆒拝領、為㆓古(小)河殿御領㆒非㆓拝領㆒之由、語㆓于伊勢守(伊勢貞親)㆒、蓋為㆑使㆓之領会㆒也、以㆓小河殿御領㆒為㆑被㆑進㆓于今出河殿㆒、被㆑書之由聞㆑之、尤多㆓怖畏㆒也、

「小河殿旧領」（十四日条）、すなわちかつて足利満詮の所領だった地が、今出河殿足利義視に進められることとなり、蔭凉軒主が、丹波国須智村は含まれない旨を主張している記事である。足利義視も、義政の子ながら、将軍職継承者に予定されておらず、満詮と似た立場に置かれていた。須智村は、山内荘八か村に含まれる。文明十四年（一四八二）、山内荘三か村（志津師・鼓打・十勢）名主百姓等申状案には、

当所三个村者、小河殿様御料所以来、養心院殿様御相続之由緒等によりて、一乱以前まて今出河殿様之御料所として、御年貢を進上仕候事、無㆓其隠㆒者也、

とみえ、山内荘の少なくとも一部分は、もと満詮の所領で、養心院殿某の手を経て、足利義視に相伝されている。(20)

aは将軍夫人から非嫡流の孫へ、bは非嫡流どうしの相伝となる。夫人と非嫡流を将軍近親者とまとめるならば、将軍近親者間での相伝が存在したこととなろう。このような相伝が存在したために、大岡荘内諸別当職を寄進するにあたり、北条氏嫡流の夫人から足利将軍夫人へ、という相承が意識されたのではないか、と考えて、本章を閉じたいと思う。(21)

註

（1）1は『静岡県史』資料編中世（以下『県史』）二―八五八、2は『県史』補遺一三一、3は『県史』二―一五二〇。地蔵院流が、東寺宝菩提院に伝えられた経緯は、櫛田良洪『真言密教成立過程の研究』（山喜房仏書林、一九六四年）第二編第六章六六六頁に略述されている（典拠は『密宗血脈鈔』）。2を掲載する目録には、久遠寿量院別当職（註(12)参照）を房玄に安堵する綸旨もみえ、この文書は、史料編纂所架蔵影写本『東寺文書』神泉苑に収録されていることから、2もと東寺宝菩提院に伝わったと見なされる。少なくない文書が流出しているものの、東寺宝菩提院には、いまだ多くの史料が蔵されており、大岡荘内諸別当職の関連史料は、さらに増える可能性が高い。本章発表後に気づいた文書として、年月日未詳の土代であるが、「大岡庄内岡宮神主代跡」の相論を扱った奉書がある（『東寺霊宝蔵中世文書』三箱八〇、史料編纂所架蔵写真帳）。

（2）応安四年（一三七一）の文書に「中納言法印頼印」とみえる（『相州文書所収我覚院文書』、『神奈川県史』資料編三、古代・中世（三上）、四六五八）。頼印は『鶴岡八幡宮寺供僧次第』など（鶴岡叢書『鶴岡八幡宮諸職次第』に翻刻）、『当社執行次第』『社家執事職次第』（群書類従巻五三）、および『頼印大僧正行状絵詞』（続群書類従巻二二四、また『群馬県史』資料編六、一二二〇に静嘉堂文庫本が翻刻される）による。頼印に言及した論考として、山田邦明「鶴岡遍照院頼印と鎌倉府」（『鎌倉府と地域社会』同成社、二〇一四年、初出一九九〇年）、湯山学「続鶴岡八幡宮文書考」（『中世の鎌倉　鶴岡八幡宮の研究』一九九三年、八〇・九〇頁、初出一九八五年）、同「散逸した鶴岡八幡宮新宮の文書」（『鶴岡八幡宮の中世的世界』一九九五年、初出一九八五年）、高橋秀樹「『相模文書』及び『神田孝平氏旧蔵文書』について」（『古文書研究』三三、一九九〇年）がある。湯山氏は1・3文書に言及されている。頼恵も『鶴岡八幡宮寺供僧次第』による。持円の入室は、『満済准后日記』応永二十年三月二十三日条（『大日本史料』第七編之一八、同日条）。3の花押が満詮であることは、註(19)参照。持円が満詮の子であることは、『尊卑分脈』などの系図による。

満詮が別当職を保有したことについて。西山地蔵院に次の文書が伝わる。

〔地蔵院文書〕（京都大学史料叢書『西山地蔵院文書』）

参河国西郡内沢川慈恩寺事、代々為二相続一于レ今無二相違一処也、而彼在所寺領等之証文已下悉相副、昌育首座仁奉レ渡者也、仍可レ被レ申二前住達訪一候、為二後々一以二料所儀一無二其煩一上者、可レ全二知行一之状如レ件、

小河殿
養徳院殿（足利満詮）在判

応永廿二年六月三日

正(昌)育が、この文書を「養徳院殿被二譲下一　御判」と呼んでいることからもわかるように、この文書で、満詮は、慈恩寺を正(昌)育に譲っている。これまで、満詮は、住持の上位の立場を保持しており、それをも住持に与えたこととなろうか。慈恩寺における満詮の立場は、大岡荘内諸別当職における満詮のそれと共通する点があり、参考となる事例である。のち永享四年、養浩正育は、中慶上座に譲り、翌年、中慶は、五年間に限り、「西山地蔵院末寺」慈恩寺の住持に補任されている。地蔵院による補任と思われる（永享四年八月十七日養浩正育譲状、永享五年四月五日慈恩寺住持職補任状案、いずれも『地蔵院文書』）。

（3）　大岡荘については『角川日本地名大辞典　静岡県』参照。寿永三年四月五日源頼朝安堵状案（『久我家文書』、『県史』一―一四三）。引用は『愚管抄』巻六、日本古典文学大系による。宗親ら牧氏の動向は、『県史』一に詳しい。元弘三年七月十九日後醍醐天皇綸旨（『由良文書』、『県史』二―六）。

（4）　頼仲は、『鶴岡八幡宮寺社務職次第』（群書類従巻五三）による。頼仲は『鶴岡社務記録』（鶴岡叢書）の筆者のひとりで、暦応三年（一三四〇）十一月十八日条に「頼恵阿闍梨遂二伝法一了」、康永二年（一三四三）十月九日条に「為二頼印内供、堂上灌頂被レ行レ之」とある。なお、頼仲は宝蓮院と号し、これはのちに触れる地蔵院道快の弟相覚と同じである。宝蓮院は、地蔵院付帯の院家で、親玄は覚雄に譲っている（元亨二年〈一三二二〉三月六日親玄譲状、『貫達人氏所蔵文書』、『鎌倉遺文』三六、二七九七一）。

（5）　至徳四年七月日頼印申状土代（『明王院文書』、『鎌倉市史』史料編一、六三八）。『角川日本地名大辞典　神奈川県』明王院項は、別当職と寺務職を区別して記述しているが、両者を同義とみないと、史料は整合的に解釈されない。

（6）　本註の典拠は、『神奈川県史』資料編三の史料番号で示す。地蔵院は、いずれも『尊経閣古文書纂所収宝菩提院文書』、順に四五二一、四六〇八、他に四五〇七（年欠）、四五四一も関連史料。仲尊の安堵は、四二五二（『醍醐寺理性院記』、以下この史料を典

拠とする文書はすべて案文)、他に四二九八(『青蓮院文書』、史料編纂所所蔵、以下この史料を典拠とする文書はすべて案文)、四三四〇(年欠、『理性院文書』)、四六〇三(年欠、同前)も関連史料。仲尊の譲状は四三八〇(『醍醐寺理性院記』)。再任は四五七一(年欠、『理性院文書』)。快季譲状は四八〇四(『理性院文書』)、他に四八二四(同前)、四八二八(『醍醐寺理性院記』)も関連史料。道賢の在職は、『理性院院務次第』(群書類従巻九七)。宗助の譲状は五三六三(『醍醐寺文書』)、五三六五(案文、『東山御文庫記録』)も関連史料。仲佑への譲状は、康応元年(一三八九)八月五日快季譲状案(史料編纂所架蔵写真帳『青蓮院文書』、年号は康永の永に応を重ね書き)。以下も『青蓮院文書』。尊満への譲与に対する義満の安堵は五一五〇、他に五一五一、五三二八も関連史料。引用文書は『県史』二―一三二八。関連史料として、五三三一があり、これら一連の文書から、引用史料の署判者は仲祐と特定できる。尊満の入室は明徳三年(一三九二)八月(『華頂要略』門主伝附弟一四尊満、『大日本仏教全書』)。義円の入室は、応永十年六月二十一日(同門主伝二〇義円)。湯山学氏は、『湘南物語』Ⅲ上(一九九〇年)一九九頁以下で、明王院別当職の相承を詳しく紹介され、仲尊、快季を理性院の人間と捉えられている。さらに、『鎌倉五大堂事蹟備考』(『鎌倉志料』二)に部分引用される地蔵院道快の「道快僧正筆記ノ仮名文章ノ伽藍ノ記」(「道快僧正直筆縁起」とも)から、明王院の結構を復元されており、興味深い。

(7) 聖助の入室は、『華頂要略』門主伝附弟十三聖助、永徳元年九月六日条。仲祐の受印可は、同門主伝十八尊道、永徳三年三月二十六日条。仲祐は、『兼宣公記』応永九年正月十二日条(史料纂集による)などに、青蓮院尊道の使者などとしてみえる。本覚院は、『華頂要略』門下伝(『天台宗全書』)脇門跡の本覚院項参照。なお、『華頂要略』門主伝十七尊円と十八尊道に引用される、貞和四年(一三四八)と文和四年(一三五五)の文書の宛所に「宰相法印」とあり、仲尊の可能性もある。

明王院の別当は、創建時に供養導師を勤めた定豪ののち、厳海(櫛田註(1)著書四九六頁による)、その弟子で宗尊親王護持僧の厳恵(『血脈類従記』、『真言宗全書』三九、二四五頁)と、東密系に相承されるが、鎌倉後期は不明。櫛田氏が註(1)著書六六八頁で示された、建武前後の諸寺別当の補任を記した史料(『宝菩提院文書』)によると、鎌倉末は「良斅僧正」、建武期は「澄助僧正」、尊氏以降は「澄助僧正、忠潤僧正、祐助僧正」とある。良斅、澄助は、『尊卑分脈』によると、二条家、一条家の出身、祐助は、後二条天皇の子。『華頂要略』門主伝によると、良斅は、青蓮院道玄の灌頂資(正安二年〈一三〇〇〉四月十八日条)、忠潤は、青蓮院慈道により法眼に叙せられ(元亨二年〈一三二二〉十二月二十三日条)、祐助は、慈道の灌頂資(元亨元年正月二十三日条)、また澄助は、本覚院源恵の資である(『尊卑分脈』)。この史料によると、建武前後の頃、明王院別当職は、青蓮院や本覚院に近いところで相承されていたこととなる。本章発表後、この補任は、平雅行「鎌倉幕府の将軍祈禱に関する一史料」（『大阪大学大学院文学研究科紀要』四七、二〇〇七年）、石田浩子「南北朝初期における地蔵院親玄流と武家護持」（『日本史研究』五四三、二〇〇七年）などで改めて紹介され、分析されている。

(8) 円海は、『常楽記』（群書類従巻五一三）建武五年（一三三八）に「七月廿七日、極楽寺印教長老入滅円海六十九」とみえる。なお、金沢文庫伝来の聖教に、一二八〇年代から一三一〇年代にかけて、円海の名が見える。「太子之上人」（『金沢文庫古文書』六六一七）と呼ばれて、東山太子堂の関係者とされる。同一人物かと思われる。林幹彌『太子信仰の研究』（吉川弘文館、一九八〇年）第三部第三章第一節四五九頁参照。引用した幕府御教書は、『神奈川県史』資料編三、四九九一。

(9) 『密宗血脈鈔』は、『続真言宗全書』二五。櫛田註(1)著書六六四頁などに言及されている。重宝奪回について、高野山宝性院宥快（応永二十三年歿）の口説を記した『血脈記』（『続真言宗全書』二五）にも記事がある。遍照院は、小山退治の祈禱に験があったため、社務（弘賢）と肩を並べ、門弟をめぐり争っていたと記すのち、遍照院が、関東に散在していた「三宝院雲加持五古・権僧正自筆聖教」を「或押取、或買取」っており、それを聞いた地蔵院は、宝蓮院を付弟に下して、重宝を戻した、とする。極楽寺に触れないものの、ここでも、宝蓮院相覚は付弟とされている。また、遍照院頼印は重宝の収集に努めていたこととなり、それがゆえに、地蔵院道快は頼印に委託したのであろう。なお、同書に、遍照院は、高野山遍明院長俊を頼んで、聖教を渡すが、高野山で焼失したなどと記されている。この詳細は不明である。

(10) 引用文書は『県史』二―一〇六七。頼印は、明王院鎮守春日大明神供僧職を、延文元年（一三五六）、頼智から譲られ、引用文書と同じ日付で、一期に限り、頼俊に譲っており、相覚への譲与は、あるいは頼俊一期の後かもしれない。典拠はいずれも『明王院文書』、延文元年七月二十八日頼智譲状、嘉慶二年二月二十八日頼印譲状（『鎌倉市史』史料編一、六三〇・六三九）。

(11) 氏満の安堵状写は『相州文書所収我覚院文書』（『神奈川県史』資料編三、五〇〇〇）。また、元亨二年三月六日親玄譲状写、「永福寺別当職事」と始まる、史料編纂所架蔵写真帳『大通寺文書』（謄写本『正嫡相承秘書』と同じもの、註(4)の譲状の写も含む）所収。櫛田註(1)著書六六三頁に掲げられる法流相伝次第を参照。

(12) 久遠寿量院別当職は、親玄から房玄に譲られている。櫛田註(1)著書六五七頁以下参照。東寺観智院賢宝の日記（聖教紙背として分散して伝来、『国宝東宝記紙背文書影印』に翻刻）には、宝蓮院相覚の名は、至徳二年（一三八五）四月二十一日までみえる。こののち間もなく下向し、頼印とともに奪回に努めたと推測される。同記明徳三年三月三十日条に「宝蓮院大僧都相覚、於関東円寂、四十一才云々」(『常楽記』は二十九日に掲げる)、同年四月二十六日条に「関東頼印僧正入滅」とある。なお、同記至徳四年六月十九日条に、頼印の書状が、地蔵院の手を経て、賢宝の手に届いていることがみえる。また、註(9)で触れた宥快の『血脈記』の記事には、宝蓮院は、遍照院に三宝院の印可を受けるのみで、信頼せず、死を願い、ほどなく死去したとある。

(13) 応永二十四年十月二十一日聖快譲状写(『大通寺文書』、『神奈川県史』資料編三、五五四七)。

(14) 親玄は『親玄僧正日記』正応五年六月一日条(『内乱史研究』一四、一九九三年に翻刻)。栄海は『鶴岡八幡宮寺供僧次第』。栄海は、註(8)で触れた太子堂上人円海と、付法上、近い関係にある。聖済は『四巻抄』(『真言宗全書』三一、二二四頁)。譲状は、貞和二年十月八日栄海譲状写(『勧修寺文書』、『加能史料』南北朝Ⅰ同日条)。頼仲は、『鶴岡社務記録』文和元年六月一日条。翌年、翌々年とも、六月一日条に日輪寺御念誦の記事がみえ、先の親玄もこれと同じ日付の記事であるため、親玄が別当であった可能性は高い。道快への安堵は、応永二年十月二十七日足利義満御判御教書(史料編纂所架蔵影写本『富岡文書』)、また応永二十年八月二十七日聖快(道快)置文写(「遺跡事」と始まる、『大通寺文書』)。持円への安堵は、応永二十年九月十日足利義持御判御教書(『富岡文書』、『大日本史料』第七編之一八、同日条)。『鎌倉廃寺事典』(有隣堂、一九八〇年)日輪寺の項参照。

(15) 紀良子は、『大日本史料』第七編之一八、応永二十年七月十三日条。満詮夫人のひとりが「善室」であること、春浦宗熙の行状である『正続大宗禅師行状』(続群書類従巻二四三)に「勝山大居士〔満詮〕、為亡夫人善室大師、創建妙雲院」(ただし善室の死去は、満詮の死去より後であり、事実としては誤り)、また延徳四年(一四九二)八月日養徳院雑掌三問状土代(大日本古文書『大徳寺文書』一二五一)参照。『大宗禅師語録』(春浦宗熙の語録、真珠庵本)上の「善室慶大師三十三年忌」(『大徳寺禅語録集成』二)に、善室慶大師は妙雲院開基とあり、また「産紀氏」、用語の説明注に「八幡善法寺之種族故及之」とあって善法寺家の出身とわかる。院主の相承は、前掲大徳寺文書で、妙雲院領近江国西今村末弘名の相伝を記すなか、満詮が御料所として拝領ののち、「小河殿御台(善室)為御料所御知行後、姫宮御方(御出家文渓)被譲与申、次自文渓御姉曇華院殿竺英御相続」とあるのに拠る。『蔭凉軒日録』長禄三年(一四五九)八月十日条(増補続史料大成)に、曇華院主が妙雲院主を兼帯することの可否が披露されており、竺英聖瑞は、このとき妙雲院主となったのであろう。『建内記』嘉吉元年(一四四一)四月十三日条(大日本古記録)に「景愛寺長老(真乗院、故養徳院御女、)依喪母自去月籠居給、仍結夏可事闕之間、通賢〔玄〕寺内曇華院(故養徳院長女、真乗院御姉、景愛寺前住也、)自今日御再住事被仰出之、移給云々」とあり、曇華院は、竺英聖瑞と見なされる。前掲春浦の三十三回忌法語から、善室の三十三回忌は寛正六年正月十八日。『蔭凉軒日録』寛正五年十二月二十六日条で、曇華院の、妙雲院を「僧所」にする申請が許可されている。寛正五年十二月十一日笠英聖瑞書状（『大徳寺文書』一二三六）に春浦を請じたことが記される。『蔭凉軒日録』寛正六年十二月十八日条に、養徳院への改名が言及されており、改名はこの少し前に行われたらしい。『大徳寺文書』一二三六に含まれる、年月日未詳笠英聖瑞書状参照。妙雲院という名称は、通玄寺塔頭として残されたかと思われる。『曇花院殿古文書』（国立公文書館所蔵、一五九―〇三〇五、画像公開）などに散見する。妙雲院について、飯塚大展「養叟宗頤と春浦宗熙」（『印度学仏教学研究』三九―二、一九九一年）に若干の言及がある。満詮の娘については、湯之上隆「足利氏の女性たちと比丘尼御所」（『日本中世の政治権力と仏教』思文閣出版、二〇〇一年、初出一九九〇年）参照。

本章発表後、『大日本史料』満詮没条（応永二十五年五月十四日条）に、満詮の伝記史料が収録された（第七編之三〇、二二八頁）。夫人は、応永三十二年（一四二五）に死去した藤原誠子と、永享五年（一四三三）に死去した「善室慶」の両名いることが明確となった。また、善室の諱は寿慶と思われる（「養徳院勝山大居士小祥忌拈香」『一華東漸和尚龍石藁』、『大日本史料』応永二十六年四月十四日条）。それらの成果に従い、本文を修正している。

(16)　引用は『大徳寺文書』一八一九。一八二一の笠英聖瑞の書状から、文渓の置文と考えられる。『蔭凉軒日録』は『県史』二―二四七二。駿河国藪田郷については、将軍義持が、青蓮院に安堵した文書もある（『県史』二―一七〇一）。洪恩院は、『椿葉記』の、応永八年頃について記した部分に、「さかの洪恩院小川禅尼山荘」とある（群書類従巻三〇）。

(17)　土用寿丸は、良子のもと知行したと考え、土用寿丸への安堵状は、その闕所ののち、補任権を持つ満詮の手を経て、地蔵院に渡された、と見なしておく。良子の死後、土用寿丸は安堵を義持に申請しており、この点に、良子の権利を継承した満詮との軋轢を見出し、闕所処分への伏線とみることも可能かもしれない。応永二十年八月二十七日聖快（道快）置文写（「遺言」と始まる、『大通寺文書』）に、「聖円・持円両上綱之間、以二器要之人躰一伺二上意一、可レ申二定門主一」とあり、のち一か月もしないうちに、日輪寺別当職は持円に譲与される。なお、明王院付帯の駿河国所領二か所は、地蔵院に回復されなかったこととなる。

(18)　なお、地蔵院の立場からみた、駿河国所領以外の、明王院別当職やそれに付帯する所職所領などの相承については、様々な可能性が考えられ、特定することは困難である。

(19)　引用文書は史料編纂所架蔵影写本による。長禄三年十月二十五日実相院義運門跡領目録（『実相院文書』、『県史』二―二三四五）。この目録にみえる山城国枇杷荘には、次の文書が伝来する。

〔実相院文書〕（史料編纂所デジタル画像）

（貼紙）「枇杷」
久世郡内琵琶庄事、為二料所一可レ有二御知行一候、今度之参籠之儀、異二于他一候間、且々先進置候也、謹言、
（貼紙）「応永廿年」
正月十九日　（花押）
（増詮）南瀧院新僧正御房

義運の目録との対比から、この署判者は満詮の可能性が極めて高い。花押は、冒頭の3と同じで、3の付箋は正しいことが確認される。なお、同目録にみえる越中国万見保では、「小川殿御代官」に沙汰付けるよう命令が出ている（応永十五年十月三日室町幕府御教書、『尊経閣古文書纂所収実相院文書』、『大日本史料』第七編之一〇、同日条）。良子の例は、応永十八年十二月十一日紀良子寄進状案（大日本古文書『蜷川家文書』一三）。

(20) 後者の引用は、文明十四年十月日丹波山内荘上三か村名主百姓等申状案（『蜷川家文書』一三三、一三四）。一三五も参考史料。もし、養心院殿が養徳院殿の誤りである場合は、小川殿は、紀良子となり、良子、満詮、義視と相承されたこととなる。なお、「御料所」における小川殿の権益は、他の所領における権益と異なるかもしれないが、権益の相承に注目している本章では、「御料所」とその他の所領とを、同列に扱って問題ないと思う。

(21) 本文で触れたもの以外の満詮の所職所領を挙げておこう。まず、永享十一年（一四三九）とされる満詮子息実相院義運の書状を引用する。

〔実相院義運書状〕（史料編纂所所蔵、〇八四五—一）
尾州枳豆志庄、自二（足利義満）鹿苑院殿一被レ進二（足利満詮）養徳院殿一御自筆御書案写進レ之候、正文者依二（義賢）三宝院之所望一遣了、半分御知行事候間、為二後証一特進レ之候、可レ相二同正文一之由、存候也、恐々謹言、
（後筆）「永享十一」
二月廿五日　義運
（持円）地蔵院御坊

史料編纂所架蔵影写本『久能木文書』にも収められる。義満から満詮へ、そして、満詮の子の、地蔵院持円と醍醐寺宝池院（のち三宝院）義賢に分与されている。義運が満詮の長子として、遺領の調整をしているのも興味深い。「正文」は、『醍醐寺文書』に

伝来する。

〔醍醐寺文書〕一函一八―二（大日本古文書『醍醐寺文書』一五三、懸紙も伝来する）

尾張国智多郡内枳豆志庄事、可レ有二御知行一候之状如レ件、

五月十八日　（足利義満）（花押）

右兵衛督殿

満詮は、応永九年に参議となるが、それ以前は右兵衛督である（『公卿補任』、翌年権大納言で出家する）。またこの荘園は、義教が袖判を加えた醍醐寺の寺領目録の、宝池院項に確認される（大日本古文書『醍醐寺文書』一一一、一函七―三）。なお、この引用文書と同形式の文書は、他にもある。

〔黒田太久馬氏所蔵文書〕（『大日本史料』第七編之一〇、六三頁）

横地因幡跡事、可レ有二御知行一之状如レ件、

卯月十六日　（足利義満）（花押）

右兵衛督殿

義満自筆とされる。同じく満詮宛であろう（京都大学総合博物館所蔵『古文書集』三七七―六に確認される）。

すでに言及したものとして、註(2)の慈恩寺、(15)の妙雲院領近江国西今村がある。そのほか、加賀国島田保をめぐる、通玄寺と八幡橘坊との相論の中で、橘坊は、「任二彼寄進状一、可レ令二知行一之旨」記した「応永廿三年十一月十六日　養徳院殿御判」を証拠として提出しているが、奉行人から内容、文章に疑問を指摘されている（天文十二年〈一五四三〉六月四日幕府奉行人連署意見状写（前欠）、『曇華院殿古文書』）。

（補註1）　南北朝期以降、東国の寺社諸職をめぐる、京都寺院と鎌倉等の寺院との相論については、本章発表以後、具体的な成果が蓄積されている。本章と特にかかわりの深いものを例示すると、大田壮一郎氏は、「室町殿の宗教構想と武家祈禱」（『室町幕府の政治と宗教』塙書房、二〇一四年、初出二〇〇四年）で明王院別当職等をめぐる相論を取り上げ、小池勝也氏は、「南北朝・室町期における東国醍醐寺領と東国顕密仏教界の展開」（『千葉史学』六八、二〇一六年）で、明王院や永福寺の別当職相論等を検討している。石田浩子氏は、「南北朝初期における地蔵院親玄流と武家護持」（註(7)論文）で、地蔵院覚雄の諸職補任を論じ、「室町期

における『都鄙』間交流—寺院社会から考える—」（『人民の歴史学』一八二、二〇〇九年）で、頼印の諸職所望を分析している。また小池氏は、「鶴岡八幡宮寺新宮の成立と展開」（『仏教史学研究』六四—一、二〇二三年）で、相覚の鎌倉下向を評価している。

（補註2）　満詮の子女やその関わる寺院については、本章発表後、研究が大きく進展している。代表例を挙げると、原田正俊「女人と禅宗」（『中世仏教の再編と禅宗』法蔵館、二〇二三年、初出一九九七年）、川本慎自「室町期における将軍一門香火所と大徳寺養徳院」（義江彰夫編『古代中世の政治と権力』吉川弘文館、二〇〇六年）など。高鳥廉氏は、足利将軍家子弟等の寺院入室、さらに大徳寺を対象に多角的に分析するなかで、満詮子女とその周辺の研究を進めている。『足利将軍家の政治秩序と寺院』（吉川弘文館、二〇二二年）第一部、「室町・戦国期の大徳寺と尼寺—養徳院と曇華院との関係を中心に—」（『仏教史学研究』六三—一、二〇二一年）など。

第二部

幕府関係所領の意義

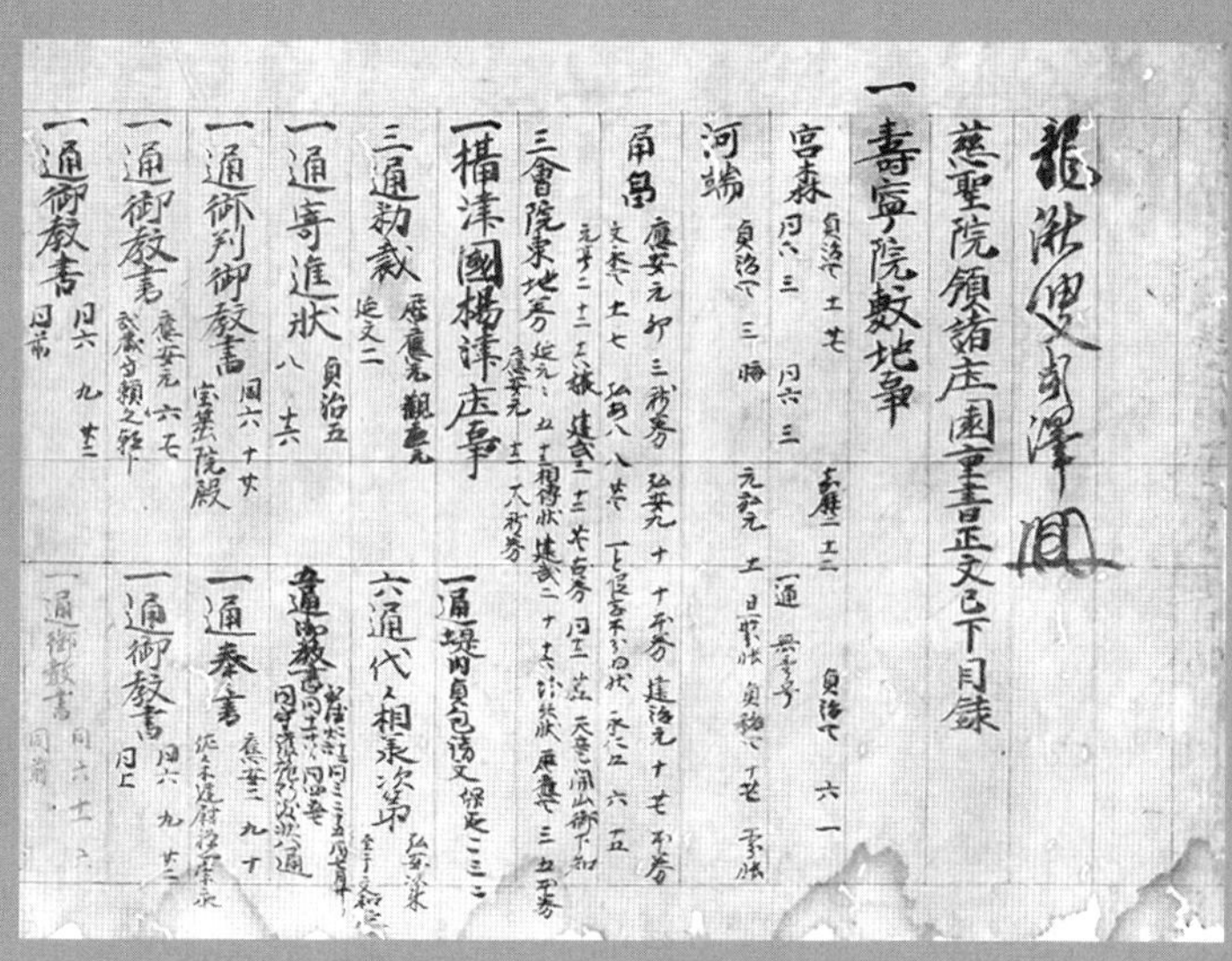

『慈聖院領諸庄園重書正文已下目録』（康暦２年５月３日，東京大学史料編纂所所蔵）

第一章　禅僧への所領寄進
――禅院領からみた室町幕府――

禅宗では、「何々和尚語録」を尊ぶ。個々の僧侶の言説を大切にするのは、禅の奥義が、僧侶に体現するからであろう。奥義を究めた、博学有徳な禅僧に、ひとびとの欽仰は集まる。それゆえ、所領の寄進も、しばしば高僧個人に向けられ、禅僧にとって、退居の寮舎であり、死後の塔院ともなる塔頭には、寄進の受皿として所領が蓄積されていく。

本章で、禅僧への所領寄進を検討の対象とする理由は、ふたつある。ひとつには、禅僧が一方で、律僧と同じく経済活動に秀でていたこと。室町時代の大禅院には、東班衆とよばれる、所領経営や金融を業とする禅僧の集団が存在し、彼らは公家などの所領の代官をも務めた。高僧への寄進は、資縁を通じて死後の安穏を願うなどの動機からなされるとはいえ、この種の禅僧たちの活動を期待しているのではあるまいか(1)。もうひとつには、多くの禅僧が、足利将軍などの信任を得て、政治上に重要な役割を果たしたこと。いわゆる寄進地系荘園の事例で、寄進者が、被寄進者の政治的地位に期待を寄せたように、寄進という行為は、政治情勢と無縁ではない。有力な禅僧への寄進を素材とするならば、政治史の一端を窺いうるのではなかろうか。

取り上げる禅僧は、龍湫周沢。かの夢窓疎石の法を嗣いで、南禅寺・天龍寺住持などを歴任し、嘉慶二年（一三八八）に八十一歳で示寂する。塔頭は、嵯峨（天龍寺）寿寧院、そして応安四年（一三七一）に南禅寺住持となると、南禅寺に慈聖院を設ける。ひととき法兄春屋妙葩に比肩する権力を持ってしまった人である。(2)

第一節　経済的側面

『大日本史料』第六編之四一、応安七年九月二日条は、勧修寺経重の寄進についての綱文のもと、四点の史料を掲げる。引用しよう（叙述の都合から、一部順序を替える）。

a 〔尊経閣古文書纂〕十九 南禅寺慈聖院文書

奉二寄附一　慈聖院

　河内国嶋頭庄事

右当庄者、数代相伝之私領也、然而為レ資二先人之冥福一、永代奉レ寄二附慈聖院一之状如レ件、

　応安七年九月二日　　　経重（勧修寺）（花押）

b 〔室町幕府御教書〕

河内国嶋頭庄参分壱事、右兵衛佐経重寄二進当院一之旨、令二披露一訖、可レ被二存知一之状、依レ仰執達如レ件、

　応安七年九月十八日　　　武蔵守（細川頼之）（花押）

　寿寧院々主（龍湫周沢）

c 〔早稲田大学荻野研究室所蔵文書〕二

（自筆、以下同ジ）「龍湫叟周沢（花押）」

慈聖院領諸庄園重書正文已下目録

（中略）

一河内国嶋頭庄事

一通寄進状応安七　九　二　経重卿、号二小川殿一、

一通守護施行同　五　四　楠木（正儀）

一通同渡状同六　菱江

一巻地下田数目録

「一通御教書応安七　九十八」

一通御教書永和二　二　廿五　頼之朝臣

一通渡状上同日　河野辺

一通楠木書状永和二　三　十七

「一通経重卿消息九　十一」

（中略）

「康暦庚申（二年）五月三日、周沢為二後鏡一加判、以置二之於慈聖院文庫一、遺弟護二持之一可也、」

d〔南禅寺書留〕

慈聖院領河内国八箇所内島頭領家職事地頭職為二北野宮寺領一也、

右在所者、勧修寺右兵衛佐経重応安七年甲寅九月二日寄二附当院一地也、得分半分者勧修寺殿、従二寺家一取二沙一汰之一、半分者為二寺納一者也、邇来当知行無二相違一、（下略）(3)

cは、龍湫自身が証判している慈聖院領の文書目録で、康暦二年（一三八〇）に作成されたもの。ひとつめの中略部分には、寿寧院敷地、寿寧院領とみられる所領二か所、そして慈聖院敷地の計四項目、次の中略部分には、慈聖院所領四か所が掲げられており、龍湫の塔頭領のほぼ全容を知ることができる。嶋頭荘の項で最初に記される寄進状は、aにあたり、bは、最後の龍湫自身の追筆部分にみえる。abcともに、元来は慈聖院に伝来した史料であることが

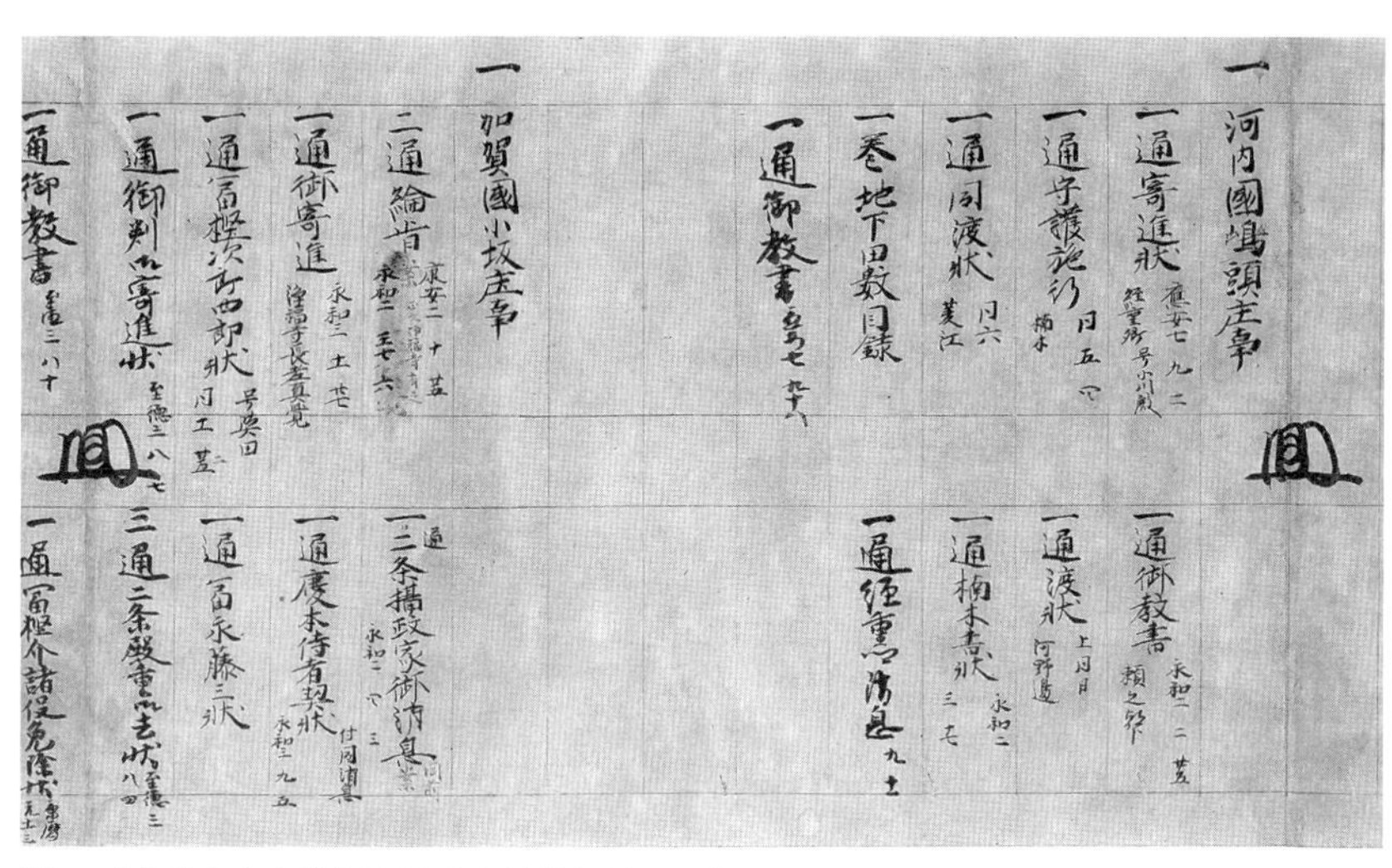

図８　『南禅寺慈聖院領庄園重書目録』（康暦２年５月３日，早稲田大学図書館所蔵）

確認されよう。なお、嶋頭荘の項では、二通目の「御教書」と三通目の「守護施行」も現存し、交付を命ずる内容となっている。

dは、康正二年（一四五六）に、ときの慈聖院主で、龍湫の弟子である中璵が記した嶋頭荘の訴訟記録などからなる史料で、引用部分は、訴訟記録の冒頭にあたる。内閣文庫本による。書名は異なるものの、同内容の写本は他にも伝来し、うち宮内庁書陵部のものは、『門真市史』二に翻刻されている。

さて、経重は、前年正月に死去した父経顕の菩提を弔うため、南禅寺慈聖院に寄進している。寄進の内容をみよう。aでは、単に嶋頭荘とあるが、目録二通目の永和二年（一三七六）の幕府御教書では、「寿寧院雑掌申河内国嶋頭庄領家職事」とみえ、dも領家職としており、領家職が寄進されたと見なされる。次に、bを見ると、寿寧院に嶋頭荘三分一が寄進されている。あるいは、慈聖院のほか、寿寧院にも得分が寄進された、とも受け取れるけれども、bは、aの寄進を幕府が了承したことを示す文書である可能性が高い。慈聖院は、翌年永和元年九月に、敷地を買得し、翌月に「諸塔頭之列」とされている[4]。おそらく、応安七年の時点では、いまだ実態はなく、寿寧院が実務を代行したため、bでは、寿寧院領として扱われ、前引した目録二通目、および三通目の遵行状でも、寿寧院が主体となって、交付を要求していると考えられる。そして、dでは、得分のうち半分は勧修寺経重、半分は慈聖院のものとする。ここからbにみえる三分一を推測すると、慈聖院（寿寧院）三分一、勧修寺経重三分一、領家職のほかの得分権者三分一となろうか。

ここで、dに、勧修寺経重の得分は「寺家よりこれを取沙汰す」と記されている点に注目したい。寄進にあたり、寄進者が得分を留保するのは通例であるけれども、多くの場合、寄進者は、下地の経営権を保持し、得分の一部を寄進する。ところが、この事例では、勧修寺経重の得分は、慈聖院から調進されることとなり、経重は、経営権も渡して、得分を受用する立場にある。この種の寄進は、ほかにも存在するだろうか。

1〔黄梅院文書〕(5)

此状、三会院・檀方、各一本有レ之、

夢窓正覚国師塔頭円覚寺黄梅院事、将軍家御二在鎌倉一之時、可レ令二興行一之由、檀那命鶴殿被レ申二成御教書一之間、宏遠首座為二塔主一、所二修造一也、随而命鶴殿被レ申二寄常陸国結城村・色好村・椿村三个所一了、彼三个村土貢内、半分者充二当院支縁一、半分者為二檀那受用分一、永代塔主無二懈怠一可レ被レ沙二汰遣之一、凡当院興行、依二彼願力一令二成就一之間、争無二報謝之儀一乎、若背二此旨一者、為二門徒計一、可レ改二易塔主一者也、為二後証一門徒之議如レ斯、

文和三年甲午三月　日

妙葩（花押）
宏遠（花押）
志玄（花押）

2〔下郷共済会所蔵文書〕

（端裏書）「巨勢庄請文」

相国寺領備中国巨勢庄事

右当庄者、雖レ為二仁和寺自性院門跡領一、多年不知行所也、而永代御二寄一附当寺一地也、雖レ然以二門跡契約之儀一、毎年弐佰伍拾貫文内、（毎月弐拾貫文宛、）為二公用一可レ致二沙汰一者也、若雖レ為二少事一、有二不法懈怠一者、可レ被レ改二寄進之儀一、仍為二後証一之状如レ件、

応永参年六月三日　都聞昌三（花押）

住持空谷（明応）（花押）

3〔松雲公採集遺編類纂〕一三六　曽我文書

教助（曽我）謹言上、

右備中国水田地頭職事、為二勲功賞一拝領以来、帯二代々御判一当知行無二相違一者也、然而祖父満助、彼郷令レ寄二進伏見退蔵庵一、年貢半分事為二寺家一執沙汰之処、毎度無沙汰之間、自二永享二年一致二直務一之処、（中略）於二十八年（文明）年貢一者、最少分請二取之一、十九年之年貢一円無沙汰也、此趣被二聞食披一、被レ任二度々之御下知一、可レ令二教助直務一之段、被レ成二下御判一者、可二忝存一者也、仍粗言上如レ件、

延徳二年七月　日

1は、円覚寺に、夢窓疎石の塔頭黄梅院を造立するにあたり、文和三年（一三五四）、足利尊氏の近臣饗庭命鶴丸が、所領を寄進した事例。年貢の半分は、黄梅院から命鶴丸に遣わすと明記されている。その履行を、後代の黄梅院の院主に命じた文書である。

とんで3は、延徳二年（一四九〇）、曽我満助が、虎山永隆の塔頭退蔵庵に、恩賞地を寄進した事例。年貢の半分は、寄進された側から曽我氏へ遣わされると読み取ることができる。関連文書に、「先祖彼庄半分令レ寄二進退蔵庵一、依二聯輝軒相続一、於二年貢京着半分一者、可レ有二執沙汰一之処」(6)ともみえ、この寄進地は、退蔵庵から、虎山永隆が相国寺常徳院内に営んだ寮舎聯輝軒の所領となり、年貢は、聯輝軒から曽我氏に遣わされていた。しかし、滞納が多い

ため、曽我氏はしばしば直務を求め、引用文書も、満助の孫教助の、直務を願う申状である。

2は、応永三年（一三九六）、仁和寺自性院が、院領を相国寺に寄進した事例。相国寺は、毎月二十貫文を「公用」として、仁和寺自性院に進納することを請け負っている。

経営権を渡して年貢の一部を受け取るという形の寄進は、ある程度に通用していたと推測される。(7)寄進先は、右の三例のように、禅宗の寺院・塔頭の場合がおおい。3では、年貢の受取ができない場合、寄進を改めようとしており、この種の寄進は、代官の補任に近く、禅僧の所領経営の能力に期待して寄進していると見なされる。2の文書も、代官職の請文に近似している。この種の寄進は、一部寄進、一部代官補任と表現することができよう。

では、単に禅僧を代官に補任するのでなく、寄進という形をとる理由はなにか。まず、当然ながら、年貢のうち一定部分は、寄進された禅院のものであり、寺や僧と縁を結ぶという本来の寄進の意図が込められている点を、挙げることができる。また、2では、不知行地を寄進しており、寄進によって、いわば面を替え、将軍家に近い相国寺の所領となすことで、その回復を目指していることが窺われる。被寄進者の立場を利用して、所領を保全しようとする意図は、寄進の要因であり、第二節で検討する、寄進の政治的側面へと繋がる。

一部寄進、一部代官補任という性格から連想されるのは、一部寄進、一部売却と見なされる売寄進である。(8)両者は、代官補任と売却という点で異なるものの、売寄進が、寄進の時点で、売却の代価として、一括して受け取るのに対し、代官補任は、年貢の形で、分割して受け取ると理解するならば、その差異は、一括と分割という違いに過ぎず、思いのほか近い関係にあると考えられる。

第二節　政治的側面

経済的側面の検討はひとまず措き、次に政治的側面をみよう。第一節の冒頭に引用したcから、布施資連の寄進の項を引用する。

一但馬国土田郷内墓垣村地頭職事布施弾正大夫入道昌椿永和四　三　二寄進之、
一通寄進状永和四三　二
一通守護山名右衛門佐（師義）入道施行応安七十二　十八
二通御教書武蔵守頼之、于レ時管領、永和元七　七応安七　八　十二
三通同守護代布志名注進状幷渡状・昌椿代請取永和元八　十五八　十六八　十七
二巻地下目録永和二同　三

「二通御教書」のうち、前者は『古簡雑纂』に、後者は『多賀摹本古文書』『蠹簡集残編』に、写が伝わる。(9)布施資連（昌椿）の所領として、ほかに二か所の所見がある。

○美濃国大谷郷
①康永三年（一三四四）九月八日　執事高師直奉書　土岐頼康宛
「去五日御下文」の施行状
②康永三年九月十一日　美濃守護土岐頼康書下　土岐新蔵人宛
①を承けた遵行状。「美濃国大谷郷地頭職」とある。
③康永三年十月十七日　執事高師直奉書　雑賀大介允宛
斎藤五郎左衛門尉とともに、下文に任せた沙汰付を命ずる。
④観応二年（一三五一）十月二十七日　足利義詮御判御教書　土岐頼康宛

大谷四郎入道の濫妨を退け、資連への沙汰付を命ずる。

『大日本史料』では、①『蠹簡集残編』②『森六蔵文書』③『秋元興朝氏所蔵文書』とあり、『岐阜県史』では、①『服部玄三氏所蔵文書』②『塚原周造氏所蔵文書』として載せ、また①は『多賀摹本古文書』にも収録される。④は、『古文書纂』所収文書である。(10)

これらの散逸した文書は、本来どこに伝来したのか。『尊経閣古文書纂』南禅寺慈聖院文書に、寛正四年（一四六三）九月十五日某袖判左中将某寄進状があり、「美濃国大谷郷国衙」八貫文を、南禅寺慈聖院に寄進している。かつて慈聖院は、毎年一六貫文を直進していたが、永享七年（一四三五）に半分の八貫文を慈聖院に寄進したと記され、大谷郷は、慈聖院の管理下にあったことがわかる。おそらく、慈聖院文書の散逸とともに、大谷郷の文書も散逸したと思われる。そして、大谷郷は、布施資連、あるいはその子孫により、慈聖院に寄進された可能性がきわめて高い。

○越中国阿努（怒）荘地頭職半分

〔松雲公採集遺編類纂〕一一〇　南禅寺文書

南禅寺慈聖院雑掌申越中国阿奴庄地頭職半分事、就㆓布施弾正大夫入道昌椿寄進㆒、被㆑成㆓安堵㆒、寺家当知行之処、布施出羽四郎掠㆓給御教書㆒之条、太無㆑謂、所詮於㆓出羽四郎㆒者、為㆑処㆓其咎㆒、可㆑被㆑召㆓進其身㆒、且至㆓于下地㆒者、如㆑元沙㆓汰‐付寺家雑掌㆒、可㆑被㆑執㆓進請取状㆒、依㆑仰執達如㆑件、

至徳二年八月廿五日　左衛門佐（斯波義将）（花押）

畠山右衛門佐（基国）殿

資連（昌椿）が、慈聖院に寄進したと明記されている。布施資連は、建武五年（一三三八）から奉行人として活動し、永和四年（一三七八）の墓垣村地頭職の寄進が、最後の所見と思われる。応安四年（一三七一）十二月に、（禅

律）長老奉行となり、同六年末には、式評定衆に任ぜられる。ときに禅宗界は、夢窓疎石ののち、春屋妙葩が主導していた。しかし、管領細川頼之が、旧仏教勢力の要求に応じて、南禅寺山門を破却すると、春屋らはこれに反発、ついで頼之は春屋を南禅寺住持に請ずるが、春屋はこれを拒否して、応安四年十一月、丹後に隠遁、弟子も行動を共にする。頼之は、かわりに龍湫周沢を重用し、龍湫は、南禅寺、ついで天龍寺の住持となるなど、京都禅宗界の中心人物となり、康暦元年（一三七九）、頼之が失脚するまでその地位を保った。布施資連が（禅律）長老奉行となるのは、春屋の隠遁の翌月であり、その後に出された禅院関係の幕府法令九種のうち、八種に奉行として名を記されるなど、頼之の対禅院政策を支える活躍をした(11)。当然、龍湫との関わりも生じたであろう。資連が、自らの所領のうち三か所までも龍湫に寄進したのは、寄進を通して龍湫との繫がりを密にし、自ら、あるいはその子孫の政治的地位の確保を目指したためではないだろうか。

さて、龍湫が京都禅宗界の頂点に立っていたこと、その背後に細川頼之が存在していたことを考慮に入れると、龍湫への寄進には、ときの政治上の実力者との繫がりを求める、という要素が少なからず含まれていたと想像される。興味深い事例を二点挙げよう。

○加賀国小坂荘

前掲ｃの文書目録によると、永和三年（一三七七）に、浄福寺長老真覚が寄進している。しかし、目録には、その前年の「二条摂政家御消息」も掲げられ、また龍湫の追筆部分には、至徳三年（一三八六）の「御判御寄進状」（将軍義満の御判御教書で再寄進されたと見なされる）とともに、その三日前の日付の「二条殿重御去状」も掲げられている。ときの公家を代表する二条良基の関わる所領もまた、慈聖院に寄進されているのである。

○摂津国福嶋村

『尊経閣古文書纂』南禅寺慈聖院文書に、永和三年の、将軍義満の寄進状があり、「任二伊勢守　法師法名照禅申請一」とみえ、また文書目録には、この寄進状とともに、その前月の「伊勢入道照禅状」が掲げられている。事実上、伊勢貞継の寄進である。伊勢貞継は、頼之失脚の直後に政所執事となるため、頼之の勢力と疎遠であったかの印象を受けるけれども、(12)頼之の管領在職中にも、貞継は、御所奉行となるなど、活躍の場を広げている。この寄進も、貞継が、頼之の勢力に連なることを図っていた事例と見なすことができよう。『南禅寺書留』によると、貞継の妻海珠明性は龍湫の弟子であった。(13)

康暦元年、頼之が失脚すると、龍湫は、一時的に不遇であった。所領の文書目録を作成したのは、その翌年であり、龍湫は、政治的立場を失ったなかで、これまでと同様に所領の保持をめざす、という意図のもと、目録を作成したのではなかろうか。なお、龍湫は数年で復権し、南禅寺に再住する機会も得る。

第三節　嶋頭荘をとりまく環境

では、第一節で取り上げた嶋頭荘の寄進の場合、政治的側面は窺えるだろうか。勧修寺経顕は、幕府と少なからず関係し、特に、一時期、幕府と北朝との間の取次役を果たした。西園寺家の一流の今出川氏の後を承けて康永二年（一三四三）頃から、文和二年（一三五三）に西園寺実俊が武家執奏に任ぜられるまで、北朝と足利直義、さらに義詮との意志伝達にあたっている。子の経重は、康応元年（一三八九）十二月十四日、三十五歳で死去するが、死に臨み、将軍義満から「家門事譲二与経豊一事、不レ可レ有二子細一候也、謹言」という書状を受けており、おそらくは、義満の家司だったかと推測される。経豊もまた、死に臨んで、同様に将軍義持の書状を受け、遺跡を安堵された子の経興（経成）は、伝奏として、将軍義持・義教に近侍しており、勧修寺家は、将軍家への接近により、自らの地位を高めた家のひとつである(14)。

ただし、三か所を寄進した布施資連の例と異なり、経重のように一か所のみ寄進した例では、龍湫・頼之との繋がりをもとめる側面を、あまり強調することはできない。たとえば、第二節で触れた加賀国小坂荘は、永仁七年（一二九九）、一時的に、亀山上皇により、南禅寺の前身である禅林寺に寄進されており、この由緒も、慈聖院に寄進される要因のひとつであったと推測される(15)。数ある所領から、特定の一か所が選ばれており、その所領の由緒や置かれている環境に、慈聖院へ寄進される一因が存する可能性は高い。

河内国嶋頭荘の伝領は複雑で、未解明の点が多いけれども、勧修寺経顕とこの荘園との関わりは、元徳三年（一三三一）、叔母と思われる女性から、備前国和気荘・但馬国射添荘などとともに譲られたことに起因するらしい。経顕への譲与は、のちにふたりの女性に譲ることを条件としており、事実、間もなく、経顕の姉妹と思われる女性に譲られ、のち経顕に返されるが、観応二年（一三五一）の経顕の処分状では、嶋頭荘の年貢は、嫡男のほか、娘や妻（嫡男母）にも配分される。このとき、和気荘は娘の分、射添荘は妻の分と決められ、後者はのち娘分と変更される。そして、和気荘・射添荘などは、経顕の死後すぐ、後光厳上皇の院宣（経重宛）により、経顕の譲与に任せて、経顕の娘に安堵されている(16)。ではなぜ、嶋頭荘は、慈聖院に寄進されたのだろうか。

ふたたび、第一節の冒頭でdとして引用した『南禅寺書留』(17)を検討しよう。第一節の引用に続く部分は、次のとおりである。

斯波（義種）修理大夫入道祐護・同（満種）左衛門佐入道道源、八箇所知行之時、為二寺家直務一彼二代之状在レ之、其後畠山（貞清）左近大夫将監入道浄忠八箇所知行之時、亦不二相易一為二寺家一直務也、彼代官印東入道定用并中野弾正忠渡状在レ之、爰浄忠禅門逝去後、応永二十五年十一月廿五日、勝定院殿（足利義持）為二浄忠之跡一彼八箇所於北野宮寺御寄進之時、公

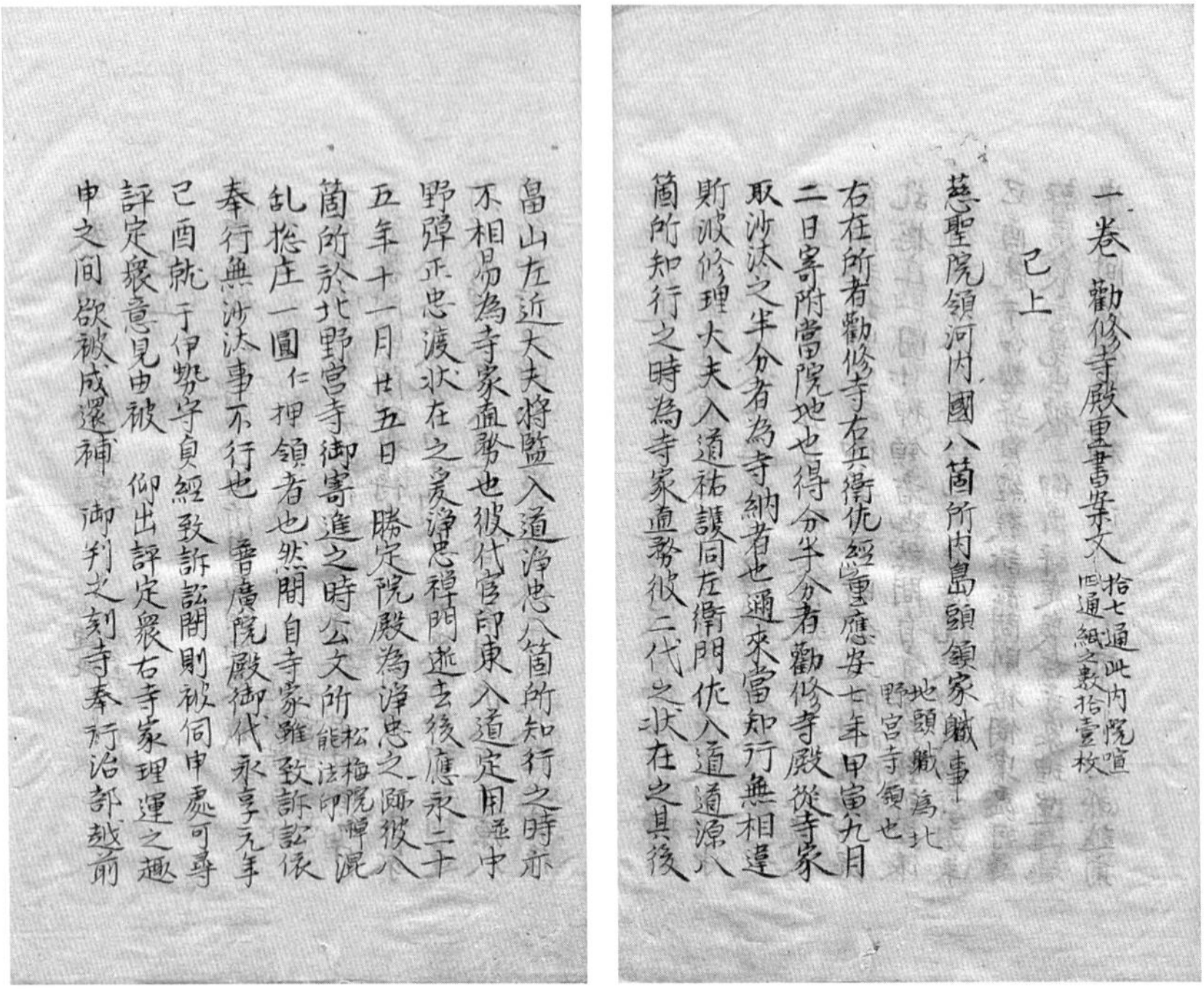

図9 『南禅寺書留』（国立公文書館デジタルアーカイブ）

文所松梅院禅能法印混ニ乱総庄、一円仁押領者也、

斯波修理大夫入道祐護は、斯波義種。斯波高経の子で、義将の弟にあたる。貞治年間（一三六二―六八）、将軍義詮のもと、高経が実権を握った際には、小侍所、ついで侍所頭人となり、また若狭や越前の守護に任ぜられて、高経の幕政運営の一翼を担った。のち、管領として活躍する義将を助けて、斯波氏の興隆を招き、自身は加賀守護の地位を保って、応永十五年（一四〇八）二月に死去する。斯波左衛門佐入道道源は、義種の子の斯波満種。加賀守護を継承するが、応永二十一年六月、将軍義持の怒りに触れ、高野山に遁世を余儀なくされる。また、畠山左近大夫将監入道浄忠は、畠山貞清。畠山氏庶流の将軍近習を勤める家柄で、弓の名手として知られ、応永十年代、近習の重鎮的な立場にあったが、応永二十二年八月、馬場で小笠原氏と争い、死亡する。[18]

河内国八箇所は、幕府の中枢に位置する、将軍に近い人物に伝領されており、幕府支配の強く及ぶ地域であったと推測される。嶋頭荘の場合、第一節冒頭にbとして引用したように、寄進に際して、将軍に披露され、その旨を伝える幕府御教書がなされたのも、八箇所の一角を占めるがゆえであろう。また、斯波道源は、父義種の死去の七か月後、「慈聖院領河内国八个所内嶋頭庄領家職」を慈聖院住持に「寄進」している[19]。慈聖院は、八箇所の知行者から寄進をうけるという形をとって、ようやく直務を保障されていたのである。なお、八箇所の一部をなす西氷野荘は、応永四年、足利義満によって、その娘と思われる人物に与えられている、という事実も、八箇所に、幕府支配が強く及んだことの一証左であろう[20]。

この八箇所の性格ゆえに、勧修寺経重が、所領確保のために取るべき道は、おのずと限定されてくる。八箇所知行者を代官とするといった方策も考えられるけれども、経重は、龍湫周沢、ときの幕府を代表する細川頼之を背景とする高僧、に寄進する道を選び、年貢の確保とともに、経済外の利点も願ったと推測される。

さらに、八箇所の知行者は、いわゆる三管領家の庶流で、とりわけ、斯波氏の知行のときは、斯波義将が管領に在職などしているという事実にも注目しておこう。一時期ながら、足利荘が管領の管轄下にあったという事実[21]から連想すると、八箇所の知行者は、管領職と連動していたという可能性も否定できず、あるいは、応安七年の寄進のとき、八箇所の知行者は、ときの管領細川頼之の近親であったかもしれない。

第四節　禅院領と室町幕府

本章では、政治史上にも活躍した禅僧を取り上げ、その禅僧に所領を寄進する行為を、経済的側面、政治的側面から考察した。政治的側面の検討は、当然ながら、幕府政治史の一面を照射することにつながる。また、第三節で試みた、寄進された所領自身に内在する、寄進に至る事由の検討は、幕府直轄領と禅院領の重なりのひとつの形態を、提示する結果となった。そもそも、五山以下の禅院の所領は、足利将軍からの寄進地をひとつの中核とする。そこで最後に、第一節の検討のうえに立って、将軍から禅院への寄進を捉え、経済的な面から、室町幕府と禅院領の関係を考察することとする。

足利将軍家の、鎌倉以来の所領や元弘恩賞地は、足利荘など一部を除き、寺院に寄進されるなどして、幕府料所に繋がらなかった、とする見解は、定説化している。しかし、すでに指摘されているように、鎌倉以来の所領のうち、洛北等持院に寄進された丹後国宮津荘には、一部分、御料所が含まれていることが、『丹後国惣田数帳』から判明する(22)。

十五世紀半ば頃の状況を示すとされる、この丹後国の史料には、次のような記述もみえる。

一大石庄　二百十三町六段百五十三歩内
百六町八段七十四歩　御料所
百六町八段七十四歩　常在光寺
一久美庄　六十二町七段二百八十五歩内
廿町九段九十歩　常徳院
四十一町八段百九十歩　御料所(23)

大石荘では、田数は等分され、一方は御料所、一方は、南禅寺住持の退去寮として高い寺格を誇った常在光寺領であり、久美荘では、田数は三等分され、うち一分は、相国寺の塔頭常徳院領、二分は、御料所となっている。

この事実は、たとえば、下地を中分して別個に経営していたなど、さまざまに解釈することが可能だけれども、一部寄進、一部代官補任の寄進がなされた結果とも捉えうるのではなかろうか。

長禄二年（一四五八）、丹後守護一色氏は、領国に守護段銭を懸ける。常在光寺は、丹後国にただひとつの所領大石荘につき、その免除を将軍義政に申請する。

常在光寺領丹後国守護段銭御免許之事被㆑仰出㆒、被㆑準㆓于御料所㆒之在所被㆑免㆑之、(24)

この時の免除の対象は、「御料所に準ぜらるるの在所・寺院」（二十四日条）であった。常在光寺は、将軍義教のとき、将軍義満が等持院・等持寺領を御料所に準じて免除した先例に倣って、丹後国守護段銭を免除されている（十一日条）ように、幕府から厚遇されていた。しかし、引用史料によると、大石荘は、御料所に準ずる「在所」として免除されており、常在光寺領大石荘が、御料所大石荘と、深く関係していたことを窺わせる。一部代官補任の寄進がなされたのではないかという憶測の一証左としたい。その場合、寄進者は将軍で、年貢を受け取る権利を、御料所として、田数に換算して記載したこととなる。

もし、将軍が禅院に寄進した所領のなかに、一部寄進、一部代官補任の形態をとるものが、少しなりとも含まれているならば、幕府にとっての禅院領の意味合いは、より明確になるのではなかろうか。一般に、五山以下の禅院の所領は、事実上、幕府直轄領化する、と表現される。具体的には、守護使不入や課役の免除といった保護が加えられること、禅院からの献物・献銭・借銭が幕府経済を支えていたことなどの指摘がある(25)。一部代官補任の寄進がなされた場合、禅院から年貢が納められ、まさに禅院領は、幕府直轄地に等しい。もちろん、この種の寄進は、存在したとしても禅院への寄進の一部に過ぎないであろう。しかし、この種の寄進が存在しうるならば、通常の寄進でも、経済的な権利が留保されているといった意識を生み、将軍から多くの寄進を受けた禅院が、幕府に献納する背景となったのではないだろうか。

註

（1）原田正俊氏は、「中世社会における禅僧と時衆」（『日本中世の禅宗と社会』吉川弘文館、一九九八年、初出一九八八年）のなかで、禅僧が勧進に携わったことに注目し、勧進聖の系譜を引く禅僧たちは、五山官寺体制の整備される過程で、東班衆として組み込まれていったと指摘している。

（2）　龍湫の略伝は、玉村竹二『五山禅僧伝記集成』（講談社、一九八三年）七二〇頁参照。

（3）　aとcの書名の数字は、史料編纂所架蔵写真帳の冊数。bは昭和四十一年五月三都古典連合会展観入札目録。cは、早稲田大学図書館所蔵『南禅寺慈聖院領庄園重書目録』、画像公開。この目録の二通目の御教書は、『尊経閣古文書纂』南禅寺慈聖院文書（『尊経閣善本影印集成』八一）、三通目の守護施行は、『佐々木信綱氏所蔵文書』（史料編纂所架蔵影写本）に正文を伝える。『大日本史料』第六編之四六、永和二年二月二十五日条参照。dは国立公文書館所蔵、一九二一―〇二六五、画像公開。

なお、本章発表後、cとほぼ同内容ながら異同のある史料が発見されて史料編纂所の所蔵となっている。登録名は「慈聖院領諸庄園重書正文已下目録」（〇〇一五―四）。Hi-CATで画像公開されている（第二部中扉の写真参照）。白川宗源氏は、日本古文書学会第四九回学術大会で、「二通の『南禅寺慈聖院領諸庄園重書目録』」として発表し、二通の目録を分析して塔頭領の形成に論及している。要旨は『古文書研究』八三（二〇一七年）に掲載されている。史料編纂所本の末尾には、「越中国阿奴庄地頭職」の項目が追加され、康暦二年五月六日に布施弾正忠知則（註(9)参照）が寄進したと明記されている。本文後掲の史料では、阿努荘地頭職は布施資連の寄進と明記されているものの、寄進者として資連と子息たちの双方が確認できるという点で、但馬墓垣村と状況は似ている。

（4）　永和元年十月四日室町幕府御教書（『保阪潤治氏所蔵文書』一、史料編纂所架蔵影写本）。また、c目録の慈聖院敷地項を参照。

（5）　1は『鎌倉市史』史料編三、五。2は史料編纂所架蔵写真帳一冊目、『大日本史料』第七編之二、七二三頁は『南部晋氏所蔵文書』として載せる（典拠は影写本）。端裏書は写真帳では確認できない。3は砺波図書館協会等発行の影印による。

（6）　十月二十四日室町幕府奉行人連署奉書写（『松雲公採集遺編類纂』一三六）、署判者は、飯尾之秀と松田英致で、永正五年（一五〇八）以降、永正年間（一五〇四―二一）の文書である。『蔭凉軒日録』文明十九年（一四八七）八月二十六日条には、「曽我本領備中国水田庄、半分寄二進于聯輝軒一、半分曽我知行、自二聯輝一一具□之曽我方江本役百九十貫文出レ之、年々未進分積千七百余貫文有レ之」（増補続史料大成）とあり、去年未進分を、借銭の返済に充てるよう、義尚が命じている。また、永正九年（一五一二）八月二十五日室町幕府奉行人連署奉書写（『細川侯爵家文書』一、史料編纂所架蔵影写本）には、「於二年貢京着半分一者当知行」とある。

（7）　他の事例をいくつか挙げておこう。

4西山地蔵院に寄進された阿波国勝浦荘領家職半済分

西山地蔵院は、細川頼之が帰依した碧潭周皎（応安七年正月五日歿、『大日本史料』第六編之四〇参照）の開いた禅院である。永和元年八月日某請文土代（『地蔵院文書』、京都大学史料叢書『西山地蔵院文書』）によると、領家職半済所務職は、地蔵院に寄進され、「御年貢・雑物等、任二庄主注進一、半分者、毎年無二懈怠一可二召進一候、残半分者、可レ為二寺家得分一之由、可レ令二存知一候」とある。また、明徳四年（一三九三）十月二十八日地蔵院住持昌与請文案によると、地蔵院は、寄進者の仁和寺御室に、この年以降、五〇貫文を納入することとなる。間もなく、御室の取分と地蔵院に寄進した分は分化し、前者の代官職は、地蔵院から他に移っていく。細川氏が守護を務める阿波国に位置する故に、地蔵院に寄進されたと思われる。『地蔵院文書』には、類似の寄進や売寄進の事例がいくつかみられる。

5天龍寺に寄進された丹波国六人部荘

『天龍寺重書目録』（史料編纂所架蔵謄写本）の関連文書を総合すると、五辻宮で出家して祥益と名乗った人物は、故兵部卿親王熙明の菩提のため、子供とみられる周勝が春屋妙葩の弟子となったのを契機に、春屋が塔主を務める天龍寺金剛院（光厳上皇の塔所）に、六人部荘を寄進したらしい。寄進をうけて、春屋は、「六人部庄等年貢内、毎年弐万疋、御二為周勝御房御資縁一、無二懈怠一可レ令二沙汰一候」と請文を出している（貞治五年〈一三六六〉仲夏十八日春屋妙葩請文写、『天龍寺文書の研究』二〇九）。翌年、天龍寺は火災に遇い、復興のため、春屋は天龍寺に再住し、六人部荘も天龍寺に移管されて、天龍寺から、二〇〇貫文が調進されることとなる（貞治六年十月三日天龍寺住持春屋妙葩等請文写、『天龍寺文書の研究』二一七）。周勝の死去のため、この得分は、祥益から五辻親王家に返され、相伝されている。

なお、このような寄進の事例は、禅院に多くみられるものの、他の寺社でも存在したらしい。祇園社への寄進の例を次に掲げよう。

〔祇園社記続録〕五（『八坂神社記録』）

6

紙端陰面ニ云、自二座主(相厳)一、応永廿四八、

五条坊門以南、高辻子以北、東洞院東頬敷地、南北肆丈、東西弐拾丈事、比丘尼祖音為二相伝之地一之間、去明徳元年十一月十五日、彼地子半分、永代雖レ寄二進祇園社一、本主半分為二社家一一向令レ無二沙汰一之間、就二座主一依二歎申一、任二理運一契約之半分通、為二社家一可レ致二其沙汰一之由、堅御下知之間、依レ有二条々申子細一、参分壱分可レ去二渡本主方一之由、申定之上者、自今已

後更増減煩之儀不レ可レ有レ之者也、仍為二後証一依レ仰状如レ件、

応永廿四年八月六日　　　　　慶潤判

祇園執行僧都御房

祖音の寄進は、当初、地子半分を祇園社から受取るという契約になっていたと見なされる。祖音の訴えにより、座主相厳は、下地の三分一を祖音に返すよう、祇園社に命じていると解釈できようか。

（8）須磨千頴「美濃立政寺文書について」（『荘園の在地構造と経営』吉川弘文館、二〇〇五年、初出一九六九年）参照。なお、禅僧の代官については、新田英治「室町時代の公家領における代官請負に関する一考察」（『日本社会経済史研究』中世編、吉川弘文館、一九六七年）参照。

（9）『大日本史料』第六編之四一、応安七年八月十二日条、および同四四、永和元年七月七日条。『多賀摹本古文書』は国立公文書館所蔵、一五九—〇三四八、画像公開。なお、南禅寺慈聖院旧蔵文書には、前欠ながら、次のような文書がある。

〔尊経閣古文書纂〕南禅寺慈聖院文書

但馬国土田郷内土垣村事

右、所レ奉レ寄二進慈聖院一之状、如件、

永和四年正月十六日

民部丞基連（花押）

弾正忠知則（花押）

左衛門尉冬国（花押）

権少外記康冬（花押）

康冬は、資連の子供であり（『師守記』貞治六年八月二十九日条、史料纂集）、知則は、弾正忠を官途とするなど、いずれも資連の子息である可能性が高い。基連は、応安年間末年から永徳年間（一三八一—八四）にかけて、奉行人として活動している。子供たちが、資連の寄進に先駆けて寄進している理由は確定できないけれども、あるいは、資連は、所領を未処分のまま病に罹り、基連らの意志で慈聖院に寄進され、のち資連の寄進という形をとったのかもしれない。本文で次に掲げる阿努荘の場合、布施出羽四郎が領有を主張しており、子息と他の親類との間に意志の不統一が存在した結果かもしれない。

(10)『大日本史料』は、第六編之八、康永三年九月五日条。『岐阜県史』は、史料編古代中世四、二〇二頁、一三七頁、八七八頁。『古文書纂』は、史料編纂所架蔵影写本、十冊目。①は、現在、京都国立博物館に『古文書手鑑』として所蔵される。画像公開。なお、大谷郷などが、所領目録にみえない理由は、明らかでない。なお、本章発表後、慈聖院から分散した史料については、山家「分散した禅院文書群の個別研究」(『分散した禅院文書群をもちいた情報復元の研究』東京大学史料編纂所研究成果報告二〇〇九―六、二〇一〇年)のなかで整理した。

(11)引用は、史料編纂所架蔵写真帳による。資連の初見は、建武五年八月五日引付頭人吉良満義奉書案(『大分県史料』一〇『士居氏蒐集文書』一)の注記に「奉行布施弾正忠」とあるもの。初見は、田中誠氏の成果によって、本章発表時から変更している(「室町幕府奉行人在職考証稿(一)」『立命館文学』六五一、二〇一七年)。長老奉行は、『花営三代記』応安四年十二月三十日条(群書類従巻四五九)、式評定衆は、同書応安六年十二月二十七日条。龍湫の台頭については、今枝愛眞『中世禅宗史の研究』(東京大学出版会、一九七〇年、初出一九五六年)第三章第二節「斯波義将の禅林に対する態度」参照。幕府法は、『中世法制史料集』二室町幕府法、追加法一〇七、一〇八・一〇九、一一一、一一四、一一五、一一六、一一八～一二二、一二五の各条。

(12)一倉喜好「政所執事としての伊勢氏の抬頭について」(『日本歴史』一〇四、一九五七年)参照。

(13)福嶋村には、興味深い史料がある(『史学』三二―一に二五として翻刻、『慶応義塾所蔵古文書選』四に一一として写真掲載)。

〔反町文書〕

(端裏書)「□□直祐名二□□」

摂津国有馬郡内福嶋村事、南禅寺慈聖院領也、而直祐成二檀那一分一申上者、聊検断・人足・諸公事等、止二其沙汰一、子孫不レ可レ有二煩妨之儀一候、自然国物忩時者、可レ加二扶持一者也、仍為二後日一状如レ件、

寛正四年卯月廿九日　　　　直祐(赤松)(花押)

直祐は、『斎藤親基日記』寛正六年(一四六五)八月十五日条(増補続史料大成)に、将軍義政に随行する帯刀のひとりとしてみえる「赤松弥次郎直祐」であろう。引用文書の頃、有馬郡の分郡守護は、赤松(有馬)治部少輔入道道衍であり(今谷明『守護領国支配機構の研究』法政大学出版局、一九八六年、二四九頁)、後掲の『蔭涼軒日録』によると、その息に弥次郎がおり、直祐と思われる。文正元年(一四六六)の分郡守護の「有馬孫次郎」も、弥次郎の誤りという可能性もある。引用文書で、直祐は、検断などの免除を保証しており、守護に近いがゆえに、このような内容の文書を出せたのであろう。

さて、須磨氏が売寄進の一例として挙げられた『蔭凉軒日録』寛正四年十二月条の事例には、道衍と直祐が登場する。道衍は、知行地丹波国郡家荘を雲沢軒に寄進するが、これは「蓋売寄進之契約」（二十五日条）であった。売寄進とした理由は、「治部少輔息弥次郎、依二貧乏一不二出仕一、故売三却此所領一、而以レ量致二出仕一」（二十九日条）と記されている。類推すると、弥次郎直祐は、慈聖院の「檀那一分」となった際にも、売寄進の契約を結んだ可能性が高いであろう。あるいは、別の所領を慈聖院に売寄進したのか、あるいは、福嶋村で検断などを免除したのも一種の寄進で、その代償に金銭を受け取ったか、さまざまに想像することができる。なお、いわゆる文正の政変で、「有馬治部少輔入道」が、伊勢貞親とともに逐電しており、道衍と見なされている（今谷前掲書、典拠は『応仁記』）。引用文書は、伊勢貞親と道衍が、所領を通じて関わりを持った可能性を窺わせ、両者の関係を考えるうえでも、興味深い。

(14)　経顕が取次役を果たしたことは、岩元修一「所務相論を通してみたる南北朝期の朝幕関係について」（『九州史学』七二、一九八一年）、「開創期の室町幕府政治史についての一考察」（『古文書研究』二〇、一九八三年）、森茂暁『南北朝期公武関係史の研究』（文献出版、一九八四年）第四章参照。経重の死去は、『兼宣公記』康応元年十二月十五日条（史料纂集、「遺跡事、経豊安堵云々」とある）。十二月十四日義満書状は、『鹿苑寺文書』（史料編纂所架蔵影写本）。義持書状は、（応永十八年）十月二十五日、『藤岡氏所蔵文書』（史料編纂所架蔵写真帳）、現在は九州国立博物館所蔵、画像公開。

(15)　永仁七年三月五日亀山上皇起願文（桜井景雄・藤井学編『南禅寺文書』二号）、二年後、正安二年（一三〇〇）七月二十五日亀山上皇院宣案（同一二五―二号）により、小坂荘の替として、播磨国矢野荘別名などが寄進されている。

(16)　元徳三年四月三日某譲状写（『御遺言条々』、史料編纂所架蔵写真帳）。『御遺言条々』には、観応二年正月十四日勧修寺経顕処分状写、延文五年（一三六〇）七月二十九日勧修寺経顕置文写も含まれる。中村直勝「勧修寺家領に就いて」（『中村直勝著作集』四、淡交社、一九七八年、初出一九四一年）参照。また、元徳三年の譲状の正文は、『藤岡氏所蔵文書』（註(14)）に伝わり（現在は九州国立博物館所蔵）、この文書群には関連史料が多い。まず、弘安九年（一二八六）正月八日の院宣により、嶋頭荘・和気荘に西園寺実平が関与していることが知られる。経顕の祖父坊城俊定の姉妹に、西園寺実平室がおり（『御遺言条々』建治二年十月十七日吉田経俊譲状写）、この人物は、徳治三年（一三〇八）六月二十一日、父経俊から譲られた加賀国井家荘中条とともに、嶋頭荘・和気荘を「あかこ」に譲与している。阿賀は、この流れの女子の通称であり、おそらく俊定の娘（経顕にはおば）と思われ、このおばから経顕に譲られたと想定される。のち、元弘三年（一三三三）六月八日と、建武三年（一三三六）十月十八日（史料編纂所架蔵影写本『柳原義光氏所蔵文書』にも写がある）に、経顕の姉妹と思われる「三位とのの御局」に、嶋頭荘などを安堵する院宣がなされているが、建武四年二月三日、一期の後をまたずに、と記す仮名書きの文書で、再び経顕に与えられている。なお『中村直勝博士蒐集古文書』に元弘元年八月十九日の仮名書きの譲状があり、嶋頭荘などを載せるが、紙継目の前後で意味が繋がらない（刊本二六号、写真も掲載される、大和文華館現蔵）。また、応安六年二月二十三日後光厳上皇院宣（『岡山県立博物館所蔵文書』二、『岡山県史』家わけ史料）。

(17)『南禅寺書留』の概略を説明しておこう。冒頭に、嶋頭荘の簡単な重書目録を載せたのち、主要部分である、康正元年から二年にかけての訴訟記録となる。本文第一節・第三節で引用したのは、訴訟記録の冒頭の、康正までの経過を略述した箇所のうちの前半にあたり、その後半は、永享・宝徳の訴訟に触れ、奉行人治部宗秀の失脚など、史実に合致した記述がみられる。康正元年の記録は、記事は簡略ながら、現存する評定衆意見状の出された経過が判明するなど、興味深く、二年の記録は、遵行をめぐって守護畠山氏と交渉する様子が詳しく記されている。康正の訴訟は、「伊勢守貞親就レ為二当院檀那一、院主中琪歎申」と始まり、また訴訟記録の最後に、中琪は、嶋頭荘の還補は貞親ほか伊勢氏三人の功績であり、三人の新寄進である旨を記している。また、訴訟記録の後には、慈聖院の寮舎で、中琪の住持する集慶軒に関する、康正三年の中琪の置文が載せられ、檀那は伊勢守と明記されている。中琪は、ときの将軍義政を補佐した伊勢貞親との接近によって、慈聖院の保全を図っており、すでに勧修寺氏の影はない。もちろん、伊勢貞継が龍湫に寄進したことが由緒となったと想像され、貞親の子貞宗は、のち文明十年三月二十九日、摂津国福嶋村を再寄進していることが確認される（『蜷川親元日記』文明十年四月二十九日条、史料編纂所架蔵謄写本、正文は史料編纂所架蔵影写本『服部玄三氏所蔵文書』、京都国立博物館所蔵『古文書手鑑』）。『南禅寺書留』は、最後に、伊勢貞継の妻、貞親、貞宗の位牌を引用している。

(18)斯波義種については、『大日本史料』第七編之九、応永十五年二月二日条。系図では、法名を道守とするが、『吉田家日次記』応永九年正月十二日条に「修理大夫義種入道祐護」とある（『大日本史料』第七編之五、三二七頁）。また、佐藤進一『室町幕府守護制度の研究』上（東京大学出版会、一九六七年）、小川信『足利一門守護発展史の研究』（吉川弘文館、一九八〇年）第二編参照。斯波満種の法名は、『武衛系図』（続群書類従巻一一三）による。遁世は、『大日本史料』第七編之二〇、応永二十一年六月八日条。畠山貞清については、家永遵嗣「足利義教初期における将軍近習の動向」（『室町幕府将軍権力の研究』東京大学日本史学研究室、一九九五年、初出一九八八年）一八二頁参照。死去は、『大日本史料』第七編之二一、応永二十二年八月二十六日条。

(19)　応永十五年九月十一日道源（斯波満種）寄進状（『尊経閣古文書纂』南禅寺慈聖院文書、『大日本史料』第七編之一〇、同日条）。

(20)　西氷野荘が、八箇所の内であることは、『南禅寺書留』康正元年十二月二日条。（応永四年）七月十一日足利義満書状（宛所「御あてこへ」、『宝鏡寺文書』、『大日本史料』第七編之二、同日条）。義満の娘である場合、大慈院（南御所）聖久・宝鏡寺某など、数人の可能性があり、特定は難しいと思われる（湯之上隆「遠江国浅羽荘と比丘尼御所」『日本中世の政治権力と仏教』思文閣出版、二〇〇一年、初出一九八五年、参照）。西氷野荘については、筧雅博「続・関東御領考」（石井進編『中世の人と政治』吉川弘文館、一九八八年）三〇四頁参照。西氷野荘は、関東御領であった。八箇所については、本章発表後、山田徹氏が、「摂津国中島と河内国十七ヶ所・八ヶ所」（『ヒストリア』二三八、二〇一三年）で詳しく論じている。

(21)　禅秀の乱後、管領細川満元、のち管領畠山満家の代官が、足利荘を管理していた。松本一夫「足利庄をめぐる京・鎌倉関係」（『古文書研究』二九、一九八八年）など参照。

(22)　桑山浩然「室町幕府の草創期における所領」（『室町幕府の政治と経済』吉川弘文館、二〇〇六年、初出一九六三年）、「室町幕府経済の構造」（『同』、初出一九六五年）。宮津荘については、筧雅博「荘園の収取体系と領主経済　六　武家領」（講座日本荘園史二『荘園の成立と領有』吉川弘文館、一九九一年）三二一頁。

(23)　成相寺本による。『舞鶴市史』史料編および『宮津市史』史料編一に所収。なお、この史料の「御料所」という記載には、守護料所を含む可能性も否定できない。しかし、次に触れる『蔭凉軒日録』の記事で、常在光寺は、大石荘への守護段銭の免除を、幕府に申請している。もし、大石荘に守護料所が存在し、それに準じて免除を願うならば、守護に申請するのではあるまいか。少なくとも大石荘は、幕府料所である可能性が高いと思う。最近作である山田徹「室町期丹後国荘郷・領主研究序説―『丹後国惣田数帳』の基礎的考察―」（京都府立京都学・歴彩館京都学推進課編『令和四年度　京都府域の文化資源に関する共同研究会報告書（丹後編）』京都府立京都学・歴彩館、二〇二三年）も参照されたい。

(24)　『蔭凉軒日録』長禄二年六月十七日条。『同』長享二年七月五日条にみえる常在光寺領の目録によると、丹後国の所領は、大石荘のみである。

(25)　佐藤進一『足利義満』（平凡社、一九八〇年）六、五山十刹。今谷明『戦国期の室町幕府』（角川書店、一九七五年）第一章（のち『室町幕府解体過程の研究』岩波書店、一九八五年、に収録）。なお、第一節の3の曽我氏は、奉公衆である。奉公衆の所領のうち、禅院領としての所見もある事例は、詳細は不明なことが多いものの、少なからず検出され、注目に値する。

（補註1）本章発表後、山田徹氏は、幕府の創建した天龍寺の所領形成について分析した（「天龍寺領の形成」『ヒストリア』二〇七、二〇〇七年）。天龍寺領については、原田正俊編『天龍寺文書の研究』（思文閣出版、二〇一一年）第二部研究編のうち、特に地主智彦「天龍寺・臨川寺・善入寺の所領について」、玉城玲子「天龍寺・臨川寺の寺辺・近傍所領」が充実している。これに先行して刊行された鹿王院文書研究会編『鹿王院文書の研究』（思文閣出版、二〇〇〇年）では、足利義満が春屋妙葩のために創建した嵯峨宝幢寺（および春屋の塔頭鹿王院）の所領形成について、第二部解題・研究篇の地主・玉城・仁木宏・藤田励夫・西村幸信「鹿王院領の構成と展開」で詳細に分析が行われている。

（補註2）売寄進など債務に関わる研究は盛んである。なかでも村石正行氏の研究は、売買・貸借などの契約関係に関わって、契約者が互いに作成する文書を分析し、本主に権利が留保される点に注目しており、本章と特に関わりが深い。『中世の契約社会と文書』（思文閣出版、二〇一三年）、「寄進・売買・譲与における本主保護と返状の作成」（井原今朝男編『富裕と貧困』生活と文化の歴史学三、竹林舎、二〇一三年）参照。

第二章　室町幕府前期における奉行人の所領

――所領からみた奉行人の本質――

所領は、領有するものにとってどのような意味をもったか、この問題を検討する場合、ふたつの視角が想定される。ひとつは、どのくらいの収益があり、所有者の収入にどれだけの位置を占めたか、という経済基盤としての検討であり、もうひとつは、どういった理由で所有者に帰したか、またどのような経緯を経て保持されたか、という検討である。後者は、所有者が、所領を給付されたり、安堵されたりする行為を通じて、上級権力者といかなる関係を結ぼうとしたか、を検討し、所有者の立場を明らかにすることに繋がる。前者の検討は、所領経営の詳細を伝える史料は少ないために、多くの場合に困難を伴う。後者の検討は、給付や安堵といった、後の証拠として保持される権利関係文書を用いるため、手掛かりには恵まれている。だが、核心を語る史料は限られ、推論を避けられない。

本章では、室町幕府奉行人の所領を取り上げる。奉行人の所領を伝える史料は、少ないとはいえないものの、断片的で、ほぼ給付や安堵などの権利文書に限られる。室町幕府奉行人は、政治的な力を得て、ときどきの政治動向に左右されながら活躍するけれども、もともと幕府内にどのような位置を占めていたのかという点はかならずしも明らかではない。そこで、奉行人の置かれた立場について分析を試みようと思う。対象とする時期は、室町幕府でも特に前半期、将軍でいえば義教の時期くらいまでとする。幕府成立から枠組みの基本が完成して安定する時期を取り上げることで、より本来の立場が明確になると予想するからである。もとより推論に終始し、明瞭な、あるいは斬新な結論は得がたい。しかし少なくとも、具体的な事例紹介だけでも意義があるのではと思う。奉行人研究の一端となることを希望する(1)。

まず、当該期に奉行人の所領として確認される事例を表2に掲げる。以下、個別事例を紹介しながら、第一節では全体的な特徴を指摘し、第二節では保持・継承の様子を整理する。第三節では、領有にいたる理由につき分析を加え、奉行人の立場を推論したい。

第一節　禅院領や御料所との関わり

掲げた事例には、五山を中心とした禅院に寄進され、関連文書が禅院に残ったために知られるものが目立つ。また、禅院だけでなく、幕府御料所との関わりを持つ所領も少なくない。個別に紹介しながら整理していきたい。

第一項　禅院領との関わり

1　禅院への寄進状況が判明するもの

【事例1】 観応二年（一三五一）、奉行人斎藤利泰の遺領遠江国村櫛荘地頭職を、天龍寺および塔頭雲居庵に寄進(2)（天龍寺重書目録）

利泰の菩提を弔うため、妻が寄進した。雲居庵は夢窓疎石の塔頭である。詳細な寄進状によると、地頭職の土貢のうち、寺に寄進したのは三分二で二〇〇貫文、残りの三分一は利泰子孫の得分として留保された。

参分壱　庄主分、利泰跡子孫可レ相二伝之一、若年貢無沙汰之時者、被レ下二上使一可レ有二直納一、其時者惣庄拾分壱乃貢於、為二庄主之沙汰一可レ弁二済之一、

表2　室町幕府前期における奉行人の所領

国	所　　　領	奉行人	典　　拠	初見年次
美濃	可児中村郷・那比村	飯尾頼国ら	事例13	貞和5
丹波	勝林寺地頭職	飯尾為宗ら	事例7	観応3
但馬	建屋新荘内田4段	飯尾為宗	大徳寺塔頭文書	貞和5
三河	田奈江郷・黒瀬郷内塚島地頭職	飯尾道勝ら	事例14	康暦2
越中	耳浦荘内惣領分地頭職・小杉村	飯尾道勝ら	事例15	至徳2
遠江	得光名	飯尾道勝ら	事例23	至徳2
尾張	国衙領うち	飯尾為清	事例20	応永6
尾張	中島正介跡	飯尾常円	事例20	応永16
山城	上上野郷内	飯尾兼行ら	事例24	応永7
洛中	珍阿弥跡屋	飯尾為種	満済准后日記	応永32
能登	志雄保地頭職	飯尾為清	事例30	正長元
加賀	若林村	飯尾貞連ら	事例25	永享3
摂津	有馬郡宝蔵坊跡（備後河内村替）	飯尾貞元	事例12	嘉吉元
近江	蒲生郡洲江善光同東等跡	飯尾貞連ら	事例26	文安元
摂津	穂積三箇牧	飯尾為行ら	事例28	文安4
信濃	四宮荘北条　四宮円明跡	諏方円忠	事例2	暦応2
近江	野洲郡三宅郷十二里・赤野井村	諏方円忠	事例3	暦応3
伊予	拝志郷恒光名内	諏方円忠	伊予国分寺文書	貞和3
越中	高木村	諏方円忠ら	事例29	貞和5
能登	能登島御厨東方地頭職	諏方貞継	事例11	康安2
美濃	大谷郷地頭職	布施資連	事例5	康永3
但馬	土田郷内墓垣村地頭職	布施資連ら	事例4	応安7
越中	阿努荘地頭職半分	布施資連	事例6	至徳2
尾張	今寄荘地頭職	安威資脩	事例17	貞和2
尾張	本神戸司職内四箇郷	安威資脩	事例31	観応2
洛中	高辻東洞院西頰地内西寄	安威資脩	東寺百合文書	延文元
摂津	江口五箇荘	安威資脩ら	事例9	応安元
丹波	吉富新荘内惣追補職・刑部郷公文職	安威資脩	事例16	永徳元
遠江	村櫛荘地頭職	斎藤利泰	事例1	観応2
備中	県主保地頭職	斎藤基繁ら	事例18	貞治5
美濃	東伊佐見郷	斎藤基貞	岐阜市歴史博物館	嘉吉元
安芸	志道村	松田貞秀ら	事例27	観応2
洛中	左京職領梅小路用水	松田貞秀	事例22	応安4
若狭	鳥羽上下保	松田貞寛ら	室町家御内書案	文安元
但馬	雀岐荘公文職・八代荘地頭職ほか	門真寂意	事例19	貞和4
伊予	田野郷地頭職	門真周清	事例10	文和3
伯耆	布美荘内長須那村・仁王丸名	安富行長	事例21	暦応3
日向	飫肥郡北郷田	安富行長	相良家文書	観応2
若狭	耳西郷半分地頭職	治部宗秀	事例8	正長元

年貢納入がなされないときは、天龍寺などから使者を派遣して直接納入する、とあるので、通常ならば、天龍寺などへの年貢（三分二）は、利泰子孫の責任で納入したことになろう。つまり、耕作を管理し、年貢などを支払う、いわば下地管理権は、利泰子孫が留保しており、天龍寺などには、年貢だけを寄進したと見なされる。

こののち、利泰子孫と村櫛荘地頭職との関わりは確認できない。村櫛荘には本家職が設定され、本家職は最勝光院領で、当時は東寺の管轄下にあった。少なくとも貞治五年（一三六六）には、東寺は、本家米の納入を天龍寺に対して要求している。このときまでに、下地管理権は天龍寺に移っていることになろう。

【事例2】貞和二年（一三四六）、奉行人諏方円忠は、信濃国四宮荘北条（四宮右衛門太郎入道円明跡）を天龍寺および塔頭雲居庵に寄進(3)（天龍寺重書目録）

寄進の内容は、〔事例1〕と類似している。円忠が作成した注文によると、天龍寺などに寄進したのは三分二と残余のあわせて三〇〇貫余、三分一は荘主分として円忠の分である。また領家仁和寺への年貢一〇〇貫文も、円忠得分と併記されており、この納入責任は、円忠にあると見なすのが自然だろう。この〔事例2〕でも、下地管理権は寄進者である諏方円忠が留保したと思われる。

円忠は、暦応二年（一三三九）、この所領について執事の施行状を受けている。この頃、給付されたのであろうか。天龍寺などに寄進されたのち、四宮荘北条の動向はあまり明らかでない。応永二十六年（一四一九）に天龍寺に対し沙汰付がなされており、このときまでに、下地管理権は天龍寺に移ったのであろう。

なお、本章では、所領の沙汰付によって現地の占有が実現する、と判断しておく。使者が現地に臨み、代理人などに交付するという手続きをとる以上、少なくとも本来は、得分権のみの保障ではないと思われる。そのため、沙汰付をうけると、耕作を管理し、年貢などを支払う主体となり、いうなれば下地管理権を獲得すると見なすこととなる。

【事例3】観応二年（一三五一）、奉行人諏方円忠は、近江国赤野井村および三宅郷十二里を、臨川寺三会院に寄進(4)

（三会院重書案）

三会院も夢窓疎石の塔頭で、この寄進は、夢窓の死亡した翌月にあたる。円忠は、暦応三年（一三四〇）、足利尊氏から「奉行事切之賞」として、この両所の地頭職を宛て行われていた。円忠の寄進の三日後、尊氏は円忠の寄進に任せて寄進状を出している。円忠は、寄進にあたり、「天龍寺領信濃国四宮庄寄進状之傍例」に任せると記しており、〔事例2〕と同様、下地管理権を留保した寄進だったと思われる。しかし、翌年末には、下地は臨川寺三会院雑掌昌休に沙汰付されており、早くも下地管理権は臨川寺三会院に移ったと判断される。

2　禅院へ一括して寄進された可能性のあるもの

次に布施資連の事例をみていこう。資連の寄進については、第一章で寄進された禅僧に注目して論じたけれども、本章でも、幕府前期の奉行人所領を整理する立場から再説しておきたい。

【事例4】永和四年（一三七八）、奉行人布施資連（昌椿）は、但馬国土田郷墓垣村地頭職を、南禅寺慈聖院に寄進(5)

（早稲田大学所蔵文書）

南禅寺慈聖院は龍湫周沢の塔頭で、龍湫は晩年、慈聖院の所領重書目録を作成した。その目録に墓垣村はみえ、寄進状（文書の内容は不明）ほか、七通などが掲げられる。うち布施資連に沙汰付を命じた、応安七年（一三七四）・翌永和元年の幕府御教書二通は写で伝存し、前者は『古簡雑纂』、後者は『蠹簡集残編』『多賀摹本古文書』に収録される。南禅寺慈聖院の伝来文書は、早い時期から寺外に流出していた。資連の事績としておそらく最後のもので、死を前にしての寄進だったかもしれない。寄進の内容や、寄進後の状況を知る手掛かりはない。

【事例5】奉行人布施資連の所領美濃国大谷郷地頭職(6)

寄進状ほか、寄進を明示する史料は伝わらないが、次に述べるような理由により、南禅寺慈聖院に寄進されたと判断される。煩瑣だが、資連の所領大谷郷について、伝存史料を列挙しよう。

・康永三年（一三四四）九月八日　室町幕府施行状（土岐頼康に資連への沙汰付を命ずる）（服部玄三氏所蔵文書・蠹簡集残編・多賀摹本古文書）

・康永三年九月十一日　美濃守護土岐頼康遵行状（塚原周造氏所蔵文書・森六蔵文書）

・康永三年十月十七日　室町幕府施行状（両使に重ねて資連への沙汰付を命ずる）（秋元興朝氏所蔵文書）

康永三年は、資連の奉行人としての活動ではごく初期にあたる。

・観応二年（一三五一）十月二十七日　足利義詮御判御教書（土岐頼康に資連への沙汰付を命ずる）（古文書纂）

大谷郷に関わる文書として、寛正四年（一四六三）九月十五日　某袖判左中将某寄進状がある（『尊経閣古文書纂』南禅寺慈聖院文書）。美濃国大谷郷国衙八貫文を南禅寺慈聖院に寄進し、次のように記す。

毎年拾陸貫文者、南禅寺慈聖院直進之処也、去永享七年十二月廿日、半分彼院江寄進畢、尚相残分捌貫文、依レ有二由緒一尚重永代所二寄附一実也、

一六貫文を慈聖院へ納入していたと解釈すると、のちに何を寄進したのかわからなくなるので、一六貫文は慈聖院から寄進者へ納入されていたのであろう。つまり慈聖院は、少なくとも永享年間（一四二九―四一）以降、大谷郷の下地管理権を持っており、大谷郷は慈聖院領といいうる。この寄進状では、上納を受ける立場のものが、上納分を二度に分けて寄進し、以後の上納をなくしたと理解される。

慈聖院の伝来文書は、前述したように分散している。先に掲げた、資連の所領を証する文書群は、分散して伝来しており、『蠹簡集残編』『多賀摹本古文書』など、〔事例4〕でみた慈聖院文書の伝来先と重なる。そこで、大谷郷は、〔事例4〕と同じく、資連から南禅寺慈聖院に寄進されたと判断される。

【事例6】奉行人布施資連は、越中国阿奴（努）荘地頭職半分を南禅寺慈聖院に寄進(7)（松雲公採集遺編類纂）

至徳二年（一三八五）、幕府御教書で、慈聖院雑掌に沙汰付けるよう、守護畠山基国に命じており、布施資連の寄進と明記されている。この時点で、下地管理権は慈聖院にあったことが確認される。

〔事例4〕から〔事例6〕の三例は、いずれも布施資連が南禅寺慈聖院に寄進した事例である。資連の所領はほかにみえず、同時になされた寄進かどうかは確認することができないものの、資連の所領がある程度一括して、慈聖院に寄進されたと見なしうるであろう。寄進の内容は不明だが、〔事例6〕では、少なくとも寄進後間もなく、慈聖院が下地管理権を持っている。

一三七〇年代、夢窓疎石の継承者春屋妙葩は、管領細川頼之に反発して、弟子とともに丹後に隠遁していた。かわりに京都禅宗界の中心となったのが龍湫周沢である。一方、布施資連は、春屋が隠遁した翌月、禅律長老奉行となり、義満幼少期に幕府を主導した頼之の政策を実務の面で支えた。資連の龍湫への寄進は、両者の政治的繋がりを背景とした寄進であった。

なお、〔事例2〕・〔事例3〕として掲げた事例では、寄進先は異なるものの、いずれも諏方円忠が夢窓疎石に寄進している。ただし、〔事例3〕の赤野井村の場合、円忠は、康永三年（一三四四）、臨川寺三会院への寄進に先立ち、同村内勘解由田を山城国法観寺に寄進している(8)。また、後掲するように、円忠の所領は他にも確認される。資連の寄進とはやや事情が異なるといえよう。

3　禅院領と親近性のあるもの

【事例7】貞治三年（一三六四）、奉行人飯尾為永は、丹波国勝林寺地頭職を、天龍寺金剛院に寄進(9)（鹿王院文書）「亡父信快追善」のため、下文ほか文書を副えて寄進している。天龍寺金剛院は、春屋妙葩の塔頭である。のち宝幢寺が建立され、開山春屋の塔頭として鹿王院が設けられると、この所領は鹿王院の所領に移行した。金剛院への寄進にあたり、副えられたと思しい文書を掲げよう。いずれも鹿王院に現存せず、鹿王院から流出した文書となる。

・観応三年（一三五二）八月二十五日　足利義詮御判御教書（守護に「飯尾三郎左衛門尉為宗」への沙汰付を命ずる）（京都帝国大学所蔵文書）

・貞治二年（一三六三）十二月十五日　資秀請文（両使として「飯尾新左衛門尉為永」に沙汰付を行う）（佐藤行信氏所蔵文書）

飯尾為宗・為永は下地管理権を有していた。康永三年（一三四四）の引付番文の四番に「飯尾三郎左衛門尉」がみえ、おそらくは為宗にあたる。為宗は、顕著ではないものの、奉行人として活動していたと見なしうる。一方、為永の奉行人としての活動時期は、寄進から少し下がって義満執政前半期となる。左衛門尉という名乗りや、同じ所領を領有していることから、両者は父子で、寄進状の「亡父信快」は為宗を指すのだろう。

南北両朝が合体した正平六年（一三五一）十一月、丹波の中津川秀家は、丹波国「勝林寺島地頭職」を、決定がでるまで当知行を理由に預け置かれる。そして、翌々文和二年八月、勝林寺島の替として丹波国貞観寺国衙を預け置かれている。この間に、勝林寺地頭職は、飯尾為宗に給付されており、中津川秀家は替地を与えられ、勝林寺から退去させられたのであろう。だが、延文五年（一三六〇）十月、丹波守護仁木頼夏は、中津川秀家に、「小林寺飯尾彦三郎跡」を預け置く。ときに執事仁木義長が京都を脱出したのに呼応し、おいの頼夏も丹波に下向、幕府から追討を受ける身であった。飯尾彦三郎は、為永を指すことになろうか。勝林寺地頭職は、中津川秀家と飯尾父子との間で相論が続き、秀家は、反幕府の行動に加担して、領有の保障を得ようとしたのであろう。その後、中津川氏とこの所領との関わりは確認できない。

下って永徳二年（一三八二）、春屋の管領する寺院を列記した目録に、鹿王院の所領として「丹波国瓦屋北庄内勝林寺」とみえる。瓦屋荘、特に瓦屋南荘は、観応二年（一三五一）九月、足利尊氏が夢窓疎石に寄進し、のち天龍寺領として確認される。翌観応三年七月、鎌倉に下向していた尊氏は足利義詮に宛てた書状で「瓦屋庄南北」の保全に特に言及し、「縦本主等訴訟為二理運一者、任二準拠之傍例一、宜レ被レ充二行其替一、於二彼地一者至二尽未来際一不レ可レ有二相違一候」と記した。この一か月後、瓦屋北荘内の勝林寺地頭職は、本主と思しい中津川氏ではなく、飯尾為宗に給付された。奉行人が領有していることは、天龍寺の領有とほぼ同値で、寺領の経営を円滑にするために有効だったことになる。奉行人の所領は禅院領と類似のもので、親近性が高いと認識されていたことになろう。そして中津川氏の反発のもと、夢窓の弟子春屋に寄進され、瓦屋荘南北とその中に位置する勝林寺（島）は、天龍寺と宝幢寺鹿王院という近しい禅院の領有として落ち着いたのである。

【事例8】永享二年（一四三〇）八月、奉行人治部宗秀に給付されていた若狭国耳西郷半分地頭職は召し返され、臨川寺に返付される[10]（天龍寺文書）

康安元年（一三六一）十一月、将軍義詮は臨川寺に、若狭国耳西郷半分地頭職（長井掃部助跡）を、火災からの復興に充てるため寄進している。返付した将軍義教の御判御教書によると、治部宗秀には、正長元年（一四二八）九月に給付されていた。また、施行状では、宗秀代を退けて臨川寺に対し沙汰付を行うよう命じている。奉行人による主体的な寄進でない点、他の事例と異なっている。

臨川寺領を治部宗秀に給付した理由は明らかにできない。ただ、宗秀は、所領給付にあたって禅院領を望んだこととなり、禅院領であったことは、奉行人の領有にあたって有利に働くと考えたのであろう。

また、宗秀がこの所領を召し上げられた理由も定かでない。宗秀は、将軍義教の譴責を受け、永享四年五月初めに赦免されている。永享二年末までは奉行人として活動が確認され、永享三年八月には「宗秀跡」の屋地が寄進されており、譴責を受けたのはこの間であろう。譴責にいたる過程で所領が没収されたのか、単に不当な給付として取り消されたのか、明瞭ではない。

4　そのほかの禅院への寄進例

【事例9】永徳元年（一三八一）、奉行人安威資脩の遺跡輩の申請に任せ、摂津国江口五箇荘（付下司公文職）を、将軍義満は、宝幢寺に寄進[11]（鹿王院文書）

関連文書は、いずれも鹿王院に現存せず、鹿王院から流出した文書となる。

・応安元年（一三六八）閏六月十二日　室町幕府御教書（守護に、赤松氏範の濫妨を退け、安威資脩への沙汰付を命ずる）（秋元興朝氏所蔵文書）

・応安五年五月十九日　室町幕府御教書（守護に、濫妨を退け、安威詮有への沙汰付を命ずる）（関戸守彦氏所蔵文書）

安威資脩と詮有が下地管理権を有していた。『諏方系図』によると、詮有は資脩の孫にあたる（詮有父直資は早世）。資脩は応安四年八月に死去し、詮有は永和・康暦年間（一三七五―八一）に奉行人として活躍している。

【事例10】奉行人門真周清の所領伊予国田野郷地頭職[12]（鹿王院文書）

康暦元年（一三七九）、将軍義満の袖判下文で、周清に給付されており、これは、「去文和三年九月十二日御下文紛失」のためであった。最初の給付は、文和三年（一三五四）である。文和三年は、周清の奉行人としての活動のごく初期にあたる。おもな活動は貞治年間（一三六二―六八）中期以降となる。この文書は鹿王院に伝来するので、この所領は鹿王院に寄進されたのであろう。しかし、その後は明らかでない。

5　奉行人の所領と禅院領と所見が重なるもの

禅院との関わりの最後に、禅院に寄進されたかどうか確認不能だが、奉行人の所領としての所見と禅院領としての所見と、重なる事例を二例掲げておく。

【事例11】康安二年（一三六二）八月、天野遠政は、諏方神左衛門尉が、能登国能登島御厨東方地頭職を掠め給わった、と領有を主張している[13]（天野文書）

諏方神左衛門尉は、この頃奉行人に類する活動が確認される。『信濃史料』は、諏方円忠の子供貞継に充てており、従いたい。同書が明示しているように、前年六月に死去する「諏方神左衛門尉雲岫」（『東海一漚余滴』）は貞継と思われるが、能登島御厨東方地頭職は、死去以前に給付されたと見なすのが妥当であろう。こののち、天野氏とこの所領との関わりは確認できなくなる。

一方、年未詳だが、『天龍寺重書目録』にみえる天龍寺の所領目録に、「能登国能登島東方」とみえる。天龍寺領となった経緯などは明らかでないが、一時期にせよ奉行人に給付された所領と、天龍寺領とが重なる事例となる。

【事例12】嘉吉元年（一四四一）十一月、奉行人飯尾貞元は、摂津国有馬郡宝蔵坊跡を、備後国河内村の替として給付される[14]（松雲公採集遺編類纂ほか）

こののち、有馬郡宝蔵坊跡はどこの所有となり、この文書はどこに伝来したのか、など明らかでない。当初、貞元に給付された備後国河内村は、寛正四年（一四六三）には、相国寺雲頂院領として確認される。経緯は不明だが、一時期にせよ奉行人に給付された所領と、相国寺領とが重なる事例となる。

第二項　幕府直轄領との関わり

1　料　所

【事例13】奉行人飯尾頼国らの所領美濃国那比村・中村郷[15]

これらの所領は、『飯尾文書』にみえ、飯尾氏（大和守系）が継承した。『飯尾文書』を紹介する前に、まず『祇園執行日記』正平七年（一三五二）八月三十日条の記事から分析しよう。

造営料所幷西大門壇葛破損事、以二顕深一尋二遣太子堂円観房許一之処、奉行職事、自二去年一辞退申了、（中略）料所者、出雲国岩坂郷、吉田肥前（厳覚）申二給恩賞一、造営間者可レ進二年貢一之由申二請之一、濃州那比村・同国中村郷、飯尾新左衛門（頼国）申二給恩賞一、同可レ進二年貢一之由乍レ申レ之、両人共無沙汰、越前敦賀津升米者、気比社押領之間、奉書度々雖レ申二下之一、不二道行一云々、

昨年まで祇園社造営奉行であった東山太子堂の円観房は、祇園社の造営料所として、飯尾頼国の所領である那比村・中村郷の年貢を挙げている。頼国は恩賞として給付されたこともわかる。ただし、年貢の納入は順調でなかった。祇園社は、那比村などの上位の権利者として、年貢を取得する立場にあったけれども、あくまで造営料所という権利であった。造営料所は、本来、寺社の造営に際して期限を区切って寺社に給与され、造営が終了すれば返還される所領である。このころ、京都の寺社に造営料所を給付するのは幕府である。そのため、京都寺社の造営料所には、幕府の権限の強く及ぶ所領が設定されることもあった。康安元年（一三六一）、東寺に造営料所が給付される場合をみよう。

当寺修造料所事、其沙汰未断之間、先所レ寄二附山城国東西九条当年々貢一也、於二下地一者雖レ為二政所料所一、以二公私之乃貢一、且要須所々可レ加二修理一之由、可レ有二御下知一（下略）

一年間のみ、幕府政所料所東西九条の年貢が東寺造営料に充てられている。このような造営料所の性格から判断すると、祇園社の造営料所に設定された那比村などは、飯尾頼国の所領でありながら、幕府の可処分な年貢を残していた、と理解すべきであろう。

円観房は、祇園社造営料所として、もうひとつ吉田肥前の所領出雲国岩坂郷を挙げている。吉田肥前房厳覚は、佐々木京極氏の被官で、出雲守護代・近江守護代を勤めている。佐々木導誉の「専一家人」であった。引用史料の頃、導誉子息秀綱が侍所頭人を勤めるもと、「検断賦」の任にあり、申状に銘を加えるなど、侍所が担当する検断沙汰の

訴訟受理を担っていた。また、幕府所務賦を担当した佐々木導誉のもと、実務を担当していたと指摘されている。出雲国岩坂郷は、幕府奉行人の恩賞地と併記されている。おそらくは幕府から給付された恩賞地で、また、奉行人と同質の職である賦奉行に対する恩賞という可能性も考えられよう。

さて、『飯尾文書』には、那比村・中村郷の性格を知る手掛かりはないけれども、相承を確認することができる。奉行人ごとに整理しておこう。なお、『飯尾文書』は、原本で『尊経閣古文書纂　飯尾文書』として整理されているもの（A）、写で『松雲公採集遺編類纂　飯尾証書』として伝わるもの（B）などがある。以下、略号で示す。また、史料によって、中村郷は、可児中村郷、中村郷内林三郎女子跡と、那比村は、伊岐津志奈比村と表記される。

○飯尾新左衛門尉頼国

貞和五年（一三四九）二月、那比村につき、下文に任せて重ねて沙汰付を命じられる（『尊経閣古文書纂』編年文書呂包一六三）。

観応二年（一三五一）六月、那比村・中村郷につき、他者の濫妨をとどめ、沙汰付を命じられる（B）。

頼国は、観応年間（一三五〇―五二）中心に奉行人として活躍した。康永三年の番文に侍所として見えるのが初見で、貞和五年の文書はそれに次ぐ所見と思われる。

○飯尾隼人佑兼行

至徳二年（一三八五）十二月、他の所領とともに、那比村・中村郷を、亡父道勝の譲状に任せて安堵される（B）。

明徳元年（一三九〇）四月、那比村・中村郷につき、押領人を退けて、沙汰付を命じられる。守護の遵行状もある（B）。

道勝は、飯尾大和入道道勝として、応安年間（一三六八―七五）以降、奉行人として活動する。Aにも他の所領でみえる。頼国と活動時期が繋がらず、同一人と見なすほか、父子などの可能性も残す。兼行は、奉行人としての活動も若干みえるが、所見の最後は応永六年（一三九九）、Bの他の所領で大和守を官途とする。一方、応永八年以後、飯尾大和入道浄称という名が奉行人として頻出する。同一人物であろう。

こののち、A・Bともに、長享二年（一四八八）まで所見はない。大和守系の所領を継承し、隼人佑、のち近江守となる飯尾貞運の所領として、永正年間（一五〇四―二一）までみえる。この間、飯尾氏が中村郷を知行したことを示す史料として、永享十一年（一四三九）三月の、今井宗源等寄進状がある。「飯尾殿御知行中村二分方」のうちの山を、承蔵主に寄進したもので、愚渓寺に伝わった。愚渓寺は、永享年間頃、中村郷内鈴の洞に移転された禅寺である。

【事例14】奉行人飯尾道勝・兼行の所領三河国塚島地頭職(16)

『飯尾文書』Aに一連の案文五通、Bに二通、文書がある。ここでも奉行人ごとに整理しておこう。表記は、塚島極楽寺以下設楽与一跡、黒瀬郷内塚島地頭職などとみえる。

○飯尾大和入道道勝

康暦二年（一三八〇）十一月、三河国田奈江郷とともに、料所として預け置かれる（A）。

永徳三年（一三八三）十一月、申状に従い、沙汰付が命じられ、守護、守護代と遵行される（A）。

○飯尾隼人佑（大和守）兼行

至徳二年（一三八五）十二月、他の所領とともに、亡父道勝の譲状に任せて安堵される（B）。

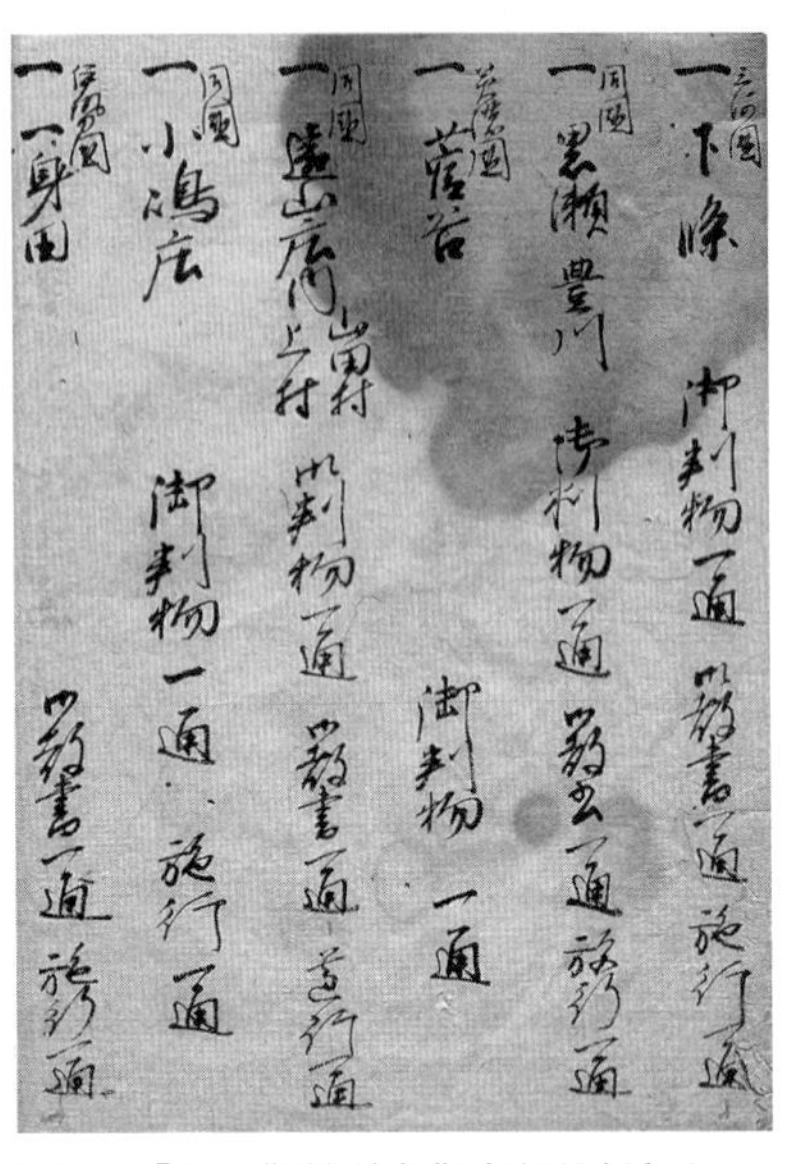
一 三河国 下條 御判物一通 奉書一通 施行一通
一 同国 黒瀬豊川 御判物一通 奉書一通 施行一通
一 遠江国 蒲谷 御判物一通
一 同国 小嶋庄 御判物一通 施行一通
一 一身田 奉書一通 施行一通

図10『諸国御料所方御支証目録』（国立公文書館デジタルアーカイブ）

康応元年（一三八九）九月、高新右衛門尉義直の違乱を止め、沙汰付が命じられる（A）。

応永六年（一三九九）七月、高氏の訴訟を棄却し、沙汰付が命じられる（B）。

道勝・兼行父子で相承しているけれども、このの ちの経過は明らかでない。一方、他の史料をみると、塚島を含む黒瀬郷は、幕府との関わりが深い。『康正二年造内裏段銭幷国役引付』では、黒瀬郷の段銭の納入者は、彦部近江守である。彦部氏は、鎌倉時代以来の足利氏被官、いわゆる根本被官で、奉公衆にも名を連ねた。また、政所執事伊勢氏の関わる御料所の目録と推定される『諸国御料所方御支証目録』に三河国「黒瀬・豊川」とみえ、伊勢氏の管轄する幕府御料所であった時期がある。時期は離れるけれども、奉行人所領と奉公衆所領や御料所が重なり合う一例となる。

『諸国御料所方御支証目録』には、越中国阿怒（阿努）荘もみえる。[17] さきに〔事例6〕としてみた、奉行人布施資連（昌椿）の阿努荘地頭職半分（南禅寺慈聖院に寄進）も幕府御料所と重なり合う事例となる。寛正四年（一四六三）の史料に「慈聖院領越中国上庄」とみえ、阿努荘地頭職半分は、上荘に相当する可能性が高い。阿努荘は上庄川流域を中心とし、阿努荘のうち上庄川上流地域を上荘と称したと推定されている。そして、上荘は、応永二十年（一四一三）の二種の所領目録で、政所執事伊勢氏の所領となっている。慈聖院は得分権のみ保持したのであろう。また、阿努荘のうち、中村に相当すると推定される部分は、義満母紀良子の所領で、良子は応永十八年、孫で仁和寺に入室した法尊に譲っている。先の二種の所領目録をみると、阿努荘周辺で、氷見北市が「大方殿」の所領、宇波が伊勢氏の所領となっており、阿努荘とその周辺は、幕府と関わりの深い地域となっていた。

【事例15】奉行人飯尾道勝・兼行の所領越中国耳浦荘内惣領分地頭職・小杉村

〔事例13〕と同様に、至徳二年十二月、兼行は亡父道勝の譲状に任せて安堵されている（B）。耳浦荘内惣領分地頭職は、耳浦又五郎入道跡であった。耳浦荘の比定地は、氷見市大浦あたりで、前記阿努荘の南隣にあたる。阿努荘の一部が奉行人所領となったことと、耳浦荘の一部が奉行人所領となったことは、連関があると考えられる。

【事例16】奉行人安威資脩の所領丹波国吉富新荘内惣追補職・刑部郷公文職(18)

高尾神護寺雑掌申丹波国吉富新庄内惣追捕使職幷刑部郷公文職之事、申状・具書如レ此、於二彼公文職一者、安威左衛門入道性威存生之時拝領之間、所レ被二糺明一也、至二惣追捕使職一者、為二給分外一之処、性威後家理永押領云々、早止二彼妨一可レ被レ沙二汰付雑掌一之状、依レ仰執達如レ件、

永徳元年十一月十二日　左衛門佐（斯波義将）（花押）

山名陸奥守（氏清）殿

〔事例9〕でみたように、安威資脩は、応安四年（一三七一）八月に死去している。その遺領につき、永徳元年（一三八一）、後家と神護寺の間で相論が起きている。吉富新荘刑部郷公文職は、資脩に給付された所領として認められている。しかし、吉富新荘内惣追捕使職については、神護寺は資脩に給付されていないと主張する。一方後家理永は、給付されたと主張しているのであろう、実力行動にでている。

吉富荘は神護寺の北に位置し、本荘は源頼朝の、ついで新荘は後白河院の寄進をうけ、神護寺の重要な所領となっていた。足利尊氏は、建武五年（一三三八）閏七月、「吉富新庄内鳥羽村刑部郷」を神護寺に寄進した。ついで足利義満は、応永四年（一三九七）、「鳥羽村刑部郷預所職」を、尊氏の寄進を確認する意味に加え、父義詮の菩提料所として寄進した。将軍菩提料所は、菩提を弔うという将軍個人に即した行事の財源であり、当然ながら、寄進後に将軍

家との繋がりをより強く保持する。直轄領とは異なるが、幕府との関わりの深い所領のひとつである。奉行人の所職所領は、のちに将軍菩提料所になる所職所領と同じ郷に設定されている。奉行人所領と、幕府直轄領ではないもののそれに近い所領が重なる事例として掲げておきたい。

2　根本被官跡

さて、奉行人の所領を跡地という見地から、つまりそれ以前は誰の所領であったか、という点から整理した場合、鎌倉時代以来の足利氏被官、いわゆる根本被官の所領であった事例もみうけられる。根本被官の闕所地は、通常の闕所地よりも将軍家との関わりが深いといえるであろう。これまで奉行人所領と幕府直轄領との関わりを検討するにあたり、御料所など料所という表現に留意してきたが、以下、根本被官跡地やそれに類するものを二例指摘したい。

〔事例1〕に掲げた奉行人斎藤利泰の遺領遠江国村櫛荘地頭職の場合、利泰より以前の地頭は、高師兼であった。利泰は、足利直義の側近であり、そのため対立した有力根本被官の闕所地を領有したと推測される。貞和五年（一三四九）八月、高師直は、直義のいる尊氏邸を包囲し、直義に関わる五人の身柄引き渡しを要求する。二人は奉行人で、利泰はそのひとりであった。観応二年（一三五一）三月、高一族が没落して直義が復活した時期、利泰は直義の使者として洞院公賢のもとに赴く。「如レ此使節、如二奉行人一勤仕雖レ非二常事一、被レ加二評定衆末一、仍来旨申レ之」、利泰は評定衆になっていた。しかし、その二日後、直義の院参に供奉した利泰は、その帰路に殺害される。反直義派による可能性が高く、直義の側近であるがゆえの不慮の最期であった[19]。

〔事例14〕でみた飯尾兼行らの所領三河国塚島地頭職は、設楽与一跡であった。設楽氏は、三河を本拠とする足利氏根本被官として確認される。確定はできないが、設楽与一も根本被官の一流である可能性はある。

第三項　小　括

奉行人所領を個別に検討し、禅院に寄進される事例の多いこと、幕府直轄領と関わる事例が多いこと、を指摘した。奉行人は将軍・幕府にいわば直接に勤務する者（直勤者）であり、給付される所領が直轄領と関わるのは当然ともいえよう。また、五山を中心とした禅院領は、御料所に準ずる準直轄領といわれることもある。しかし、本章の目的は、奉行人が幕府内に占めた位置を少しでも明らかにすることであり、関心は、どのような直勤者であったのかという点に存する。本節では、所領という面から、奉行人が直勤者であることを確認し、直勤者のなかでの奉行人の独自性を解明する素材を提供した。次節では、少し別の視点から奉行人の所領を整理し、検討を進める素材を増やすこととしたい。

第二節　領有と継承

この節では、奉行人自身の所領の領有の様子、そして子孫などへの所領の継承の実態を整理しておきたい。

第一項　奉行人本人の領有の状況

所領の領有を示す文書は、多くの場合、権利文書として保存され、伝来する。権利文書は、相論の相手がおり、その人物を退けて安堵するという内容の文書として残ることが多い。奉行人の領有を示す文書でも、多くの事例で、奉行人と競合し、相論となる相手がみえる。

1　新たな事例

【事例17】奉行人安威資脩の所領尾張国今寄荘地頭職[20]**（久我家文書）**

貞和二年（一三四六）、足利直義の裁許状が伝わる。今寄荘内神田畠をめぐり、地頭資脩と上位得分者の真清田社で争っている。真清田社は一円進止を主張したが、地頭資脩が上分を真清田社に備進することで和与が成立している。この事例では、奉行人資脩の地頭職そのものは問題となっていないけれども、付随する権利の部分で相論が起きている。

【事例18】奉行人斎藤基繁らの所領備中国県主保地頭職[21]

県主保の領家にあたる青蓮院門跡および尊勝寺法華堂と地頭との間には、和与が重ねられている。まず暦応三年（一三四〇）、斎藤氏の先地頭である桜田崇覚と青蓮院・尊勝寺法華堂の間で和与が成立し、地頭請所となる。ついで貞治四年（一三六五）から五年にかけて、地頭斎藤左衛門尉基名との間に、さらに応安三年（一三七〇）には、地頭斎藤五郎右衛門尉康行・同筑前五郎基繁との間に、同じく地頭請所として和与が成立している。地頭が交代するごとに青蓮院などから訴訟が提起されたようで、ここでは奉行人は、異なるレベルの権利者と対立しつつ自らの権利を確保している。

地頭斎藤氏のうち、基繁は奉行人として多くの活動を残している。父親と思われる左衛門尉基名、兄と思われる五郎右衛門尉康行も、事例は少ないが、奉行人として活動した痕跡を残している。貞治五年四月十九日、石清水八幡宮極楽寺に阿弥陀仏を寄進する際、担当奉行人として、依田時朝・中沢信綱とともに斎藤左衛門大夫基名がみえる。また、応安四年十一月、後円融天皇の即位に関する幕府の担当奉行人のひとりに斎藤五郎右衛門尉がみえ、康行にあたると思われる。

【事例19】奉行人門真寂意の所領但馬国雀岐荘公文職ほか[22]（但馬国雀岐庄具書）

門真寂意は、貞和四年（一三四八）十二月、但馬国八代荘地頭職と惣追捕使職、および同国志津田彦三郎入道跡と当麻三郎左衛門尉跡を給付される。志津田跡と当麻跡は、多くの所職所領からなり、うち平田村および増法寺・小谷以下田畠在家などは雀岐荘のうちで、公文志津田彦三郎入道跡であった。この権利をめぐって、観応元年（一三五〇）にかけて、雀岐荘領家坊門為名と寂意は相論を行う。領家方は、寂意が志津田跡と称して領家職を押領していると主張し、寂意は、公文職名田畠が領家に対して沙汰付されていると訴える。給付された権利の範囲をめぐって、異なるレベルの権利者と対立している事例である。

【事例20】奉行人飯尾常円の所領尾張国中島正介跡[23]（妙興寺文書）

応永十六年（一四〇九）、妙興寺と飯尾加賀は、中島正介跡につき、妙興寺領の目録に含まれるか否かで相論を行っている。加賀は奉行人加賀入道常円である。給付された権利の範囲をめぐり、他の権利者とおそらくは同じレベルで対立している事例であろう。なお、応永六年の尾張国衙領正税未進注文（『醍醐寺文書』）には、鞆江社未進の箇所に「飯尾加賀入道知行」とある。これは常円のひとつ前の時期に加賀を名乗る為清（崇耀）にあたる。ふたつの所領の関係は不明だが、加賀守系は尾張国衙領と関わりを持っていたことになろう。

【事例21】奉行人安富行長の所領伯耆国布美荘内長須那村および仁王丸名[24]（尊経閣古文書纂）

暦応三年（一三四〇）、山城国嘉祥寺は、伯耆国布美荘内の濫妨について北朝に訴訟を起こし、それをうけて幕府は安富右近大夫行長に陳弁を求めている。詳細は不明だが、他の権利者と対立している事例のひとつである。

【事例22】奉行人松田貞秀と梅小路用水[25]（東山御文庫）

少し特殊な事例であるが、応安四年（一三七一）、坊城俊任は、左京職領梅小路用水を松田貞秀が違乱していると、北朝に訴えている。用水が生み出す利権をめぐっての相論なのだろう。貞秀がどのような権利を根拠に違乱したのか不明だが、権利が競合している事例のひとつである。

2　既出の事例と整理

では、これまで掲げてきた事例では、権利の競合はどのようだったか。すでに指摘したことも含め、整理すると次のようになる。(26)

〔事例3〕諏方円忠　近江国赤野井村　恵藤職成押領（三会院重書案）
妨げをなす人名として、性空・勝恵、賢聖・三宅左衛門太郎・額賀四郎らがみえる。
〔事例4〕布施資連　但馬国土田郷墓垣村地頭職　土田弾正忠押領（古簡雑纂）
〔事例5〕布施資連　美濃国大谷郷地頭職　大谷四郎入道ら濫妨（古文書纂）
〔事例7〕飯尾為永ら　丹波国勝林寺地頭職　中津川秀家と対立（遠山文書）
三宅郷十二里　田代基綱（了賢）と相論（田代文書）
〔事例9〕安威資脩ら　摂津国江口五箇荘　赤松氏範と対立（秋元興朝氏所蔵文書ほか）
〔事例11〕諏方貞継　能登国能登島御厨東方地頭職　天野遠政と相論（天野文書）
〔事例13〕飯尾頼国　美濃国那比村・中村郷　原弥三郎・土屋新兵衛入道以下濫妨（B）
〔事例14〕飯尾道勝ら　三河国塚島地頭職　高新右衛門尉義直違乱（A）

このように相論や濫妨の事例は多く、大部分の事例では奉行人のもつ権利の中心部分が他と競合している。史料の伝来に制約されること、南北朝期という混乱期の事例が多いこと、などの条件によるところが大きいとはいえ、奉行人本人の領有は、安定していたとはいいがたい。

次に奉行人から子孫などへ継承された場合、所領の領有はどのようであったか、整理しておきたい。継承者が奉行人であるか否かによって大きく区分してみる。

第二項　継承者の領有の状況

1　継承者が奉行人である場合の状況

①『飯尾文書』

まず、奉行人に継承された文書群の『飯尾文書』からみよう。『飯尾文書』には至徳二年（一三八五）、父道勝から子兼行への譲状と、享徳四年（一四五五）、飯尾元連に対する足利義政の惣安堵状があり、所領の全体像を窺う素材となる。[27]至徳二年の譲状にみえる所領を改めて整理すると、これまでに言及したものでは、

〔事例13〕美濃国那比村・中村郷……先に整理したように、譲与された兼行は所領保全の努力を続ける。享徳四年の安堵状にはみえないものの、下って長享年間（一四八七―八九）以降、『飯尾文書』にはこの所領の文書が多く残り、継承した近江守貞運がこの所領を維持しようとしたと判明する。

〔事例14〕三河国塚島地頭職……先に整理したように、譲与された兼行は所領保全の努力を続ける。前節第一項でみたように、違乱者として高新右衛門尉義直の名がみえる。その後、この所領は『飯尾文書』にみえなくなる。

〔事例15〕越中国耳浦荘内惣領分地頭職等……至徳二年の譲状のほかはみえない。

至徳二年の譲状のうち言及していないものでは、次に掲げる事例がある。

【事例23】遠江国得光名……至徳二年の譲状のほかはみえない。

次に、至徳二年以降に獲得した所領の状況をみよう。[28]『飯尾文書』には、兼行ののち、貞連・元連・元行と大和守を名乗る奉行人の名がみえる。

【事例24】奉行人飯尾兼行らの所領山城国上上野郷内

兼行は、応永七年（一四〇〇）に押妨者を退けて沙汰付命令をうけている（A）。のち享徳四年、元連に対する義政の安堵状にみえるものの、以後の史料にはみえない。

【事例25】奉行人飯尾貞連らの所領加賀国若林村

貞連は、永享三年（一四三一）六月、将軍義教から給付されている（B）。〔事例24〕と同様に、享徳四年の惣安堵にみえるものの、以後みえない。

【事例26】奉行人飯尾貞連らの所領近江国蒲生郡洲江善光同東等跡

貞連は、文安元年（一四四四）九月に、幕府から給付されている（A）。これも同じく、享徳四年の惣安堵にみえるものの、以後みえない。

②そのほかの事例と整理

【事例27】奉行人松田貞秀・晴秀の所領安芸国志道（路）村[29]

観応二年（一三五一）二月、尊氏は熊谷直氏に、安芸国志地村地頭職松田八郎跡を恩賞として給与している。設楽薫氏によると、松田八郎は、南北朝後期に奉行人として活躍する丹後守貞秀に比定しうる（「室町幕府奉行人松田丹後守流の世系と家伝史料―『松田長秀記』の成立について―」『室町時代研究』二、二〇〇八年）。下って天文八年（一五三九）閏六月、奉行人松田丹後守晴秀は、所領安堵を申請し、なかに安芸国志通村がみえる。おそらくは同じ所領であり、貞秀はいったん没収されたものの回復し、晴秀まで継承したとも考えられる。さらに、建武政権のもと、建武元年（一三三四）四月、松田平内左衛門入道性秀は、雑訴決断所牒により、所領安芸国志道村への押領をとどめ、安堵を受けている。あるいは、奉行人松田氏のひとつの流れの本領というべき所領であるかもしれない。

【事例28】奉行人飯尾為行らの所領摂津国穂積三箇牧

『建内記』文安四年（一四四七）閏二月前後の記事によると、春日社領摂津国穂積三箇牧は、長塩入道宗永が代官を請け負っていた。春日社・長塩は、三箇牧のうち飯尾為行の知行分が年貢無沙汰のため、春日社への納入が不足している、と主張している。一方、為行は、長塩を通して納入する先例はない、と反論しているようだ。この経過の中で、為行は、「自祖父時代于今尚知行也」と述べており、長塩との交渉の先例に文和元年（一三五二）という年紀もみえる。飯尾氏の権益の内容はわからないが、南北朝期以来、知行している所領と捉えてよいであろう。

【事例29】奉行人諏方円忠らの所領越中国高木村大鷹入道跡(31)

貞和五年（一三四九）正月、将軍尊氏はこの所領を祇園社に寄進した。しかし、諏方松犬丸が知行をしていたため、七月には、その知行を止めて祇園社御師顕詮に沙汰付を行うよう、幕府御教書が出されている。翌年二月十四日、顕詮は日記に次のように記している。

高木先給主諏方大進房（円忠）代官イヌマノ中務使者石瀬二郎来、被仰付之御年貢可被進云々、今日悪日也、後日可来之由返答了、

諏方大進房とは、奉行人諏方円忠のことである。また、諏方松犬丸は、『諏方系図』によると、円忠の子息で奉行人として活動する諏方康嗣の幼名である。幕府御教書では、祇園社寄進より前の知行者を、松犬丸康嗣と把握し、顕詮は円忠と認識していたことになる。あるいは、円忠に給付された所領で、なんらかの理由で生前に子息に分与したのであろうか。仮にそうであっても、松犬丸という表記からまだ奉行人として活躍する以前であろうが、子息などが奉行人である場合として掲げておく。ここでは奉行人子息の領知は否定されている。

次に、これまで掲げた事例のうち、子息などが奉行人で継承しているものを整理しよう。

〔事例4〕奉行人布施資連（昌椿）の但馬国土田郷墓垣村地頭職

南禅寺慈聖院への寄進は、目録から永和四年（一三七八）三月二日と判明するが、その文面はわからない。これに

先立つ同年正月十六日、四人の連署で、土田郷墓垣村を慈聖院に寄進した文書が残る(32)。前欠で、土田郷の前に所領が列記されていた可能性もある。四人のうち基連は布施姓で、このの ち奉行人として活動しており、四人はおそらく資連の子息たちであろう。資連の死後、相続者たちが慈聖院に寄進するという意思を固め、資連の遺志として慈聖院に寄進した、という可能性も想定しうる。

〔事例7〕奉行人飯尾為永らの丹波国勝林寺地頭職

飯尾為宗から飯尾為永へ、父子間に継承されたと見なされる。前節第一項でみたように、中津川秀家と対立し、天龍寺金剛院に寄進された。

〔事例9〕奉行人安威資脩らの摂津国江口五箇荘（付下司公文職）

安威資脩から詮有へ、父子間に継承されたと見なされる。前節第一項でみたように、赤松氏範と対立し、宝幢寺に寄進された。

〔事例18〕奉行人斎藤基繁らの所領備中国県主保地頭職

斎藤基名から斎藤康行・基繁へ、父子間に継承されたと見なされる。そののち奉行人との関わりは明らかでない。

以上、子孫などが奉行人である場合、所領の継承の様子を整理した。長い期間にわたって所領を保持しえたと確認しうるのは、飯尾大和守の〔事例13〕、そして松田丹後守の〔事例27〕・飯尾加賀守の〔事例28〕くらいで、他は父子の継承にとどまる。しかも子息らの領有は不安定で、最終的に寺院に寄進された事例も三例確認される。

2　継承者が奉行人ではない場合の状況

【事例30】奉行人飯尾為清の所領能登国志雄保地頭職(33)

能登国気多社は、志雄保において山野草木を採用するのに制限を受けることがないよう、地頭と交渉して和与を実

現していた。しかし事態は安定せず、正長元年（一四二八）、地頭飯尾重清との間に訴訟がおきる。気多社の陳状によると、

飯尾加賀前司為清当保新恩給以来、無二違乱一之処仁、当飯尾善四郎左衛門尉重清代和田入道紹賢、以二新儀一及二違乱一条、太以奸謀也、

になり、訴訟となったのである。文書の後半には「親父為清新恩給剋」とみえ、為清と重清は父子である。父為清は前地頭飯尾為清のときは問題なかったが、地頭飯尾重清となって、代官和田紹賢が気多社の草木採用を妨げるよう奉行人として活動し、応永七年（一四〇〇）に死去している。一方、子重清は、この訴訟の翌年の様子を伝える史料には飯尾美作守重清として登場し、斯波義淳の後盾を受けている。飯尾美作守は斯波義淳の被官としてこの頃の史料によくみえる人物であり、幕府奉行人としての活動は確認されない。この事例は、父子の継承ではあるが、奉行人への継承とはなっていない。この相論は、宝徳二年（一四五〇）にも起こり、ときの地頭は飯尾新四郎・同松夜叉丸、代官は和田信重であった。重清と新四郎らとの繋がりは明確ではないものの、地頭職は飯尾氏で継承され、維持されたと思われる。ただし、代官も和田氏で共通しており、和田氏が現地を把握していたことになろう。

【事例31】奉行人安威資脩の所領尾張国本神戸司職内四箇郷[34]（昨井・五郎丸・西小島・八女）（御前落居記録）

安威資脩はこの四箇郷を、観応二年（一三五一）正月に下文で給付され、のち息女真照が北野社松梅院に寄進したという。永享二年（一四三〇）、伊勢神宮と松梅院との間で相論がおき、松梅院の権利は否定されている。資脩の下文が未施行であること、真照への譲状や松梅院への寄進状が提出されないことが、松梅院不利の理由となっている。この頃、松梅院禅能は借財をめぐる混乱のなか失脚しており、松梅院側は充分な論拠を提示しえなかったのだろう。結果として、奉行人から譲与された息女の寄進行為が認可されていない、という点に留意したい。

このほか、これまで検討したなかで継承者が奉行人ではない事例を整理しよう。

〔事例1〕斎藤利泰の所領遠江国村櫛荘地頭職……利泰の死後、妻が天龍寺などに寄進している。
〔事例16〕安威資脩の所領丹波国吉富新荘内惣追補職・刑部郷公文職……資脩の後家理永は、吉富新荘内惣追捕使職を、資脩給付のうちと主張したようだが、幕府はその主張を認めていない。

〔事例16〕・〔事例31〕では、奉行人の妻女が継承した所領は、幕府の保護を受けることができていない。保持せずに寄進する事例は〔事例1〕・〔事例31〕の二例みられ、後者では寄進行為さえ認可されていない。〔事例30〕では非奉行人の子息に保持、継承されているけれども、子息が斯波氏被官となり、その保護下にあるという条件が大きく作用している。

3　時間を隔てて確認される事例

奉行人の所領のなかには、時を隔てて、同姓の領有者を確認しうる事例もある。寄進した所領であったり、奉行人かどうか不明であったり、さまざまだが、順に紹介しよう。

〔事例3〕近江国赤野井村および三宅郷十二里(35)
観応二年（一三五一）、奉行人諏方円忠は、この所領を臨川寺三会院に寄進している。のち延徳三年（一四九一）十一月、『蔭凉軒日録』に次のようにみえる。

> 三会塔主蕒瑞（等階）和尚来云、院主領江州赤野井内三宅之内十二里、諏方信濃守（貞通）、代官職事白三掠公儀一、以二御奉書一任二彼代官一、

三会院の院主領として継続しているものの、その意思に反して諏方信濃守が代官に任じられてしまっている。諏方信濃守は奉行人貞通（貞郷）である。貞通はおそらく、かつて円忠の所領であったことを根拠に代官職を所望したのであろう。諏方氏がなんらかの権益を持ち続けたのか、あるいは単に由緒を持ち出しただけなのかは明らかにしえな

い。かつての寄進者と同じ奉行人諏方氏が代官を所望し、しかも院側はそれを望んでいない、という点に注目しておきたい。

〔事例4〕但馬国土田郷墓垣村地頭職[36]

永和四年（一三七八）、奉行人布施資連は、この所領を南禅寺慈聖院に寄進している。のち延徳二年（一四九〇）、布施梅千代丸は所領の惣安堵を申し出て認められているが、その冒頭に「但馬国土田郷東方」とみえる。墓垣村地頭職と東方は同じ地域か、また梅千代丸がのち奉行人として活躍するか、などは明らかでない。しかし、同じ布施姓であり、布施氏は寄進後もなんらかの権益を保持した可能性がある。また、石清水八幡宮の『年中用抄』に、「八幡宮領但馬国八所別宮内不知行注文」という記事があり、守護方押領分に土田郷がみえ、「布施左衛門尉押領」と記される。おそらく土田郷に石清水八幡宮の管轄する別宮があったのだろう。布施左衛門尉の押領は守護方押領として把握されており、この左衛門尉は守護被官なのであろう。年次は明らかでないものの、ここでも布施氏が土田郷になんらかの権益を主張していることに注意したい。

〔事例23〕遠江国得光名[37]

至徳二年（一三八五）、飯尾道勝から子兼行への譲状にみえる。下って天正二年（一五七四）、武田勝頼は、飯尾弥四右衛門尉に、三か所の領地を給与し、なかに遠江国「徳光郷本地　五十貫文」がみえる。今川氏滅亡ののち、信玄は信濃から遠江に乱入する。その際、飯尾弥四右衛門尉は最前に降参し、本領などを安堵されたのである。弥四右衛門尉は今川氏被官であったのだろう。飯尾氏は、引間城の飯尾乗連はじめ、今川氏の有力被官として確認される。本地と表記されており、飯尾兼行の所領を継承している可能性も考えられる。そうであるならば、守護被官となることによって、所領を保持した一例となる。

第三項　小　括

奉行人自身の所領の領有の様子、そして子孫などへの所領の継承の実態をみてきた。奉行人本人の領有は、権利が他と競合しており、安定していない。また、継承者が奉行人である場合、数代にわたって継承が確認されるのは飯尾大和守の〔事例13〕、その可能性が高い事例も松田丹後守の〔事例27〕・飯尾加賀守の〔事例28〕くらいで、多くの事例では子息の段階で領有は不安定となり、寺院に寄進される事例もみえる。継承者が奉行人でなく、妻女の場合は、幕府の保障を得ることも難しいようにみうけられる。また、〔事例30〕のように継承者が奉行人ではなく守護被官人になる場合は、比較的に領有は安定したようで、前項3で検討した〔事例4〕や〔事例23〕でも類似の傾向が窺われる。幕府奉行人の領有状況と対照的である。

第三節　給物と所領

これまで整理を加えながら事例を紹介してきた。ここから奉行人の置かれた立場、とりわけ直勤者のなかでの奉行人の独自性について、どのような知見を導くか、困難な課題であるが、推論を試みたい。

第一項　給　物

奉行人を経済面から分析する際、忘れてならないのは、奉行人は給物を支給される立場にある、という事実である。『政所方御奉書引付』[38]は、長禄四年（一四六〇）の政所執事・奉行人連署奉書を書き連ねた史料で、蜷川家に伝来した。前半は修理替物の徴収命令、後半は給物の支払命令である。いずれも関東御公事を継承する地頭御家人役の徴収に関わる文書となる。給物を受けるものとして、政所方（公人）十三人、御末衆と思われるもの十三人、御車寄雑色九人、御力者九人などと並んで、奉行人が七人みえる。給物を支給される人々は、おおよそ公人と把握される階層である。奉行人は、公人と同等の待遇を受けていることになる。奉行人が公人に準ずる存在であることは、いくつかの史料から確認されるが、ここでは鎌倉幕府追加法を挙げておこう。弘長元年（一二六一）二月の関東新制条々のうち、三八四条（近衛家本式目追加条々のみ収録）、

一　侍所雑仕以下下部等、行㆓向御家人宿所㆒、被㆓饗応㆒事
　侍所雑仕、小舎人、朝夕雑色、御中間、贄殿虫々執当、釜殿等、正月并便宜之時、行㆓向諸人宿所㆒、常求㆓盃酌㆒、甚以左道也、早可㆑停㆓止之㆒、但行㆓向奉行人之許㆒事、非㆓制限㆒矣、

列記されているのは侍所のいわば下級職員で、少なくとも小舎人や雑色には給物が支給されており、公人と理解して大過ない。これらの人々は、正月などに御家人宿所に出かけて饗応をうけるのを禁じられているが、奉行人の許に赴くのは制限をうけていない。制限の適用外になっている理由は、さまざまに想定されるものの、結局、奉行人が公人に準ずる存在であり、一般御家人とは一線を画す面があることに求めうるであろう。

しかし一方、『政所方御奉書引付』で給物を受ける奉行人は、数が限られており、奉行人全員ではない。おそらくは政所に属して働く奉行人のみであろう(39)。政所以外では給物支給は確認できず、仮に支給があったとしても、侍所など、伝統ある組織に限られると推測される。引付・御前沙汰などの場をはじめ、さまざまな状況で活躍する奉行人全体に対して給物の支給があった可能性は、きわめて低いだろう。

そうであるならば、奉行人の仕事は、一般の御家人と同様に、奉公としての公事であったと考えざるを得ない。その経済的な基盤は、安堵された本領であり、給与された恩賞地となるはずである。

第二項　本領と恩賞

前節での検討から、奉行人の本領やそれに相当する可能性のある所領は、建武政権から安堵を受けている〔事例27〕くらいである。奉行人は、つねに在京しているため、経済的な面を除くと本貫地との関係を保つ理由に乏しく、本領を維持できていない可能性が高い。飯尾氏の名字の地阿波国、松田氏の本貫地といわれる丹後国など、いずれも南北朝から室町初期に確認しえない。本領の欠如は、奉行人の所領領有が不安定にみえる要因といえるだろう。

一方、恩賞としての給付に類する事例は、数例確認される。〔事例3〕諏方円忠は、足利尊氏から「奉行事切之賞」として、近江国三宅郷十二里および赤野井村地頭職を宛て行われている。なお、『諏方系図』によると、円忠は、「諸国諸庄園為二奉公之賞一拝領之地、数十个所在レ之、帯二数通之御下文一」、奉行人としての奉公を賞されて数多の所領を獲得したらしい。〔事例13〕飯尾頼国は、美濃国那比村・中村郷を「恩賞に申し給わって」いる。〔事例30〕飯尾為清は、能登国志雄保地頭職を「給恩」されている。

〔事例3〕は、明らかに奉行人としての功績に対する恩賞であるが、〔事例30〕のような「給恩」となると、別の可能性も考えうる。正応六年（一二九三）の鎌倉幕府追加法六三五条を引用する。

一　政務事　正応六　五　廿五評
任二先例一可レ被レ召二評定引付衆幷奉行人等起請文一、且不レ可レ取二賄賂一之由、可レ被レ召二奉行人誓状一、於二無足之輩一者、可レ有二御恩一、至二廉直之仁一者、可レ被二賞翫一歟、

廉直の仁は賞翫せらるべきと、勤務状況のよい奉行人には褒賞を与える方針が示されている。先の奉行人としての

功績に対する所領給付はこの褒賞にあたるだろう。あわせて、「無足の輩」、つまり経済基盤のない奉行人には、「御恩」を与える方針も示されている。所領で与えられる場合、本来の経済基盤であるべき本領を補塡する所領を給付することになろう。これらの規定は、評定衆・引付衆にも適用されたかもしれないが、奉行人の賄賂禁止に続く部分であり、より奉行人に比重のある規定と見なされる。

検討してきた事例には、給付された時期が明らかなものも数例ある。うち、次の三例は、おのおの前述したように、奉行人としての活動の初期に給付されている。

〔事例5〕奉行人布施資連の所領美濃国大谷郷地頭職（康永三年頃）
〔事例13〕奉行人飯尾頼国の所領美濃国那比村・中村郷（貞和五年頃）
〔事例10〕奉行人門真周清の所領伊予国田野郷地頭職（文和三年）

これらは、職務遂行のために、本領の補塡として給付された所領である可能性が高い。

補塡にせよ、賞翫にせよ、奉行人への所領給付は、奉行人としての活動に伴う給付となる。よって、奉行人の所領領有は、あくまで奉行人としての活動をもとに保証されるのであり、個々の奉行人に対応した、時限的な給付という性格が強いと考えられる。

以下、個々の奉行人に対応しているという特徴と、時限的な給付という特徴、おのおのにつき、別の面から補足したい。まず個々の奉行人に対応した、という点について。奉行人所領を禅院などに寄進する際、奉行人の死後に、その奉行人の名を掲げて寄進する事例がみられる。

〔事例9〕永徳元年（一三八一）、将軍義満は、摂津国江口五箇荘を宝幢寺に寄進するにあたり、奉行人安威資脩の遺跡輩の申請に任せる、という形をとる。すでに領有者は子息奉行人詮有に移っているにもかかわらず、詮有の申請という形をとっていない。

〔事例4〕永和四年（一三七八）、奉行人布施資連は、但馬国土田郷墓垣村地頭職を、南禅寺慈聖院に寄進しているが、一か月半前に、子息たちが寄進した痕跡があり、資連の死後に遺志として寄進した形をとった可能性がある（前節第二項1②参照）。

これらの行為は、所領給付が個々の奉行人に対応したものであることと関連するだろう。なお、寄進する主体は継承者である場合でも、最初に領有した奉行人の菩提を弔うため、と目的を掲示して寄進する事例がみられ、所領と給付された奉行人との関わりの強さを窺わせる。

〔事例7〕貞治三年（一三六四）、奉行人飯尾為永は、丹波国勝林寺地頭職を、亡父奉行人為宗の追善のため、天龍寺金剛院に寄進する。

〔事例1〕観応二年（一三五一）、奉行人斎藤利泰の妻は、遠江国村櫛荘地頭職を、利泰追善のため、天龍寺および塔頭雲居庵に寄進する。

次に時限的な給付というという点について。奉行人所領の史料にみえるいくつかの表記に注目したい。ひとつは、「給」という字を含む表現である。恩賞の例で挙げた「給恩」を除いても、数例確認される。

〔事例16〕奉行人安威資脩の所領丹波国吉富新荘内惣追補職・刑部郷公文職

惣追捕使職は「給分」の外なのに、後家理永が押領している、とある。

〔事例26〕奉行人飯尾貞連らの所領近江国蒲生郡洲江善光同東等跡

文安元年（一四四四）に給付された際、「先給替」として、とみえる。

〔事例29〕奉行人諏方円忠の所領越中国高木村大鷹入道跡

諏方円忠は、「先給主」と表現されている。

〔事例13〕奉行人飯尾頼国の所領美濃国那比村

貞和五年（一三四九）二月、幕府は、下文に任せて重ねて頼国への沙汰付を命じる。この際、「加藤又太郎入道実蓮給分外」という限定が付されていた。頼国の分も給分と呼びうる位置付けだったかもしれない[40]。給を含む表現、特に給分は、給恩や扶助という表現と重なり合いながら、使用される状況ごとに多様な意味を表し、字義をまとめるのは容易ではない。しかし、同じ「あたえる」意味でよく使用される宛行などと比べると、あたえる側に権利が留保される、あるいは関係が継続されないとあたえる行為が継承しない、という語感が強いのは疑いない。給分は、給付対象者の変更がより容易であり、時限的な給付となる場合も少なくなかったであろう。『日本国語大辞典』の給分項に引かれている『史記抄』の記事は、あたえる側に権利が留保されるという語義を端的に表した用例である[41]。

今日本ニ、罪科ノ者ヲ免シテ私領ヲ給分ニ充テ奉公サスル様ニソ

罪科者を赦して奉公させるにあたり、罪科者の私領を一度没収し、給分として与える、このような慣習を述べた文である。ここで給分となった所領は、私領のときよりも、はるかに主人側の権限が強くなっている。

もうひとつは「料所」という表現である。

〔事例13〕奉行人飯尾頼国の所領美濃国那比村・中村郷

祇園社造営のための「料所」に設定されており、造営奉行に年貢納入の義務を負った。

〔事例14〕奉行人飯尾道勝らの所領三河国田奈江郷・塚島地頭職

康暦二年（一三八〇）十一月、道勝は、「料所」として預け置かれている。

料所は、なんらかの用途に充てるために設定され、料所に設定するものと下地管理権を持つ代官といったものとの、たがいの権限の均衡は、個別事情でさまざまであった。なかには、料所に設定して代官を任命する立場に大きな権限が留保され、代官は時限的なものとなる場合も多い。右のふたつの事例ではどの程度か、確定しえないものの、奉行

人の所領に時限的な要素を含む表現がみられることは注意を要するだろう。

このように、奉行人の所領は、個々の活動に対応して時限的に給付される場合が多いとすると、これまで指摘してきた奉行人所領の特徴はどのように理解されるだろうか。まず第二節第二項で検討した子息らへの継承について。子息が奉行人であっても、必ずしも子息の領有は安定していなかった。これは、子息が奉行人であることだけでは、所領の継承は保障されず、子息の奉行人としての力量に左右されるからだろう。また、継承者が奉行人でなく、特に妻女の場合、幕府の保障を得るのが難しい状況であった。奉行人本人に対する給付という性格が強いならば、継承者が奉行人でないと保証を得る可能性はきわめて低くなろう。次に、第一節第二項で検討した直轄領との関わりについて。掲げた事例では明確に確認しえないものの、直轄領と奉行人との関わりは時限的である可能性が高くなる。奉行人に給付された権利が、のち幕府に留保されることもあったかもしれない。

このような奉行人所領の特徴から、奉行人の所領が別の奉行人に移動する可能性は高いと想定される。明瞭な事例は確認できないものの、〔事例9〕の江口関にその可能性がある。南北朝後期、安威資脩らの所領として、「江口五个庄付下司公文職」が確認される。新関の在所なので地頭を補したいと奏聞し、資脩に給与されている。のち、享徳四年（一四五五）、飯尾元連の所領に「江口関代官職」がみえ、飯尾貞運に継承され、多くの文書を残している(42)。資脩の立場は、事実上、江口関の武家側管理者であり、のちに代官職と呼ばれる立場に通ずる可能性もあろう。

第三項　奉行人の位置

これまでの推論によると、奉行人のうける経済的な給付は、奉行人としての活動を前提としたものであった。奉公を前提に御恩をうける、という整理をすると、実は一般の御家人となんら変わらない。しかし、御家人の経済的給付は本領安堵を中心とし、家の継承という面が強いのに対して、奉行人の経済的給付は個々の活動に対応して時限的に給付される場合が多い。この違いは、御家人は軍事面での、諸人に共通する奉公を中心とするのに対し、奉行人は特有の職能をもって奉公することから生ずるのであろう。奉行人の職能の中心はおそらく右筆で、他に代替しがたい能力であった。その能力は、本来は個々の人格に即して評価され、原則として子息への継承を前提としていないのである。

同じ幕府直勤者のなかでも、たとえば奉公衆は、一般の御家人と同様に軍事的奉公の色合いが強く、奉行人と比べると、職務内容は明らかに異なる。その差異は、経済的給付の面でも、ある程度明瞭に確認されると思う。一方で、奉行人は、給物支給を一部で受けながら、それを基盤としていない。支給を前提とする公人層とも一線を画している。奉行人は、奉公衆から公人層までの幕府直勤者のなかで、経済面で独自の位置を占めていた（補註1参照）。

奉行人のほかに、職務に対応して時限的に所領給付された立場として、管領を挙げることができる。義持執政期、下野国足利荘は管領の管轄下にあったと確認されている。また、同じ頃、河内国八箇所の知行者は、三管領家の庶流の間で移動しており、管領職と連動していた可能性もある(43)。管領は、他で代替できない職務を担い、しかも三家で継承され、特定の家に独占されない。奉行人の立場と通じる点がある。

むすびにかえて――奉行人の経済における所領――

これまで、奉行人の所領を提示し、具体例をもとに奉行人の置かれた立場を推測してきた。本章を終わるにあたり、所領を分析するうえでのもうひとつの視角、経済基盤としてどのように機能したか、という点について触れてみたい。

先行研究では、奉行人の収入源として、礼銭など職務に即した収入が大きな割合を占めたと指摘されている。礼銭は、訴訟が提起された際など、担当した寺社などから得られるもので、本来は臨時の収入である。職務の量は、奉行人ごとに均等ではなく、原則としては奉行人としての能力に対応し、礼銭収入も奉行人により差が生じていたはずである。

本章での推論によると、奉行人の場合、所領給与も奉行人としての能力に応じて保証された。奉行人にとって、所領からの収入も、職務に即した礼銭などの収入も、同等の位置付けとなる。所領は維持が困難なのと比較すると、礼銭収入はより安定した収入であったろう。しかも、別奉行のように担当が固定化すると、年中のしかるべき時に礼銭が送られ、定期的な収入となる。別奉行であれば、固定的な関係なので、子孫への継承も可能である。奉行人の経済基盤として、礼銭など職務に即した収入が重視されるにいたるのは当然の結果となる(44)。

しかしそれでも、所領からの収入は、収入源として放棄されたわけではない。義教執政期の永享・嘉吉年間（一四二九―四二）でも、〔事例8〕・〔事例12〕・〔事例25〕など、奉行人は新たな所領を獲得している。しかし一方で、第一節第一項で検討したように、禅院へ寄進する事例も多い。奉行人の収入源として所領を捉える場合、禅院の寄進をどう理解するか、という問題は避けられない。

第一節第一項1でみた〔事例1〕から〔事例3〕では、寄進当初、奉行人は下地管理権を保持していた。幕府の庇護を受ける禅院のもと、領有を確保しようとしたのだろう。しかし、下地管理権はいずれも寄進した禅院に移行している。移行後、奉行人の権利は、まったく消滅してしまったのか、得分権者に転化して収益のみ手にしたのか、明らかではない。

第二部第一章で、禅院への寄進にあたって、下地管理権もあわせて寄進しながら、禅院から年貢半分を受納している事例を紹介した。寄進と代官補任を兼ねていると解釈されるため、一部寄進、一部代官補任と表現した。数例挙げえただけではあるが、より広範に広まっていたと想定し、『丹後国惣田数帳』にみえる、御料所と禅院領で田数を一対一や二対一で割分した事例も、幕府が禅院に寄進しながら年貢の一定部分を受納している状態の反映ではないかと推測した。

この事実のうえにたつと、奉行人の寄進で下地管理権が禅院に移行した後も、奉行人は年貢一部を得る立場を留保したという可能性を想定できるのではないだろうか。〔事例3〕、諏方円忠が臨川寺三会院に寄進した近江国赤野井村では、第二節第二項3でみたように、後年、諏方貞通が代官となっている。さきに述べたように、諏方貞通は、単に由緒を持ち出して代官に任ぜられたのかもしれない。しかし、権益を持ち続けたために代官職を要求しえた、という可能性も否定できない。

第一節第一項2では、布施資連の所領三か所（〔事例4〕から〔事例6〕）がいずれも南禅寺慈聖院に寄進されていた。なぜ同一禅院に寄進したのか、その理由は、年貢の一部受納を確実にするためとも考えうる。〔事例6〕の越中阿努荘の場合、第一章第二節でみたように、寄進後に、布施出羽四郎が御教書を掠め給わり、慈聖院の要求によって召し返されている。また〔事例4〕の但馬国土田郷墓垣村地頭職では、第二節第二項3でみたように、守護方の布施左衛門尉が領有を主張したらしい。いずれも、寄進者一族の回復運動であり、寄進者やその後継者と敵対する一族による行為と見なすのが穏当であろう。しかし、寄進者に年貢一部受納の権利が留保されたにもかかわらず、その権利が継承されずに侵害されたために起きた事象である可能性もありうるだろう。

もし奉行人が禅院に所領を寄進する際に、年貢一部受納の条件を有する事例が存在したならば、奉行人は、所領から安定した収入を得ることが可能となる。しかも、たとえ子孫が奉行人の職を離れても、子孫に権利を留保することも実現しうる。

すでに想像の世界に入ってしまったが、所領寄進は、奉行人にとって権利放棄につながるようにみえるけれども、収入源の確保という経済的な意味を持っていた可能性がある、という点を指摘して本章を終えたい。

註

（1）奉行人に関する研究成果は多岐にわたる。奉行人を経済基盤や家という視点から分析した論考のうち、代表的なものは以下のとおりである。
今谷明「室町幕府奉行人奉書の基礎的考察」（『室町幕府解体過程の研究』第一部第四章、岩波書店、一九八五年、初出一九八二年）、設楽薫「永享元年『伺事記録』逸文の紹介と研究」（『史学雑誌』一〇一―八、一九九二年）・「室町幕府奉行人清元定と『斎藤親基日記』の関係をめぐって」（『国史学』一三七、一九八九年）、田中浩司「中世後期における『礼銭』『礼物』の授受について」（中央大学『経済学論纂』三五―四、一九九四年）、岩元修一「室町幕府の役人たち」（『Museum Kyushu：文明のクロスロード』一六―一、一九九八年）、森幸夫「六波羅奉行人の出自に関する考察」（『六波羅探題の研究』第二編第三章、続群書類従完成会、二〇〇五年、初出二〇〇二年）、村石正行「室町幕府奉行人諏訪氏の基礎的考察」（『長野県立歴史館研究紀要』一一、二〇〇五年）。

（2）観応二年五月十九日尼性戒寄進状写など（『大日本史料』第六編之一五、二一頁、以下六―一五―二一頁と記す、『天龍寺文書の研究』九五・九六）。貞治五年十一月日東寺雑掌頼憲申状案（『東寺百合文書』さ二二五―一・ゐ三九―一、『静岡県史』資料編六中世二、七四九）。『静岡県史』資料編は関連史料を網羅している。村井章介「東寺領遠江国原田・村櫛両荘の代官請負について」（『静岡県史研究』七、一九九一年）参照。〔事例1〕および〔事例2〕については、山田徹「天龍寺領の形成」（『ヒストリア』二〇七、二〇〇七年）で、本主請負型の寄進と整理されている。

（3）貞和二年六月日諏方円忠注進状写など（『大日本史料』六―一〇―三四〇頁、『天龍寺文書の研究』六七・六八）。暦応二年六月十一日室町幕府御教書（『小笠原記念館所蔵文書』、『南北朝遺文』九州編一三五五）。円忠はこのとき、信濃国大塩御牧も施行を受けている。『諏方系図』（史料編纂所架蔵謄写本、内題神氏系図）によると、大塩牧は円忠の注記にその所領として見え、また孫の満嗣（奉行人としての活動は確認できない）は、大祝頼副の猶子として大塩牧内福沢村以下を譲与されている。応永二十六年九月六日室町幕府御教書写（『天龍寺重書目録』、『天龍寺文書の研究』三五六）。中澤克昭「神を称する武士たち」（歴史学研究会編『系図が語る世界史』青木書店、二〇〇二年）参照。
建武二年（一三三五）十一月九日、執事高師直は、四宮荘北条地頭職を、前年六月の綸旨に任せて、諏方神左衛門尉頼貞に沙汰付けるよう、奉書を出している（室町幕府御教書案、『中村岳陵氏所蔵文書』、『信濃史料』五―三〇二頁）。頼貞と円忠の関係は明瞭でない。建武二年七月、四宮氏らは北条時行に属して信濃守護小笠原貞氏を攻め、敗北したといい、尊氏は、時行党の闕所地を、戦功によって改めて諏方頼貞に安堵したのだろう。円忠の注文には「貞宗・々氏等跡分別事」とあり、四宮荘北条には、小笠原氏の所領もあったことが窺われる。村石註(1)論考参照。

(4) 暦応三年八月十二日足利尊氏下文写（『大日本史料』六―六―二九七頁、『天龍寺文書の研究』四六）。本章発表時、『大日本史料』に従って「事功」としていたが、田中誠氏の指摘（「室町幕府奉行人在職考証稿（四）」註七〇、『立命館文学』六六九、二〇二〇年）により、写本の写真を確認のうえ「事切」に改めた。ひとまず「切」を「心をこめてするさま」と理解しておく。観応二年十月晦日諏方円忠寄進状写、観応二年十一月三日足利尊氏寄進状写など（『大日本史料』六―一五―五五二頁、『天龍寺文書の研究』一〇五・一〇七）。文和二年五月十五日山内定詮請文写（『大日本史料』六―一七―三三三頁、『天龍寺文書の研究』一三〇）。

(5) 〔事例4〕から〔事例6〕は、山家「禅僧への所領寄進」（本書第二部第一章、初出一九九六年）でも言及した。慈聖院領諸庄園重書正文以下目録（康暦二年五月三日龍湫加判、『早稲田大学荻野研究室所蔵文書』上、五七六）。応安七年八月十二日室町幕府御教書写（『大日本史料』六―四一―九九頁）。永和元年七月七日室町幕府御教書写（『同』六―四四―五三頁）。

(6) 『大日本史料』六―八―四〇〇頁。『古文書纂』は、史料編纂所架蔵影写本一〇冊目。『尊経閣古文書纂』は『尊経閣善本影印集成』による。『尊経閣古文書纂』編年文書波包二六〇には、ほかに、応永十六年（一四〇九）十一月二日、足利義持が、大谷郷内の円観寺と寺領を、聖永知客に安堵した文書も伝わる（『大日本史料』七―一二―一三六頁）。資連の奉行人としての初見は、建武五年かと思われる（本書第二部第一章註(11)）。

(7) 至徳二年八月二十五日室町幕府御教書写（『松雲公採集遺編類纂』一二〇・古文書部二三、『氷見市史』三、中世史料編七一）。なお、〔事例5〕などが慈聖院の所領目録に見えない理由は定かではない。

(8) 康永三年六月十七日諏方円忠寄進状案（『法観寺文書』、『大日本史料』六―八―二八八頁）。

(9) 貞治三年十一月九日飯尾為永寄進状（『大日本史料』六―二六―二三八頁、『鹿王院文書の研究』一二一）。観応三年の文書は『大日本史料』六―一六―七九〇頁。『佐藤行信氏所蔵文書』は史料編纂所架蔵影写本一冊目。康永の引付番文は『結城文書』（『大日本史料』六―八―一七八頁）。中津川氏の文書は『遠山文書』（史料編纂所架蔵影写本では『中津川文書』）、『新修亀岡市史』資料編一、一二〇七頁以下。正平六年十二月二十六日季正奉書、文和二年八月六日忠長書下、延文五年十月三日丹波守護仁木頼夏書下。永徳二年十二月十五日春屋管領寺院目録（『鹿王院文書の研究』二一七）。観応二年九月十五日夢窓疎石置文写・観応三年七月十四日足利尊氏書状写（『天龍寺重書目録』、『大日本史料』六―一五―二五六頁・六―一六―六六九頁、『天龍寺文書の研究』一〇一・一二一）。細見末雄『丹波の荘園』（名著出版、一九八〇年）一八四頁参照。

(10) 永享二年八月二十八日足利義教御判御教書、施行状は同年九月二日室町幕府御教書（『天龍寺文書の研究』四二一、四二二）。康安元年十一月十日足利義詮寄進状（『大日本史料』六―二三―七六五頁、『天龍寺文書の研究』一六八）。宗秀の赦免は、『満済准后日記』永享四年五月二日条（『続群書類従』補遺）。「宗秀跡」の屋地寄進は、永享三年八月十八日室町幕府奉行人奉書案（『御前落居奉書』、『室町幕府引付史料集成』上）。

(11) 永徳元年十一月十九日足利義満御判御教書案（『鹿王院文書の研究』二一八）。応安元年の文書は『大日本史料』六―二九―四〇四頁。応安五年の文書は『同』六―三五―三二七頁。資脩の死去は『同』応安四年八月一日条（六―三四―一三七頁）、『諏方系図』も掲載される。資脩と詮有の血縁関係については本章発表時から修正した。

(12) 康暦元年六月九日足利義満下文（『鹿王院文書の研究』一七二）。周清の文和・延文年間（一三五二―六一）の活動は、応安五年九月日祇園社造営雑掌実清申状（『祇園執行日記』五紙背文書、『八坂神社記録』上　社家記録裏文書一八二）にみえる程度ではないか。

(13) 康安二年八月五日吉見氏頼挙状（『大日本史料』六―二四―三八九頁、『信濃史料』六―三九三頁）。諏方神左衛門尉の活動は、『祇園執行日記』観応元年九月二日条、正平七年五月十四日条（『八坂神社記録』）など。貞継の死去は『信濃史料』六―三八五頁。諏方神左衛門尉は、のち永和年間頃に奉行人として活動している。『迎陽記』康暦元年（一三七九）十一月二十日条には、「諏方神左衛門尉康朝」とみえるが、康朝の系譜は明らかでない（『大日本史料』七―一四―四一六頁）。ほか、『諏方系図』で円忠のもうひとりの子息とする康嗣は、応安年間頃、左近将監の官途で奉行人として活動している。天龍寺の所領目録は、『天龍寺文書の研究』五六四。

(14) 嘉吉元年十一月十九日室町幕府下知状写ほか（『松雲公採集遺編類纂』一二五・古文書部一八、史料編纂所架蔵写真帳による。ほかに『寺院証文』・『古証文』などの写本にも収録される）。雲頂院領は『蔭凉軒日録』寛正四年三月晦日条（増補続史料大成による）。

(15) 康安元年九月十六日足利義詮御判御教書案（『東寺百合文書』ア一〇一―一ほか、『大日本史料』六―二三―七〇八頁）。吉田厳覚は、貞治二年七月十九日、佐々木高秀に殺害されるが、その記事に「導誉専一家人」とみえる（『後愚昧記』二十日条、大日本古記録による)。検断賦は『祇園執行日記』正平七年十月十八日条、所務賦は、岩元修一「南北朝期室町幕府の訴訟受理手続き」(『初期室町幕府訴訟制度の研究』第二部第三章、吉川弘文館、二〇〇七年)一三八頁に指摘がある。

A『飯尾文書』は、『尊経閣古文書纂』(『尊経閣善本影印叢書』七八、諸家文書一所収)。B「飯尾証書」は、『松雲公採集遺編類纂』一三六・古文書部三八、砺波図書館協会等発行の影印による。順に、貞和五年二月二十五日室町幕府引付頭人奉書(『大日本史料』六―一二―四八八頁)、観応二年六月二十八日足利直義ヵ書下写、至徳二年十二月十二日足利義満御判御教書写、明徳元年四月十一日室町幕府御教書写など。『岐阜県史』史料編古代中世四、一三四・九一七・九一八頁。永享十一年三月二十六日今井宗源等連署寄進状(『愚渓寺文書』、『岐阜県史』史料編古代中世一、一〇〇八頁)。

古活字本『平治物語』末尾によると、源頼朝在京時代にゆかりの纐纈盛安は、のち鎌倉に下向して、頼朝から「上の中村」を給付されている。将軍に近い人物の所領であったことが確認できる(日本古典文学大系『保元物語・平治物語』、『岐阜県史』通史編中世三〇一頁参照)。

飯尾頼国の初見や道勝との関係は本章発表時から修正している。田中誠「室町幕府奉行人在職考証稿」二(『立命館文学』六五三、二〇一七年)参照。康永三年三月二十一日室町幕府引付等番文(『結城家文書』『南北朝遺文』関東編一四八五)。

(16) 順に、康暦二年十一月二十四日室町幕府御教書案、永徳三年十一月七日室町幕府御教書案ほか、至徳二年十二月十二日足利義満御判御教書写(註(15)前掲)、康応元年九月二十四日室町幕府御教書案(正文が京都大学総合博物館所蔵『古文書集』五三六にみえる)、応永六年七月十日室町幕府御教書写。『康正二年造内裏段銭幷国役引付』は群書類従巻五〇一。『諸国御料所方御支証目録』は国立公文書館所蔵、古〇一七―〇三一四、画像公開。

(17) 寛正四年十二月十八日守護代神保長誠書下写(『松雲公採集遺編類纂』一二四・古文書部二七、『氷見市史』三、九九)。(応永十九年頃)越中国棟別銭射水郡内在所注進状案(『東寺百合文書』ヌ三三〇、『氷見市史』七五)。応永二十年十二月十一日越中国棟別銭免除在所注文(『東寺百合文書』ヌ八四、『氷見市史』七六)。応永十八年十二月十一日紀良子寄進状案(『蜷川家文書』、『氷見市史』七四)。本書第二部第三章第二節参照。なお、〔事例15〕については、『氷見市史』三、七二の解説参照。

(18) 引用文書は、『思文閣墨蹟資料目録』三二一掲載(一九九八年)。建武五年閏七月四日足利尊氏寄進状(『尊経閣古文書纂』、『大日本史料』六―四―九三七頁)。応永四年九月三日足利義満御判御教書(『神護寺文書』、『大日本史料』七―二―八七八頁)。康安二年九月十日丹波守護仁木義尹書状(『神護寺文書』、『大日本史料』六―二四―四二四頁)によると、神護寺は「吉富新庄惣追捕

使職幷刑部郷公文職」につき、某の訴訟に対し、去年十一月二十日の御教書を根拠に反論している。

(19) 康永三年閏二月二十一日足利直義下知状（『東寺文書』無号、『静岡県史』資料編六、三〇九）。『園太暦』貞和五年八月十四日条、観応二年三月二十八日条、同三十日条、続群書類従完成会刊本による。引渡しを要求されたもうひとりの奉行人飯尾宏昭は、観応二年六月ごろ、流行病で死亡したと伝えられる（『園太暦』六月二十七日条）。

(20) 貞和二年四月七日足利直義下知状（『久我家文書』六七）。

(21) 貞治五年九月二十三日芳順和与状（史料編纂所所蔵『青蓮院文書』、『大日本史料』六―二七―七八七頁）。応安三年七月十一日斎藤基繁等和与状写（『華頂要略』門主伝）、応安三年十二月二十七日室町幕府下知状（『尊経閣古文書纂』）、いずれも『大日本史料』六―三二―四〇六頁。基名は『石清水八幡宮記録』（『大日本史料』六―二七―二七三頁）。斎藤五郎右衛門尉は『花営三代記』応安四年十一月一日条（『同』六―三四―三五七頁）。

(22) 『但馬国雀岐庄具書』は、国立歴史民俗博物館所蔵、画像公開。寂意への給付は、貞和四年十二月二十七日足利尊氏下文案。

(23) 応永十六年六月二日織田常松書状、同年七月二十九日織田常松奉書（『大日本史料』七―一二―四八頁）。応永六年尾張国国衙領正税未進注文（大日本古文書『醍醐寺文書』一九六二、一三函三五）。この目録には、妙興寺未進ともみえる。

(24) 暦応三年八月十八日室町幕府引付頭人奉書（『大日本史料』六―六―三〇六頁）。

(25) 応安四年八月四日後光厳上皇院宣案、「左京職領違乱訴状并具書」（『東山御文庫』勅封一三―五―一三、諸家文書）のうち。『大日本史料』六―三四―二四〇頁。

(26) 〔事例3〕（赤野井村）暦応四年十月二十一日足利直義下知状写（『大日本史料』六―六―九五二頁）。（三宅郷十二里）観応二年田代了賢目安（『同』六―一五―七四五頁）。なお、田代利綱は、三宅郷十三町を、吉田厳覚と相論している（延文五年十月日田代利綱申状など、『田代文書』、『大日本史料』六―二三―一八九頁）。〔事例4〕応安七年八月十二日室町幕府御教書写（註(5)前掲）。〔事例5〕観応二年十月二十七日足利義詮御判御教書（註(6)前掲）。〔事例7〕延文五年十月三日丹波守護仁木頼夏書下（註(9)前掲）。〔事例9〕応安元年閏六月十二日室町幕府御教書ほか（註(11)前掲）。〔事例11〕康安二年八月五日吉見氏頼挙状（註(13)前掲）。〔事例13〕観応二年六月二十八日足利直義ヵ書下写（註(15)前掲）。〔事例14〕康応元年九月二十四日室町幕府御教書（註(16)前掲）。

(27) 至徳二年十二月十二日足利義満御判御教書写（B、註(15)前掲）、享徳四年二月二十二日室町幕府下知状（A）。

(28) 〔事例24〕は、応永七年八月十一日室町幕府御教書（『大日本史料』七—四—六二二頁）。〔事例25〕は永享三年六月二十七日足利義教御判御教書写など。〔事例26〕は、文安元年九月二十四日室町幕府下知状。

(29) 観応二年二月二日足利尊氏下文（大日本古文書『熊谷家文書』二一四）。『披露事記録』天文八年閏六月七日条（『室町幕府引付史料集成』上）。建武元年四月七日雑訴決断所牒写（『建武年間記』、『大日本史料』六—一—五一四頁）。

(30) 『建内記』文安四年閏二月二十三日から二十六日条など（大日本古記録）。

(31) 貞和五年七月二十五日室町幕府引付頭人奉書（『八坂神社文書』、『大日本史料』六—一二—八〇七頁）。『祇園執行日記』観応元年二月十四日条。康嗣は註(13)参照。

(32) 永和四年正月十六日斎藤基連等寄進状（『尊経閣古文書纂』南禅寺慈聖院文書）。本書第二部第一章註(9)に引用した。

(33) 正長元年六月日気多社神官供僧申状、宝徳二年八月日気多社雑掌等陳状案、いずれも『気多神社文書』、史料纂集一・二号。『永享元年日記』五月十四日条以下（『加能史料』室町Ⅱ二三七頁）。設楽薫「将軍足利義教の『御前沙汰』体制と管領」（『年報中世史研究』一八、一九九三年）参照。為清の死去は、応永七年三月二日、『大日本史料』七—四—四九七頁。

(34) 『御前落居記録』永享二年十二月二十三日条（『室町幕府引付史料集成』上）。禅能については、桜井英治『破産者たちの中世』（山川出版社、二〇〇五年）参照。

(35) 『蔭凉軒日録』延徳三年十一月十日条。

(36) 『伺事記録』延徳二年九月三日条（『室町幕府引付史料集成』上）。『年中用抄』は大日本古文書『石清水文書』四、五〇七頁。

(37) 天正二年十二月十八日武田勝頼判物（『徳川黎明会所蔵文書』、『静岡県史』資料編八、八六二）。

(38) 内題は「政所方御奉書修理替物給物方引付」、国立公文書館所蔵、古〇一六—〇二九一、画像公開。伊勢貞親は長禄四年六月に、二階堂忠行のあとをうけて政所執事となり、この史料の成立も関連しよう。奉書の日付はすべて十月二十七日。奉者の奉行人は清和泉守貞秀で、清氏三名の受給する六通（註(39)参照）は、治部河内守国通が奉じている。丹生谷哲一「室町幕府の下級官僚機構について」（『検非違使』平凡社、一九八六年、初出一九八二年）に詳しい分析がある。公人については、稲葉伸道「中世の公人に関する一考察」（『中世寺院の権力構造』岩波書店、一九九七年、初出一九八〇年）、平澤悟「中世の公人に関する基礎的考察」（『歴史研究』二六、一九八九年）などを参照。鎌倉幕府追加法は、『中世法制史料集』一による。

(39) 七人の奉行人が政所奉行人であることを確認しておく。長禄四年の四年前、康正二年、政所内評定始着到（①）が残る（『斎藤基恒日記』康正二年正月二十六日条、増補続史料大成による）。また、長禄四年の翌年寛正二年よりあとは、『政所内談記録』がある（『室町幕府引付史料集成』上）。①と『政所内談記録』寛正二年正月二十六日条の政所内談評定始着到（②）を比較すると、前者十人、後者十二人のうち、共通するものは五人で、うち三人が含まれる。

治部河内守（国通、六通八〇貫文）・斎藤四郎右衛門尉（種基、一通一〇貫文）：①と②にみえる。清式部四郎左衛門尉（元俊・元定、一通二〇貫文）：①に「清式部四郎」、②に「清四郎左衛門尉」とみえる。清式部和泉守貞秀（三通七〇貫文）：①に「清八郎奏事、貞秀左衛門尉」、寛正二年六月二十五日の内談に和泉守としてみえる。斎藤民部丞（親基、一通一〇貫文）：①にみえ、寛正四年十一月二十六日の内談に、「出仕已後今日始而参勤」とある。清式部丞（秀数、二通一一〇貫文）：②にみえる。斎藤三郎兵衛入道（三通三〇貫文）：寛正二年の評定始に、病気で参勤していない。

（40）ただし、「給」の字はくずしが曖昧で、ほかの字という可能性も残る。『岐阜県史』史料編古代中世四では「得」と読む。

（41）『史記抄』一六、大宛列伝六三。『抄物資料集成』一による。

（42）享徳四年二月二十二日室町幕府下知状（註(27)前掲）ほか（A）。

（43）山家註(5)論文。もう一例、御所女房の事例を挙げておこう。応安三年（一三七〇）、御様局は、出雲国飯田・養賀村地頭職を御梅局に譲与し、将軍義満は、六年後の永和二年九月六日に、御梅局に安堵下文を出している（同日足利義満下文写、『松雲公採集遺編類纂』一三六・古文書部三八「足利家局方文書」、砺波図書館協会等発行の影印による）。御様局は、この所領を貞和三年（一三四七）八月二日に将軍尊氏から給与されていた（同日足利尊氏下文写、典拠同じ）。貞治六年（一三六七）十一月四日には、将軍義詮から改めて沙汰付命令がでている（同日足利義詮御判御教書、史料編纂所架蔵影写本『服部玄三氏所蔵文書』、京都国立博物館所蔵『古文書手鑑』）。御様局の活動の様子は確認できないものの、御梅局は、応安六年（一三七三）十月、義満の申次として確認される（『五壇法日記』、『大日本史料』六―三八―一一九頁）。両名は、将軍御所に詰めた女房であろう。御様局と御梅局の間に血縁の有無は確認しえない。血縁関係のもと譲与されたのなら通例どおりではあるが、譲与から安堵まで六年を要するのは不思議な感を受ける。直義の安堵状で譲与から安堵まで時間を経ている事例は多いけれども、混乱期であること、直義は尊氏と権限を分担したため、不知行地を再給与する際に譲与安堵という形をとったこと、などの理由がある。御梅局が安堵まで六年を要したのは、女房という職に対する所領給付であるため、御梅局の女房としての職能が確認されるまで安堵をうけられなかったという可能性も想定しえよう。

（44）　註（1）今谷論文および田中論文など参照。

（補註1）　奉行人は給物を支給される立場にある一方で、給物を支弁する立場にはない、ということを確認しておきたい。『政所方御奉書引付』にみえる給物の支配命令の奉書は、支払う根拠となる所領等の表記および支払者で整理すると、おおよそ次のような類型に分けられる。

〈支払う根拠となる所領〉　↓　〈支払者〉
分国役（某国役・播州役）　↓　守護・守護代
知行分年貢内　↓　某・某跡など
某（赤松氏・その被官人）跡知行分年貢内　↓　守護代など

個人の場合、特定の所領に紐づけずに、知行分全体から支出するのが通例となる。人への賦課である地頭御家人役の特徴を継承している。

そしてこのほかに、具体的な地を指定して、その年貢からの進納を命じたものが三例ある。その宛所は飯尾掃部助・松田豊前守（貞頼）という、奉行人と見なされる二名と、山門使節ともなる杉生坊である。支出すべき所領が知行分全体ではなく特定されているのは、宛所の支払者は、知行分全体からの支出に義務がない一方で、負担の義務を負った所領を継承したため、賦課されたためと考えられる。つまり、通常であれば支出しない立場の者に命ずる形式であったと見なされる。通常の「知行分年貢内」から支弁を命ずる対象に奉行人は確認されないことと併せ考えると、奉行人は給物を支弁する立場にない、と結論付けうると考える。鎌倉幕府のもとでも関東御公事を果たしていなかった可能性は高い。

（補註2）　足利尊氏の一周忌仏事にあたり、執綱役の奉行人をどう選定するか、奉行人諏方円忠が洞院公賢に尋ねた内容は、奉行人集団の特異性の一端を示すものとして注目されている。

〔園太暦〕延文四年四月十二日条（史料纂集による）

一執綱役人事

（中略）於㆓今度㆒者、仰㆓右筆仁㆒畢、而臈次事、或武家右筆者、不㆑依㆓官位㆒、為㆓参次第㆒之間、可㆑准㆓其例㆒之由、一方申処、参次第者公人進退別儀也、為㆓五位所役㆒之上者、宜㆑従㆓公儀㆒之旨、所㆓争申㆒也、

おそらくは候補となる奉行人の間で相論となっており、一方は、「参次第」、つまり奉行人として経歴の長さを優先すべきと主張し、一方は五位が務めるべきと主張しているのだろう。「公人」として活動する通常の場面であれば、「参次第」が奉行人の序列の根拠となる可能性が高いとも読みうるだろう。奉行人が独自の秩序をもつ集団であったことを垣間見せている。

（補註3）　本章発表後、奉行人に関する研究は、大きく進んでいる。まず、経済基盤に特化したものとして、佐藤稜介「戦国期幕府奉行人の経済基盤」（元木泰雄編『日本中世の政治と制度』吉川弘文館、二〇二〇年）がある。次に、奉行人を論点とする研究を、順不同で以下に列記する。このほか、頭人家など、奉行人の周辺を考察した論考として、木下聡氏の一連の論考がある。

設楽薫：本章発表以前の「清元定本「伺事記録」の伝来」（『日本歴史』四五六、一九八六年）のほか、「室町幕府奉行人松田丹後守流の世系と家伝史料」（『室町時代研究』二、二〇〇八年）。

森幸夫：『中世の武家官僚と奉行人』（同成社、二〇一六年）。

田中誠：「室町幕府奉行人在職考証稿」一～四（『立命館文学』六五一・六五三・六六三・六六九、二〇一七～二〇年、二には安富氏、三には治部氏、四には布施氏の氏族研究を含む。本章の遺漏の指摘も多く、二には安富貞嗣など安富氏の所領として、周防都濃本郡地頭・光井保について詳細に検討され、四には、布施資連の所領として、政所料所である山城国下久世荘内小坂以下八名が指摘されている）、「室町幕府奉行人飯尾氏の基礎的研究―南北朝期を中心に―」（『古文書研究』九二、二〇二一年）、「室町幕府奉行人丹後松田氏の研究―南北朝期を中心に―」（『立命館文学』六七七、二〇二二年）。

植田真平：「鎌倉府奉行人の基礎的考察」（『鎌倉府の支配と権力』校倉書房、二〇一八年、初出二〇一二年）。このほか、公方ごとに奉行人を検討した論考もある。

石田出：「戦国期室町幕府における別奉行制の展開」（『人民の歴史学』二〇六、二〇一五年）。

佐藤稜介：「戦国期における幕府奉行人家の分裂」（『古文書研究』八八、二〇一九年）。

北山航：「室町幕府奉行人家の存在形態」（『日本史研究』七〇一、二〇二一年）、「室町幕府奉行人と応仁・文明の乱」（『ヒストリア』三〇三、二〇二四年）、「室町期東寺奉行の就任経緯と役割拡大」（『古文書研究』九七、二〇二四年）。

第三章　室町幕府関係所領の様相

第一節　室町幕府と加賀国

第一項　幕府と関わりの深い所領

加賀国は室町幕府と近しい国という印象が強い。その要因は、戦国期、石山本願寺の史料などに、幕府「御料所」が散見されることにある。本願寺門徒が加賀国を支配するなか、証如の『天文日記』や『加州所々知行被申趣又申付方記之畢御記』（天文五、六年）に、多くの御料所が存在したことが記されている。幕府内談衆をつとめた大館氏の残した史料にも、『加州七个御公用進納之日記』（『大館記』）など、天文年間（一五三二―五五）に加賀国の御料所からの貢納の様子を記した史料が伝わる。御料所とは、基本的に幕府に収入をもたらす所領である。かつて、桑山浩然氏は、室町幕府経済を包括的に論じ、御料所の収入源としての機能が低下していくなかで、天文年間に確認される加賀国の御料所を例外と見なした[1]。氏は認定した御料所を一覧表に掲げている。単純に国別に数えてみると、加賀国は二十一か所を数え、近江国についで多い。少なくとも天文年間頃、幕府は加賀国と経済面で深く関わっていた。

では、その関わりは、いつまで溯りうるのであろうか。本願寺門徒の支配という戦国期の状況に依拠して生まれたものなのか、あるいは室町期に淵源をたどれるのか。桑山氏の示した加賀国の所見のうち、御料所として室町期以前に溯ると確認される事例は、八田荘・額田荘くらいであろう。両荘は、南北朝中期の一時期、幕府政所料所に設定されていた形跡がある（『中院文書』等、『加能史料』南北朝Ⅱ一二三頁、以下『加能史料』を典拠とする場合は南北朝Ⅱなどとのみ記す）。このほかは所見に乏しく、御料所を素材として淵源をたどる作業は容易でない。以下、幕府（そして将軍）と関わりの深い所領に範囲を拡げて、検討を試みたいと思う。

対象となりうる所領として、将軍が他に与えた所領、寺社への寄進地や武士などへの新恩地などが挙げられる。将軍・幕府が、寄進あるいは新恩給与した所領から、それ以前に権益を得ていたかどうかは、個々の事情により異なるけれども、将軍・幕府の可処分地であったことに注目したい。これらの所領は、寺社や武士らに権利証文として相伝された文書に所見が残る点で、御料所よりもはるかに多くの事例を伝え、検討の素材を提供している。

足利将軍家の初期の直轄領を示す史料として、鎌倉期の所領番文（『倉持文書』）と、尊氏・直義が建武政権からうけた新恩地の注文（『比志島文書』）が知られている。しかし、両者ともに加賀国の所領はみえない。さらに、『加能史料』南北朝・室町を通覧すると、将軍が寄進し、あるいは武士に新恩として給与した所見は、あまり多くないという印象をうける。

具体的に検討するために対象を絞っていこう。寄進地・新恩地の場合、給与される側がもともとその所領に由縁を持っていて申請する場合も多い。ここでは、給与する側に給与地との由縁をみようとするのだから、給与される側に由縁を想定しがたく、比較的に主体的な給与と見なしうる場合に注目していくこととする。最初に、新たに建立ないし復興した寺院への寄進を検討する。

まず、大野荘。建武四年（一三三七）四月、加賀国大野荘藤江・松村両村は、京都正脈庵に造営料所として寄進される（『臨川寺重書案文』、南北朝Ⅰ一三二頁）。この前年八月、京都での地歩を固めつつあった足利尊氏は、大野荘地頭職（四条隆資跡）を、臨川寺の夢窓疎石に寄進する（『天龍寺所蔵文書』、同一〇〇頁）。臨川寺は、後醍醐天皇が、自らの皇子の建立した禅院を、建武政権の発足後に、夢窓を開山として再編した寺院で、夢窓派の拠点寺院のひとつとして機能した。大野荘領家職は、これ以前に臨川寺の所領であり（『同』、同九三頁）、こののち大野荘は、主要な臨川寺領として史料上の所見も多い。そして藤江・松村両村は、夢窓の辞退により、正脈庵に寄進されるのである。正脈庵は、無外如大が無学祖元のために開いた禅庵である。正脈庵の復興は、如大と縁をもつ尊氏にとっては、京都で禅との接点を探るうえでの拠点形成であり、無学の法を受け嗣ぐ夢窓にとっては、京都で自らの地歩を固める意味をもった。

大野荘は、一部ながら正脈庵の造営料所に寄進したという点で、足利将軍家にとって重要な所領であったと見なされる。ただし、夢窓の管轄のもとでの寄進であった。

次に倉月荘。宝幢寺は、足利義満が春屋妙葩を開山として建立した禅院で、その造営中と思われる康暦二年（一三八〇）、加賀国倉月荘のうち松寺・赤浜両村が寄進される（『鹿王院文書』、南北朝Ⅲ一五二一頁）。両村は、こののち宝幢寺の寺領目録で筆頭に掲げられる。この倉月荘は、摂津氏の所領として知られる。摂津氏は、鎌倉幕府以来、文筆系の実務的な職務にあたり、室町幕府でも二階堂氏などとともに重要な構成員であった。将軍創建寺院への寄進地が、幕府直臣の所領の一部であるのは、注目に値する。また、倉月荘はさきの大野荘としばしば堺相論を起こしており、両荘が隣接しているのも興味深い（『天龍寺所蔵文書』、同Ⅰ二七五頁ほか）。

このほか、足利氏が主体となって建立した天龍寺や相国寺の場合、創建当初に加賀国の所領が寄進された事例は確認されない(2)。二例という検出数が少ないのかどうか、他国との比較が必要となるものの、寺領の全体像を把握しうるのは天龍寺と宝幢寺くらいで、他寺領は史料の残存状況に制約されるため、単純比較は難しい。他国と比較するために、つぎに寄進目的を限定したい。将軍やその関係者が死亡した場合、その菩提を弔う寺院には、経済的な裏づけとして追善料所が寄進される。醍醐寺三宝院では、将軍義満の忌日仏事に三河国衙役一〇貫文を充てており(3)、追善料所として位置付けられていたと思われるが、足利氏は鎌倉幕府のもと三河守護を務めたため、その国衙領は足利氏に由緒ある所領である。追善料所には、寄進する将軍・幕府の側と深く関わる所領が充てられると類推される。幸い、足利氏の荼毘所で墓所の役割を担った北山等持院と、義満が創建し、足利氏の香華所で菩提寺というべき相国寺では、後世の史料ながら、一定期間にわたり、寄進された追善料所を知ることができる。

等持院の場合、写本の『等持院常住記録』(4)に載せる文書写が手掛りとなり、追善料所は、尊氏の子女から紀良子（義満らの母）までおよそ八例判明する。うち加賀国の所領は、義満のための「粟津上下保半分」（室町Ⅰ二六三頁）である。一方、相国寺の場合、寺史を編年体で綴った『相国考記』(5)の記事から判明する。典拠として「当寺古記」を挙げているが、この史料は明らかでない。義満の妻たちから日野重子（義教室、義政らの母）まで八例ほどのうち、加賀国は、義満の「粟津保半分」（室町Ⅰ二六七頁）、義持の「有松」（同Ⅱ二二五頁）、日野栄子（義持室）の「岡跡」（同Ⅱ三八六頁）の三例となる。

両者に同じ料所が挙げられているのは、粟津保半分のほかに日野慶子・量子姉妹（義満の妻）の美濃国座倉郷、紀良子の若狭倉見荘の例がある。同じ所領を折半しているのか、つまり粟津保ならば異なる半分を領しているのか、あるいはまったく同一の所領を指すのかは定かでない。ただし、天文年間にいたって、洛中等持寺と一体化した等持院は、粟津保からの年貢徴収に務めるばかりでなく、有松にも年貢納入を促しているという事実を勘案すると(6)、あるいは『相国考記』の記事は、追善料所を示すものではあっても相国寺の所領を指すとは限らないと理解するべきかもしれない。義持の死から七か月ほどたった頃、将軍義教は、石清水八幡宮と等持院に加賀国の「御料所」を寄進する（『満済准后日記』『石清水文書』、室町Ⅱ二四一頁）。石清水への寄進は山上郷と確認され、大乗講料所であった。等持院への寄進は義持の追善料所と推定されるが、有松である可能性も生ずる。

等持院の文書写と『相国考記』を総合すると、義満までの事例は八例、義満以降は五例となるが、加賀国の所領三例は後者に集中している。つまり、加賀国の場合、義満死亡時以前には追善料所に設定されていなかったが、それ以後は、他国と比べても突出して追善料所に設定されるようになるのである。少なくとも応永年間中期（十五世紀初頭）以降、加賀国と将軍・幕府が、所領の面で密接に関わるにいたったと理解できよう。

追善料所から離れ、類似の史料でいま少し補足したい。応永十九年（一四一二）、将軍義持は弟義嗣に、加賀国の「御料所」を与える。これは横北郷（荘）と確認され、義嗣死後、その菩提を弔うため設けられた林光院の所領として確認される。斎藤御園が知行し、その上分の寄進であったらしい（『山科家礼記』『蔭凉軒日録』、室町Ⅰ三一二頁。『永享元年日記』、同Ⅱ二九〇頁）。

また、室町将軍は公家として高位に上ったため、公家としての将軍に家礼として奉仕する公家が存在し、特に義満執政期以降、その活躍は顕著になる。そのような公家に対し、加賀国の所領が与えられた事例がある。ひとつは中山親雅に対して。少なくとも至徳四年（一三八七）には「恩給地」が確認され、所領は先の倉月荘内。孫で義教に仕えた定親の日記から同荘内木越村・岩方村と確認される（『美吉文書』、南北朝Ⅲ一八六頁。『薩戒記』、室町Ⅱ二〇八・二七三頁）。

もう一例は烏丸豊光に対して。応永十九年、加賀国若松荘（領家職）が与えられる（『将軍代々文書』、室町Ⅰ三三二頁）。なお、同じく将軍に仕えた万里小路豊房の所領であった有松荘は、豊房が義持から所領を没収された際に豊光に与えられており、『加能史料』にも校訂がなされているように若松荘の誤りと見なすべきであろう（『建内記』、同Ⅱ二三三頁）。将軍に仕える公家の間を移動しており、興味深い。

第二項　守護富樫氏と幕府

加賀国において、義満執政期以降、将軍近親者、あるいは将軍の側近く仕える公家に与えられた所領が確認されるという事実は、さきの追善料所から導いた推測と符合する。さらに宝幢寺への寄進の事例も含め、おおよそ義満執政の時期、幕府は所領の面で加賀国との結びつきを強め、権益を持ちうる所領を拡大したと推測したい。

ではその背景は何か。事例が少ないならば、たとえば林光院領横北郷は、奉公衆の可能性のある御園氏の領知のうえに成立しているなど、幕府と近しい人物の領知を通じて幕府との結びつきを保つという状況を想定するべきであろう。しかし、断片的な史料から右に述べたいくつかの事例を検出しうるとなると、加賀国全体として幕府と関わる背景も検討しておく意味があると考える。

国全体となると、守護との関わりが想起される。永徳元年（一三八一）、将軍義満は、勧修寺家の所領である加賀国井家荘につき、半分を勧修寺家に安堵し、守護半済分を二条良基に与える（『藤岡氏所蔵文書』、南北朝Ⅲ一七九頁など）。収入を失った守護富樫昌家が「嘆き申す」など、配分について翌々年にいたるまで混乱するが[7]、ここでは守護半済分を幕府が処分し、守護以外に与えている、という点に注目したい。わずか一例ではあるが、守護の拡大した権益が、単に守護に帰するのではなく、幕府の権益にも繋がりうるという状況を推測させる事例である。

加賀国における守護領の拡大は、いくつかの事例に窺うことができる。称名寺領加賀国軽海郷には、断続的ながら年貢算用状が数通伝わる。延文五年（一三六〇）の算用状に「兵粮米」一〇〇石とみえるが、応安三年（一三七〇）に至って「守護方借物」がみえ、翌年の同費目は一〇〇石とある。さらに永和二年（一三七六）には一〇〇石は「守護方愛礼」という費目となり、以後の残存する算用状も同様だが、永徳元年（一三八一）には称名寺が他国の所領と交換するため、その後は不明となる（『金沢文庫文書』、南北朝Ⅱ一六〇頁・四一六頁・四三四頁、同Ⅲ二九頁・一八五頁）。守護からの臨時の賦課が毎年恒例で定額の負担に、それもはじめ貸付という形で、ついでおそらくは礼物というかたちに変化したと判断される[8]。守護富樫昌家は恒常的に百石の収益を得ることとなり、守護権益の拡大の事例となろう。軽海郷は、天文年間には幕府御料所として確認される。

昌家の没後、守護は斯波氏に替わる。三十年弱過ぎた応永二十一年（一四一四）、再び富樫氏に戻り、満春と満成がおのおの半国守護となる。富樫満成は、応永二十年代前半、将軍義持の最有力の側近であった[9]。加賀国で所領に関わる事例は、二十五年に失脚した後の史料にみられる。中嶋隆信は、満成が益富保川辺分を押妨した旨を訴え、また北野社は、満成の闕所地と思われる福田荘の寄進を受けている（『北野社家引付』、室町Ⅱ二四一頁。『御前落居記録』、同三八二頁）。満成が加賀国で所領拡大に務めた痕跡と位置付けることができる。

富樫氏は、足利一門でないものの、将軍に近い位置を保ち、一族から将軍近習を輩出する。赤松氏や佐々木氏、さらには土岐氏に通ずる立場である。満成の場合など、所領拡大は、将軍義持を後ろ盾として行ったと想定しうるし、昌家らも同様に幕府を背景としたと理解することも可能であろう。一方、将軍・幕府は、富樫氏の加賀国における勢力拡大とともに、権益を増したのではないか。そして、守護の交替は、幕府にとって権益を増大する契機になったと思う。

背景についての考察はなお今後の課題とし、ここでは、所領の面での室町幕府と加賀国との関わりは、義満執政期に深まった、という見解を提示して大方のご批評を仰ぎたい。

第二節　室町幕府関係所領の重なり合い

第一項　越中・備前・丹後の事例から

第一節では、加賀国において、おもに義満執政期以降、将軍やその近しい人々・寺院の所領を、ある程度の制約を設けつつ検出し、少なからず確認した。その背景のひとつとして、将軍勢力と守護勢力とを対立的に捉えることなく、守護富樫氏による所領拡大が将軍勢力の所領拡大に影響している可能性を想定してみた。

山田徹氏は、在京する武家勢力に視点をおいて、室町領主社会という全体理解で分析を進めている。室町期荘園制論を念頭に置きつつ、越中と備前を素材に、一国単位で所領と領主の構成を析出し、足利将軍家やその一族、将軍家に近い禅宗寺院、在京する大名、将軍近侍者など、在京領主の割合が多く、かつその所領は大規模で交通の要衝を占めていることを指摘した。素材は、応永十九年（一四一二）、東寺修造のため、五か国に棟別銭が課された際の史料群である。翌年、越中では、免除の所領と領主が記された史料、前守護斯波氏一族の所領への徴収に関わる史料などが作成された。高森邦男氏の詳しい分析がある。備前では、不徴収の所領のリストが作成され、一部に領主が記される。いずれも、各所領の棟別銭納入の主体を記したと判断される。一国単位で有力領主が判明する希有の材料である。(10)

一国単位で領主がわかる史料として、『丹後国惣田数帳』は欠かせない。やや下って、長禄年間（一四五七―六〇）頃の様子を反映していると理解されている。記載された内容は、一国に課される段銭の負担者と、その負担基準となる田数である。外岡慎一郎氏は、『宮津市史』通史編で、この史料を詳細に分析している。奉公衆・奉行人所領の田積で守護領・守護被官領を上回るなど、将軍関係所領が守護関係所領に対して優位であること、寺社本所領でも、幕府に近しい禅宗寺院の所領だけで半数近くを占めるうえに、幕府に近い顕密寺院等の名が並ぶこと、など、幕府・将軍に近い在京領主の優位性が明らかになっている。(11)なお、ここでは守護一色氏は将軍勢力と対立するものとして整理されているが、一色氏も富樫氏と同様に将軍に近い面も持ち、対立のみならず協調する側面から理解することも可能かと思う。

越中・備前・丹後から導かれる像は、加賀から得られる知見と通底している。将軍やその近しい人々・寺院の所領を幕府関係所領と総称しておくと、少なくとも十五世紀前半、南北朝の動乱を経て安定を迎えた時期、畿内近国の少なくとも一部では、足利一門や幕府に近しい守護のもと、幕府関係所領がある程度まで安定的に確保されていた、とまとめても大過ないと考える。

第二項　幕府関係所領の重なり合い

表3　加賀国における幕府関係所領の重なり合い

所　領　名		権　利　者	初見年次		
大野荘	領家職・地頭職	臨川寺	建武3	1336	
	藤江村・松村	正脈庵	建武4	1337	
倉月荘		摂津氏		——	
	松寺村・赤浜村	宝幢寺	康暦2	1380	
	木越村・岩方村	中山親雅	至徳4	1387	
	諸江破出・山口破出ほか	南禅寺（哀勝軒ほか）	応永24	1417	補足1
		持地院	長禄2	1458	補足2
井家荘	領家職半分	勧修寺経重	永徳元	1381	
	領家職半分	二条良基	永徳元	1381	
	領家職半分	守護富樫昌家	永徳元	1381	
粟津保		等持院・相国寺	応永16	1409	
有松		等持院・相国寺	応永35	1428	
若松荘	領家職	烏丸豊光	応永19	1412	
		万里小路豊房		——	
横北郷（荘）		足利義嗣・林光院	応永19	1412	
		斎藤御園	永享元	1429	

補足は前節で言及していないもの。史料典拠を『加能史料』室町の冊頁数で示す。
補足1：Ⅱ38　南禅寺文書　　Ⅲ114　同
補足2：Ⅳ104　蔭凉軒日録

幕府関係所領の検出を行っていると、同じ所領に、異なる幕府関係者の権利が確認される場合が少なくない。第二章で検討した幕府奉行人の所領も幕府関係所領となるが、禅院領や幕府直轄領との関わりが顕著であった。奉行人の恩賞地が祇園社造営料所となっていたのは象徴的な事例となろう（〔事例13〕）。また、加賀について、第一節で取り上げたなかから重なり合いの事例を表3に一覧した。五山をはじめとする禅宗寺院領などについては、第一節では少し制約を設けて述べたので、言及していない事例について補足をしている。

所領が同じといっても、史料の制約のなか、時期を隔てていたり、また確認しえないものも含めて領域を分けていたりする場合もあるだろう。権利者が相互に対立している状況も想定しうる。しかし、時期を隔てて幕府関係所領と確認されるのは、幕府の進止が継続している証拠になる。また、領域を分けて、下

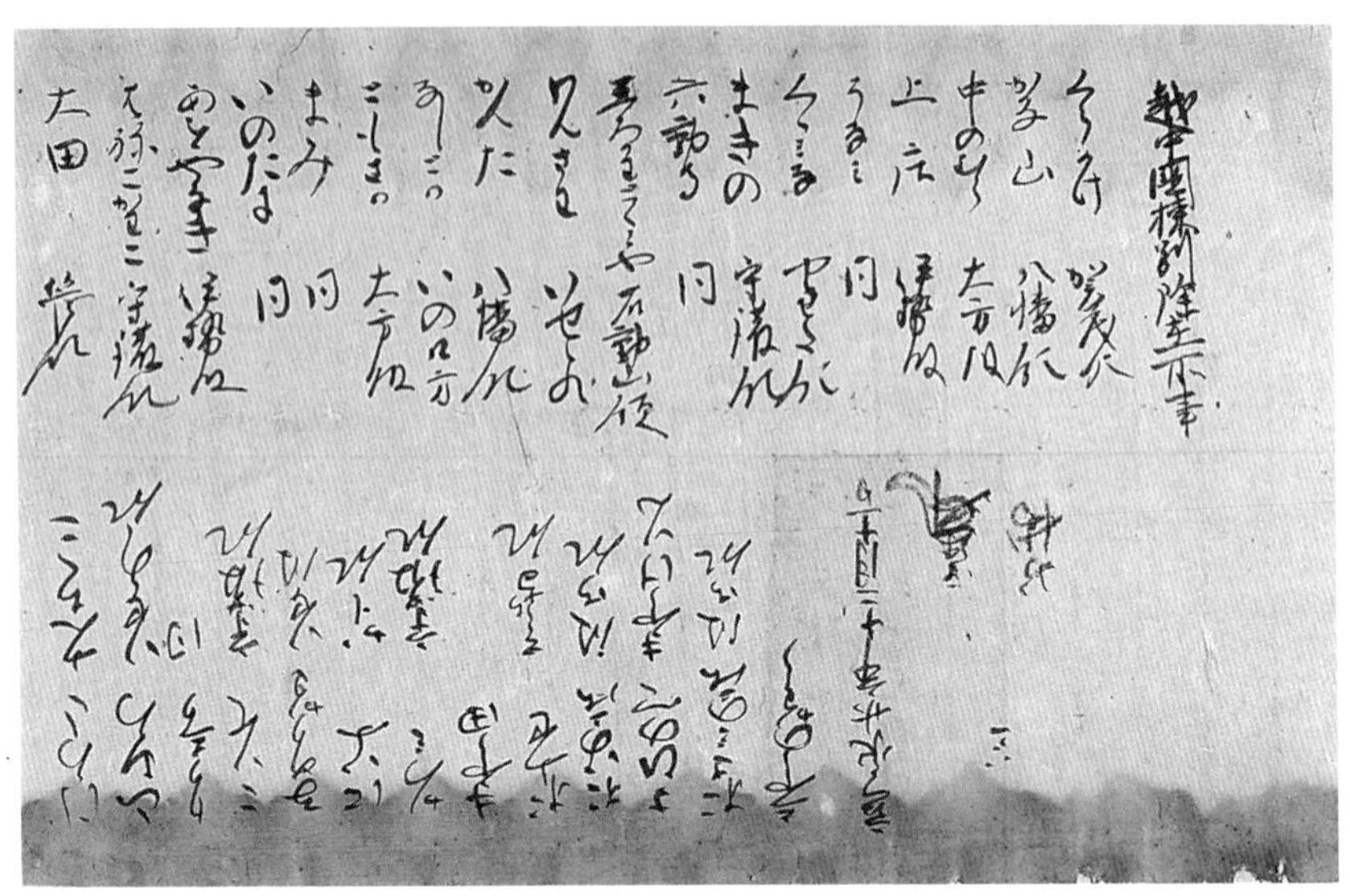

図11　越中国棟別銭免除在所注文（応永20年12月11日，京都府立京都学・歴彩館 東寺百合文書WEB）

地知行が各別である場合でも、協力して収益確保を目ざしている可能性もあろう。権利者が対立していても、おおもとに幕府の進止がある点は動かない。留意すべき点が多いことを前提にしつつ、幕府関係所領の重なり合いの実際をさらにみていきたい。具体例として、史料に恵まれている越中について、特徴ある事例を紹介していく。

○越中阿努(奴)荘

応永二十年（一四一三）末に作成された「越中国棟別銭免除在所注文[12]」（以下、免除注文とする）には、免除された所領と領主が列記される。この領主の記載は、各所領の棟別銭免除者を明示したものであり、この領主であることを理由に免除された、免除の理由ともなっている。

免除注文には、「中のむら　大方殿」「上庄　伊勢殿（貞経）」「ともさか　大方殿」「いのたに　同（大方殿）」とみえ、いずれも阿努荘に関わる所領と見なされる。高森氏・山田氏の分析をもとに、順にみていこう。

中のむら　義満の実母紀良子は、義満死後の応永十八年十二月十一日、「阿奴庄」を、義満の子、自らには孫の仁和寺法尊に与えている。こののち、仁和寺の史料には阿努荘中村とみえ、良子が譲与したのは中村となる。「中のむら」は阿努荘中村に比定され、山田氏は、注文にみえる「大方殿」を紀良子と見なしている。免除注文が作成されたのは、良子の譲与よりあとになるので、良子は譲与後も権利を保留したことになろう。そして、大方殿に対する賦課が免除されたと理解される。(13)

こののち、中村には伊勢氏のかかわりが確認される。阿努荘には近衛家が上位の権益を有していた。室町期にいたると、中村では、本家職・領家職と表現される権益は、春日社や興福寺が有している。永享五年（一四三三）から六年にかけて、仁和寺は、中村年貢五〇〇貫文からの春日社本家分六五貫文について、伊勢貞国に対し、今年から直接に進納するよう命じている。(14)永享初年まで、中村の年貢は伊勢氏から仁和寺に納入され、仁和寺はその一部を春日社などに進納していた、しかしこの時点から、春日社にも伊勢氏から進納する、ということであろう。伊勢氏が中村を管理していたと判明する。なお、この後、文安四年（一四四七）頃の経緯は、南都伝奏であった万里小路時房の日記に詳しく、代官遊佐忠光、さらには越中守護畠山徳本と交渉の結果、興福寺は中村からの年貢確保に成功している。(15)ここでは伊勢氏の姿はみえない。

いのたに　応永二十一年頃、猪谷村・菅寺村の帰属をめぐって、仁和寺と斎藤国則の間で相論があった。猪谷・菅寺両村の比定地は、旧婦負郡細入村（現富山市）で（後者は現蟹寺）、岐阜県境に近く、富山県西部に位置する阿努荘とは遠く離れている。仁和寺は、両村は窪寺氏の庶子相浦氏の跡で、阿努荘（中村）とこの両村は、「窪寺惣領庶子之跡」で一体として紀良子に与えられたと主張する。一方、斎藤国則は、猪谷は甕氏の庶子から窪寺信濃小次郎に相伝された跡、菅寺は甕十郎跡で、両村は楡原保に属するのに対し、「御料所」中村は窪寺三河守跡である、両村は中村とは別相伝で、仁和寺に両村の権利はない、と主張している。相論の結果は明らかでないが、仁和寺には、西猪谷村を伊田保内とし、「御料所」として位置付けた史料も残る。(16)

免除注文の「いのたに」は、この旧細入村の猪谷を指し、中村と一体の大方殿の所領として、棟別の免除を受けたのであろう。

ともさか　年未詳だが、仁和寺宮が伊勢守に宛てて、「中村之内鞆坂名」を、これまでどおり、仁和寺の子院恵命院の給分とすることを伝えている文書がある。(17)伊勢氏が中村を管理していた証拠のひとつであり、春日社分と同様に、伊勢氏から恵命院に納入するために、このような文書が発給されたかと思われる。中村の内であるために大方殿と記されていると考えると、「ともさか」はこの鞆坂である可能性が高い。

ただし、越中で「ともさか」という近世村は、旧婦負郡婦中町（現富山市）の友坂くらいとなる。県中央部に位置し、阿努荘とは離れている。先の猪谷と同様の状況を想定すべきかと思われる。

上　荘　幕府奉行人布施資連は、「阿奴庄地頭職半分」を南禅寺慈聖院に寄進し、慈聖院は至徳二年（一三八五）に安堵を受けている。南禅寺慈聖院は、細川頼之とともに幕府の禅院政策を主導した龍湫周沢の中心塔頭である。のち寛正四年（一四六三）に慈聖院は守護代神保長誠から諸公事免除の保証を受けるが、「越中国上庄」と表記されている。(18)ここから、上荘とは、阿努荘のうち、地頭職半分に由来する、慈聖院の保持する分と見なされている。免除注文では、伊勢氏に棟別銭が免除されており、伊勢氏は阿努上荘にも関与していたと判明する。

以上より、伊勢氏は、中村（鞆坂名を含む）・上荘と、阿努荘として所見のある全体に関わっていた。文明年間（一四六九—八七）に至ると、伊勢氏被官蜷川氏伝来の史料に、単に阿努荘として散見され、「御料所」と位置付けられている。特に代官に関わる史料が多い。文明十六年（一四八四）二月には、守護被官神保の代官をとどめ、直務を試みている。(19)

推測を交えて整理すると、中村は、応永年間（一三九四—一四二八）半ば以降、仁和寺・興福寺などに加えて大方殿の権利も保持され、大方殿の権利は次第に御料所と位置付けられて、伊勢氏の管理に移ったのであろう。上荘は、南禅寺慈聖院の権利が伊勢氏のもと実現していたかと思われ、幕府奉行人布施氏の権利が残存していた可能性も否定できない。文明年間には、全体に伊勢氏が管理をして、幕府御料所として機能するに至ったと思われる。現地の支配は、守護畠山氏のもとにあった。幕府関係所領の重なりという視点で改めて整理すると、十五世紀前半、中村では大方殿と伊勢氏・御料所、上荘では、南禅寺慈聖院と伊勢氏などとなる。

○越中般若野荘

応永十九年に越中に賦課された棟別銭の史料には、三通の文書案を連ねて、端裏に「越中国武衛并左衛門佐殿兄弟所領棟別書下案」とする史料がある。山田氏によって、前越中守護斯波氏が一族の所領に徴収を命じた史料だと確定されている。先の免除注文には「守護領」、つまり守護畠山氏の所領はみえるものの、前守護斯波氏の所領はみえない。斯波氏は関係所領からの支弁を目指し、東寺も他の領主の所領とは区別して処理していたと思われる。

「般若野」は一通目にみえ、武衛、つまり斯波義教の所領で、狩野新左衛門入道が政所・代官といった立場とわかる。また、年未詳ながら、「いみつこうり（射水郡）の内」とはじまる折紙の注文がある。折見返に「越州棟別注進案」とあり、応永十九年の徴収に関わる史料と見なされている。その途中を引用すると、

ひゝのきたいち（氷見北市）　大方殿
なかのむら（中村）
まみ（万見）
かみのしやう（上荘）　いせとの（伊勢殿）
はんにやのゝちとう方（般若野地頭方）
こいのしやう（五位荘）の東しやう（荘）

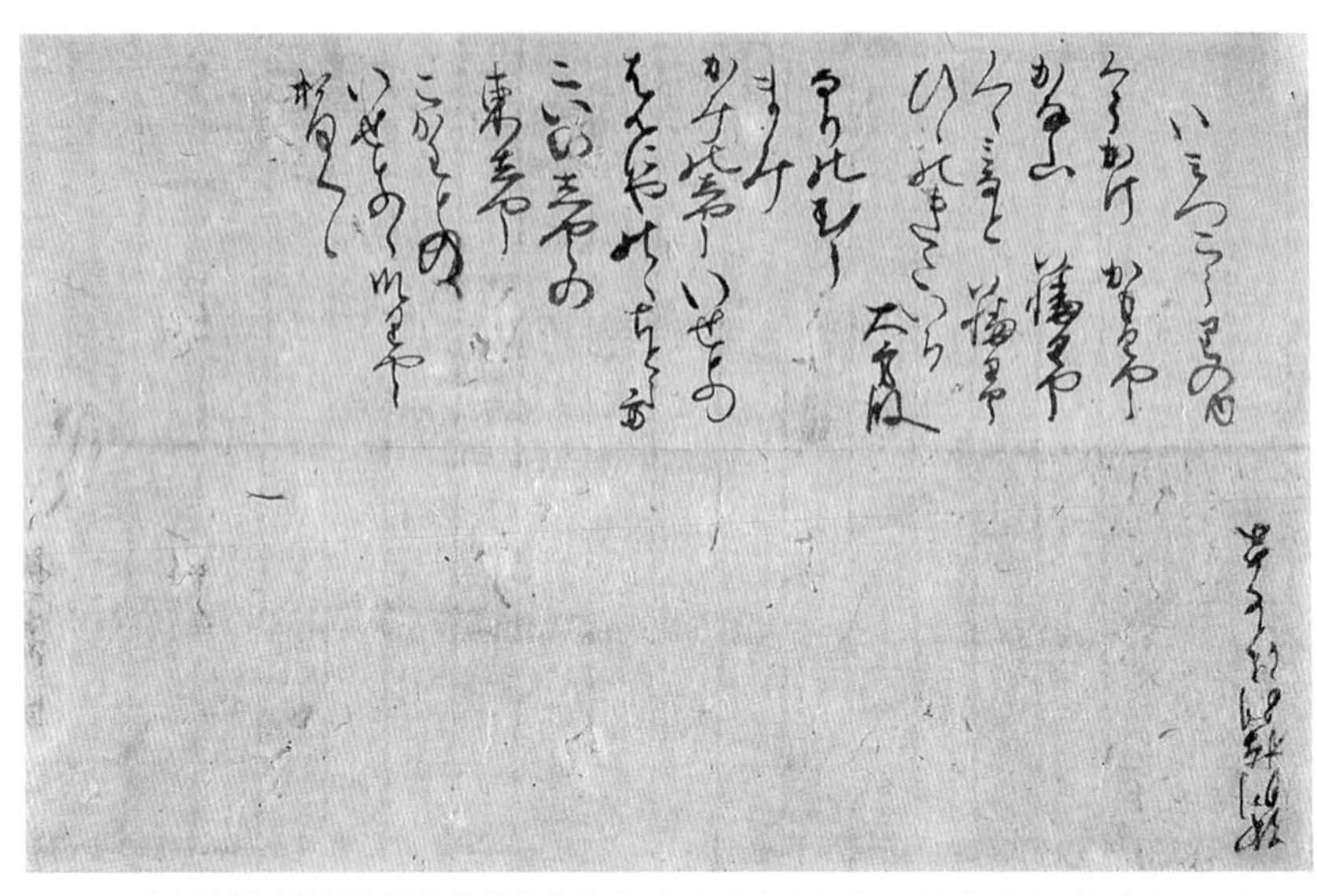

図12　越中国棟別銭射水郡内在所注進状案（京都府立京都学・歴彩館 東寺百合文書WEB）

先の免除注文では、中村・万見保は大方殿の所領であり、両者ともに、下に「同」が落ちたと見なされる。すると、般若野荘地頭方や五位荘東荘は、高森氏も指摘するように、伊勢殿の所領となろう[20]。

般若野荘領家方は、少なくとも明徳四年（一三九三）以降、徳大寺家が保持しており、文書のうえでは直務が保証されている。一方で、般若野荘には、さらにさまざまな権利者が確認される。まず、『康正二年造内裏段銭幷国役引付』では、般若野の段銭納入者は堤新次郎とある。堤新次郎は、ほかに将軍家と縁深い三河重原荘某郷の段銭も納入しており、堤という姓は、奉公衆にみえると同時に、伊勢氏の在京被官にも確認されるため、伊勢氏のもとで段銭納入を果たしていた可能性は高い。

次に、延徳二年（一四九〇）七月、「上様御料所越中国般若野」は、相国寺常徳院に寄進されている。かつては京着七〇〇貫文の在所で、近年は四九〇貫文、京着毎月三〇貫文とあるのも興味深い。この上様は日野富子で、常徳院は、前年に死去した義尚の香火所である。富子は、自らの収入を、義尚の追善のために寄進したことになる[21]。同じ年、次のような史

料が残る。(22)

〔別本伺事記録〕延徳二年閏八月十一日

一　二条殿御執申 惣持院殿御申、越中国般若野地頭職事

任二法久院御譲幷代々　御内書以下証文一、可レ成給一（後欠）

惣持院は尼寺で、通玄寺の塔頭と位置付けられている。通玄寺は、紀良子の母智泉聖通が開いた寺である。惣持院には、足利義持娘某と、義政娘堯山周舜の入室が確認され、将軍一族の女性が住持する尼寺のひとつであったと思われる。法久院は、嵯峨にある禅院で、宝山乾珍の塔頭である。宝山は、足利直冬（尊氏実子、直義養子）の子供とされ、嘉吉元年（一四四一）に死去している。引用史料の惣持院殿は堯山である可能性が高い。法久院はあるいは宝山その人を指し、宝山が惣持院に住持していた義持娘に般若野荘を譲与し、惣持院に伝領された、という可能性は十分にありえよう。口入した二条殿は、足利義視の夫人のひとりである。

以上より、般若野荘地頭職は、伊勢氏の管理のもと、おそらくは権益の一部が、直冬子息から義持娘・義政娘などへと、将軍一族の禅僧の間で伝領されている。日野富子から相国寺常徳院に移譲された権益も、おそらくは伊勢氏の管理のうえに成立していたかと思われる。般若野荘では、伊勢氏と将軍一族、特に女性の領有の重なり合いが確認され、先の阿努荘中村で、伊勢氏と大方殿の重なり合いがみられたのと類似している。阿努荘上荘とは、禅院領との重なり合いという点で類似している。ただし、般若野荘の場合、加えて斯波氏との重なり合いも確認され、伊勢氏所領として棟別免除を受けていない点で、阿努荘と異なっている。おそらくは、少なくとも応永十九年段階では、現地の支配は斯波氏が行っていたためかと推測される。

○越中五位荘

斯波氏所領への賦課に関わる史料には、年未詳ながら、端裏に「越中国棟別　左衛門介殿書下案」とあるやなた某の書状がある(23)。山田氏は、斯波満種（左衛門佐）被官の書状と見なし、寒江荘からの徴取に関わる内容から、寒江荘は満種の所領と推定している。この書状で、寒江荘に対して、「五位庄・野尻なとも其沙汰候へく候」と、五位荘・野尻保に倣って支出するよう伝えている。さきに触れた三通の文書案（ツ一〇六）の三通目に、満種弟の少輔の所領として確認されるため、五位荘も、山田氏の指摘のとおり、斯波氏一族の所領である可能性が高い。一方で、般若野荘項で引用した史料によると、五位荘東荘は、伊勢氏の所領である。

五位荘は、足利将軍家の葬送に関わる洛北等持院の所領として所見が多い(24)。

〔等持院常住記録〕

寄附　等持院　越中国五位庄半分事

右於㆓年貢㆒者、可㆑弁㆓済当院㆒、至㆓于下地㆒者、所㆑預㆓置右衛門佐（畠山満家）入道々端㆒也者、早可㆑致㆓沙汰㆒之状如㆑件、

応永廿二年十月十六日

当御所内大臣源朝臣（足利義持）　御判

将軍義持は、等持院に五位荘半分の年貢を寄進し、現地管理は守護畠山満家に委ねている。相国寺の『万年編年精要』によると、応永十二年（一四〇五）七月に死去した義満夫人日野業子の追善仏事に充てる所領として、五位荘がみえる。類例から見て、等持院にも、業子の追善料所として寄進されていたと思われる。

このののち、洛北等持院・洛中等持寺領としてみえ、長禄四年（一四六〇）には、両寺は将軍足利義政に直務を求めるものの、「勝定院殿（足利義持）御代、以㆓御判㆒被㆑成㆓于真観寺殿（畠山満家）㆒、而代官職之事被㆓仰出㆒之上者、不㆑可㆑叶之由、被㆓仰出㆒」と、義政は、義持が満家に代官職を命じたことを理由に、代官職の継続を命じている。また、長享年間（一四八七―

八九）には、相国寺領としてもみえ、畠山氏被官の代官のもと、未進が続いている様が窺える。業子の追善料所として寄進された五位荘は、等持院・相国寺それぞれで、十五世紀後半まで機能していたことが確認される[25]。

斯波氏一族が棟別負担した五位荘、伊勢氏領の五位荘東荘、等持院領の五位荘半分、それに相国寺領の五位荘、これら四者の関係は明確でないけれども、推定をしておきたい。等持院領と相国寺領はおそらく同じ位置付けとなろう。斯波氏の権益が否定された明証はないものの、棟別徴収の二年後には、畠山氏に移行したと理解するのが自然であろうか。畠山氏の代官補任は、文書での表現、のちの義政の判断から、幕府からの給与と言いうるような位置付けに思われ、守護による代官ではあるものの、幕府の裁量権が保持されていると見なされる。伊勢氏領としての実態は不明だが、伊勢氏領としての面は、幕府の裁量権が保持されていることと通底していよう。たとえば、斯波氏・畠山氏に管理を委ね、そのうえに幕府としての権益を設定し、一部が追善料所となっていた、などという状況が想定されよう。なお、先の般若野荘もまた義尚の追善料所となっている点、五位荘と共通している[26]。

○越中佐味郷

免除注文に、「さひの郷　きやうけいん」とみえる。のち長禄二年（一四五八）に「香厳院領越中国佐美郷之不知行還付之事」とみえ、「佐味郷　香厳院」にあたると見なされる。香厳院は、嵯峨にあり、足利義詮の正室渋川幸子の香火所である。義満の兄柏庭清祖をはじめ、九山清久（のち堀越公方足利政知）・旭山清晃（のち足利義澄）らが住し、「香厳院御相続、代々以二公方様御親族一被レ定」、つまり足利将軍家一族で継承されていた。

佐味郷はまた、本光院領としてもみえる。本光院は、足利直義の妻渋川氏の香火所である。佐味郷は、将軍一族夫人の香火所の所領として重なり合い、同時に一族を支える所領として機能していたのであろう[27]。

○越中小佐味荘

免除注文に、「おさみの庄　殿御領」とみえ、小佐味荘で、将軍足利義持の所領を指すと見なされている。小佐味荘の一部は、康暦元年（一三七九）の政変の直後、評定衆を勤めた中条元威から南禅寺龍華院に寄進され、翌年、義満の寄進状が出される。龍華院は、春屋妙葩の塔頭である。小佐味荘は、春屋生存のうちに、同じく春屋の塔頭である宝幢寺鹿王院の所領として、また十五世紀半ばには、相国寺における春屋の塔頭である大智院の所領としても確認される。春屋は、自ら管理する塔頭の間で所領からの得分を分配しており、小佐味荘もその事例のひとつである可能性がある。ただし、鹿王院領としての表記は、地頭職・領家職など一定しない。鹿王院などの権益は、将軍家の支配の下で実現していたためかと思われ、将軍家に近い禅院領を考えるうえで、興味深い事例となっている(28)。

以上、越中の所領で、幕府関係所領の重なり合いを見てきた。重なり合いとして取り上げた要素を整理しておくと、「殿御領」と表記される将軍義持の所領（小佐味荘）のほか、

1将軍の妻・母：阿努荘中村・般若野荘
2将軍一族女性の関わる寺院：般若野荘地頭職・佐味郷
3将軍一族男性の関わる寺院：阿努荘中村・般若野荘地頭職・五位荘
4伊勢氏：阿努荘中村・阿努荘上荘・般若野荘地頭職・五位荘
5五山等塔頭（2・3を除く）：阿努荘上荘・小佐味荘

などとなる。同時期に重なり合いが起きていると見なしうる場合は、幕府に近い人物や寺院が連携して、ひろい意味での将軍一族の権益を維持し、ときに将軍一族や関係寺院を前面に立てて保護を得る、という状況が想定される。また、時期が異なる場合は、幕府関係者の間で、多様な継承が行われていることになろう。

最後に、丹後の事例を少し確認しておきたい。『丹後国惣田数帳』は、ひとつの所領での段銭負担者を、負担する

基準面積とともに明記しており、負担者が複数の場合は併記される。複数の負担者がいる場合、ひとつの所領のなかで領域を完全にわけ、おのおの独立して知行している事例もあるだろう。しかし、たとえば基準面積が機械的に二分されている場合、下地を均分していた可能性のほかに、実際の知行は一方が行い、もう一方は、権益を受容する立場で段銭を均等に負担していた可能性も想定される。両者とも幕府関係者の場合、少なくとも両者が結束して知行に当たっていた可能性は高い。幕府関係者が併記され、幕府関係所領の重なり合いとみえる事例から、代表例を挙げると、

一益富保　廿四町弐段三百五十八歩内

十二町一段百七十九歩　　八幡領

十二町一段百七十九歩　　大方殿様

田数を等分して段銭を負担している。八幡宮は、石清水八幡宮である確証が残る。明徳二年（一三九一）、足利義満は、丹後国成久保・末成保などとともに、「益富半分山口跡」を石清水八幡宮に寄進している。石清水八幡宮は、いうまでもなく、源氏の守護神を祀る八幡宮のうち、京都を代表する大社である。大方殿は、足利将軍後室を指すと見なされ、足利義教後室日野重子と推定されている。(29) 将軍から石清水八幡宮に寄進された所領と将軍夫人領が併存しているのである。(30)

以上、越中を中心に、丹後の事例も加えて個別事例を検証してきた。越中・丹後のように最適な史料が残存する、あるいは加賀のように史料検索に便のある、といった好条件に恵まれてはじめて可能となる分析であった。他の畿内近国で類似の状況が起きているかどうか、は各国の個別の事情に左右され、一概には想定しえない。三か国は少ないかもしれないが、複数の国で確認されることの意義は大きいと思っている。少なくとも十五世紀前半、将軍やその近しい人々・寺院の所領（幕府関係所領）は、足利一門や幕府に近しい守護のもと、類似の立場の他の権利者と共存しながら、維持されていたと考える。

註

(1)「室町幕府経済の構造」(『室町幕府の政治と経済』吉川弘文館、二〇〇六年、初出一九六五年)。

(2) 加賀国の五山派禅院所領については、松岡稔春「中世加賀における臨済宗の展開」(『花園史学』一四、一九九三年)に詳しい。また通玄寺(曇花院)の所領を分析した、芝野康之「室町期加州における一在京領主について」(北西弘先生還暦記念会編『中世社会と一向一揆』吉川弘文館、一九八五年)参照。

(3)『満済准后日記』永享五年五月六日条(『続群書類従』補遺)。

〔三宝院文書〕(『大日本史料』第七編之一〇、六五頁)

三川国々衙職事、可レ被二知行一候也、敬白、

(足利義満)(花押)

卯月廿五日

(満済)三宝院僧正御房

三河国衙は、義満の寄進にかかると判明する。『愛知県史』資料編九中世二(二〇〇五年)、九〇三では、醍醐寺所蔵「大炊御門家旧蔵大手鑑」として掲げ、応永十四年に比定している。応永十四年(一四〇七)から十五年にかけて、代官職に関わる文書が伝わる(大日本古文書『醍醐寺文書』一八三〇・三〇七五、一二函四七・一九函二七)。本書第一部第三章参照。(本註は追記)

(4) 史料編纂所架蔵謄写本による。

(5)『相国寺史料』一所収。

(6)『天文日記』天文八年九月一四日条。『石山本願寺日記』上所収。

(7) 瀬戸薫「加賀国井家荘の領家職相論について」(加能史料編纂委員会編『加賀・能登　歴史の窓』石川史書刊行会、一九九九年)参照。

(8) 福島金治「金沢称名寺領加賀国軽海郷について―南北朝期を中心にして―」(田村圓澄先生古稀記念会編『東アジアと日本』歴史編、吉川弘文館、一九八七年)参照。

(9) 室山孝「近習富樫満成考」(『加能史料研究』一三、二〇〇一年)参照。

(10) 山田徹「室町期越中国・備前国の荘郷と領主」(東寺文書研究会編『東寺文書と中世の諸相』思文閣出版、二〇一一年)。高森邦男「畠山氏の領国越中と棟別銭収取について」(『富山史壇』九一、一九八六年)。

(11)『丹後国惣田数帳』は成相寺本による（『宮津市史』史料編一、一九九六年、七〇九頁以下に翻刻）。外岡慎一郎執筆「『丹後国惣田数帳』の世界」（『宮津市史』通史編上、第八章第二節、二〇〇二年）。また伊藤俊一「室町時代丹後国の所領構成と所領支配」（『室町期荘園制の研究』塙書房、二〇一〇年、初出二〇〇三年）参照。

(12)『東寺百合文書』ヌ八四。阿努荘の史料は、『富山県史』史料編Ⅱ中世（一九七五年、以下『富山』）に収録されるほか、『氷見市史』資料編一古代・中世・近世（一）（一九九八年）の中世史料編（以下『氷見』）に詳しい解説とともに収録される。また、楠瀬勝執筆「阿努荘地頭職の御料所化」（『氷見市史』通史編一古代・中世・近世、第二編第三章第二節、二〇〇六年）も参照。免除注文は『氷見』七六。

(13) 良子の寄進状は『蜷川家文書』（『富山』五六九、『氷見』七四）。良子は、応永二十年七月十三日に死去している。良子の呼称として「小川大方殿」（『満済准后日記』応永二十年七月二十五日条など）とみえるけれども、「小河殿」あるいは「大御所」（『同』同年四月十日条など）ともみえ、現将軍の祖母を単に大方殿と称するか、やや不安も残る。あるいは、義満後室を指し、将軍夫人間で権利が継承されていた可能性も残る。高森氏は義満夫人日野康子（北山院）に比定している。

(14)『仁和寺文書』永享五年十月十五日および永享六年五月十三日仁和寺宮承道親王令旨案（『富山』六六五・六六七、『氷見』八九・九〇）。

(15)『建内記』文安四年条（『富山』七一〇、『氷見』九三〜九七）。

(16)『仁和寺文書』応永二十一年二月日仁和寺雑掌申状土代・年月日未詳同・年月日未詳斎藤国則申状案（『富山』五九三〜五九五、『氷見』七七〜七九）。また『仁和寺文書』年月日未詳伊田保西猪谷村年貢目録（『富山』五九六）。

(17)『蜷川家文書』八月六日仁和寺宮承道親王令旨（『富山』六六八、『氷見』九一）。山田氏は、「ともさか」について、鞆坂と表記したうえで婦負郡に分類しており、同様の想定に立っていると判断される。

(18)『松雲公採集遺編類纂』一二〇、至徳二年八月二十五日室町幕府御教書写（『富山』四九七、『氷見』七一）。『同』一二七、寛正四年十二月十八日越中国守護代神保長誠書下写（『富山』七九四、『氷見』九九）。本書第二部第一章・第二章参照。

(19) 御料所は、『蜷川家文書』文明九年二月五日御料所阿努荘文書案（『富山』八九四、『氷見』一〇七）、および『諸国御料所方御支証目録』（『氷見』一一八、国立公文書館所蔵、画像公開）。また『蜷川家文書』文明十六年二月一日阿努荘文書案（『富山』九四八〜九五〇、『氷見』一一一）。このとき、蜷川親元の文書は、阿努荘名主百姓中とは別に、「柄坂村」（鞆坂であろう）名主百姓中にも発給されている。鞆坂が別領域であったためかと思われる。

(20) 般若野荘の史料は『富山』に収録されるほか、『砺波市史』資料編一考古、古代・中世（一九九〇年、以下『砺波』）に詳しい解説とともに収録される。般若野荘の研究は多く、なかでも亀ヶ谷憲史「室町期般若野荘地頭方の代官支配の変遷」（『富山史壇』一九四、二〇二一年）は代官という視点で検討し、斯波氏ののち、守護畠山氏が代官であったと指摘している。文書案は、『東寺百合文書』ツ一〇六（『富山』五七六、『砺波』五八六頁）。引用は、『同』ヌ三三〇（『砺波』五九〇頁）。

(21) 徳大寺家の領有については、『砺波』五七八頁以下。『康正二年造内裏段銭幷国役引付』は、『富山』七三一、『砺波』五九八頁。『蔭凉軒日録』七月二十六日条（『富山』一〇五六、『砺波』六一二頁、『大日本史料』同日条参照）。

(22) 『室町幕府引付史料集成』下、兼右卿記天文二年六月記紙背。『大日本史料』該当日条参照。惣持院については、『大乗院寺社雑事記』長享二年三月晦日条、増補続史料大成。湯之上隆「足利氏の女性たちと比丘尼御所」（『日本中世の政治権力と仏教』思文閣出版、二〇〇一年、初出一九九〇年）参照。宝山乾珍については、玉村竹二『五山禅僧伝記集成』（講談社、一九八三年）による。

(23) 『東寺百合文書』ヌ二五〇（『富山』五八一）。

(24) 引用は、『富山』六〇一。『万年編年精要』は『富山』五四九。

(25) 『蔭凉軒日録』長禄四年閏九月六日条（『富山』七六五）。『同』長禄三年十月七日条（『富山』七五四）参照。また、『鹿苑日録』長享元年八月十六日条・同三年五月十三日条（『富山』一〇一一・一〇四六）。

(26) 小布施荘は、免除注文に「とうち寺領」とみえ、等持寺領として免除されている。『康正二年造内裏段銭幷国役引付』でも等持寺領とみえる（『富山』七三一）。一方で、五位荘項で触れた『鹿苑日録』には、五位荘とともに小布施保がみえ、相国寺領としても機能している。五位荘と類似した領有関係だった可能性もある。

免除注文に、「伊勢殿」などと伊勢氏の名がみえる所領は、「上庄」のほか、「うなみ」「かんさわ」「あをやなき」「山むろ」「もりしり」「なめりかわ」がある。高森氏の比定によると、それぞれ宇波（保）・和沢・青柳・山室（保）・森尻（保・荘）・滑川にあたる。『諸国御料所方御支証目録』にみえるのは、宇波・青柳・森尻。森尻は他の史料にも御料所としてみえる（『政所賦銘引付』文明十二年六月七日条、『富山』九一九）。伊勢一族の領有の所見のあるのは和沢で、足利家と由緒深く南禅寺住持の退去寮である常在光院に寄進されている（『蔭凉軒日録』長享二年九月二十六日条、『富山』一〇三六。『伺事記録』延徳二年閏八月十二日条、『富山』一〇六〇）。

山田氏が斯波氏所領と見なした所領のうち、高野七郷（斯波義教領）・野尻保（斯波満種弟少輔領）は、のちに伊勢氏の関わる御料所としての所見がある。文明九年、高野領家職につき、伊勢氏は自らが管理する御料所と述べ、領家職を保持した転法輪三条氏は、先年、地頭方に混ぜて御料所となったと主張しており、少なくとも地頭方はこれ以前から御料所であった可能性がある（『結番日記』四月二日条、『富山』八九七）。また、南北朝期に、高野荘領家職三分一は、安禅寺文林に寄進され（『徳富猪一郎氏所蔵文書』応安五年六月二十九日定煕契状、『富山』四四一）、安禅寺領は、のちの史料で市田郷とみえる（『蜷川家文書』文明十七年九月二日室町幕府奉行人連署奉書案、『富山』九六二）。安禅寺は尼寺で、足利満詮の娘宗峯、後花園天皇の皇女芳苑恵春などが入室している。

野尻保は、『結番日記』文明九年四月十二日条（『富山』八九八）にみえ、伊勢氏の関与が確認される。のち『蔭凉軒日録』延徳二年閏八月二十九日条に「越中野丸者御料所也」とみえ、野尻のことと見なされている。「勢州六七代被仰付」とあって、伊勢氏が管理していたかと思われる（『富山』一〇五九）。

(27)『蔭凉軒日録』長禄二年五月六日条（『富山』七四〇）。香厳院については、京都市埋蔵文化財研究所発掘調査報告『史跡・名勝嵐山』二〇一二―七（二〇一二年）、高鳥廉「嵯峨香厳院住持小考」（『古文書研究』九四、二〇二二年）に詳しい。引用は『蔭凉軒日録』文正元年四月十六日条、増補続史料大成。また『同』文明十八年十二月二十八日条（『富山』一〇〇四）。

(28)『南禅寺文書』康暦元年十一月二十四日中条元威寄進状、康暦二年六月十二日足利義満寄進状（『富山』四八三・四八四）。鹿王院領は『鹿王院文書』至徳元年十一月三日官宣旨（『富山』四九四～四九六、『鹿王院文書の研究』二四三・二四四・二五一）など、大智院領は『鹿王院文書』長禄四年十一月六日室町幕府御教書（『鹿王院文書の研究』四五一）。山家「春屋妙葩と所領―塔頭領の形成と運用―」（『室町時代研究』四掲載予定）補論一で言及した。

(29)『石清水文書』明徳二年十二月二十九日足利義満寄進状（大日本古文書・菊大路家文書一五八）。大方殿については『宮津市史』通史編上（註(11)前掲）六二二頁参照。

(30) もうひとつ事例を挙げると、

一諷〔温カ〕江郷　廿二町一段百八十歩内
　八町八段二百五十五歩　飯尾大和守
　十三町二段三百廿四歩　雲居庵領

おおよそ六割は、天龍寺における夢窓疎石の塔頭である雲居庵の所領、四割は幕府奉行人の飯尾氏で大和守を名乗る系統の所領となっている。一方は在京する幕府奉行人、一方は幕府に近しく、所領経営に長けたと思しい禅院である。明確な根拠はないけれども、雲居庵が郷全体を知行し、飯尾氏は収益を得ていた可能性は十分に想定されよう。

このほか、大石荘については、本書第二部第一章で言及した。

『丹後国惣田数帳』に記載された各所領には、段銭負担者として表記されないものの、他の史料で権益を有するものが確認される場合もある。多くはすでに『宮津市史』通史編上（註(11)前掲）で分析されている。ここでは、宇川保を検討したい。

一宇川保　四拾三町三百卅八歩内
　十一町七十四歩　　地頭　瑞泉院
　　但十町分反銭沙␣汰之␣、
　十一町七十四歩　　地頭　雲居寺
　　但十町分反銭沙␣汰之␣
　廿一町百九十歩　　領家

地頭と領家でほぼ半分ずつ、地頭分は瑞泉院と雲居寺で均分している。雲居寺は、天龍寺雲居庵である。貞治二年（一三六三）の段階で、「宇河庄半分地頭職」は雲居庵領であると確認される（『鹿王院文書』九月二日官宣旨、『鹿王院文書の研究』一〇八）。他の史料をみると、文明十七年（一四八五）に、総持院が「宇河庄」を安堵されている（『蔭凉軒日録』九月十日条）。総持院は、般若野荘項で検討したように、将軍一族の女性が住持する尼寺のひとつであったと思われる。さらに、天文十年（一五四一）には、「御料所」としてみえる（『大館常興日記』十月十二日条、増補続史料大成）。宇川保（荘）は、幕府に近い禅院の所領、将軍子女の住持する尼寺の所領、そして幕府御料所と重なり合いを見せている。

もう一方の地頭である瑞泉院について、詳細は明らかでない。『蔭凉軒日録』には、寛正四年（一四六三）から五年にかけて、瑞泉院を一方当事者とする訴訟がみえる。対象のひとつは、越中国大家荘である。天龍寺僧周宝が瑞泉院の大家荘への押妨を訴えている（寛正四年七月八日条、『富山』七九三）。大家荘は、本文で取り上げた免除注文で「おいの庄　殿御領」とみえ、将軍足利義持の所領となっている。瑞泉院の権益は、将軍の権益のもとで実現していた、あるいはそれを継承した可能性があり、瑞泉院は、雲居庵と同様に、幕府に近い禅院と思われる。おそらく単立の寺院で、あるいは惣持院と同様に尼寺であったかもしれない。なお、南禅寺に瑞泉軒はあるものの、『蔭凉軒日録』には瑞泉軒として登場し、瑞泉院はこれとは別ではないかと思われる。

（補註1）　川本慎自「室町期における将軍一門菩提料所と禅宗寺院」（『寺院史研究』九、二〇〇五年）は、本章第一節と前後して発表され、内容もおおいに関わる。参照されたい。

（補註2）　本章成稿後、山田徹氏の『丹後国惣田数帳』に関わる論考に接した。「室町期丹後国荘郷・領主研究序説—『丹後国惣田数帳』の基礎的考察—」（京都府立京都学・歴彩館京都学推進課編『令和四年度　京都府域の文化資源に関する共同研究会報告書（丹後編）』京都府立京都学・歴彩館、二〇二三年）および「室町期丹後国における荘郷と領主」（『人文学』二一三、二〇二四年）である。詳細かつ丁寧な分析で、在京領主の占める割合は七割五分から八割に達する、守護領と幕府関係所領とは類似するといった指摘をはじめ、領主の規模の格差や階層性、分割支配など、さまざまに展開される論は納得しうるものである。個別事例では、たとえば註(30)で言及した宇川保や瑞泉院について、前者八七頁などに言及がある。また、前者九五頁で「大方殿様」は守護一色義直の室としている。ぜひ参照されたい。

第三部

組織の継承と展開

「廿一口方評定引付」応永 11 年 10 月 10 日条（京都府立京都学・歴彩館東寺百合文書 WEB）

第一章　室町幕府訴訟機関の将軍親裁化

序　節

鎌倉幕府の訴訟機関として思い浮かぶのは、評定、そして引付である。ところが室町幕府のそれとなると、像は曖昧になる。時期による変化が大きすぎるのである。それでも特徴を求めるなら、将軍による訴訟親裁があげられると思う。

正長元年（一四二八）、将軍就任間もない足利義教は、醍醐寺三宝院満済に、次のような意向を伝える。

> 御沙汰ヲ正直ニ、諸人不ㇾ含二愁訴一様ニ、有二御沙汰一度事也、仍如ㇾ旧評定衆并引付頭人等被二定置一度也、此一段又管領ニ可二相談一由、被ㇾ仰了、(1)

ここでは引付頭人や評定衆を、「旧の如く」置こうとしている。室町幕府初期まで機能していた引付・評定は、すでに開催されていないのである。しかも、この時引付などが再興された形跡はなく、代わりに、『御前落居記録』にみられるように、将軍義教と奉行人とで成り立つ場の整備が行われた。評定や引付は合議機関であり、将軍が裁決を下す将軍親裁機関とは対極的な位置にある。その間の変化は甚大なものと言わねばなるまい。この変化の過程を具体的に跡づけるのが、本章の目的である。

佐藤進一氏が「室町幕府開創期の官制体系」[2]で述べられたように、すでに幕府初期、足利直義引付方の親裁機関化を漸次進めている（以下、この論文を典拠とする場合は佐藤○頁と記す）。そこで、引付方が親裁化される過程を検討するのが、本章の最初の課題となる。評定は、直義の親裁機関であるが[3]、その裁決権は形式的なものにとどまったと考えられるため、検討の対象としない。

直義失脚後、佐藤氏の示された概略によると、引付方は次第に権限を失い、管領の支配下に組入れられる。しかし、桑山浩然氏の言を借りるなら、「前代の引付方（中略）が扱っていた様な裁判事件を誰が、どのように決裁したかという点になると、必ずしも明らかでない」[4]。そして前述したように、将軍と奉行人とで成り立ち、管領の関与しない訴訟の場が、少なくとも義教の時代には存在し、おそらく足利義満執政期にまで遡りうると推測される。また他に、管領が主催し、将軍の出座のない訴訟の揚の存在も確実である。引付方親裁化ののち、どのような過程を経て、将軍主催の場と管領主催の揚の併設という形が整えられるのか、この検討が本章のもうひとつの課題である。その際、小川信氏が『足利一門守護発展史の研究』[5]で示された数々の事実は、大きな手懸りとなる（以下、この著書を典拠とする場合は小川○頁と記す）。

将軍親裁機関の確立の過程を追うことは、室町幕府の確立過程の検討にもつながるであろう。なお、本章で対象とする訴訟は、引付の管轄事項であり、幕府が処理する訴訟の中心をなすと考えられる所務沙汰である[6]。

第一節　引付方の変遷

第一項　内　談　方

室町幕府初期の引付方（内談方）の審議過程には、鎌倉幕府のそれと比べ、基本的な変化はない。『師守記』によると、[7]康永三年（一三四四）六月「問答」が行われた訴訟は、八月二十五日に「逢二評定一有二沙汰一、猶被レ返二引付一」、二十七日に「逢二取捨一」、そして翌日「重於二引付一有二沙汰一」と処理されている。引付方（厳密には内談方）[8]で問答・取捨ののち評定に上程し、引付方で再審理を行う、という経過は、『沙汰未練書』[9]などにみられる、鎌倉幕府の審議過程と一致する。

しかし、直義管轄下の引付方（内談方）は、鎌倉幕府の引付と同一ではない。両者の相違は、引付頭人奉書（内談頭人奉書）の内容に表われる。室町幕府の引付頭人奉書には、所領押妨の排除を目的とした出訴をうけて、守護に対し、訴人への係争地の交付（沙汰付）を命令し、あわせて異議ある者の弁明の取次も命じる、という内容が顕著である。この奉書は問状に類するけれども、ときには、前述した過程を経ずに、訴訟を完結させてしまう役割も果たす。このような内容の文書が発給される手続を、石井良助氏は特別訴訟手続と呼ばれた。[10]氏の指摘のように、この手続の淵源のひとつは、延慶二年（一三〇九）の鎌倉幕府追加法にある。下文や外題により安堵がなされている所領が押妨された場合、

於二所領一者、任二御下文・外題一、可二沙汰付一、至二相論一者、就二理非一、可レ被二成敗一、[11]

先の内容の引付頭人奉書は、この規定の適用範囲を拡大したもので、訴人の根拠の種類を問わず、まず訴人に対し原状を回復したのち、異議あらば引付方で理非相論を行う、という方針によっていると解される。引付方は、合議機

関であるがゆえに、個人の親裁機関と比較して、理非審議の場という性格が強い。特別訴訟手続にみられる引付方の変化には、十分注意を払わなければならない。

さて、内談方は、引付方を継承して康永三年に成立した機関である。佐藤氏によると、内談方には、引付方にみられなかった直義の出座があった（佐藤二二一頁）、即ち、内談方は直義の親裁機関で、引付方とは異なるのである。では、内談方はいかなる経過で親裁機関として成立するのか。以下、この点を仁政方との関係で考えてみたい。

佐藤氏は、直義による引付方親裁化の一過程を示す史料として、暦応三年（一三四〇）四月の幕府追加法に注目されている（佐藤二二〇頁）。この法は、「寺社本所」が「下知・御教書」に基づく権益を、狼籍などにより実現できないとき、

奉行人令レ随二身文書一、直令二披露一者、可レ被レ裁二判罪名一之旨、可レ触二仰五方引付一焉、(12)

と定めている。奉行人が直接披露する相手は、引付方を管轄する直義であり、押妨排除という、引付方が果たすべき役割に、直義が関与していることがわかる。対象となる訴訟は、裁許下知状などを根拠とする権益が、押妨により実現しないため、提起されたものである。この点に注目すると、翌年の幕府追加法は関連した内容であることに気づく。

一　雖レ給二御下文一不レ知二行下地一輩事　　暦応四　三　十　仁政内談

不レ可レ為二仁政沙汰一歟之由、前々内談訖、可レ為二引付行事一之間、向後不レ可レ有二其沙汰一也、(13)

下文を獲得したにもかかわらず、領有が実現しない場合の訴訟は、仁政方ではなく引付方で審議することが確認されている。ここから仁政方の所管訴訟を推測すると、下文以外の形で幕府から認められた権益を実現しようとする訴訟だと思われる。下文以外の形とは、裁許下知状などである可能性が高い。すると、仁政方とは、暦応三年法から窺われる、奉行人が直義に披露する場なのではないだろうか。仁政方は、直義親裁の場で、押妨者の罪名を決定することで、引付方を補完する役割を果たしていたと推測される。

では仁政方はなぜ下文を根拠とする権益の実現を図れなかったのか。下文は、直義署判による安堵を内容とするものと、足利尊氏署判による恩賞宛行を内容とするものに区分されるが、量の面では後者が圧倒的に多い。暦応四年法にみえる下文とは、おそらく尊氏発給の恩賞下文であり、この法は、尊氏が認めた権益を実現しようとする訴訟を、直義親裁機関である仁政方で扱うのを自重することが目的であったと見なしうる。仁政方の管轄範囲は、直義管轄機関でなされた裁決にとどまるのである。引付方は直義の管轄機関であっても親裁機関ではないので、引付方の審議から生じる問題はより少ないであろう。

以上推論を重ねて、直義による引付方親裁の一過程に、仁政方を位置付けてみた。この推論を裏付けるため、直義の時期のもうひとつの仁政方の史料を次に検討しよう。

> 属㆓明石因幡入道法準㆒、掠㆓賜御下文㆒之条無㆑謂、於㆓仁政方㆒可㆓安堵㆒之由、頼持捧㆓申状㆒之間、於㆓内談㆒有㆓沙汰㆒之刻、頼持亦、於㆓恩賞方㆒為㆓斎藤左衛門大夫利泰奉行㆒当郷以下本領相違事雖㆑申㆓子細㆒、不㆓道行㆒之由就㆓愁申㆒、可㆓糺明㆒之旨被㆑仰㆓内談㆒訖、仍為㆓雑賀民部大夫貞尚奉行㆒、依㆑尋㆓下（遠山）景房㆒、捧㆓陳状㆒[14]訖、

長井仁源代頼持と遠山覚心の子景房代心光との相論を伝える直義裁許状の一部である。相論の対象は、美濃国遠山荘手向郷地頭職。複雑な経緯ののち、建武四年（一三三七）に長井仁源が還補下文を得る。この下文は「如㆑元可㆓領掌㆒」という内容であることが裁許状から知られ、おそらく直義の署判する安堵下文であろう。しかし翌々暦応二年、今度は覚心に恩賞下文がなされる。それをうけた長井仁源の行動が引用部分で、貞和三年（一三四七）に発給されたこの裁許状の中心部分である。長井仁源の雑掌頼持の出訴先は、恩賞方と仁政方である。恩賞方では、手向郷などの「相違」を訴えており、手向郷に限定すると、覚心が獲得した恩賞下文の棄損を求めていることとなる。一方、仁政方では、「安堵すべし」と、建武四年の直義の安堵下文を根拠に、仁源への安堵を求めている。それには当然、覚心の恩賞下文の棄損も必要であろう。

仁源が両機関に同内容の訴訟を提起したのは、両機関の管轄者が異なるからと考えられる。恩賞方の管轄者は尊氏であることから、仁政方は直義の管轄であるとわかる。また、仁政方は直義管轄機関でなされた決定を実現させる場であったことも確認される。

だが、この史料で最も注目すべきは、仁政方に出訴された訴訟が「内談」で審議されていることである。「内談に仰せらる」という表現から、この内談は、評定を意味する一般名詞ではなく、一個の機関としての内談方を指していると思われる。仁政方で審議が行われなかったのは、論人景房が尊氏の恩賞下文を根拠としているためであろう。尊氏発給文書と直義発給文書の間の調整が必要なのであり、内談方がこの訴訟を担当したのは、その調整の役割を担っていたからではないだろうか。

類似する訴訟例を検討しよう。

> 右就二両方解状一、召二決内談之座一訖、（中略）当郷者、為二元弘没収之地一、道祐（三浦）拝領之処、称二本寺領一雑掌掠二給安堵状一之条、令二依違一之由、頼円依レ訴二申之一、於二一方内談（依田左衛門尉貞行奉行）一有二其沙汰一、被レ返二渡禅律方一之間、所二糺決一也、(15)

貞和二年の直義裁許状の一部で、相論は、越後国奥山荘内金山郷をめぐり、三浦道祐（代頼円）と称名寺との間に起きている。まず、建武三年十二月に称名寺が安堵状を得る。一方道祐は、建武四年六月に恩賞としてこの地を拝領する。道祐はすぐに、おそらく遵行乱妨が原因で、禅律方に提訴するが、十一月、称名寺には重ねて施行をなし、道祐には替地を与えるという裁決が下る。それを不服として、道祐は、引用部分にみえるように、安堵状の棄損を要求する訴訟を起こす。称名寺の所持する安堵状は、直義の御判御教書である可能性が高い。直義管轄の禅律方でなされた裁決の伝達形式が、安堵状の施行であることもその根拠となろう(16)。ゆえに、道祐の訴訟は、恩賞下文を根拠として、直義の御判御教書を棄破することを請求するものとなる。この訴訟がまず内談方で審議され、禅律方に渡されたのちも、内談方で口頭弁論が行われていること、つまり、審議の場の中心が、禅律方ではなく内談方であることが注意される。尊氏・直義の発給文書間の相論を扱うのは、内談方の特質と見なしうるであろう。

このような相論はこの時期多発したと想像される。内談方成立以前では、直義発給文書を獲得している側が仁政方に出訴しても、相手側の罪名決定は不可能に近い。ゆえに引付方での理非究明に委ねることとなるが、親裁機関ではないものの直義管轄下にある引付方で、尊氏の行為の是非を判断するには困難を伴うであろう。そこで、尊氏・直義の発給文書間の相論を審議する必要に応じ、引付方の権限を強化する形で成立したのが内談方であると考えられる。内談方がこのような相論を処理しえたのは、直義が内談方の審議に出座する反面、一方内談頭人として、将軍尊氏の執事である高師直が参加したからである。師直の参加により、直義は、恩賞下文を根拠とする権益の実現を図る訴訟を扱い、尊氏の恩賞下文発給の是非を判断することが可能となったのである。

佐藤氏は、内談方成立とともに引付方が中絶したか否かについては、断定を避けられている（佐藤二三五頁）。しかし、内談方成立の頃から引付頭人奉書と見なすべき文書の残存例がなくなることから、引付方は、内談方に改編されたと捉えうると思う(17)。

第二項　御前沙汰

内談方も永くは存続せず、貞和五年八月頃にその活動を終える。十月、足利義詮の上洛を機に、五方引付が再開されるが(18)、高一族の没落に伴い、翌々観応二年（一三五一）三月頃には、直義主導下に再編成される。だが半年も経ないうちに直義は京都を出奔し、すでに七月頃には引付方は活動を停止している（以上、佐藤一九一頁など）。

引付方の中絶により、特別訴訟手続による引付頭人奉書も姿を消すが、それと同内容で別の形式の文書が、直前の六月から発給され始める。すなわち、義詮の御判御教書である（小川二〇六頁）。守護などに対し、押妨排除と訴人への論地交付を命じる、つまり知行回復命令を内容とする御判御教書は、義詮の死までほぼ一貫して発給される。その発給手続について、佐藤氏は「所領を押領されたという訴訟については、引付に訴えずに直接に義詮のもとに訴える。義詮は（中略）ただちに押領人に押領地返還命令を発する」(19)とされるが、訴人が訴えるのは具体的にはどのような場で、何と呼ばれていたのか。

義詮の晩年、貞治六年（一三六七）六月二十七日、「寺社本所領事」という事書が定められた。その事実を伝える『師守記』の記事を引用する。(20)

　去月（六月）廿七日武家有㆓沙汰㆒、出㆓事書㆒、先山城国寺社本所領事、武家押領所々、可㆑有㆓厳密沙汰㆒之旨有㆓沙汰㆒、奉行人三人被㆑定㆑之、自㆓明日㆒可㆑被㆓始行㆒、大樹（足利義詮）出座可㆑被㆑聞㆑之（中略）違乱所々。〔可㆑〕被㆑成㆓御教書㆒、

このとき指定された奉行人は、布施資連、雅楽道観、松田貞秀。翌日条からこのほか二階堂行元、小田常陸前司、安威性遵の出仕が知られる。そして九月十日に、中原家の山城国所領について評議がある。

　今日御前沙汰有㆑之、乙訓上村御稲内富坂御稲兵庫助入道跡之輩半済事、令㆓披露㆒云々、奉行布施弾正大夫資連云々、

十四日には、この所領につき「大樹判形御教書被㆑成㆑之」、日記には、押妨停止と訴人への交付を内容とする御判御教書が引用されている。義詮の御判御教書が発給される場は、御前沙汰と呼ばれていたことがわかる。そして義詮の臨席が確認されるとともに、その場は、基本的に荘園領主（寺社本所）勢力擁護の立場に立つことも窺われる。

御前沙汰に関する他の史料として、文和四年（一三五五）の、上桂荘の押妨を訴えた東寺の申状の一部を引用する。

　而浄土院非㆓当知行㆒、以㆓何篇㆒於㆓御前㆒御沙汰之砌可㆑捧㆓訴状㆒哉、早可㆑被㆓棄捐㆒□、(21)但如㆓奉行人返答㆒者、可㆑被㆑尽㆓理非㆒云々、若為㆓別儀御沙汰㆒於㆓御前㆒。〔可㆑〕被㆑究㆓訴論人。〔之〕理非㆒者（以下、虫損）

御前沙汰という表現そのものは用いられていないが、この頃御前沙汰が存在していたことが確認される。『師守記』の記事では、御前沙汰は貞治六年に開始されたかのようであったが、それ以前から存在したのである。御前沙汰

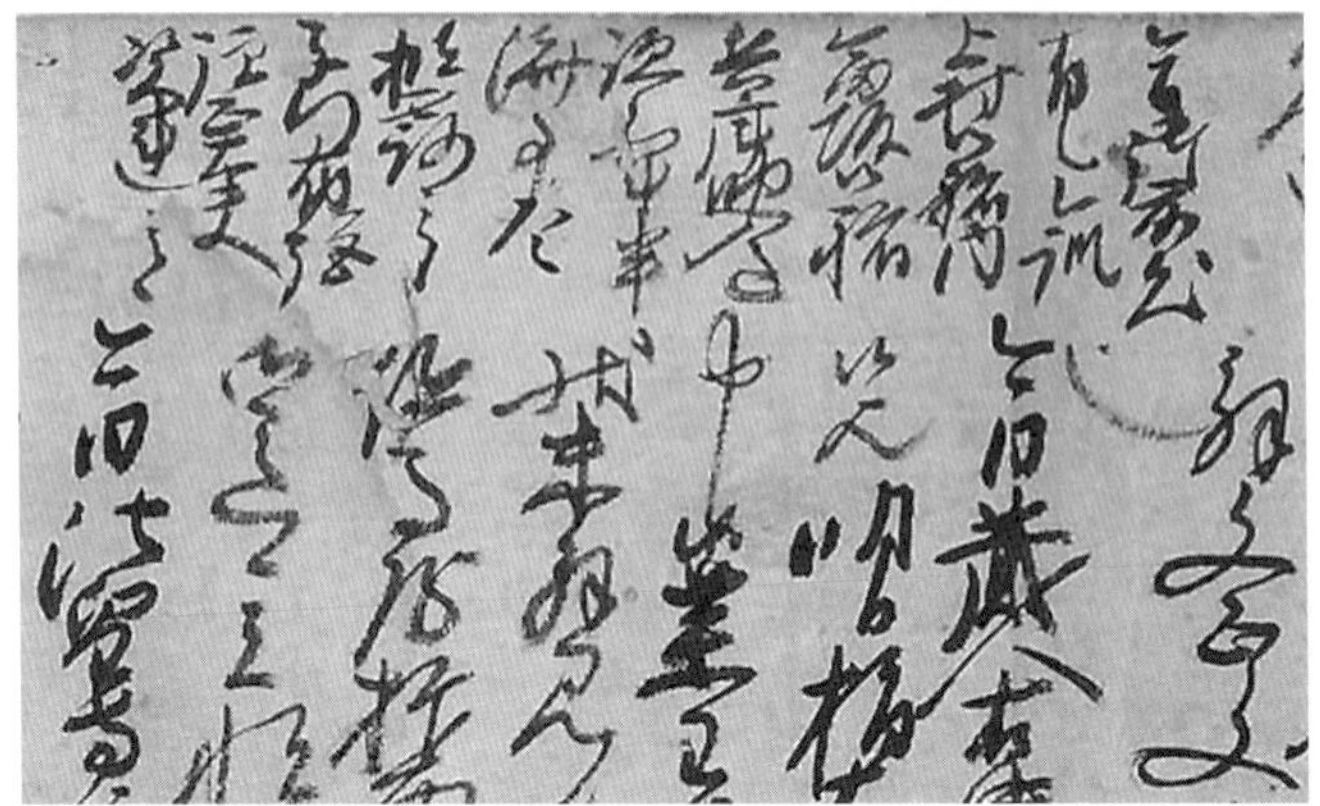

図 13 『師守記』貞治 6 年 9 月 10 日条（国立国会図書館ウェブサイト）
御前沙汰の記事は，上部余白への追記にみえる。

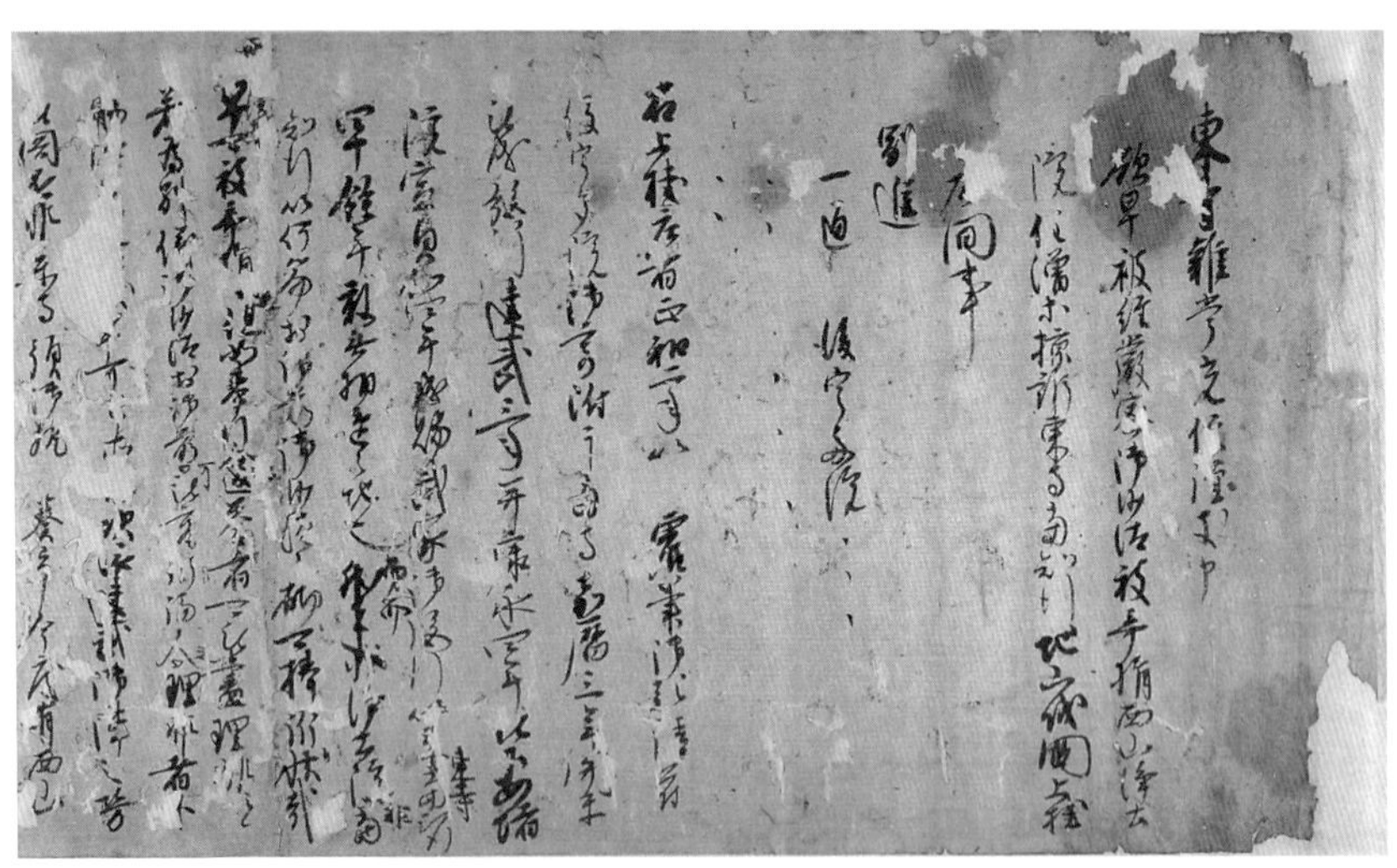

図 14 東寺雑掌光信陳状案（文和 4 年 9 月日，前半部分，京都府立京都学・歴彩館 東寺百合文書 WEB）

とは、基本的には恒常的な場で、ときに集中審議を行ったと解される。このように、知行回復命令を内容とする義詮の御判御教書は、御前沙汰で発給されたと断定しうる。

先の引用史料で、御前沙汰での理非究明は例外的措置だと述べられているのは注目に値する。引付方が基本的に理非究明の場であるのと対照的に、御前沙汰は、通常理非相論を扱わない場なのである。その性格の差異は、知行回復命令の内容にも反映している。義詮の御判御教書による知行回復命令は、異議ある者の弁明の取次を命ずることはあまりなく、基本的に理非相論は想定されていない。

於二理非一者追可二糺決一、至二下地一者如レ元沙二汰-付寺家一、可レ被レ全二本知行一、[22]

御判御教書にみられるこの文言は、義詮の主眼が理非究明でなく知行回復にあり、そのため遵行の徹底を目指したことを明確に示している。

ここで、御前沙汰と直義管轄機関、特に引付方・内談方との系譜関係をたどっておこう。高一族没落前の観応元年三月、但馬国雀岐荘に関し、引付頭人長井高広奉書が発給されている。訴人門真寂意の主張を中心に引用する。

所詮於二御寄合一有二其沙汰一、於二惣庄領家職一者、打二渡雑掌一、至二公文職一者、為二志津田彦三郎入道跡一之条雑掌無レ論之間、寂意(門真)令二知行一、理非者可レ為二引付沙汰一之旨、被二施行一之処、以二公文職名田畠一悉沙二汰-付領家方一云々、事実者太不レ可レ然歟、[23]

観応元年以前の時点で「寄合」が存在したこと、寄合とは引付方と異なる場で、その上級審的位置にあること、そして寄合の管轄事項は理非究明でなく、所領の強制的交付の命令であることがわかる。

また「施行」という表現から、寄合は独自の命令系統をもっていたと推測されるが、その点で注目されるのは、関連史料中の前年十二月付高師直奉書である。この奉書では、坊門為名の雑掌、すなわち寂意の相手方で領家職を保有するものが、寂意押妨を訴えたのをうけ、公文職以外の惣荘村々を雑掌に、公文職を寂意に交付するよう命じており、前の引用にみえる寄合方の決定と内容が一致する。寄合の発給文書は師直奉書であろう。直義排斥に成功した師直が、寄合の実権を握っていたと推測される。

寄合方[24]は、所領の強制的交付を行うという点で引付方の権限を一部吸収・強化しており、仁政方の性格に通じる。だが、仁政方はあくまで理非究明の結果に基づき所領を交付することを目ざすのに対し、寄合方は、理非相論とは別個に所領交付を行う。この点に注目すると、寄合方は、引付方に存在する特別訴訟手続を強化した機関と捉えるべきであろう。この解釈に立てば、寄合方に、仁政方にはなかった独自の命令系統が存在するのも納得される。

義詮の御前沙汰は、まさにこの寄合方の機能を継承した場である。義詮の御判御教書では、理非相論と別個に所領の交付を命じ、また御前沙汰は独自の命令系統をもっている。

さて、前述のように、引付頭人奉書が一時的に姿を消すのは、知行回復命令を内容とする義詮の御判御教書が登場する次の月にあたる。つまり御前沙汰の成立とほぼ同時に、引付方は中絶している。ところが翌正平七年（文和元）五月までには引付方は活動を再開する[25]。御前沙汰が存在するにもかかわらず、なぜ引付方は再開されたのか、引付方と御前沙汰はいかなる関係にあったのか。

引付方再開後、はじめて五方引付の存在が確認されるのは、十一月の「寺社本所領事[26]」という幕府追加法である。まず前半部分では、寺社本所領に関する遵行が順調に行われない場合の、引付方での調査の重要性を指摘し、五方引付に対し、論人などの召喚、論人の主張に理が認められたときの評議、などを命じている。この遵行とは、知行回復命令の遵行と考えて間違いあるまい。すなわちこの部分では、寺社本所領に関する知行回復命令において、引付方での理非究明を重視している。それは結局、論人に弁明の機会を与えることとなる。論人とは、遵行を乱妨するもの、寺社本所領を押領するものであり、中心は「地頭御家人」であったと想定される。地頭御家人が、荘園領主勢力保護を主眼とする義詮の知行回復命令に、幕府の法廷で対抗するためには、自らの理を主張するより道はなく、その主張の場たりうるのは引付方であろう。すでに佐藤氏が示唆されていることではあるが（佐藤一二二頁）、引付方再開の背後には、地頭御家人の要求を想定すべきである。

理非究明が重視されるということは、理非相論を想定しない場である御前沙汰の無力化であろうか。法令の後半部分には、予想に反することが記されている。

次施行事、於二初度一者、雖レ為二向後一、可レ為二御教書一、至二重催促一者、遣二奉書一、可レ経二次第沙汰一之条同前、

施行とは、幕府から守護などへ命令を伝達するという意味で、知行回復命令と考えられる。ここでは、その命令を伝達する際の、御教書と奉書の使い分けが規定されている。前半部分で引付方が問題にされているので、引付頭人奉書が規定の対象となることは十分に考えられる。そして知行回復命令を行う文書としてもう一種類、義詮の御判御教書が存在する。おそらく御教書とは御判御教書、奉書とは引付頭人奉書であろう。後半部分は、初度の知行回復命令では以前と同様御判御教書を発給し、二回目は引付頭人奉書を発給して、のち引付方で審議するという内容と考えられる。

この法は、御前沙汰の開催が、引付中絶期の臨時措置にとどまらないことを前提としている。その場合、御前沙汰と引付方の役割は、知行回復命令を行う点で類似する。しかし両機関は、文和元年の段階では一方への吸収や統合ということなく、同一訴訟を扱いつつも、訴訟の審議段階で管轄を区分することにより、各々の独立性を保ち、独自の文書を発給するよう規定されたのである。そして重要なのは、訴訟を最初に扱うという点で、御前沙汰が引付方に優先していることである。この法令の主眼は、引付方の重要性を認めながらも、引付方を御前沙汰の下位に置くことの表明にある。前半部分では、第二段階である、引付頭人奉書発給後の引付での理非審議を重視しているにすぎないのである(27)。

御前沙汰の統制下に置かれた引付方は、延文二年（一三五七）六月頃、再開から五年ほどで再び中絶する（小川一

九八頁)。今回の中絶の契機について、『園太暦』七月二十九日の記事は示唆を与えてくれる。

　伝聞、今日武家評定之次、寺社本所領事、定二制法一、厳密可レ有二沙汰一云々、

そして翌月三日条、

　今日又武家沙汰也、始二寺社本所領等事一云々、[28]

二十九日に寺社本所領に関する法が定められ、それに基づいて特別な審議が開始されている。先に検討したように、貞治六年に寺社本所領に関する事書が定められ、山城国に対象を限定した特殊な御前沙汰が開始されていた。この例から類推するならば、延文二年七月の時点でも、なんらかの特別な御前沙汰が開始されたのではないだろうか。対象の限定は確認されないけれども、御前沙汰が強化されたと思われる。引付頭人奉書の残存例は、この前月を最後にしばらくなくなる。引付方の中絶は、御前沙汰の強化を契機としてなされたと考えられる。

延文二年の中絶は、観応二年時の、政治状況混乱時の中絶とは状況が異なる。また康永三年時の、引付方権限の内談方への吸収とも異なる。内談方は、原則として理非究明を行う場であるが、御前沙汰は理非相論を扱わない。延文二年の時点では、理非究明の場が、理非相論を扱わない場の強化を契機として、活動を停止しているのである。この活動中絶は、引付方の実質的な生命の終焉を意味していると考えられる。

引付方は、仁政方、内談方、御前沙汰と、親裁機関に徐々にその機能を吸収され、ついには実質的な存在意味を失う。これらの親裁機関は二種類に分けられる。ひとつは、理非を強力に決定することを目的にするもの、もうひとつは、理非決定よりも所領交付に強制力を発揮することを目的とするものである。前者の特徴を持つ機関は内談方であるが、義詮の時期には継承されない。一方、後者の特徴は、すでに幕府初期から、引付方（および内談方）における特別訴訟手続にみられるが、御前沙汰によって強化された。そして理非究明の場である引付方の廃止に繋がったのである。

ではなぜ親裁機関にふたつの傾向が生じたのか。注意すべきは、二傾向の代表である内談方と御前沙汰では、主催者が異なることである。直義と義詮の違いに、二傾向の生じた原因があるのではないだろうか。

義詮は将軍である。しかし直義は将軍近親者ではあっても将軍ではない。慎重な検討を要する問題ではあるけれども、少なくとも地頭御家人が関与する所領についての訴訟に対して、将軍は主従関係に淵源を持つ裁決権を有したと考えられる。ゆえに、義詮は将軍固有の裁決権を行使しうる。だが直義は、将軍の裁決権を行使することができないのである。

無論、御前沙汰開始時に、義詮は将軍ではない。だが、小要博氏が指摘された事実、文和初年の尊氏関東下向時に、尊氏・義詮が地域を分割して統治し、義詮は西国に関し、恩賞下文発給などの将軍権限を代行したことは、重要な意味を持つ[29]。義詮が、将軍を継承する人物と期待されていたことを明確に示すのみならず、尊氏下向より五か月前に開始され、そのまま継続された御前沙汰の基盤となったと考えられる。

佐藤氏が指摘されたように、直義は、権力の基盤を、鎌倉幕府秩序の支持者、具体的には評定衆などおよびそれらによって構成される諸機関に置いている（佐藤二一八頁）。言い換えるならば、直義は、自らの裁決権の基盤を、合議機関、それも三方と複数からなる合議機関が実質上持つ裁決権の上に置かざるをえなかったのである。それゆえ、直義は理非を重視しなければならない。一方義詮は、将軍固有の裁決権を行使しうるゆえに、真の親裁の場を形成し、理非をも越えうる力を発揮することが可能となる。義詮は、けっして引付方の組織を自らの親裁機関に取り込むことはしない。地頭御家人の押妨を排除することを主眼とする御前沙汰は、義詮にしてはじめて可能だったのである。引付方が廃止され、義詮の親裁がひとまず完成するのは、尊氏の死のわずか九か月前である[30]。

第二節　御前沙汰の変遷と恩賞方

第一項　親裁機関としての整備

引付方の将軍親裁化は、引付方の実質的廃止という形で完成したが、将軍主催の場が確立するには、いまだ曲折が予想される。将軍親裁機関であるため、御前沙汰は、取扱う内容こそ異なるものの先行する将軍親裁機関である恩賞方から、多大な影響をうけたと予測される。そこで以下、恩賞方と対比しながら、御前沙汰がどのように整備され、さらには変化を遂げていくのかについて、検討したい。

まず恩賞方を明らかにするため、尊氏の恩賞方を取り上げ、その審議過程をみよう。

> 次恩賞事、建武以来軍忠抜群之間、為ニ津戸出羽入道(道元)奉行一被レ経ニ御沙汰一、已被レ渡ニ于所付方一畢、[31]

ここにみえる「所付方」の機能を、より精細に示すのは次の史料である。

> 依レ致ニ軍忠一、為ニ雑賀隼人入道(西義)奉行一被レ経ニ御沙汰一、被レ渡ニ所付一之間、依レ為ニ由緒一、就レ望ニ申彼闕所一、自ニ去康永二年一至ニ于当年一六ケ年之間、或対ニ于当給人一、或被レ尋ニ下守護人一、重々被レ経ニ御沙汰一、闕所之条無ニ子細一之間、欲レ預ニ御下文一之処、[32]

これらの史料から、恩賞審議は二段階に分けられていたことがわかる。第一段階では、軍忠の程度を審査して、恩賞の有無やその規模を決定し、第二段階では、恩賞給与の決定をうけて、実際に所領を特定してその調査を行う、この段階を担当する機関が所付方である。

所付方は、恩賞審理の一部分を担当するのであり、あくまで恩賞方の一部局である。しかし反面、「方」という名称から、一定の独自性をもつ場であったとも推測される。第二段階を担当する場が独自な性格をもったのは、おそらく、その構成員が第一段階と異なっていたからであろう。恩賞給与の場である恩賞方には、将軍尊氏の出座があったと予想される。しかし、所務沙汰を自らの管轄下に置かない尊氏が、特定の所領を調査する第二段階にまで直接関与したとは考え難い。第二段階を審議する場は、尊氏が出座しないゆえに、恩賞方のなかで独自な位置を占めたのであろう。所付方の主催者は、将軍の代行となりうる人物であり、将軍の執事である高師直に比定されると思う(33)。所付方で、守護などに特定の所領の調査命令を出していることから推測すると、下文発給後守護に宛てて施行状を発給するのも、所付方の管轄と考えられるが、施行状が師直の署判する執事奉書という形式をとることは、先の比定を裏付ける。

このように、恩賞方は、基本的に将軍と執事で成り立つ場と考えられる。一方、御前沙汰には当初執事は参加しない。仁木頼章が、師直没落後執事となるのは、御前沙汰成立よりのちで、しかもすぐに尊氏に伴って関東に下向してしまう。しかし、その後、恩賞方の影響により、御前沙汰に執事が参加するようになると推測される。

執事参加の痕跡は、執事奉書の内容に残されている。小川氏が指摘されたように、義詮執政期の執事奉書には、御判御教書と同様な、守護などに対する知行回復命令を内容とするものがある。事例は帰京後の仁木頼章、細川清氏、そして斯波義将、義詮執政期の執事三者すべてにみられる。頼章は、引付頭人として発給した可能性も残るので、一応除外しても、清氏・義将のものは、引付方中絶期の所見であり、執事として発給したことに間違いはない（小川一九六頁以下）。高師直は、知行回復命令を内容とする奉書を、執事の立場では発給しなかった(34)。清氏などにそれが可能だったのは、知行回復命令を発する場である御前沙汰に参加していたためであろう。執事の権限である恩賞下文の施行は、所領交付を命令するという点で知行回復命令と類似しており、執事はその権限をもとに、御前沙汰で知行回復命令の奉書を発給したと考えられる。御前沙汰は、少なくとも義詮が名実ともに将軍である時期には、将軍と執事を中心に構成され、その点で恩賞方と同一化していたと考えられる。

義詮没後、幼少の義満に代わり政務を執ったのは、執事細川頼之である。その時期、御前沙汰はどのように変化しただろうか。

頼之の奉ずる執事奉書にも、知行回復命令を内容とするものが多い。小川氏が指摘されているように、その知行回復命令は、義詮の御判御教書によるものを継承したと捉えうる[35]（小川二二八頁）。知行回復命令を内容とする頼之奉書が発給される場、つまり義詮の御前沙汰に相当する場を明らかにしよう。

畑庄半済事、武家奉書成レ之、行算持二参之一、奉行人飯尾左近将監（円耀）入道也、一昨日（六日）仁政沙汰ニ披二露之一、今日取レ判出レ之、[36]

応安六年（一三七三）、特定の所領で事実上の半済が行われており、その停止命令が「奉書」でなされている。守護に遵行を命ずる形式と想定される「奉書」は、引付頭人奉書と見なすことも可能であるけれども、訴訟が披露された場は引付方ではない。むしろこの「奉書」こそ頼之奉書で、その発給される場が仁政沙汰ではないだろうか。

今日武家仁政沙汰也、当社領矢橋庄事、令二落居一云々、[37]

この応安四年の記事の後に、同日付の頼之奉書が引用されており、仁政沙汰とは、頼之奉書を発給する場であると確認される。また、頼之奉書の宛所の書き方につき奉行人が「伺申」したのに対し、頼之が指示を与えていることから、仁政沙汰は頼之が主催したことも確認される。もっとも、この奉書は「地頭・領家為二各別地一之上者、可レ被レ全二雑掌所務一」という内容で、安堵と見なすべきである。しかし、所務に関する審議の結果なされたことは間違いなかろう。

恩賞方は、『花営三代記』によりこの時期の存在が確認される[38]。そして恩賞宛行は、頼之署判の奉書形式の下知状でなされている。恩賞方も、仁政沙汰と同じく、頼之が主催したのであろう。義詮の時期にみられた、御前沙汰と恩賞方の構成員の面での同一化は、仁政沙汰と恩賞方を頼之が主催する形で、頼之執政期にも継承されたのである。

義満は応安五年十一月に判始を行い、のち永和初年にかけて、本来将軍が持つべき権限を、頼之から継承する（小川二三三頁）。仁政沙汰はどのような状態であろうか。

　依二大樹（足利義満）労一〈本命歟、〉、今日仁政沙汰不レ行云々、又明日引付沙汰同停止云々(39)、

永和二年（一三七六）の時点で、仁政沙汰の存在が確認される。義満の病気によって中止されていることから、その主催者は義満と推測される。この仁政沙汰は、頼之の仁政沙汰を継承したもの、すなわち義詮の御前沙汰の系譜をひくものとみて間違いあるまい。また同じ頃、

　武家有二恩賞沙汰一云々、例事也、

恩賞沙汰も存在している。

仁政沙汰と恩賞沙汰の具体的な姿は、『御評定着座次第』至徳二年（一三八五）条から知ることができる(40)。正月十二日評定始の記事のあと、十二月十二日御恩沙汰・同十七日仁政御沙汰とあり、出仕した人々が各々記されている。御恩沙汰は恩賞沙汰と同一であろう。この記事で、御恩沙汰と仁政沙汰の着座者が共通しているのは注目に値する。義満、(41)管領斯波義将、そして二階堂、問注所、波多野、さらには奉行人二名。そのあと披露奉行人としてそれぞれ四人の名も挙がっているが、うち二人は共通する。構成員の面での御前沙汰と恩賞方の同一化は、義満の時期にうけつがれているのである。

ところが、仁政沙汰の記事のあと、

　今年中御沙汰、以上七箇度也、

と記されている。この「御沙汰」とは、直前の仁政沙汰を指すのか、御恩沙汰・仁政沙汰両者を指すのか、明確でない。しかしいずれにせよ、仁政沙汰などが頻繁には開催されなかったことを示している。すでに実質的な意味を失い、形式化しているのである。

恩賞沙汰の場合、形式化の理由として、恩賞宛行の下文が、尊氏のものと比べ著しく減少してきていることがあげられる（小川二四四頁）。しかし、仁政沙汰には扱う件数の減少は考え難く、形式化の原因はその内部に求めるべきであろう。次項では再び恩賞方と比較しつつ、御前沙汰内部の問題をさぐり、さらには仁政沙汰・御恩沙汰に代わる機関の確立につき検討を試みる。

第二項　新たな機関の確立

問題は執事の位置にある。恩賞方では、執事は将軍とある程度権限を分担し、自ら場を主催して、独自の内容の文書を発給する。ところが、御前沙汰は知行回復命令だけを行う機関であるため、分担すべき権限はなく、執事奉書による知行回復命令は、御判御教書によるものと同一である。この相異は、所付方の有無に象徴されている。

では、御前沙汰発給の両種の文書はどのように使い分けられたのか。小川氏が指摘されたように、執事細川清氏の奉書による知行回復命令は、延文五年の後半三か月に集中し、その間、義詮の御判御教書によるものは全くみられない（小川二〇〇頁）。この時期は、仁木義長追放直後、清氏自身の没落の半年前にあたり、清氏は、絶頂にあった自らの勢力をもとに、義詮の権限を執事のものとしたと考えられる。所領交付を守護に命じるのは本来執事の権限であるという点に、執事が介入する理由がある。御前沙汰での発給文書の使い分けは、時々の、将軍と執事の力のバランスの反映と見なされ、両者の間に軋轢が生じていたことを窺わせる。

そして、この軋轢の結果起きたのが、貞治二年八月頃の引付方復活と見なされる。小川氏によると、知行回復命令を内容とする執事義将の奉書は、貞治二年七月に一例あるにもかかわらず、翌月の引付方再開以降には所見がない。一方、再開された引付方の特徴は、引付頭人斯波義高の奉書が、残存する引付頭人奉書の過半を占める点にある。執事義将の後見である斯波高経にとって、義高は嫡孫にあたる。高経のもと、執事義将の権限は、義高に移行されたと見なしうる（以上、小川二〇二頁、四一四頁以下）。つまり高経は、引付を再開し、義高を頭人に据え、そこに訴訟を集中させることにより、執事が持つ所務沙汰に関する権限を、自らのもと強化したのである。[42]

すると、再開された引付方に期待されるのは、執事が有していた知行回復命令の権限であり、この引付方は理非究明の場としてはあまり期待されなかったと思われる。確かに、この引付方で理非相論が行われた形跡、たとえば裁許下知状などはない。再開された引付方は、本来の性格を失っているのである。

執事義将はさらに、貞治三年以降、恩賞宛行の下文などに付する施行をも行わなくなる（小川四二六頁）。逆に義詮は、自判の文書で施行もあわせ行うに至る（同二〇二頁）。この事実は、所付方が執事主催の場ではなくなったこと、すなわち恩賞方に執事が参加しなくなったことを意味する。執事不参加は、構成員の面で同一化している御前沙汰の変化に伴って起きた現象と考えられ、御前沙汰が執事不参加の場と化したことを窺わせる。

貞治年間（一三六二—六八）の将軍親裁機関は、御前沙汰と恩賞方が形式的な構成員の面で同一化する反面、いやそれであるがゆえに、実質的には執事不在の将軍主催の場と、執事後見者主導の引付方に分化していたのである。

貞治五年八月、斯波一族は没落するが、その後も執事は置かれず、ゆえに執事不在の将軍親裁の場は存続する。同じく活動を続ける引付方と将軍主催の場との関係をみよう。小川氏が指摘されたように、この執事不在時、一例だけだが、下文を施行した引付頭人奉書が残存する（小川四一五頁）。執事仁木頼章の関東下向時にも、同様に、将軍権限を一部代行した義詮が発給した下文や寄進状を、引付頭人奉書で施行している例がある。[43]この時期、引付方は義詮の主催する御前沙汰の統制下に置かれており、そのため本来引付方の権限ではない施行まで、引付方が代行したと思われる。類推すると、貞治年間の執事不在時にも、引付方は、将軍主催の場の統制下にあったと考えられる。

義詮没後、頼之が施政担当者となると、今度は、恩賞方、仁政沙汰とも執事主催の場となる。はじめて執事主催の独自な訴訟機関が成立したのであり、その意味は、将軍代理であるとはいえ、執事権限の拡大として頗る大きい。また、義詮主催の場と引付方との関係は、頼之主催の場と引付方との関係に移行する。やはり小川氏が指摘されているように、頼之執政時、恩賞宛行などを内容とする下知状形式の頼之奉書を、引付頭人奉書で施行した例が二例ある。もっとも、引付頭人奉書の残存例は、貞治年間よりも減少しており、引付方の活動は低調で、のちの消滅につながる（小川二五九頁以下）。

義満執政後、至徳年間（一三八四―八七）に至ると、仁政沙汰や恩賞沙汰は本来の形式を備えて存在したものの、形骸化していた。両機関は、義満執政とともに義満の出座を得、形式を整えたけれども、機能を果たしえなかったのであろう。その機能を奪ったのは、発展しつつある将軍主催の場と管領主催の場と想定される。義満の参加により、管領主催の所務沙汰機関は一時なくなるが、再び徐々に形成されて結局は存続する形となり、それに対応して、義満が主催して頼之の出座しない場も成立したと考えられる。

義満主催の場が仁政沙汰などとは別に形成されたのは、義満が、後から参加した仁政沙汰などに、基盤を置きえなかったからと推測される。一方、頼之主催の場の存続は、細川清氏以来の所務沙汰に関する執事の権限を維持することを目的とする。その存続には、執事後見者の高経が引付方を主導したことが、先例として大きな意味を持ったであろう。ただし、頼之が主催する場は、引付方とは別個の場である。この時期引付方が将軍の管轄下に置かれていたことは、先に引用した仁政沙汰の史料で、義満の病により引付開催が中止されていることから判明する。[44] 間接的指揮から、自ら主催する場の形成という変化には、応安年間（一三六八―七五）、頼之が自ら訴訟機関を主催したことが影響を与えている。さらにこの変化を考える上で見逃せないのは、所付方の存在である。恩賞宛行の下文などに付する施行は、管領頼之奉書の内容としてみられる（小川二四二頁）ので、義満執政開始直後、恩賞方の一部局として、頼之主催の所付方が活動したと推測される。所付方という核があったからこそ、頼之は、自ら主催し所務沙汰を扱う場を存続しえたのであろう。

この時期の所務沙汰機関の変化を史料で跡づけるのは、残念ながら容易ではない。その中で、永和元年の次の史料は目をひく。

近藤房(宗円)申云、於二大野事一者、先立自二公家一被レ尋二武家一之院宣案有レ之上者、於二武家一可レ申レ之、就レ中於二四国事一依レ為二管領(細川頼之)分国一、如レ此事等不レ及二公方引付等沙汰一、直仁有二其沙汰一、仍調二事書一可レ付二管領(之)。奉行矢野入道(是林)一之由申レ之、(45)

もちろん、阿波国大野荘について東寺が頼之の許に出訴するのは、頼之が阿波国守護だからである。しかし、東寺は、武家つまり幕府での訴訟審議を求めて頼之の許に出訴している。そして、頼之の主催する訴訟の場は、「公方引付」つまり将軍義満の統制下にある幕府引付方と並置されて捉えられている。頼之が主催する訴訟機関は、幕府の一機関的なものとも読みとれるであろう。永和元年は、頼之が義満に権限を移譲し終える頃であるが、その時期に、幕府の所務沙汰機関として管領主催の場の萌芽がみられると思う。

さて、明徳年間（一三九〇—九四）に至ると、将軍主催の場と管領主催の場の併存は、東寺の引付に現れる。

一宝荘厳院敷地菴所善法寺(善家氏寺)御寄進間事

此等子細寺家所存奉行(斉藤)伺二官領(ママ)一之処、東寺所レ申有二其謂一歟、但先立被レ成二御教(書脱)一上者、寺家所存於二御前一御沙汰之時可二披露一之由、官領(ママ)被レ仰二奉行一之間、今度御沙汰ニ可二披露一歟、(46)

（中略）

先度の訴訟で御教書を発給したから、将軍の御前に披露するように、と管領細川頼元が奉行人斎藤加賀四郎基行に指示を与えており、奉行人が披露する訴訟の場は、二種類存在したことがわかる。つまり、将軍の出座しない管領主催の場が確認され、また将軍主催の場があり、そこには管領の出座がないことが推測される。

この史料では、ふたつの場に同一訴訟が上程されており、ふたつの場は所務沙汰に関して管轄内容を分担していな

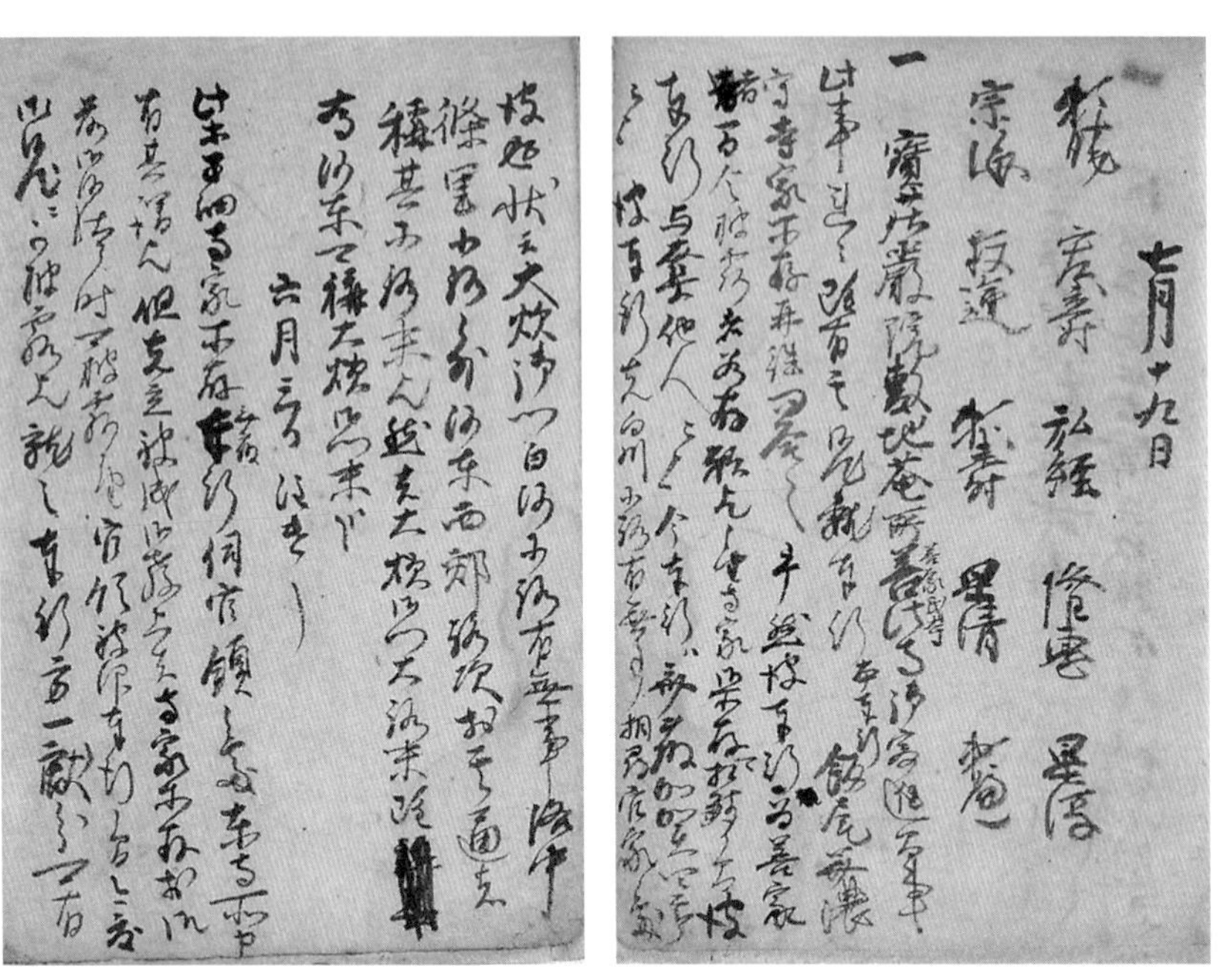

図15 「宝荘厳院方評定引付」明徳2年7月19日条（京都府立京都学・歴彩館 東寺百合文書WEB）

いと理解される。この点で、ふたつの場の関係は、義詮の御前沙汰と高経が主導する引付方の関係に等しい。しかし、御前沙汰と引付方は、発給文書の内容の点でも分化していないのに対し、所務沙汰に関する義満の御判御教書と管領奉書の内容は、小川氏が明らかにされたように、厳密に区分されている。知行回復命令は、義満の御判御教書でなされることはなく、管領奉書でなされる（小川一三二頁）。義詮が御判御教書で自ら所領交付を発したのとは大きく異なるのである。この変化の要因として、義詮の特殊性は重要である。義詮は荘園領主勢力の保護に執心しており、遺言にまでしている。

於二寺社領一者、一円可レ被二返付一之旨、宝篋院殿（足利義詮）依レ為二御遺命一、今年（応安元年）六月被レ定二其法一、(47)

義詮の御判御教書で知行回復命令がなされたのは、義詮の個性に拠るところが大きいと考えられる。将軍発給文書に要請されるのは、守護に対する遵行命令よりも、訴訟当事者に対する明確な権利認定であろう。その条件に合致するものとして、義満の御判

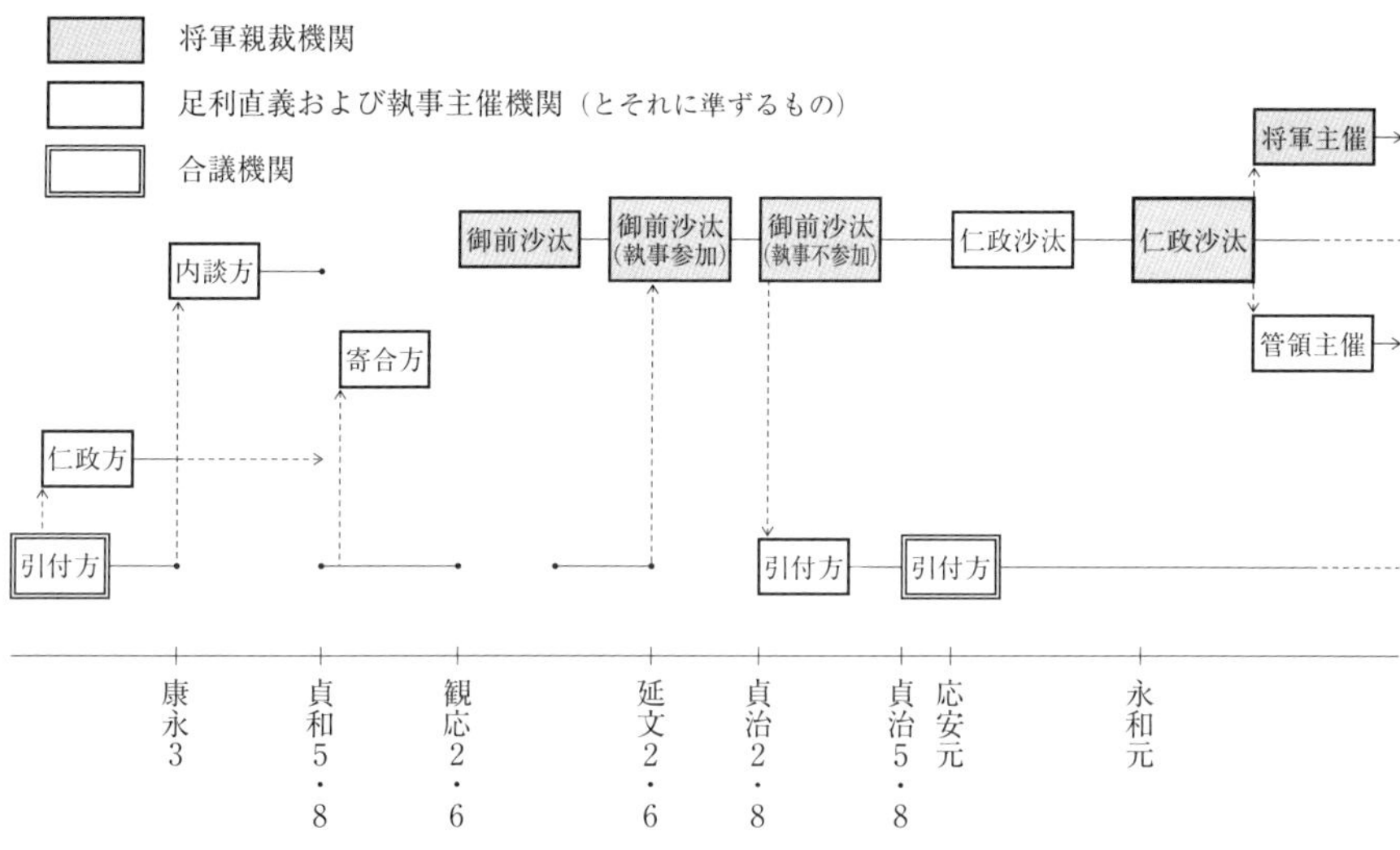

図16　室町幕府所務沙汰機関の変遷

御教書に見出されるのは、訴訟の対象となっている特定の所領に関し、訴訟当事者に宛てて領有を保証したもの、いわゆる安堵の御判御教書である。そして、管領は施行という形でこの裁決に関与する。

将軍主催の場と管領主催の場は、発給文書の内容を分担することにより、性格づけられ、両機関の間の競合は、この分担により和げられる。たとえば、管領主催の場に提起された訴訟で、安堵を必要とするなら、その訴訟は、将軍主催の場に披露される。性格づけの結果、両機関による体制は安定するのである。

御判御教書による個別所領の安堵と、管領奉書による施行、これは、下文による恩賞宛行と執事（管領）奉書による施行という対応と一致する。所務沙汰における管領主催の場は、施行状を発するという点に関し、恩賞方における所付方のような性格を持つのである。管領主催の場がこの性格を持ちうるのは、先述したように、所付方を核として成立しているからである。そしてさらに、管領奉書の専管事項となった知行回復命令も、所領交付を命ずる点で施行と類似する。つまり、所務沙汰全般における将軍主催の場と管領主催の場の併立は、発給文書の点に限り、恩賞方の組織、所付方を内包する組織に擬せられるのである。恩賞審理と所務沙汰につき、幕府訴訟機関は、将軍主催の場と管領主催の場の併立という体制を持つに至ったが、それは恩賞方の発展した形での訴訟機関の統合と見なしうるのである。

これまでの検討のまとめとして、室町幕府の所務沙汰機関の変遷を図16に示したので、参照していただきたい。

終節

ふたつの場の併存という体制は、しばらく安定して存続する。それは、幕府の発給文書形式に端的に表れる。御判御教書と管領奉書が、幕府発給文書の中心となる時期は、義満執政期から応仁年間（一四六七—六九）頃までである。そして、管領の出座しない、将軍と奉行人とで成り立つ場は、義満執政後半期、義持執政期と徐々にその性格を変化させつつ、義教執政期には、『御前落居記録』にみられるような形に整備されるのであろう。将軍主催の場と管領主催の場のそれぞれの微妙な変遷は、今後の課題として残される。

このふたつの場が存続するのに対し、形式化した仁政沙汰・恩賞沙汰の名残を留めているのが、御前沙汰始の儀式であると推測される。『吉田家日次記』応永八年（一四〇一）の御前沙汰始の記事によると、出座者は、義満、管領、土岐、問注所、波多野、そして奉行人飯尾常廉。このほかに五名の奉行人が参仕している(48)。この顔ぶれは、先にみた『御評定着座次第』の仁政沙汰・御恩沙汰の出座者などと極めて類似している。

訴訟機関の変遷に関する本章の検討結果は、佐藤氏の示されている見解と、微妙に食い違う面もある。佐藤氏は、斯波高経による引付主導を、官制体系の一元化として捉えられている(49)。一方、本章での検討によると、御前沙汰が成立し、そして恩賞方と構成員の面で同一化することにより、一元化は成し遂げられると考えられる。しかし、それは真の意味での一元化ではない。恩賞方と御前沙汰とでは、組織面に決定的な相違がある。一元化の完成は、恩賞方が発展した形での訴訟機関の統合によって、もたらされる。高経による引付方主導は、その意味での一元化への前進と捉えることができるであろう。[50]将軍親裁機関、すなわち室町幕府的訴訟機関の確立は、義満執政期にみられる。しかしその確立の上で、御前沙汰の成立、そして高経による引付方主導は重要な意味を持つ。義詮執政期はややもすると軽視されがちであるが、幕府の基盤形成の時期として注目に値すると思う。

註

(1)『満済准后日記』正長元年五月二十六日条（『続群書類従』補遺）。
(2)『日本中世史論集』（岩波書店、一九九〇年）所収、初出一九六〇年。
(3)評定でなされる裁許下知状は、鎌倉幕府のものとは異なり、直状形式で直義が署判している。
(4)桑山浩然「足利義教と御前沙汰」（『室町幕府の政治と経済』吉川弘文館、二〇〇六年、初出一九七七年）一六頁。
(5)吉川弘文館、一九八〇年。
(6)室町幕府初期の所領に関する訴訟には、恩賞地給与の問題が関係すると推測される。ゆえに、恩賞方の管轄事項である所領恩給の申請も、検討の対象に含まれてくる。
(7)康永三年六月十九日条など（史料纂集『師守記』二、一六六頁、二三六頁）。
(8)内談方成立後、内談方のことを引付方と称す例は多い。佐藤二三三頁。
(9)「問答事」以下、『中世法制史料集』二室町幕府法、附録一。
(10)『中世武家不動産訴訟法の研究』（弘文堂書房、一九三八年）第二篇第六節、また、理非究明については、笠松宏至「入門」（『日本中世法史論』東京大学出版会、一九七九年）参照。
(11)鎌倉幕府追加法七一二条、『鎌倉年代記』延慶二年条である（『中世法制史料集』一鎌倉幕府法）。
(12)室町幕府追加法六条、暦応三年四月十五日幕府事書（『中世法制史料集』二室町幕府法）。
(13)室町幕府追加法第七条、暦応四年三月十日幕府事書、佐藤氏はこの史料を仁政方に関するものとされているが、仁政方についての規定は避けられている（佐藤一九四頁）。
(14)『遠山文書』貞和三年四月七日足利直義裁許下知状写（『岐阜県史』史料編古代中世一、一〇四七頁。苗木遠山史料館所蔵、史料

編纂所デジタル画像）、この史料は、森茂暁氏が、仁政方の初見史料として言及されている（「室町幕府成立期における将軍権力の推移―足利尊氏・義詮の時期―」『九州史学』五八、一九七五年）。二〇〇三年、史料編纂所の仕事として三名で苗木遠山史料館を訪れ、史料を拝見してマイクロフィルムで撮影した。撮影目録は『東京大学史料編纂所報』三八（二〇〇三年）五六頁に記載した。「写は新しいが良質のもの」と記している。たとえば、観応三年三月二日の足利尊氏下文写は、奉行人の筆跡を彷彿とさせる。

(15)『三浦和田氏文書』貞和二年七月十九日足利直義裁許状案（『新潟県史』資料編四、中世二、一二五七）、この史料は、松尾剛次氏が、禅律方に関連して言及されている。「禅律方には本来越訴審理権はなかったらしい」（「室町幕府の禅・律対策―禅律方の考察を中心にして―」『勧進と破戒の中世史』吉川弘文館、一九九五年、初出一九八一年）。

(16)『金沢文庫文書』建武三年十二月一日足利直義御判御教書案（『神奈川県史』資料編三、古代中世（三上）三三〇八）では、信濃国大田荘大倉郷以下四か所などが称名寺劔阿に安堵されている。奥山荘金山郷は記されていないが、裁許状によると、この所領の安堵も同じ十二月一日に行われている。「等」に含まれるのか、別に御判御教書が作成されたのか、いずれにせよ安堵状が直義の御判御教書である可能性は高い。また金山郷に関し、建武四年（一三三七）十二月と暦応二年（一三三九）十月になされた禅律方奉書も残存している（同文書、同三三四五、三四六五）が、前者は安堵状の施行になっている。

(17) 禅律方は引付方に類似するが、禅律寺院の所領に関する訴訟を扱うという特殊性を持つため、独自性を保ったと考えられる。

(18)『東寺王代記』貞和五年十月二十六日条に、義詮が上洛後「定二奉行頭人一被レ行二政道一了」とある（『大日本史料』第六編之一二、一〇一〇頁）。このの ち裁許状の署判者は義詮となり、評定主催者も義詮に代わったことを知らせる。ただし、義詮署判の裁許下知状の残存例はごくわずかである（小川二一四頁）。訴訟機関として、評定はあまり機能していないと推測される。なお、義詮執政期にも、内談（方）という表現はみられるが、前代のように、引付方と別個に内談方が恒常的に存在したことを示す徴証はない。本註は発表時から若干表現を改めた。

(19)『南北朝の動乱』（中央公論社『日本の歴史』九、一九六五年）三二七頁。

(20) 最初の引用は貞治六年七月四日条（『大日本史料』第六編之二八、一二九頁）、次は九月十日条（同四三三頁）、関連記事は『大日本史料』上記前後にまとめられている。

(21)『東寺百合文書』ヨ一〇一、文和四年九月日東寺雑掌光信陳状土代（『大日本史料』第六編之一九、九三四頁。『山城国上桂荘史料』上二二一）、字句修正を反映した文章に整えている。この史料では、御前沙汰への出訴要件が当知行である点も注目される。

石井良助氏は、註(10)著書で、特別訴訟手続をとる要件のひとつとして当知行をあげられている。御前沙汰の史料をここでもう一点掲げておく。「去八月十三日御前御沙汰之時、当国寺社本所領如レ元一円仁可レ被ニ返渡一之由、被レ定レ法」（『東寺百合文書』は一一一、貞治五年〈一三六六〉十一月日東寺領若狭国太良荘領家地頭職目安土代、『大日本史料』第六編之二七、四五八頁。字句修正を反映した文章に整えている）。この対象は若狭国であり、御前沙汰の対象は山城国に限定されていたわけではない。なお、御前沙汰という表現は、佐藤氏・小川氏ともに用いられているが、明確な規定はなされていない。

(22) 『神護寺文書』観応二年八月十三日足利義詮御判御教書（『大日本史料』第六編之一五、一九九頁）。

(23) 『但馬国雀岐庄具書』観応元年三月二十八日引付頭人長井高広奉書案、次の高師直奉書は、貞和五年十二月二十五日の案文（国立歴史民俗博物館所蔵、画像公開）。長井高広が引付頭人であることは、佐藤二〇一頁。また、師直奉書が寄合発給であることについて、観応元年六月日の門真寂意申状も参考になる。

　且御寄合方御奉書楚忽之間、依ニ歎申一、所レ申有ニ其謂一、於ニ引付一可レ有ニ沙汰一之由、被ニ仰出一畢、就レ之於ニ御引付一有ニ御沙汰一、被レ成ニ直奉書一之刻、

　寂意が師直奉書を根拠とした相手方の主張に反論している部分で、師直奉書が、「御寄合方御奉書」にあたると思われる。引付方で再発給された奉書とは、本文に引用した高広奉書のことであろう。また、寂意の訴に対する判断は、「仰せ出さる」とあることから、義詮が下したと思われ、しかも寄合方ではなく引付方に対し下している。寄合方が存在した時期にも義詮が独自の立場を占めていたことが窺われ、御前沙汰成立の素地が認められる。

(24) 「寄合方」という呼称があったことは註(23)所引史料参照。

(25) 五月一日の『園太暦』の記事に「自ニ今日一歟、武家執〔始カ〕ニ行雑務引付一」とあり、この時点で引付方が再編されたことは確実である（続群書類従完成会『園太暦』四、一四三頁、佐藤二二二頁参照）。しかし、同年二月に、引付頭人奉書と見なすべき細川顕氏奉書がある（『東寺百合文書』ホ二六・二七―二。『大日本史料』第六編之一六、一一五頁。小川二一六頁参照）。二月には引付方は再開されていたのかもしれない。

(26) 室町幕府追加法六三条、文和元年十一月十五日幕府事書、なお、このとき執事頼章は関東下向中で、後半部分に執事奉書が規定される可能性はない。

(27) 理非究明軽視の傾向は他の幕府追加法にも反映しており、観応以降の追加法には、複雑な経緯をたどった個々の訴訟を、一律に

裁決すべく定められたものが少なくない。代表的なものは、文和元年十月十五日の「寺社人給相給事」という六二条。寺社寄進後に恩賞として宛て行われた所領は、寺社の領有を認めて、恩賞給人には替地を与え、人給が先の場合は、恩賞給人と寺社で所領を均分する、と定めている。このほか、複数の下文が発給されている「恩賞合給」の場合は、発給年代が古いものを優先する、という法もある（五九条、七八条）。

(28)『大日本史料』第六編之二一、三三八頁。

(29) 小要博「発給文書よりみたる足利義詮の地位と権限」（『法政史学』二八、一九七六年）。

(30) 将軍の諸権限が義詮に移譲されるのは、文和四年から延文元年頃とされている（小要註(29)論文および小川一九八頁）。このときはすでに移譲されていたと考えられる。

(31)『野辺文書』貞和五年十一月八日野辺盛忠譲状（足利尊氏袖判、史料編纂所架蔵写真帳）。

(32)『藤家吉川庶流編目』貞和四年四月日吉河経朝庭中申状（大日本古文書『吉川家文書』九九八）。

(33) 師直が恩賞方の審議に参加していたことは、『賢俊僧正日記』貞和二年（一三四六）五月十三日条（『大日本史料』第六編之九、九二七頁）で確認される。

(34) 師直の知行回復命令は、暦応元年から康永三年まで所見がないので、引付・内談頭人として発していると考えられる（小川一八九頁）。もっとも、暦応年間（一三三八―四二）に、知行回復命令かと思われる同一所領に関する師直奉書が二通ある。しかしこれらは、所領預置の下文に付する施行状の一種と考えられる。なお小川氏はこれらを仁政方発給文書とされている（同頁）。

(35) 頼之が引付頭人を兼任した可能性はまずない。『花営三代記』（群書類従巻四五九）応安三年の記事には、一方内談始が五回みえるが、頭人はいずれも頼之ではなく、五方より多く引付が存在したとは考え難い。なお、本文のこの部分についての小川氏の見解は、「南北朝内乱」（『岩波講座日本歴史』六、一九七五年）一一四頁にまとめられている。

(36)『後愚昧記』応安六年後十月八日条（大日本古記録『後愚昧記』二、一二八頁）。

(37)『吉田家日次記』応安四年十月六日条（『大日本史料』第六編之三四、二八六頁）。文書の引用は十一月三日条、宛所の表現が問題となったために引用されたと思われる。この史料には小川氏の言及がある（小川二三一頁）。なお、義詮執政期にも、仁政方の所見は一例ある（佐藤一九四頁、『師守記』貞治三年九月二十七日条）。成案をもたないが、あるいは御前沙汰を指すのだろうか。

(38)『花営三代記』応安二年十月二十七日条など。

(39)『後愚昧記』永和二年閏七月十七日条（註(36)に同じ、二一一頁）、後の引用は『同』同年七月二日条（同二一〇頁）、註(37)と同じく小川氏の言及がある。

(40) 群書類従巻五一一。このふたつの沙汰は、披露奉行人の存在など、評定とは区別される。

(41) 本章では論述の都合上、便宜的に義満執政期から管領という名称を用いる。

(42) 文和頃の執事仁木頼章は、奉書により知行回復命令を行ったが、これを引付頭人としての活動と捉えるならば、頼章と高経の活動は、執事と引付頭人の兼任という点で、実質上一致する。しかし両者の兼任の意味は、高経が名目上執事・引付頭人ではないことを除外しても、異なると思う。頼章の兼任は、引付方に対する義詮の影響を強化するため起きたと推測される。引付方は御前沙汰の統制下に置かれていたこと、結局引付方は御前沙汰の強化を契機に中絶されることなどがその理由である。

(43) 一例をあげよう。文和元年（一三五二）十一月、祇園社造営料所に、近江国麻生荘を充てるという義詮の御判御教書、一種の寄進状が発給されている。それにつき、「麻生施行、自二引付方一忩可レ成云々」（『祇園執行日記』正平七年十一月二十日条）とあり、沙弥の奉ずる施行状案が残されている（『八坂神社文書』文和元年十一月二十二日沙弥某奉書案、いずれも『大日本史料』第六編之一七、二一八～二一九頁）。類例は、文和元年十月から翌年六月まで、二十数通を数えられる。なお、寺社への寄進状は、武士への恩賞宛行の下文と同じ意味を持つと考えられる。

(44) 引付頭人奉書は、義満執政後残存数がさらに減少し、ついには消滅する。つまり引付方は活動を停止する（小川二六〇頁）。将軍主催の場と管領主催の場の併立のもと、引付方が存在理由を失うのは必然の結果であろう。

(45)『東寺百合文書』た一七、宝荘厳院方評定引付、応安八年十一月十九日条（大日本古文書『東寺文書』一七）。

(46)『東寺百合文書』た二八、宝荘厳院方評定引付、明徳二年七月十九日条（『東寺文書』二八）。

(47)『東寺百合文書』さ三三―一、応安元年十月日東寺雑掌頼憲申状（『大日本史料』第六編之二九、四三七頁）。

(48)『吉田家日次記』応永八年二月十七日条（『大日本史料』第七編之四、九〇七頁）、なお、『御評定着座次第』明徳二年条によると、細川頼元管領就任後の評定始の日、「御前御沙汰」が行われている。だが、頼元ではなく父頼之（常久）が出座すること、出座者が評定始と同一であること、評定衆松田貞秀が披露をつとめることなど、本章で述べてきた御前沙汰とは異なる特徴がみられる。実権者頼之が評定始に出座しえないため設けられた、儀式的な臨時の場と解し、半月後の「御沙汰始」こそ、出座者からみて本章でいう御前沙汰始にあたると考えておく。

(49) 註(19)著書三四四頁。

(50) 管領成立をどの時点に求めるかは大変難しい。訴訟を処理する面に限っても、第二節第二項で述べたように、佐藤説の義将初度就任時、小川説の頼之就任時、いずれも重要な意味を持っている。後考に期したい。

補論　合議と親裁をめぐって

第一章は、発表から四十年近く経過した。発表後、さまざまな論考が発表され、研究は深められている。本来であれば、それら論考で指摘された問題点について現時点での見解を述べつつ、再構成すべきであるが、そのために必要となる新たなアイデアに乏しい。本書での論旨の一部を担うため、旧稿のまま掲載するとともに、補論として、主要な問題点についてコメントし、責を塞ぎたい。

第一章と最も関わりの深い研究は、岩元修一氏の諸論考である。岩元氏は既発表論文に大幅な加筆修正を加えて、二〇〇七年に著書『初期室町幕府訴訟制度の研究』(1)を上梓された。おもにこの著書に依拠し、収録が見送られた諸論考についても、著書の見解に留意しつつ参照していきたい。そのほか、家永遵嗣氏、亀田俊和氏、設楽薫氏、田中誠氏、山田徹氏、山本康司氏らの研究を取り上げる。第一章に対する指摘すべてに言及することはできないことをあらかじめお詫びする。

第一章の問題点は、ふたつに大別しうるかと思う、ひとつは、合議の評価をめぐって、もうひとつは親裁の具体的なあり方である。合議に関わる指摘はおおむね納得しており、私がどのように問題点を消化しているか、述べたいと思う。親裁をめぐっては、とりわけ仁政方をどう理解するか、という点で異なる見解が提示されている。私が感じている疑問点などを整理しておきたい。今後の議論の展開に少しでも寄与することを願いつつ、混乱を深める結果とならないように留意したい。

合議に関しては、評定の位置付け、引付や内談の理解、恩賞方の実際、さらには足利義満執政期のあり方などの点で指摘を受けている。

第一節　合議について

1　評　定

第一章は、親裁化をテーマとしているため、合議体を代表する評定は、克服されるべきものと位置付けている。そして、採決権を形式的なものと理解し、「検討の対象としない」と述べている。その点を、岩元氏は、「評定への評価が低く、検討の対象とはされていない」（前掲著書八三頁）と指摘した。岩元氏は、裁許状の日付の整理などのうえに、「評定は、少なくとも足利義詮執政期の前半までは評議の場として実質的に機能していたと考えられる」（同四六頁）とまとめている。従うべき見解であろう。岩元氏は、足利義詮の御前沙汰は、評定とは別の場として成立したと理解している。評定は新たな展開を見せることなく形骸化していく、という第一章での基本的な理解については、まだ維持しうるかと考えている。

2　引付および内談

引付についても、岩元氏が、引付頭人奉書の日付の整理をもとに分析を進めた(2)。山田徹氏はさらに分析を進めて、四と八の日、月六回の開催を基準とすることを明確にした(3)。両氏の研究により、引付の具体像はかなり明確になっている。

内談については、田中誠氏が分析した。(4) 内談に直義は臨席しないと判断し、康永三年（一三四四）に引付を内談に改編する目的は、直義が主宰する評定への権力集中だったとまとめている。これも従うべき見解であろう。第一章では、内談を足利直義による親裁化の過程に位置付けるなかで、直義は内談に臨席したと理解し、内談を引付の強化として評価している。内談の設置は、直義による親裁化の一環ではあるものの、直義が自ら主宰する評定の強化のために、引付の機能を増強する目的で実施された、と理解するのが妥当であろう。なお、第一章では、康永三年の改編で、引付は内談に改変され、中絶したと理解しているけれども、康永三年以降に引付頭人奉書と見なすべき事例がある、という指摘もなされている。(5)

3　恩賞方

第一章では、恩賞方での合議や審議の具体について明確な理解を示していない。恩賞方については、田中誠氏が詳細な分析を行った。(6) 恩賞沙汰はのちの御前沙汰もしくはその縮小版の形式であり、恩賞地相論に関する裁判機能を有した、と指摘している。一方、山本康司氏は、恩賞方の機能について、恩賞地に関する訴訟を受理したものの、理非究明・裁許は行わず、引付方との移管関係が成立していたと整理する。(7)

両者の見解の違いは、訴訟手続きとしての「入門」という視点で理解しうるかと思う。「入門」は、笠松宏至氏が注目したのち、新田一郎氏が理解を深め、岩元修一氏が丁寧な事例分析を行っている。(8)「入門」は肝要という意味で、「入理非」の前の手続きではあるものの、訴人と論人の対論も確認される。「入理非」は、三問三答のような実質的な制度と手続きに裏づけられた裁断を指す。そこで、田中氏は入門を含めた本格的な審議の場として、山本氏は入門を担う場として、恩賞方を理解していることになると考える。恩賞方で本格的な審議を行うかどうか、の差異になろう。今後の議論が俟たれる。

山田徹氏は、南北朝末期以降、義満の執政期に、評議の場は確認されず、「奉行人が個々に室町殿へ伺いを立てて決裁を仰ぐ、そして管領よりの指示を個々に受ける『個別伺』型とでもいうべきかたちに所務沙汰は変容した」と結論づけた。[9]これは、設楽薫氏の「将軍―奉行人」と「管領―奉行人」というふたつの評議の場の連携という理解を深めたものである。そして、第一章で示した将軍主催の場と管領主催の場の併立という理解に対し、制度化された評議の場として理解しているとして不正確だと批判した。[10]

私は山田氏の批判は妥当であると思うし、山田氏の理解に全面的に賛成である。以下、第一章で将軍主催の場と管領主催の場の併立と表現した意図について、弁明を試みたい。第一章の発表時には、室町幕府においても評議の場が機能している、という理解が主流だと認識していた。たとえば、設楽氏が第一章の二年後に発表した論考では、摂津之親の日記『長禄二年記』の分析を行って、御前沙汰の評議体制を論じている。そのなかで義満の御前沙汰に言及し、義満の御前沙汰も評定衆クラスの人々を主要メンバーとする評議の場であると理解している。[11]私は義満執政期の決裁について、山田氏が提示したのと同様のイメージを持っていたものの、明確な論拠を持ちえず、評議の要素を残して、将軍主催の場と管領主催の場の併立と表現した。その後、設楽氏は、かねてより提示していた「将軍―奉行人」と「管領―奉行人」の評議の場の連携という理解を前面に出し、御前沙汰を時期により変化していくものとして明確に整理した。山田氏は、義詮の御前沙汰を含めて式日開催の傾向を整理し、式日開催が失われるという明確な根拠を提示して、実証が難しかった個別伺への変化を可視化したのである。

4　義満執政期のありかた

足利義持から義教の執政期、訴訟に臨む姿勢や政策は変化しており、この点の解明も進んでいる。[12]ただし、かたちの面では、義満執政期に成立した将軍と管領への個別伺は存続し、足利義政執政前半期までは継続したと理解しており、第一章の叙述を維持している。義満執政期は、山田氏の理解のとおり個別伺を中心として、義持執政期以降は、設楽氏の理解に従い、個別伺のなかで意見制度など評議の要素が復活していく過程として議論が進むかと理解している。

さて、かつて、足利義教の親裁の様子を伝える『御前落居奉書』および『御前落居記録』の性格について述べたことがある。[13] 簡単な論ではあるが、参照するのが難しい媒体に付論として掲載したこともあり、義教執政期の御前沙汰をめぐる今後の議論に益となることを願い、その主要部分を、若干の補訂を加えつつ次節に再録する。

第二節　『御前落居奉書』『御前落居記録』試論

『御前落居奉書』と『御前落居記録』は、佐藤進一氏、太田順三氏、桑山浩然氏などの研究を経て、『室町幕府引付史料集成』上に翻刻され、広く利用されるようになった。[14] 一点ごとに筆跡が異なること、両者の内容を対照すると相互に連関する事例は比較的少ないことなど、検討すべき問題は多いけれども、[15] ここでは収録年次などに注目し、その性格の一端を明らかにしたい。

『御前落居奉書』は、永享二年（一四三〇）九月二十九日から永享四年十二月二十七日にいたる奉行人連署奉書（なかには、単署奉書や地方・神宮方・政所方の奉書も含む）計一一八通を収録する。『御前落居記録』は永享二年九月二日から永享四年十二月二十五日までの訴訟記録である。両書の収録期間はほぼ一致する。

両書は将軍義教の「御前沙汰」の様子を示す史料として位置付けられており、当該期の訴訟に関する幕府法と関連して理解されている。『中世法制史料集』二室町幕府法を見ると、義教執政初期の訴訟に関する法令は、

・追加法一八九条：正長二年（永享元年）七月二十二日「諸人訴訟事」

・追加法一九〇～一九三条：同年八月二十日「奉行人伺事規式」三か条（第四条として「諸人訴訟事」という事書のみを載せる写本が多い）
・追加法一九四条：同月三十日「奉行人直請取訴状披露事」
・追加法一九七条：永享二年八月二十二日「訴論人文書事」
・追加法二〇一条：同年九月三十日「諸人訴訟事」（追加法一八九条と同一、再発布か）

時期では前三者と後二者に大別される。後二者は『御前落居奉書』『御前落居記録』の開始時期とほぼ一致する。そして注目されるのは、当該期の管領斯波義淳の任免の時期である。任ぜられるのは永享元年八月二十四日で、幕府法の前三者のうち後の二例と同時期となる（右記のとおり最初の一例は八月二十日令と関連する）。細川持之と交替するのは永享四年十月で、『御前落居奉書』などの終了時期に近い。斯波義淳は管領職を固辞し、在任中もしばしば辞任を申し出ている(16)。

整理すると次のようになる。

Ⅰ　永享元年八月末　　幕府法の主要なものが発布され、管領斯波義淳が就任する。
Ⅱ　永享二年八月末から九月末　　幕府法が発布され、『御前落居奉書』『御前落居記録』が始まる。
Ⅲ　永享四年十月から年末　　管領斯波義淳が辞任し、『御前落居奉書』『御前落居記録』が終わる。

『満済准后日記』永享二年九月十日条には、管領使者が「職上表事、暫ハ可堪忍仕」と述べており、Ⅱの頃、斯波義淳に管領辞任の動きがあったことも参考となろう(17)。

『御前落居奉書』『御前落居記録』・幕府法・斯波義淳の管領在任の三者は密接に関わるのであり、前二者によって明らかとなる義教執政初期の訴訟に対応する体制は、斯波義淳の管領在任という事実を背景に考えるべきだと思う。

次に、『御前落居奉書』『御前落居記録』とともに、途中まで袖に義教の判が据えられる点に注目したい。義教の袖判は、奉書の文章や記録の内容に認可を与える意味を持ったと考えられ、奉書はその通り作成されたであろうから、『御前落居奉書』は符案を載せることとなる。『御前落居奉書』は永享三年十一月二十二日奉書まで判がみえ、次の十二月二十三日奉書にはない。『御前落居記録』は同年十二月五日条まで判がみえ、次の同月二十七日条にはない。永享三年十二月五日から二十三日までの間で注目されるのは、十一日の室町新邸への義教の移徙である。理由は不明であるが、新邸への移居を契機として、袖判を据えなくなったのかもしれない。

『建内記』永享二年十二月十日（カ）条によると、南都伝奏である記主万里小路時房は、興福寺の申状を義教に披露したところ、即時「上裁」に及び、時房は下知せよとの命をうけ、

　奉書案入㆓見参㆒、〔次カ〕□写㆓御草子㆒、袖可㆑被㆑載㆓置御判㆒也、

翌日条に、

　昨日奉書案、○〔草子〕袖御判今日可㆑被㆑載之由有㆑仰、仍付㆓立阿弥㆒申㆓入之㆒、被㆓聞食㆒了、

伝奏奉書を書き継いだ草子があり、袖に義教の袖判が据えられている。『御前落居奉書』の伝奏奉書版である。義教執政初期の訴訟体制を考える際、奉行人だけでなく、伝奏などによる披露も視野に入れる必要があろう。またもしも、将軍に披露するという点で、奉行人と伝奏を同列に捉えることが許されるならば、時房が将軍に披露するこの記事は、奉行人の手になる『御前落居記録』の記載内容を理解する手掛かりになるかもしれない。『建内記』には、訴訟記録的な記載方法をとる記事も数例ある（永享二年二月二十五日条など）[18]。

応仁・文明の乱の頃まで、管領は、幕府に出訴するときの正式な窓口であり、斯波義淳も訴状を受理し賦を行った。前代義持の時期、管領が訴状を受理すると、管領の指揮のもと訴訟は進行し、問状の奉行人奉書がなされ、管領は必要に応じて、奉行人の意見を徴したり、将軍への伺事を奉行人に指示したりした[19]。しかし義淳は、管領辞任を実現するため賦を止めた事実[20]から推測すると、おそらく訴訟における管領の職務を全うしなかったであろう。斯波義淳の管

領在任中、『御前落居奉書』に召文奉書がみられ、『御前落居記録』では奉行人・評定衆の意見をしばしば徴しており、これらは義教の指揮によると見なされる(21)。義教は、管領の訴訟に関する職務を部分的にではあれ吸収し、自らの指揮で審理を行おうとしたのである。斯波義淳が辞職して細川持之が管領となると、「殊飯尾肥前(為種)・同大和(貞連)、不レ経二管領辺次第之沙汰一、直掠二申公儀一之条、背二御沙汰大法(22)一」といった声に支えられ、管領の復権が図られる。

第三節　内談について

室町幕府で行われる合議には、しばしば内談という表現がみられる。本節では、室町幕府ではない場面で、内談という表現がどのように使われているか検討し、そのうえに室町幕府で内談と呼ばれる合議について確認しておきたい。最初に、合議内容の記録が残る事例を検討し、その結果からそれ以外の事例を位置付けていく。合議内容の記録が残る代表例は、東寺供僧の評定引付である。加えて、鶴岡八幡宮供僧の記録も取り上げる。

1　東寺供僧の内談

東寺には、供僧の合議体が複数存在した。合議の内容は年ごとに定められた年預と呼ばれる供僧によって記録され、評定引付と呼ばれて『東寺百合文書』に伝わる。廿一口方、鎮守八幡宮方など、各評定の引付を見ると、内談という語は散見され、内談と称される合議はたしかに存在している(23)。ただし、十五世紀前半では、内談で決めたように、などと記されるのみで、内談の記録は掲載されない。内談は通常の評定とは別のものであり、供僧評定の記録である引付には記さない、というのが基本方針であったようだ。廿一口方評定引付（以下、廿一口方と略記する。他の評定引付もこれに倣う）享徳三年（一四五四）十一月二十七日条（天地三一）には「雖レ為二内談之儀一、条目可二載置一候間、追而引付所㆓付置㆒也」と注記がある。この日の合議は内談であったが、内談で合議した内容は、通常評定を含めて審議経過を明確にするために、記録として残すべきなので、通常評定の記録である引付に追記した、という意味であろう。この頃から、引付に内談の記録が記されることが多くなり、内談の参加者、合議内容が判明する。それら記録から、内談の特徴を整理してみたい。

ア　参加者など

参加人数は、前後に開催された通常の評定と比べると同等以下で、おおむね通常の評定より少ないといいうる。参加者は、通常の評定で上位に記される、臈次の高いものを中心とし、ほとんどの事例で年預も参加している。精選された参加者によって構成されているといえよう。なお、法会など、僧侶があつまる機会にあわせて内談が開催されている事例もみられる。

イ　扱う内容

Ａ　評定の結果を承けて細部を詰めて事態を進める　内談で取り上げる案件は、通常の評定と明確に区別されない。評定での合議内容に従って進めた状況について報告を受け確認したり、評定の決定に沿って細かな点を決めたりする記事が多い。代表例は廿一口方文正元年（一四六六）五月十八日条（く二五）である。将軍義政は、急に東寺などへの御成を行うと表明し、東寺は回避すべく諸方に画策する。十八日の評定では、武者小路資世（日野中納言）に取成しを依頼すると決め、「今夕有㆓内談㆒、武者少路ニ可㆑被㆑仰御詫事等言、可㆑有㆓談合㆒」と、取り成しの内容を同日中の内談で決めることとした。夕方の内談では、評定の三分の二の参加者のもと、新たな情報を得て、交渉の具体的な進め方を決定している。[24] 明応二年（一四九三）十月十二日の廿一口方評定では、同宿者の勧進物の盗犯につき、「以㆓

内談一可レ有二了簡一」と決められた。同日に内談が開催され、三人が召喚されて犯人と特定されている（ち二六）。ここでも内談は、評定を承けて具体の部分を担当し、事態を進めている[25]。

B　全員参加の評定に馴染まない案件を扱う　文明十八年（一四八六）二月二十二日頃、宝輪院に強盗が乱入した事件は、少し様相を異にする。廿一口方（ワ七九）では、最初に二十四日と思われる内談の条に記される。内談は二十五日、二十八日に開催され、被疑者複数の検出、拷問・湯起請など、犯人捜索にかかる経過が、二十六日、二十九日、三十日の記事も含めて記されている。二十八日の記事の最後に「已上条々隠密之間、以二内談一可レ致二沙汰一之由衆議也」とみえる。この事例では、秘密裏に進行するため、評定で議論することを避けたようだ。

通常の評定で取り上げるのを回避して内談を開催する事例は、まれではあるがほかにも確認される。たとえば、廿一口方寛正五年（一四六四）十月四日条（ち一八）に、夜叉神方収納について「此風清〔情〕之事、供僧方被レ申候事、不レ得二其心一、雖レ然如レ此承上者、以二内談義一、可レ有二御沙汰一」とある。評定での審議に馴染まない事案ながら、対応が必要なため、内談での審議となっている。二日後の評定に上程され、「為二内談義一御沙汰之上者、此分可レ被レ仰」と、内談での審議通りと決定されている。また廿一口方文明十六年正月二十三日条（ち二四）に、未拝堂僧八人に対し、十一月の拝堂後に料足を下行することについて「大事之為二子細一之間、静以二内談一可レ有二御沙汰一」とある。内談で拙速でない検討を目指している。評定での決定は十一月一日条にみえる。いずれも、供僧評定が実質的な審議を内談に委ねた事例となる。内談での決定を評定で認定する類例として、内談で事前相談を行った事例もある。廿一口方寛正四年七月二十九日条（天地三六）によると、僧侶の死去に伴う北面預番の変更について、内談で審議したうえで評定に上程している。

また、緊急事態に際して内談で対応している事例も数例確認される。鎮守八幡宮方応永二十年（一四一三）十二月条（ワ二九）に、七日の評定で定めた管領への列参メンバーを改める必要が生じ、翌日の内談で変更している。この事例は内談の所見としてかなり早いものとなる。また、文明十七年八月、廿一口方は、一揆の蜂起にあたり、東寺の無事を祈って二度にわたり立願を行う。この合議は五日、十一日と、ともに内談で行われている（廿一口方、け三九）。翌年八月の一揆への対応も、二十四日、二十五日、翌月五日と、いずれも内談で合議されている（廿一口方、ワ七九）。一揆の蜂起という緊急事態にあたり、通常の評定を開催するのではなく、内談を開催して事態を進めている。内談のほうがより機動的であったと判断される。

　あえてまとめれば、東寺の供僧評定における内談とは、全員が関わらないほうが効果的に進行する、もしくは全員が関わるべきではない、と判断される場合に、機動的に、具体的に事態を前に進めるために、少人数で行った評議と総括できよう。あくまで通常の評定を前提とした合議体である。

2　鶴岡八幡宮外方供僧の内談

　鶴岡社には二十五坊の供僧が存在し、うち鎌倉公方に任命される外方供僧九坊は、衆会の記録『鶴岡事書日記』を残している(26)。このなかにも内談という語が散見される。

　就二木戸勧進事一、自二執行方一申送様者、横地岩見入・高水兵部来、余々申二子細一候へハ、今一度可レ有二御内談一候哉、（中略）以二河口一被二送申一云云、依レ之、今月〔日カ〕衆会在レ之、内談之趣者、如二去月落居一無二先規一□□〔候者〕雖二段少分宛候一、勧進儀不レ可レ有候旨落居云云、此趣執行方へ遣申云云、（応永六年〈一三九九〉十二月三日）

　依レ之衆会有レ之、此両条之間事共以為二大事沙汰一上、一両所御不参之間、非〔軽〕難レ有二落居一事也、皆参之時、能々有二内談一、執行方〔二脱〕可レ有二返事一旨衆儀畢、（応永五年六月二十九日）

　前者で、外方供僧の衆会の内容を「内談之趣」と表現しており、内談とは、外方供僧の衆会での議論を指すと思われる。また、衆会への参加者を明記するのは一部だけだが、数名参加で開催される所見も多く、後者の参加者は四名である。後者は、重要議題なので、参加可能なものあと一、二名を加えた「皆参」のときに改めて評議するという内容で、「皆参」での評議を「内談」と表現している。ここでは、一部メンバー参加の評議ではなく、全員参加の評議を内談と称している。『鶴岡事書日記』では、内談とは、外方の構成員による評議そのものを指しており、東寺のように、全体評議とは別の、一部メンバーによる内談は存在していないようだ。

3　諸例の整理

以上、合議の記録から、会議体としての内談には二通り想定される。

Ⅰ（東寺供僧のように）原則全員参加の合議とは別に、一部メンバーによる合議を内談と呼ぶ場合

Ⅱ（鶴岡八幡宮供僧のように）原則全員参加の合議を内談と呼ぶ場合

この両者を一貫した用法として理解しうるだろうか。Ⅰのような用例は、「内」という表現から理解しやすいように思う。ではなぜⅡの用例が存在するのか。推測するに、Ⅱの場合、会議の構成員である外方供僧そのものが選ばれた特別な存在と意識されたのではないか。精選された特別なメンバーによる合議という意識で内談と呼ばれたと考えておきたい。

さらに、合議記録ではない史料にみえる内談について、鎌倉時代から南北朝時代を中心に代表例三点を確認しておきたい。

○『沙汰未練書[27]』

この史料には内談は二か所にみえる。ひとつを引用すると

一　御寄合事　評定衆中ニ宗人々有二御寄合一、秘密御内談在レ之也、

寄合での合議を内談と表現しており、Ⅱの用法かと思われる。

○『宗像氏事書』(28)

正和二年（一三一三）正月九日の宗像氏事書には、内談の語が散見される。たとえば第三条、

一　内談事

右、内談衆令レ書二起請文一、憲法可レ致二其沙汰一也、於二衆中一同之儀一者、不レ及二子細一、若衆儀不同之時者、申二合故実之人々一、可レ被二相計一、（下略）

内談衆に起請文を求めるなど、合議のあり方を定めている。合議に参加するのは、内談に参加する内談衆であり、内談のほかに合議は存在しないと思われる。Ⅱの用法かと思われる。

○菊池武重起請文(29)（『菊池神社文書』）

延元三年（一三三八）七月二十五日の菊池武重起請文は、「よりあひしゆのなひたんの事」、すなわち寄合衆の内談について記す。一つ書きの第一・第二は、武重の判断と内談の議定とでどちらが優先するか、を定めている。菊池氏当主を支える寄合衆の合議そのものを内談と称していると理解するのが自然であろう。これもⅡの事例となる。

さて、南北朝期の室町幕府において、内談という表現はいくつか確認される。まずは、康永三年（一三四四）に引付方を改編した内談である。内談では、引付方の構成員を精選しており、裁判の迅速化・強制的裁許の強化を目指したとされる。この内談は、Ⅰの用法で、引付を母体とする内談と位置付けられるだろう。

この他の用例として、

・仁政内談(30)（室町幕府追加法）

・禅律内談（『花営三代記』、二か所）
・侍所内談（『花営三代記』）[31]

これらは会議の形態など詳細が明らかでないため、Ⅰの用例かⅡの用例か、確定しえない。しかしながら、内談の語の前に評議の内容を限定する表現を冠していることから、任務を限定された会議体での内談となる。寄合での合議を内談と称した事例と同様に、Ⅱの用例ではないかという印象は強い。慎重な検討が求められるだろう。

第四節　仁政方について

冒頭に述べたように、第一章の問題点として指摘されているのは、合議の評価とともに、親裁の具体的なあり方である。とりわけ仁政方をどう理解するか、という点で異なる見解が提示されている。第一章では、仁政方を、足利直義による親裁の過程に位置付けている。これに対し、仁政方を尊氏の親裁機関と理解する見解のほか、亀田俊和氏からは、執事施行状を発給する機関という、大きく異なる理解も提示されている[32]。まずは、私の理解を改めて整理しておきたい。仁政方に関わる史料については、岩元氏から亀田氏へと補強されてきた表に依拠しながら、表4に一覧する。以下、仁政方史料に言及する際にはこの表の番号による。

1　私見の整理

まず、仁政方について、第一章の理解に若干の説明を加えて整理しておきたい。南北朝期を通じて一貫したものとしては理解しておらず、時期によって異なる理解をしている。

・尊氏・直義期：直義管轄機関でなされた決定を実現させるために理非究明を行う場であり、直義の親裁が進展し

表 4　仁政方関係史料一覧

	年	月	日	史　料	名（史料群名）	本書言及箇所	
1	暦応 4	1341	10 月 3 日	幕府事書	追加法第 7 条	第一章 231 頁	
2	貞和 3	1347	4 月 7 日	足利直義裁許状写	苗木遠山史料館所蔵遠山文書	第一章 232 頁	
3	延文 2	1357	閏 7 月	西寺別当深源目安	東寺百合文書　乙号外 2-2	本補論 276 頁	＊参考事例
4	貞治 3	1364	9 月 27 日		師守記　同日条	（第一章 256 頁）	
5	応安 4	1371	10 月 6 日		吉田家日次記　同日条	第一章 244 頁	
6	応安 6	1373	閏 10 月 8 日		後愚昧記　同日条	第一章 244 頁	
7	永和元	1375	4 月	東寺雑掌頼憲申状案	東寺百合文書　え函 10	（本補論 274 頁）＊図 17	
8	永和 2	1376	閏 7 月 17 日		後愚昧記　同日条	第一章 245 頁	
9	永和 3	1377	12 月 21 日	足利義満裁許状	朽木文書	（本補論 274 頁）	
10	至徳 2	1385	12 月 17 日		御評定着座次第	第一章 245 頁	

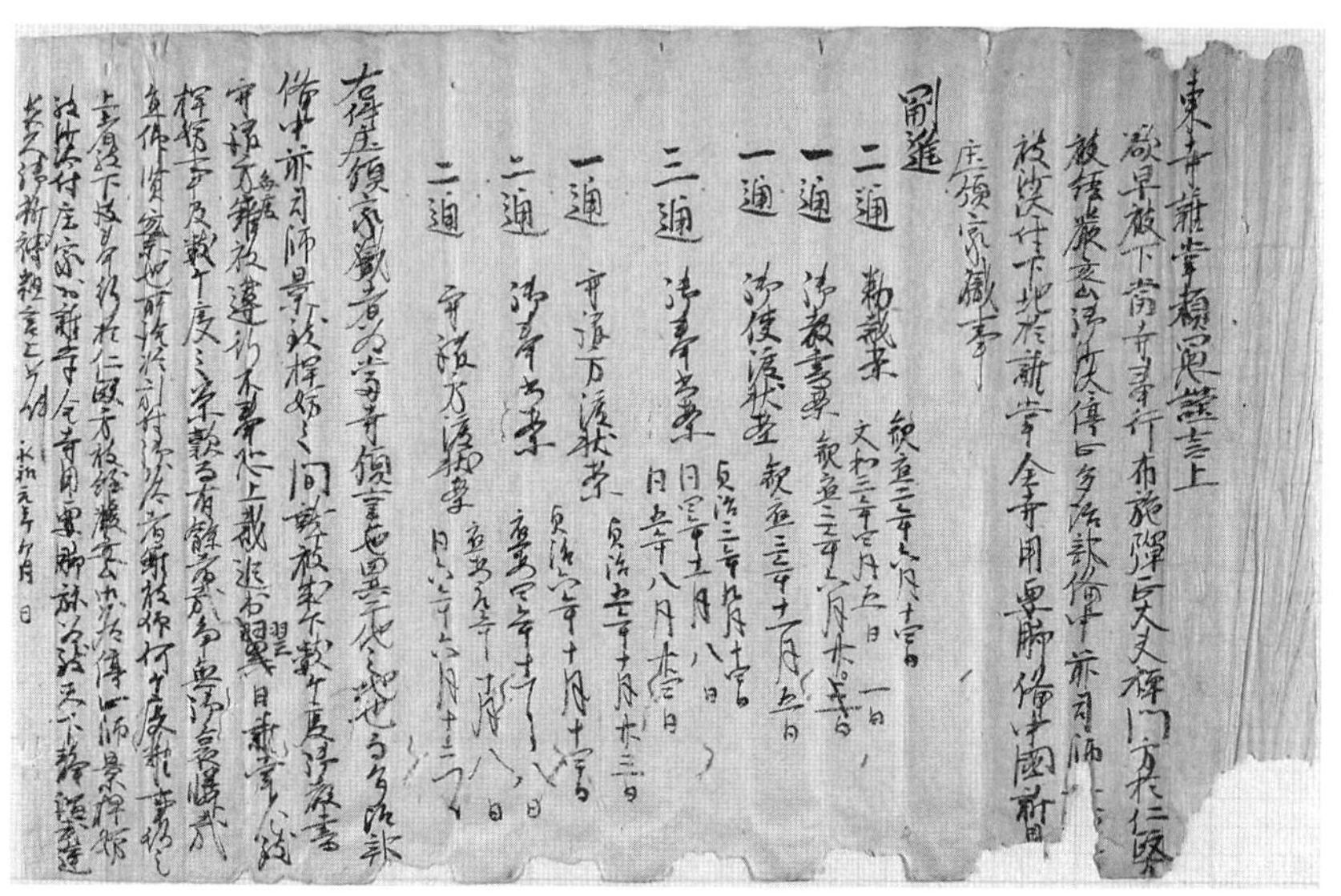

図 17　東寺雑掌頼憲申状案（永和元年 4 月日，京都府立京都学・歴彩館 東寺百合文書 WEB）
事書および本文後段に「於仁政方被経厳密御沙汰」とみえる。表 4 の 7 番。

ていく過程に位置付けている。内談方成立ののちは、実質的な機能は内談方に移行したと見なしている。

・義詮執政期（尊氏存命時期を含む、以下同じ）：この時期の仁政方に関する明確な史料は表4番のみではないかと考えている。「成案をもたないが、あるいは御前沙汰を指すのだろうか」（第一章註（37））と記しているように、第一章発表当時に明確なイメージを持てていなかった。義詮の御前沙汰成立にともない、御前沙汰そのものを指すのか、もしくは義詮の主宰する別の機関を指すのか、結論を得ないなか、ひとまず御前沙汰そのものという見解を提示したと思う。これは今も変わらない。仁政方が狭義の理非究明を行うか否かについては、時期により一定せず、そのときどきの引付方など他の機関との分掌で変化する、と理解していることになる。

・細川頼之執政期：将軍義満が幼少のなか、頼之は執事として義満を代行して政務を行っていた。頼之が将軍代行者として、知行回復などに関わる奉書を発給する場に対し、将軍親裁機関の名称を援用して仁政沙汰と称したと理解している。

・義満執政期：義満が政務の中心になるとともに、仁政沙汰に義満が参加し、仁政沙汰は義満主催の場となる。しかし、次第に形式化していく。

ここで、第一章で言及していない表7番（永和元年〈一三七五〉）・9番（永和三年）についての理解を述べておく。7番は引付の上級審として、9番は越訴を扱いうる機関としてみえ、いずれも、史料表現は「仁政方」で、頼之から義満へと移行する時期に位置する。頼之が義満代行として主催した仁政方、もしくは義満が主催した仁政方が、引付の上位に位置する将軍親裁機関として機能している様子を示していると理解している。

総じて、仁政方を、将軍もしくはその代行者が実際に主宰して判断を下す場で、既存の他の機関では担いえない役割を果たしたと理解していることになろう。

つぎに、執事施行状を発給する場についても整理しておく。第一章では、所付方を、所領を特定して調査を行う、

恩賞方の一部局として位置付けた。そして、「施行状を発給するのも、所付方の管轄と考えられる」とした。恩賞給与の審議は、

恩賞給与可否の審議　→　可の場合、場所の特定（所付方）　→　下文作成・将軍加判　→　施行状審議と作成・執事加判

という過程を経たと思われる。所付方は執事管轄と想定されるので、執事が署判者となる施行状の審議・作成・加判は、所付方の管轄と想定した。この理解に史料的な根拠はない。

さらに、知行回復命令などを内容とする執事奉書は、義詮執政期に御前沙汰に執事が参加するなかで、引付方の改廃とも連動しつつ成立していく。頼之が自ら主宰する場で施行状や奉書を出す過程を経て、執事施行状も知行回復命令などを内容とする執事奉書も、第一章でいう管領主催の場（管領への個別伺）で発給されるかたちで安定する。第一章の理解はこのようにまとめておきたい。

2　第一章発表後の研究紹介

つぎに、第一章発表後に示された、仁政方に関わる諸氏の見解を紹介しておきたい。

ア　家永遵嗣氏

家永氏は、「足利義詮における将軍親裁の基盤―「賦」の担い手を中心に―」[33]（初出一九九二年）で、義詮の将軍親裁を、奏者や賦という観点から検討した。申次・奏者の重要性を示した論考として、また賦に関わる分析として学ぶべき点は多い。そのなかで、義詮執政期の仁政方は、御前沙汰と別の機関で、理非究明を担ったとした。

ここで、仁政方の史料として、表3番、延文二年（一三五七）閏七月日の西寺別当深源目安が検討されている。

仁政御沙汰最中、為二祐厳一躰之仁一、若存二私曲一、被レ申二意見一者、更非二憲法儀一(34)

目安の作成者深源は、奉行人雑賀西義について、敵方である惣在庁祐厳と一体だと認識している。深源は、西義が評議の場で祐厳に有利な発言をすることを警戒し、西義の退座を求めている。その一節である。家永氏は、「仁政御沙汰」は文飾の表現ではなく、仁政沙汰という訴訟機関を指すと理解し、その理解は亀田氏・山本氏にも継承されている。この史料は、「評定」や賦方という表現がみえるなど、当該期の訴訟処理を検討するうえで重要な史料であることは疑いない。しかし、私は、「仁政御沙汰最中」については、一般的な意味として用いられており、〈仁を施す政道に基づく判断が行われているまさにそのときに〉西義が評議の場である評定で祐厳に味方して偏頗な発言をすることがあれば、あるべき姿に反する、と理解する。申状が出されたころ、延文二年六月から七月には、寺社本所領保全の法が制定され、引付方の活動が中断するなど評議の体制が整えられている（第一章二三九～二四〇頁参照）。この状況を「仁政御沙汰最中」と表現したと考える。

表現の類似例を提示しておこう。至徳四年（一三八七）五月日の東寺雑掌頼勝申状土代(35)は、尾張国大成荘領家職につき、尾張守護に対して遵行を求めた文書である。そのなかに、

于レ今不レ預二御遵行一、空送レ年之条、愁吟之至也、早被レ経二仁政恩化御沙汰一、預二下地之御遵行一、開二寺家多年之愁眉一、弥欲レ奉レ祈二御家門之繁栄一矣、

ここでの「仁政御沙汰」は、仁を施す判断・検討くらいで、一般的な意味と解される。はじめ仁政恩化と表現しようとしたことからも明らかであろう。

また「御沙汰最中」については、建武五年（一三三八）七月日の報恩院雑掌行秀申状案(36)に、

且近日寺社領御沙汰厳蜜最中也、

とある事例を挙げておく。

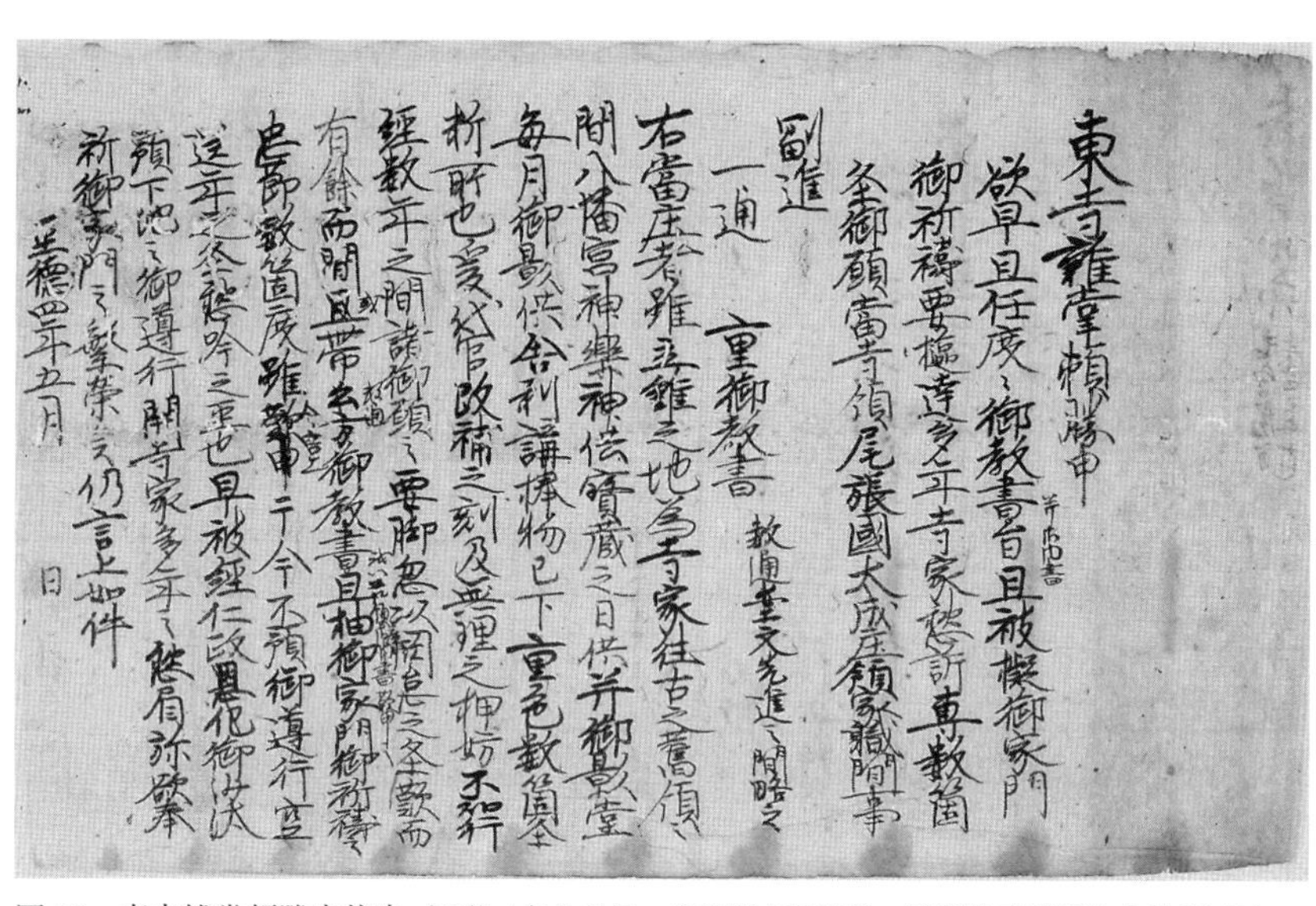

図18　東寺雑掌頼勝申状案（至徳4年5月日，京都府立京都学・歴彩館 東寺百合文書 WEB）

イ　岩元修一氏

岩元氏は、仁政方について、当初、評定などの下に位置付けられるなんらかの救済機関という見通しを示しながら、重要な論点をいくつか提示した。なかでも「室町幕府仁政方について」[37]（一九九五年）において、追加法六条につき、第一章で仁政方の史料である表1番（追加法七条）と関連付けて理解したことに疑問を呈した点は注目されている。追加法六条を、仁政方との関わりではなく直義の親裁の展開のなかに位置付け、のち著書（二〇〇七年）では直義の「御前」の場という理解に展開しており、興味深い。所務沙汰を中心にまとめた著書では仁政方を扱っていないが、岩元氏はその理由として、「仁政方は執事と強く関わり南北朝前期では所務沙汰を管轄した足利直義の側ではなく足利尊氏の側に位置付けられるとみられること」[38]と記している。亀田氏の見解を踏まえつつ、慎重な態度を示している。

ウ　亀田俊和氏

亀田氏は、「南北朝期室町幕府仁政方の研究」[39]（初出二〇〇

六年、著書二〇一三年、以下Aとし著書に依拠する）で、第一章などに対する批判のうえに、仁政方の理解を表明された。ついで、次に述べる山本氏への反批判として「仁政方再論―山本康司氏の批判に接して―」（二〇一六年、以下Bとする）でより深めた見解を示している（BではAから見解が少し動いている）。Bを尊重しつつAを中心に、亀田氏の記述のうち私が重要と思う個所を引用しておく。[40]

「仁政方は、尊氏・直義発給を問わず、幕府発給の下文が実現しない場合にその実現を図る機関である」「仁政方は執事施行状発給機関である」（A二五三頁）

「仁政方は、南北朝期を通じて執事施行状を中核とする執事（管領）奉書全般の発給を行った」（A二五七頁）

「仁政方は典型的な特別訴訟手続による一方的裁許を行う機関であった」（A二六〇頁）

「仁政方は執事施行状を中核とする執事奉書を発給する機関であり、将軍義満期に引付方の権限を吸収した」（B一三頁上段）

「擾乱以前においては、仁政方には下文を簡単に再チェックする程度の審議機能しかなかったのではないだろうか。仁政方が理非糺明を行うに至ったのは、延文二年（一三五七）七月の引付方廃止が契機だったのかもしれない」（B一四頁上段）

「仁政方は、将軍の意志を尊重しながらも、恩賞方や御前沙汰等の将軍親裁機関と比較すれば相対的に将軍の影響力が低く、頭人的地位を占める執事（管領）の裁量が大きい将軍管轄機関であった」（A二五九頁）

「奉書の案件によっては将軍の出席を仰いで承認を得た。その場を『仁政沙汰』と称したのではないだろうか」（B一四頁下段）

亀田氏の見解に関しては、後に項目を改めて述べていきたい。

エ　山本康司氏

山本氏は、「南北朝期室町幕府の恩賞方と仁政方」[41]（二〇一六年）で、亀田氏の見解を批判した。執事施行状の発給機関を恩賞方とし、「執事が恩賞方頭人として施行状を発給した」（三八頁下段）とする。そして、「仁政方は、評定の一形態たる仁政沙汰において訴論人の対決を行うという点に特徴を持つ訴訟機関であり、将軍自らが理非糺明・裁許を行った」「仁政方が扱う訴訟は重要な案件（＝「重事」）に限られた」（四三頁上段）とする。亀田氏はこれに対して全面的な反論を展開している。

オ　小　括

第一章発表後の仁政方に関する見解を通覧すると、直義ではなく、尊氏を含む将軍の親裁機関として理解する傾向が強い。岩元氏・山本氏はもちろん、亀田氏もその傾向のうえにある。ただし、その趣旨は、仁政方を親裁の展開に位置付けたいという点にある。私は、第一章で直義の親裁機関と位置付けている。ゆえに、もし尊氏を含む将軍の親裁機関という理解が大方の支持を得るのであれば、それに従うことに抵抗はない。

しかしながら、亀田氏のように、執事施行状・奉書の発給機関とし、執事の裁量を大きいものとする理解にいたると、納得しがたい。次に、亀田氏の見解について述べてみたい。

3　亀田氏の見解について

まず、第一章に対する亀田氏の批判を取り上げる。前提として二点述べておきたい。

第一点として、亀田氏の大きなテーマである、執事施行状の意義や重要性を評価する点については、なんら異存はない。私も、第一章の最後で、執事施行状を出す場から、管領主催の場（管領への個別伺）が成立していくと論じた。

執事・管領による施行というシステムは、室町幕府の政治制度の根幹をなすと言いうる。問題は、執事施行状を発する場として、仁政方を充てるか否かにある。

第二点として、仁政方の理解についての見解の相違は、史料解釈の違いではなく、史料を全体構想のなかでどう位置付けるかの違いだという点を明確にしておきたい。史料の文章解釈によって生起された相違ではない。表に掲げたような数少ない関係史料を、異なった構想、別の視点から位置付けているために起きている。私見は、将軍親裁という視点から理解しようとし、亀田氏は執事権限の根拠として位置付ける。見解の相違が最も端的に表れているのは、細川頼之執政期の史料にみえる仁政沙汰の理解である。表5番の事例で、細川頼之の奉書が仁政沙汰で発給されている。私見では、これは将軍代行としての行為であり、先述のように、将軍親裁機関の名称を受け継いだと理解する。亀田氏は、執事主催といいうる場を仁政沙汰と呼んでいると理解する。この時期の頼之奉書を、将軍代行の文書発給と位置付けるか、執事固有の文書発給と位置付けるか、当否を決めるのは難しい。構想の相違に起因するため、両者の説の優劣を簡単に決めるのは困難になっている。

以下、構想の違いという点を具体化する意味もかねて、亀田氏が私見に対して提示したおもな指摘事項、批判に対して反応を試みる。

・尊氏・直義期について。私見では仁政方を引付方の上位におくことになる。亀田氏は、岩元氏の指摘をもとに、仁政内談の存在から、仁政方は、同じく内談の存在する引付方・禅律方と同格で、引付方の上位にはないとする（A二四九頁）。先に検討した内談の本来の意味から考えて、内談はどの会議体にも存在しうる。内談があるから同格の会議体と理解するのは難しいと考える。

・追加法六条と表1番を関連づける私見に対し、亀田氏は、岩元氏の指摘に従って否定する。関連付ける必然性がないのは岩元氏や亀田氏の指摘のとおりである。もっとも、強弁するならば、両者の関連付けが完全に否定された場合でも、表1番では案件が仁政方から直義管轄の引付方に移譲されており、表1番だけでも、仁政方を尊氏主催ではなく直義主催と理解する可能性は残ると考える。

・私見では、表1番にみえる下文を尊氏のものとした。亀田氏は、直義下文も含まれると批判する。第一章では、行論を明確にするために尊氏と限定した。しかし、ここでも強弁を試みると、亀田氏のように、直義下文を含むと考え、自らの発給文書である直義下文も含め、実現しない下文に関わる審理を、仁政方の管轄から外した、と理解しても、論旨に大きな影響はない。

・頼之執政期の仁政方について。私見では、義詮の御前沙汰の系譜のうえに位置付けている。亀田氏はこの点を批判し、「義詮期における執事細川清氏・斯波義将発給の執事奉書が義詮御前沙汰で発給されたと推測し、この前提を基に、頼之もまた御前沙汰を継承する機関で奉書を発給したと考えたことによるのであろう。しかし、義詮期の執事奉書発給が御前沙汰で行われた事実を史料的に確認することはできない」（A二五四頁）とする。しかし、前述したように、私見では、頼之は将軍代行として仁政沙汰を開催しているのであり、義詮執政期の執事奉書が御前沙汰で発給されたか否かとは関わらないと考えている。

以上の反論が成立しているかどうかはわからない。二点目・三点目については、先に述べたように、仁政方を直義の親裁機関とする理解から変更すれば、反論の必要はないことになる。それでも、理解の差異は史料解釈などには基づかず、構想の相違に起因することを理解いただくために、強弁を含むことを意識しつつも反論を記してみた。他の批判にもなんらかの反応は示しうる一方で、当然ながら、亀田氏もこれに対して再反論が可能だろうと思っている。

単に批判と反論を続けると、水掛け論と化す可能性が大きい。そこで試みに、亀田氏の提示する仁政方につき、なるべく批判のかたちをとらずに、私にとって理解が難しい点を、尊氏・直義期、義詮執政期以降と分けて整理してみる。生産的な議論に結び付くことを願う。

ア　尊氏・直義期

私の理解によると、亀田氏の見解は以下のようになる。

Ⅰ尊氏・直義の時代、下文を実効化する機関として、恩賞方・安堵方や引付とは別の機関として仁政方が存在した。

Ⅱ下文を再チェックする程度の機能を持った。

Ⅲ発給文書は執事奉書で、おもに下文の施行というかたちで、沙汰付命令を担った。

Ⅳ執事が頭人のような位置におり、将軍の出席を仰ぐこともあった。

順にコメントしていくと、Ⅰは理解しうる。表1番から導きうる解釈である。Ⅱで、重要な論点ではないけれどもやや不明なのは、下文の再チェックの結果、問題があるとなった場合の対応になる。亀田氏の理解では、仁政方では、新たな事実認定のもと、尊氏・直義署判文書などを発給することはない。加えて、引付方のような理非究明も行わない。表1番の史料のように、引付方に委ねることになるのだろうか。

Ⅲ・Ⅳは、特に私見と相違する点になる。私見では、この時期、執事奉書が仁政方から発給されることを明瞭に示す史料はなく、全体像から史料を位置付けて、傍証としていると思う。亀田氏もBで強調する（三頁上段）ように、下文と施行状の日付を比べると、間隔の短いもの、長いものが存在する。間隔の短いものは、ある程度機械的に発給された施行となるだろう。亀田氏のような理解に立った場合でも、ある程度機械的に発給される施行状は恩賞方内部で行い、検討を要するものは仁政方で扱い、結果として間隔が長くなる、とするのもひとつの考え方である。恩賞方との関係はわかりやすくなる。しかし、亀田氏は、執事奉書全般を仁政方からの発給とする。亀田説の特徴は、執事奉書発給の機関は単一と理解し、その機関は南北朝期に一貫して存続したと把握する点にある。

先にも紹介したように、亀田氏は、仁政方を、相対的に将軍の影響力が低く、頭人的地位を占める執事の裁量が大きい将軍親裁機関としている。一般的に、奉書を出す場において、奉者は、中心的なメンバーであることは動かないものの、判断の主体ではなく、会議の形式的な主体にはなりえない。ゆえに、会議結果の伝達に、主体ではなく奉者というかたちで関わる立場を、事実上の会議の主催者として大きく評価するのは危険を伴う。義満執政期には仁政沙汰に将軍が出席していることが確認され（表10番）、仁政方に判断の主体である将軍（相当）出席の可能性は大きい。亀田氏の理解は、以上を踏まえて、相対的に、など慎重な表現を用いており、主催者でない、という点に配慮したまとめかたになっている。

一方で、執事奉書の機関を単一とするという理解は、その機関を権限の根拠とする理解に結び付いている。亀田氏の理解は、施行状および奉書の発給を通じて、執事の権限を大きく評価しており、根拠の場としての仁政方という点を強く意識していることは動かないと思う。たとえば、高師直が執事施行状を発給し続けたことに、直義との対立を見るなど、奉書発給者の立場を強調する場面もある（A第三節、とくに二六五頁）。

亀田説では、仁政方における執事の評価は、奉者としての参加であるがゆえに、微妙なバランスのうえに立っている。全体像として、理解の難しい要素をはらんでいると感ずる(42)。

イ　義詮執政期以降

おもにBで具体的な所論を展開している。仁政沙汰、仁政内談、仁政方を区別し、それらのうえに管領が訴訟を行う場を位置付けている。

まず義詮執政期では、仁政方は理非究明を行う場で、その結果を、評定とほぼ同値の仁政沙汰（御前沙汰とは別）に上程する。仁政方は執事管轄機関で、引付と同等の機能を果たした（B一一頁下段）。また仁政方は内部に仁政内談を持ち、執事施行状は仁政内談で発給された（B一三頁下段）。

義満執政期には、仁政沙汰と仁政内談は、役割を変え、前者が執事（管領）施行状、後者が所務沙汰遵行（沙汰付）命令の執事（管領）奉書を発給した。

以上の亀田氏の見解につき、二点に分けて述べたい。第一点は区別を巡って。亀田氏は、仁政沙汰、仁政内談、さらには仁政方を異なる場と理解している。先の内談の検討を参照すると、このように分ける可能性はあるかもしれない。ただし、仁政内談は尊氏・直義期の表1番にみえるのみなど、史料の少ないなか、沙汰・内談などを区別するには、丁寧な説明が必要だろうと思う。さらに、区別する場合でも、義詮執政期に仁政内談の担っていた執事施行状発給という機能が、義満執政期に仁政沙汰に移行する（おそらくは両者で機能を交換するということかと理解する）という説明は、理解するのがなかなか難しい。ある会議の主要メンバーで構成されるのが内談である場合、会議と内談とで、時期が変わって扱う議題を交換するというのは、主客逆転するような印象を受ける。

第二点として、「管領が訴訟を行う場」＝〈管領の訴訟の場〉（ともにAにみえる表現）への継承関係について。仁政内談・仁政沙汰とその後の〈管領の訴訟の場〉との継承関係について、あまり説明がない。管領の署判する管領奉書は、〈管領の訴訟の場〉が発給の場であろう。しかし、将軍―奉行人の場で、将軍の判断で管領奉書発給を決定し、〈管領の訴訟の場〉で、管領の判断で将軍への披露に移行する場合もある(43)。このような場を、仁政内談などの延長線上にどう位置付けるのか。仁政沙汰は継承されず、仁政内談が〈管領の訴訟の場〉に転化するのだろうか。その場合、なぜ仁政内談だけ継承されるのか、また仁政という名称が継続しないのはなぜか、という疑問もわく。

以上、亀田説について理解の難しい点を述べて、仁政方についてのコメントを終えたい。

第五節　御判御教書を出す場

義満への個別伺の結果は、御判御教書であらわされる。それ以前の御判御教書を発給する場として、まず義詮の御前沙汰を挙げうるけれども、御判御教書が伝える内容は多様であり、その発給を行う場もまた多様だったと推測される。直義を含む将軍署判文書のうち、裁許下知状は評定の審議を経て、下文は恩賞方や安堵方から発給される、とある程度まで特定されるのとは異なる特徴と言えよう。義満の個別伺の場の淵源をたどるひとつの方策として、義詮以前に御判御教書を発給した場について、最後に検討してみたい。

御前沙汰を除くと、義詮以前に御判御教書がどのような手順で発給されたのか、明瞭ではない。おそらくは内容ごとに異なるのではないかと推測される。ここでは、義詮執政期の祈禱御教書の事例を検討する。延文五年（一三六〇）十月、祇園社顕詮が北朝に提出した申状の一部を引用する[44]。静晴に出された祠官職還補の綸旨を召し返すよう求めている。静晴は、幕府から祈禱御教書を得たことを幕府から赦免された証拠としたようで、顕詮がそれに反論している。

武家祈禱御教書、全非㆓厚免之儀㆒、世上擾乱之時、不㆑被㆑尋㆓其身之忠否㆒、諸人随㆓所望㆒、奉行人書㆓賦祈禱御教書㆒之条、不㆑始㆓于今㆒規式也、仍去年大樹（足利義詮）尼崎下向之刻、静晴相㆓語布施弾正忠（資連）㆒、誘㆓取祈禱御教書㆒之間、顕詮就㆓支申㆒、可㆑召㆓返彼御教書㆒之由、去二月廿七日、以㆓摂津将監能直㆒、被㆑仰㆓奉行人㆒畢、加㆑之布施弾正忠被㆑改㆓替彼執筆奉行㆒畢、

この時期、京都周辺では南朝との攻防が収束していなかった。祇園社では、観応の擾乱期からこの頃まで、尊氏・直義・義詮から、天下静謐祈禱を命ずる内容の御判御教書をしばしば受給している[45]。背景には、祇園社執行職など、受給しうる立場をめぐる角逐もあった。引用個所の大意は、幕府からの祈禱御教書は、戦争状態のときは、希望があれば適否を検討せずに担当奉行人が発給するのが通例である。前年十二月二十三日に義詮が摂津尼崎に出陣して南朝方と戦った際、静晴は祈禱御教書を獲得したが、顕詮の訴えですでに召し返されることが決定している。担当奉行人布施資連も交代している。このような内容であろう。適否を検討せずに発給されたのだから証拠にならない、という

主張にとどまらず、祈禱御教書の取消や担当奉行の交替に繋がっており、事実を曲げて申請したなど、なんらかの不正があったと判断されたのであろう。

担当奉行人に注目したい。戦陣では、祈禱御教書を担当する奉行人は、あるいは将軍に確認することなく、希望に従って機械的に発給することもあったかもしれない。しかし、祈禱御教書の召し返しは、申次を介しているため、義詮への内奏を経ており、義詮の判断と見なされる。やや落ちついた状況のもとであれば、通常の手続きとして、担当奉行人が将軍に披露し確認する手順があった可能性は高いと思う。担当奉行人が将軍に披露する、これはかたちのうえで個別伺と同等とも言いうる。

もうひとつ、祈禱御教書の召し返しだけでなく、そのうえでなされた担当奉行人の交代も義詮の意向である可能性が高い。担当奉行人の指定は義詮が行っていたことになろう。義満執政期以降、寺社などに設置される別奉行は、申請を受けて将軍が指定する。たとえば、応永十一年（一四〇四）、東寺の廿一口方供僧評定では、「寺家奉行」（東寺奉行）につき、斎藤玄輔が機能しないので、複数化、すなわち相奉行の任命を画策している（第三部中扉の写真参照）。

飯尾大和入道（浄称）可ㇾ為二相奉行一之由、寺家依二歎申一、三宝院（満済）。去月十四日内々御伺□処、不ㇾ可ㇾ有二子細一之由、被二仰出一、(46)

義満は、第二の奉行を飯尾浄称としたいという東寺の意向を仲介者満済から披露され、許可している。義満執政期以降において、管領の賦とは別に、将軍自らも担当奉行人を指定しうることは、訴訟案件の処理のうえで見逃せない事実である。将軍親裁を支える方式のひとつと評価しうる。

ときに担当奉行人を指定しつつ、奉行人が個別に将軍に披露し、御判御教書が発給される、この方式が義詮以前にどのように存在していたのか、今後の追究に期待したい。

註

（1）　二〇〇七年、吉川弘文館。

（2）『初期室町幕府訴訟制度の研究』第一部第一章。
（3）「室町幕府所務沙汰とその変質」（『法制史研究』五七、二〇〇八年）。
（4）「康永三年における室町幕府引付方改編について」（『立命館文学』六二四、二〇一二年）。
（5）たとえば、上杉和彦・明治大学中世史研究会「明治大学図書館所蔵『青蓮院文書』―中世文書を中心に―」（『駿台史学』一三六、二〇〇九年）など。なお、引付方などにみられる特別訴訟手続きについては、多様な議論が提示されている。今総括する力はないが、永井英治氏は、第一章などで一方的裁許として論じていることを批判して、「沙汰付」の側面を重視して議論を展開しており、見逃せない（「鎌倉末～南北朝内乱初期の裁判と執行」『年報中世史研究』二九、二〇〇四年、「建武政権～初期室町幕府の裁判に見る『濫妨』と『押領』の交錯」『南山経済研究』二九―一、二〇一四年）。
（6）「初期室町幕府における恩賞方―『恩賞方奉行人』の考察を中心に―」（『古文書研究』七二、二〇一一年）。
（7）「南北朝期室町幕府の恩賞方と仁政方」（『日本史研究』六四五、二〇一六年）。
（8）笠松宏至「入門」（『日本中世法史論』東京大学出版会、一九七九年）、新田一郎「中世の『裁判』の『理念』をめぐって―『入門』手続と『入理』―」（『日本中世の社会と法』東京大学出版会、一九九五年）、岩元修一「『入門』の再検討（一）～（四）」（『宇部工業高等専門学校研究報告』六七、二〇二一年）。
（9）山田註（3）論文、引用は五六頁。
（10）「将軍足利義教の『御前沙汰』体制と管領」（『年報中世史研究』一八、一九九三年）。
（11）「室町幕府の評定衆と『御前沙汰』―『御前沙汰』の評議体制及び構成メンバーの変遷―」（『古文書研究』二八、一九八七年）、五四頁など。
（12）義持執政期については、吉田賢司『足利義持―累葉の武将を継ぎ、一朝の重臣たり―』（ミネルヴァ書房、二〇一七年）に詳しく整理されている。
（13）「御内書引付素描―伊勢氏の一側面―」付論「『御前落居奉書』試論」（科学研究費補助金研究成果報告書〈研究代表者桑山浩然〉『室町幕府関係引付史料の研究』一九八九年）。
（14）佐藤進一「足利義教嗣立期の幕府政治」（『日本中世史論集』岩波書店、一九九〇年、初出一九六八年）。太田順三「将軍義教と御前落居奉書の成立」（『史観』九一、一九七五年）、桑山浩然「足利義教と御前沙汰」（『室町幕府の政治と経済』吉川弘文館、二〇〇六年、初出一九七七年）、鳥居和之「室町幕府の訴状の受理方法」（『日本史研究』三一一、一九八八年）など。『室町幕府引付史料集成』上は近藤出版社、一九八〇年。

(15) 本節発表後に刊行された専論として、鈴木江津子『室町幕府足利義教『御前沙汰』の研究』（歴史民俗資料学叢書一、神奈川大学、二〇〇六年）など。史料論として、新田一郎・高大成・藤田聡・鎌田宜伸・小松原瑞基・家村太郎「『御前落居記録』・『御前落居奉書』伝来考」（『東京大学日本史学研究室紀要』二八、二〇二四年）がある。

(16) 『満済准后日記』（『続群書類従』補遺）などによる。

(17) 家永遵嗣氏は、『御前落居記録』などの始期を伊勢貞経の失脚と結びつけ、申次の動向と義教の親裁を関連付けて理解しており（「足利義教初期における将軍近習の動向」『室町幕府将軍権力の研究』東京大学日本史学研究室、一九九五年、初出一九八八年）、興味深い。なお、設楽薫氏は、「御前沙汰始の儀式と『松田家記』の記事をめぐって」（『史路』三、一九七九年）で、『御前落居記録』の存在を正長二年まで遡ると推測している。

(18) 『建内記』は大日本古記録による。『御前落居奉書』永享四年八月十一日奉書は、引用史料に関連する。

(19) しばしば取り上げられる『康富記』応永二十五・二十六年の山城大住荘の訴訟例、および山城上久世荘公文職の訴訟例（『大日本史料』第七編之二〇、二四四頁以下）などによる。寒川氏と真板氏で争われた東寺領上久世荘公文職相論は、義持のとき特に活発であり、管領細川満元のときは細川氏被管寒川氏が、その前後の二度の畠山満家管領在職時には真板氏が勝訴しており、訴訟を指揮するときの管領の発言力の大きさを示している。この相論では、かつて今谷明氏が指摘した奉行人による意見具申も確認される。応永二十年十二月には、「寒河理(元光)運之由、於二管領(細川満元)一諸奉行異見」（『東寺百合文書』ワ二九「鎮守八幡宮供僧評定引付」六日条）とみえ、これに対して奉行人は「異見者既寒河理運之由申間、常文(寒河元光)入道得理勿論也」（同十三日条）と東寺に情報を伝えている（『大日本史料』応永二十一年七月二十六日条参照）。管領での審議において、奉行人の意見が聴取され、意見の内容が決定に大きな影響力を有していたことが窺える。奉行人などによる意見制度を考察するうえで欠かせない事例である。今谷明「室町幕府奉行人奉書の基礎的考察」（『室町幕府解体過程の研究』二〇一頁、岩波書店、一九八五年、初出一九八二年）参照。

(20) 『満済准后日記』永享三年九月十一日条。

(21) 設楽薫氏は、義教による評定衆・奉行人への「意見」諮問に義教執政期の「御前沙汰」の画期性を見出している（註(11)論文）。設楽氏は註(17)論文で、義教の「御前沙汰」につき、「一方では従前の管領―奉行人の形式的な関係も残しておき、その実質的なものを吸上げるようにして掌握してゆこうとしたのが、義教の御前沙汰ではなかったろうか」と述べている。

(22) 永享五年七月十九日山門牒状案。『看聞日記』同月二十四日条。図書寮叢刊。

(23) 以下、『東寺百合文書』は函と番号で示す。『東寺廿一口供僧方評定引付』一〜四、大日本古文書『東寺文書』、京都府立総合資料館等『東寺百合文書』、『大日本史料』などを参照した。なお、「内評定」という表現もまれにみえる。鎮守八幡宮方応永二十一年閏七月二日・九日・十一日条（ワ三〇）など。

(24) 内談参加者十人のうち、その日の評定に参加したのは八人、評定参加者十五人のうち、記載順で一位〜四位・七位〜九位と年預、前日の評定に参加した二十人のうち、記載順で二位〜六位・九位〜十二位と年預となる。参加者は、年預を除いて臈次順に記載されていると思われ、内談には臈次上位者が参加していると確認される。

(25) 内談参加者は九人で、同日の評定と同人数である。しかし、メンバーは異なり、内談参加者で評定に参加したのは六人、評定での一位〜六位にあたり、年預は内談に参加していない。八月二十五日の評定参加者十四人と比べると八人が重なり、二十五日の一位〜五位・七位〜九位が内談に参加している。

(26) 『神道大系』神社編二〇鶴岡による。続群書類従本・史料編纂所架蔵謄写本を参照した。

(27) 『中世法制史料集』二室町幕府法、附録一、三六〇頁。他の事例は「越訴沙汰」にみえる。

(28) 『中世法制史料集』三武家家法Ⅰ、二。

(29) 『中世法制史料集』四武家家法Ⅱ、三九。

(30) 室町幕府追加法七条。暦応四年三月十日幕府事書（『中世法制史料集』二室町幕府法）。

(31) 『花営三代記』は群書類従巻四五九による。「禅律内談」は応安元年二月十九日条・九月二十一日条。「侍所内談」は応安五年三月二十五日条。

(32) 「南北朝期室町幕府仁政方の研究」（『室町幕府管領施行システムの研究』思文閣出版、二〇一三年、初出二〇〇六年）。

(33) 註(17)著書所収。

(34) 『東寺百合文書』乙号外二—二。事書は、「当職（西寺別当職）事、就二惣在庁祐厳訴一、於二御評定砌一被レ経二御沙汰一云々、雑賀隼人入道西義此御沙汰時者、可レ令二退座一子細事」とある。審議の場は評定で、西義が評定から退座することを求めたかと思われる。

(35) 『東寺百合文書』そ一五。大日本古文書所収。

(36) 大日本古文書『醍醐寺文書』二七七一―一、一八函三五―一。

(37) 『宇部工業高等専門学校研究報告』四一。

(38) 「あとがき」二八三頁。

(39) 註(32)論文。

(40) 『ぶい&ぶい』三〇（日本史史料研究会、二〇一六年）。のち亀田『南北朝期室町幕府をめぐる諸問題』（国立台湾大学出版中心、二〇二二年）に再録された。第七節および「おわりに」にやや大きな加筆修正がある。論旨に変更はない。本文引用のうち最後は、若干表現が変わり、「奉書の案件によっては将軍の出席を仰いで（その場を『仁政沙汰』と称した）、承認を得たのではないだろうか」となっている。なお、亀田氏は、最近作で寄合方を検討し、その重要性を強調している（「日本中世訴訟制度史における室町幕府寄合方の意義―但馬国雀岐荘の検討を中心に―」『ヒストリア』三〇三、二〇二四年）。

(41) 『日本史研究』六四五。

(42) 第一章でいう管領主催の場（管領への個別伺）でも、管領は発給文書の奉者ではある。しかし、将軍は参加していないと想定している。会議に形式的な主催者が参加しないならば、奉者を実質的な中心メンバーとして評価することは可能だろう。

(43) 将軍―奉行人の場で、将軍の判断で管領奉書発給を決定するのは『御前落居記録』でも確認される。〈管領の訴訟の場〉で、管領の判断で将軍への披露に移行する事例は、本書第三部第一章二四九頁引用史料など。

(44) 延文五年十月日御師執行顕詮申状案（『八坂神社文書』八四五）。花田卓司「南北朝期における将軍家御師職の意義―顕詮・静晴・晴春の執行職争い再考―」（『立命館文学』六三七、二〇一四年）参照。

(45) 『祇園社記続録』二参照。文和五年二月二十八日、祇園社隆晴に対し天下静謐の祈禱を命じた尊氏の御判御教書案の端裏には、「御敵隆晴掠二給之一、（中略）為二長門国住人一之由、替レ面申賜」とみえる（『八坂神社文書』四一。『石水博物館所蔵文書』延文元年九月五日某書状案〈『三重県史』資料編中世二、二一六頁〉は関連文書と思われる）。延文四年十二月や翌年正月には、西大寺・大覚寺・廬山寺に対し、天下静謐祈禱を命ずる義詮の御判御教書が発給されている（『大日本史料』延文四年十二月十九日条、延文五年正月十一日条）。

(46) 『東寺百合文書』く一、廿一口方評定引付、応永十一年十月十日条。

第二章　室町幕府政所と伊勢貞継

室町幕府の政所執事としてまず想起するのは伊勢氏である。南北朝末に伊勢貞継が就任し、その死去まで十一年以上在職したのを皮切りに、永禄年間（一五五八―七〇）はじめまで、一時期十年程を除いて約一八〇年間、伊勢氏当主が執事を務めている。一方、貞継以前の政所執事は、断片的な痕跡から、鎌倉幕府以来の二階堂氏を中心に、多様な人物がごく短期間で交替している様子が窺える。[1] なぜ貞継は、政所執事という職を保ちえたのか、さらに伊勢氏歴代が保持しえた理由はなにか。

古く一倉喜好氏は、貞継の執事就任にいたる政治的背景を分析した。のち五味文彦氏なども分析を進め、また家永遵嗣氏も、貞継の申次としての活動や、貞継の執事就任にともなう政所改革を論じた文章を公表している。そしていまのところ、先の課題につきもっとも正面から論じたのは宮崎隆旨氏である。[2]

宮崎氏は、貞継が足利義満を養育したとされること、義詮が貞継亭に風呂御成をはじめて以後の嚆矢となることのほか、貞継が御厩奉行や御所奉行であったことなど、貞継と将軍家との関わりの深さを指摘し、その上で、政所が将軍家の私的家務を扱う比重を高めるなか、貞継の体現した職掌が政所の機能の一部と不可分となったと論じた。さらに、貞継の政所執事就任の背景に義満の権力高揚への意図があると指摘し、執事が将軍権力を支える職掌であるゆえに、執事職は将軍家との繋がりを継承した伊勢氏嫡流に世襲されたと述べている。

私も大筋で宮崎氏の指摘のとおりだと思う。ただ、たとえば御所奉行を「奏者役を兼ねた、主に将軍の日常生活に関する営中の諸雑事を掌った」とするように、細部では各所に検討の余地を残している。さらに細かな分析を加えることにより、貞継が政所執事に在任しつづけた理由を多少なりともより具体的な形に置き換えて提示したいと思う。

検討の素材として、御所奉行を取り挙げる。比較的に史料に恵まれていて、活動の様態を垣間見ることが可能だからである。その上に他の要素の検討も加えることとする。

第一節　南北朝期の御所奉行

第一項　事例の検出

南北朝期に「御所奉行」として所見のある人物を順に検討することからはじめる。伊勢貞継ばかりでなく、それ以前の御所奉行の活動を検討し、南北朝期の御所奉行の職掌を整理して、貞継の活動基盤などを考察する手掛かりとしたい。

A　二階堂時綱（法名行諲）

〔史料1〕『祇園執行日記』観応元年（一三五〇）三月十八日条(3)

一行二二階堂三川入道将軍御所奉行、許一、見参、御神楽用途以下事申了、委記有二檀那方記一

二階堂三河入道行諲は、『武家年代記』などによると、俗名時綱、元弘三年（一三三三）に政所執事とみえるが、これは、鎌倉で足利直義のもと、成良親王の政所執事を務めたと理解されている。『武家年代記』では、この年の行諲に「御所奉行」と注記するが、この時点の事績を意味するか不明。ついで貞和二年（一三四六）、幕府政所執事とある。家永遵嗣氏は、行諲が直義と関わりの深いことを指摘している。観応元年三月は、直義が、高師直との対立に

敗れ籠居していた時期であり、この状況下で直義派の行譚が御所奉行を務めているのは興味深い(4)。

御神楽とは、後掲の史料20に「鎌倉殿(足利義詮)春季御祈祇園社御神楽」とみえるように、将軍個人に関わる神楽である。祇園社顕詮は、行譚の許に赴き、神楽用途のことを申し入れている。

B　粟飯原清胤（法名道最）

二階堂時綱は、観応二年七月、北陸に脱出した直義に従い、のち京都に戻った形跡もあるものの、活動の痕跡は翌年までである。こののち、御所奉行と確認されるのは、将軍側近として著名な粟飯原清胤である。

〔史料2〕『祇園社記続録』二(5)

同二云、(傍書)　将軍家(足利尊氏)幷下御所(足利義詮)御返事

御祈禱御巻数(両殿御分)入二見参一候了、仍執達如レ件、

観応二年十月廿五日　　　沙弥判(傍書二云、御所奉行粟飯原入道)

祇園社御師助法印御房(顕詮)

〔史料3〕『祇園執行日記』正平七年（一三五二）正月二十六日条

鎌倉殿(足利義詮)年始神馬壱疋、栗毛、自二御所奉行粟飯原許一引レ之、非二執行得分一、檀那方也、舎人ニ二連給之処、猶懇望之間、三連給了、

〔史料4〕『祇園執行日記』正平七年二月十八日条

宮辻子路次事、自二建仁寺一若申二武家一歟之間、緯次第為レ申二置之一、向二御所□□(奉行カ)粟飯原許一之処、出仕之間申二置伊地知一了、

〔史料5〕『祇園執行日記』正平七年閏二月十七日条

天下静謐御祈、大般若一部可㆓転読㆒之由、為㆓三須雅楽允(倫篤)奉行㆒、去八日被㆑下㆓御教□(書)㆒、而予(顕詮)留守之間無沙汰、
而昨日十六日一社転読、信読、今日巻数付㆓御所奉行粟飯原下総入道㆒了、

〔史料6〕『祇園執行日記』観応三年（一三五二）四月七日条

昨日神供闕如事、社家注進状今日持㆓参佐渡判官入道々誉許㆒東寺令㆑見了、（中略）此事又為㆑申㆓御所奉行粟飯原
禅門㆒、罷㆓向彼宿㆒東寺角房之処、為㆓鎌倉殿(足利義詮)御共㆒罷㆓向三宝院宿㆒北少路西洞院常住寺之由申之間、申㆓□若党伊地知㆒畢、
（傍書略）此事雖㆑可㆑経㆓奏聞㆒、主上・上皇等無㆓御座㆒之間不㆑及㆓是非㆒、又座主竹中殿(慈厳)御上表、又無㆓新補御沙
汰㆒間、不㆑及㆑申㆓座主㆒、仍為㆓向後㆒申㆓武家㆒了、

『武家年代記』によると、清胤（粟飯原下総守と注記される）は貞和三年（一三四七）十二月に政所執事となる。また、康永元年（一三四二）十二月五日には御厩別当に在職し、観応元年四月十六日にも御厩別当を安堵されている。山田邦明氏は、数多い清胤の所見を整理し、直義との関わりの深さを指摘している。入道は史料2が初見。『関東開闢皇代幷年代記事』の政所執事項に「下総入道々最文和二々以後還補」とあり、肩に「粟飯原」と注記されるが、これ以前に政所執事となった粟飯原氏は清胤だけで官途も一致することから、道最は清胤の法名で、文和二年（一三五三）に執事に再任されたと判断される。しかしこの年六月九日、南朝軍との洛東神楽岡の戦いで討ち死にする。[6]

史料2は注記にみえる所見だが、他の所見と時期が近く、信頼しうる可能性は高い。史料5とともに、祈禱の巻数を受け取る役。史料2は足利尊氏・義詮の祈禱であるのに対し、史料5は天下静謐祈禱である。史料2は、直義攻撃のため南朝との講和が進んでいる頃で、正平の一統、尊氏の関東下向へと続く。一方、史料5は、正平の一統が破れるときにあたり、南朝の住吉行宮から戻って間もない記主顕詮は、前日に南朝勢が住吉から天王寺に移ったことを記し、南朝軍の京都占領を二十日に記す。

史料3は、義詮からの年始の神馬を送る役。記主の執行顕詮は、義詮との師檀関係をもとに、祇園社執行としてで

はなく、義詮の師匠としての得たものと主張したけれども、結局馬は祇園社別当の手に帰している。史料4では祇園社が幕府に主張するにあたり仲介を期待されている。祇園社では社領と認識している宮辻子路地を、建仁寺が塞いで堀を切った件につき、御所奉行清胤を窓口として幕府に事情説明しようとしている。史料6も祇園社からの要求の窓口になっている。この神供は「社頭日御供」「長日神供」とも呼ばれ、白河院勅願とみえる。四月上旬は小童保役だが、六日から半分だけの進納となり欠如の状態になった。幕府軍は京都を回復しているものの、北朝天皇らは連れ去られたまま、座主慈厳も辞職したため、幕府に出訴しており、佐々木導誉と御所奉行清胤を窓口としている。将軍・幕府に関わる内容のために幕府に出訴しているのではない。

　さて、清胤は、右の所見に先立ち、貞和四年（一三四八）に次のようにみえる。

〔史料7〕『祇園社執行静晴関係文書案』宮内庁書陵部所蔵伏見宮家旧蔵本四〇四

　　　　静晴勘気事
武家御教書
御神楽奉行事、両方被レ申之趣、以二藤民□□□〔部入道〕斎藤三郎兵衛尉両人一被レ伺二申上御所〔将軍〕一之処、於静晴□〔有晴〕〔父〕依二御鎧犯用一御勘気候畢、然者雖レ非二社務一就二□〔御〕師職一可レ被二仰付一之由、御返事候、此上者可レ有二御奉□□□〔行之由〕〔者〕御沙汰一候也、

恐々謹言、
　貞和四
　二月一日　　　　　　御所奉行粟飯原下総守
　　　　　　　　　　　　清胤判
祇園前執行〔顕詮〕助法眼御房

　史料1とも関わる内容で、御所奉行の活動として大過ないと判断され、清胤は、二階堂時綱の在職以前にも、御所奉行に在職していたと見なされる。この場合、観応年間（一三五〇―五二）は再任となる。ただし、この文書を載せる目録には「一通　政所下総守奉書静晴御勘気事貞和四二一」とみえ、先述のように前年十二月には清胤は政所執事に就任したとされるため、この史料から御所奉行の在職を決めるには、若干の留保が必要である。(7)

C　二階堂行元（法名行照）

〔史料8〕『祇園社記続録』二

（傍書）同云、（足利義詮）将軍家御巻数御返事、（細川清氏）相州没落事

天下静謐御祈禱巻数一枝入二見参一候了、仍執達如レ件、

（傍書）同云、御所奉行二階堂山城判官

康安元年九月廿七日　　左衛門少尉判

（顕詮）祇園社助法印御房御返事

さきの時綱は二階堂伊勢守行綱から三代だが、行元は行綱の弟信濃守行忠から四代にあたり、別の流れである。左衛門少尉から中務少輔になり、しばしば山城と冠される。貞治三年（一三六四）には政所執事の職にあると判断され、以後、伊勢貞継に代わるまでその任にあったらしい(8)。史料8は、康安元年（一三六一）、巻数の受け取り。傍書の所見だが、少なくとも行元がある時期に御所奉行であった証拠となろう。

D　饗庭氏直（のち尊宣）

〔史料9〕『三鳥居建立記』貞治四年（一三六五）六月

十七日、（顕詮）予参二等持寺一、以二御所奉行霜台禅門一、御願鳥居入眼目出之由申入了、椙葉ニ同申了、

この霜台禅門は、尊氏の近臣として知られる饗庭命鶴丸にあたる可能性が高い。饗庭命鶴丸については、尊氏没後、義詮を支えた斯波高経との深い関わりが明らかにされている。「命鶴丸俗名氏直」とみえるのち、『源威集』によると、文和三年（一三五四）十一月、大嘗会に際して元服、名字を尊宣とし、五位将監兼弾正少弼となった。のち少弼入道、俗名尊宣とみえ、貞治五年（一三六六）八月には、高経の没落に従ったと噂される。ただし、霜台入道は、貞治六年

十一月の義詮病気平癒の祈禱で、義満の案内役を務めており、これも氏直＝尊宣で、高経の没落後も、細川氏が管領になるまでは義満に近侍していたと思われる。斯波氏が復帰する康暦の政変の直前、康暦元年（一三七九）正月には、命鶴霜台が反細川頼之勢力の動きと関わって京都で活動している(9)。

史料9では将軍への仲介の役を務めている。義詮の御願として建立される祇園社鳥居が完成し、祇園社側の奉行である顕詮は、大方殿赤橋登子死去後のため等持寺に滞在する義詮に報告している。この史料の最末尾の箇所。榹葉は、料足関係の担当者である。

E　伊勢貞継（法名照禅）

〔史料10〕『祇園執行日記』応安五年（一三七二）十一月二十四日条

一将軍（足利義満）御判始一昨日被ㇾ行了、仍御神馬一疋、鴾毛、為二御所奉行伊勢入道奉行一被ㇾ引ㇾ之、請文進了、舎人二連給了、

〔史料11〕『松田貞秀筆記』応安五年十一月二十二日条

為二御所奉行伊勢入道沙汰一、被ㇾ牽二諸社神馬等一、被ㇾ下二惣奉行以下一畢、

伊勢氏は足利氏根本被管。貞継は、伊勢守ののち、康安元年までに出家し、義詮の近習として散見する。家永氏が指摘しているように義詮の申次として所見があり、また先に述べたように、義詮は貞継亭にしばしば風呂御成をする。義満の代となって応安四年十一月には御厩奉行となり、のち康暦の政変を契機に政所執事に任命される(10)。

史料10・11は、義満の御判始の際の史料で、ともに貞継が御所奉行として馬を牽いている。史料10は、祇園社への神馬奉献。史料11は、やや難解だが、『花営三代記』同日条に、「自二御所一惣奉行幷右筆・合奉行下二賜御馬一」とあり、義満から惣奉行佐々木高秀・右筆松田貞秀・合奉行斎藤基兼に馬が下されているので、「諸社に神馬等を牽かれ、（ま

た馬を）惣奉行以下に下され畢んぬ」と解釈しておく。

第二項　職務の整理

以上の事例にみえる南北朝期の御所奉行の活動内容は、三つに整理することができよう。

①奉献される馬を渡す

史料3（B粟飯原清胤）、史料10・11（E伊勢貞継）にみえる。史料3には義詮の年始神馬と明示され、史料10・11は義満の御判始に関わるもので、いずれも将軍に関わる馬奉献である。御所奉行は馬を渡す役目を担っている。

御所奉行とは明示されないものの、C二階堂行元も馬奉献の奉行をしている。

〔史料12〕『賢俊僧正日記』文和四年（一三五五）七月二十四日条（裏書部分）

仏眼法今暁結願、帰房之後、為二階堂山城判官奉行、被引御馬一疋、河原毛、

この仏眼法は、義詮のためと明示された修法で、十八日に開始されていた。結願ののち、三宝院賢俊に馬が与えられ、二階堂行元が伝達役を務めている。この行元の活動も御所奉行としてのものである可能性が高い。ほかに摂津能直が馬奉献の奉行となる事例などもあり（後述）、馬奉献は御所奉行のみの職務と断定することはできない。しかし、少ない事例に御所奉行が占める割合は高く、御所奉行の重要な職務と考えられる。

また、馬奉献には、刀などの奉献を伴うことが多く、刀奉献も御所奉行の職掌に含まれる可能性が高い。

〔史料13〕『醍醐寺文書』十七函六六(11)

（端裏書）「□若宮御腰物被籠候伊勢入道奉書案応安七二月四日」

為御祈禱自御所御刀一腰桐作蒔鞘、擽鬢厫無、被進候、可被籠御宝前候、恐々謹言、

応安七年三月廿六日　　伊勢入道奉□
二月四日　　照禅　判
奉⏋籠之⏌了、
六条八幡宮少別〔当脱〕御房
（賢良）

応安七年（一三七四）、義満から六条八幡宮に刀が奉献され、政所執事就任前のＥ伊勢貞継が伝達役を務めている。

②祈禱巻数を受け取る

史料２・５（Ｂ粟飯原清胤）、史料８（Ｃ二階堂行元）にみえる。史料５のように巻数を受け取ると、将軍に披露し、史料２・８のような受取状を出すのであろう。粟飯原清胤の場合、貞和年間（一三四五―五〇）にも巻数受取状が三例ほど確認され[12]、貞和年間にも御所奉行に在任していた傍証になりうるかもしれない。また、二階堂行元も、ほかに延文元年（一三五六）から応安四年（一三七一）まで、八例ほど発給しており、御所奉行在職期間を推定する手掛かりとなる可能性がある。

ただし、史料２・８のような、幕府が出した祈禱巻数の受取状はほかにも少なからず伝存し、署判者には多くの人物が確認されて、巻数受取は御所奉行の専管事項とは見なしがたい。試みに受取状を複数確認しうる人物を列挙すると、暦応年間（一三三八―四二）の二階堂成藤、康永年間（一三四二―四五）の二階堂行直、文和年間（一三五二―五六）の小田伊賀守、康安頃（一三六一―六二）の佐々木導誉など。各々の祈禱の奉行を務めるものが巻数を受け取る事例も多いと想定される。

御所奉行が巻数を受け取る祈禱の内容は、史料２では「両殿御分」と明示されて、尊氏・義詮父子のためのものと判明する一方、史料５と８では天下静謐のための祈禱とみえる。将軍などに直接関わる祈禱を中心としたと推定されるが、それに限定されていない点にも留意が必要である。

『門葉記』冥道供には、青蓮院尊円や尊道が将軍のために行った祈禱の記事を載せ、なかに幕府側の事務担当者として「本所奉行」がみえる。所見を列挙すると[13]（年月、祈禱対象、本所奉行の順に示す）、

・暦応五年（一三四二）二月　直義祈　本所奉行二階堂成藤
・貞和二年（一三四六）二月　尊氏祈　本所奉行二階堂成藤
・文和二年（一三五三）十月　尊氏病　本所奉行伊勢貞継
　饗庭氏直が、聴聞する義詮の案内を務めている。
・康安二年（一三六二）三月　義詮腫物　本所奉行二階堂行元
　結願後、行元が馬と太刀を尊道に渡している。
・貞治三年（一三六四）九月　義詮母病　本所奉行依田時朝
〔参考〕貞治六年十一月　義詮病　本所奉行所見なし
　饗庭氏直が聴聞する義満の案内をする、摂津能直が馬と太刀を引く、伊勢貞継が巻数を受け取る。

「本所奉行」と御所奉行が重なると確認されるのは、二階堂行元の例のみであるが、二階堂成藤は、先に述べたように巻数奉書も発給しており、御所奉行であった可能性もある。また、奉行人に属する依田時朝は、将軍個人ではなく母のための祈禱ゆえに奉行となったと推測される。興味深いのは伊勢貞継の所見で、文和二年に本所奉行となり、貞治六年に巻数を受け取っている。文和二年時点で御所奉行であったと見なすのは難しいが、早い時期から御所奉行に類する活動を行っていたと判明する。なお、貞継は、応安元年二月、義満病のための北斗法でも、巻数を受け取っている[14]。

③将軍への仲介役を務める

史料7（B粟飯原清胤）、史料9（D饗庭氏直）にみえる。史料7では将軍に関わる神楽について将軍との間の仲介役を果たし、史料9では将軍御願の鳥居について将軍に披露しており、いずれも将軍個人に関わる内容である。また、史料1（A二階堂時綱）、史料4・6（B粟飯原清胤）では、幕府に請願する際の窓口となっており、③に準じて捉えてよいであろう。扱う内容をみると、史料1は史料7と同じく将軍個人に関わるものだが、史料4・6はまったく無関係の内容で、単に幕府有力者として仲介を依頼されている感が強い。

史料1・7にみえる神楽について、B二階堂行元に次のような史料がある。(15)

〔史料14〕『八坂神社文書』

（端裏書）「御神楽」

当社春季御神楽事、依ㇾ被ㇾ付二料所一、当年分御神楽勤仕之条、殊目出之由候也、恐々謹言、

延文二年二月十三日　　行元（花押）

祇園御師助法印御房（顕詮）

〔史料15〕『八坂神社文書』

当社神物幷御神楽已下事、伺申入候之処、社務静晴法印雖ㇾ申二子細一、就二御師職一可ㇾ令二奉行一之条、御教書等証状分明之上者、不ㇾ可ㇾ有二相違一之由候、仍執達如ㇾ件、

貞治二年正月廿三日　　左衛門少尉（二階堂行元）（花押）

祇園御師助法印御房（顕詮）

いずれも政所執事としての所見よりも前の事例であり、御所奉行として奉者になっている可能性が高い。

以上、前項で掲げた御所奉行の所見を、三点に整理した。三点をあえてまとめると、将軍個人に関わる事柄について、将軍との間に立ってさまざまな仲介を果たす、となろう。

もっとも、但し書きも必要である。まず、古く『武家名目抄』では、御所奉行を「営中の諸事を摂する司[16]」と述べているが、南北朝期でその職掌として明瞭に確認されるのは三点に集約され、諸事というほど多岐にわたっていない。次に、確認される職掌は御所奉行に限らず、他の職の者も担当しており、反面、御所奉行は、巻数受取や幕府への請願の窓口となるにあたって、将軍個人という枠に入らない内容の事柄も扱っている。職掌の限定および分掌の曖昧さに留意しておきたい。

第三項　鎌倉幕府・鎌倉府との対比

御所奉行という職は、鎌倉幕府や鎌倉府でも確認される。両者の所見を検討して、室町幕府の御所奉行と比較したい。

鎌倉幕府では、幕府権力のありかが将軍と乖離しているため、将軍と関わる御所奉行の像は描きやすい。頼経将軍期の藤原定員・中原師員・後藤基綱らを想起するが、青山幹哉氏が整理しているように、御所奉行の所見は、宗尊親王期の二階堂行方である[17]。

〔史料16〕『吾妻鏡』文応元年（一二六〇）十一月十一日条

二所御参詣事、来十九日可レ被レ始レ之、仍供奉人間事、可レ被二催促一之趣、和泉前司行方奉レ仰、触二中越州（北条実時）并相模太郎殿（北条時宗）一、而卿相雲客事者、就レ為二御所奉行沙汰一、任レ例可レ令二行方催促一之処、加二于小侍方奉行事一、申二可レ被レ催由一之条、聊宿徳令也、已背二両人所存一之間、忽被レ返二遣彼公卿等散状於行方一云々、（下略）

将軍の二所参詣にあたって、二階堂行方は供奉人の催促を北条時宗などに伝えたが、御所奉行の管轄である公卿等まで含んでいたため、時宗らから公卿等の名簿を返されている。この史料から、「御所奉行」としての行方の職掌は、供奉する公家に催促することと判明する。南北朝期の御所奉行にはみられない職掌である。

細川重男氏の検出を参照しても、こののち、御所奉行と明示された史料は次の一点くらいである。

〔史料17〕『鶴岡社務記録』正中二年（一三二五）五月二十五日条

為二災旱祈雨一、相二催供僧等一殊可レ致二精誠一之由、御教書到来、御所奉行摂津刑部大輔入道々準（親鑑）、後藤信濃前司奉行也、則被レ下二御教書案於執行賢淳法印一畢、勝長寿院・永福寺同被二仰下一云々、

少なくとも摂津親鑑が御所奉行と判明する。細川氏によると、二階堂行方の後継者は中原師連（師員の子）で、師連は御所奉行と見なされ、摂津親鑑は師連の孫にあたる[18]。

御所奉行親鑑は、祈禱の命令を伝達しており、南北朝期の御所奉行が祈禱の巻数を受け取るのに通ずる。しかし、次のような史料もある。

〔史料18〕『武家五壇法記』観応元年（一三五〇）六月[19]

一請書事

如二関東将軍家御祈禱等一者、被レ成二御教書一、御所奉行加二署判等一、今度不レ然、三宝院僧正（賢俊）内々以レ状触申許也、違二先規一不レ得二其意一之由、諸壇阿闍梨被レ申レ之云々、

鎌倉幕府将軍の祈禱では、御所奉行が署判する御教書が出されていたが、今回は賢俊の状のみなので、法会に参加する僧侶が先例と異なると主張しているという。史料17での親鑑の役割を賢俊が果たしており、祈禱に関わる諸職の分掌が曖昧になっている。

以上から、鎌倉幕府に比較して、室町幕府の御所奉行の職掌は限定され、限定された職掌でも分掌に曖昧さがみられる。先に指摘した南北朝期の御所奉行の特徴を、再確認したことになる。

さて、鎌倉府の御所奉行については、湯山学氏が詳しく検討している[20]。いわゆる『鎌倉年中行事』に付載する雑記録に「御所奉行」として八名が列挙されており、一次史料に若干ある所見もこの枠を出ない。湯山氏はこの八名の活

動を分析して、御所奉行の職務を次のようにまとめた。

1公方の供奉　2公方の使節　3軍事指揮者　4訴訟の取次、披露　5巻数の請取

湯山氏は、御所奉行として所見のある人物がどのような活動を行ったかを総合的に検討したのであり、本章でいえば、粟飯原清胤や饗庭氏直の活動すべてを検討対象としたことになり、その結果は、御所奉行の職掌に限定されないであろう。それでも、4や5は南北朝期の幕府の御所奉行と共通しており、注目される。

第四項　御所奉行と政所執事

再び南北朝期室町幕府の御所奉行に戻り、本章の課題に沿って、御所奉行と政所執事との関わりについて検討しよう。

まず、先に検出した御所奉行の在職者五名のうち、D饗庭氏直を除く四名までも、政所執事在職を確認しうる点に留意しておきたい。E伊勢貞継を除く三名をみると、A二階堂時綱は、政所執事在職は貞和二（一三四六）・三年、御所奉行としての所見は観応元年（一三五〇）で、同時に在職した可能性は少ない。一方、B粟飯原清胤は、貞和三年に政所執事と確認されるが、史料7や、この時期にも巻数受取の奉書を出していることから、御所奉行にも同時に在職した可能性を残す。また、C二階堂行元は、貞治三年（一三六四）以降、政所執事在職の所見が数例あり、同時期に巻数受取など御所奉行在職を窺わせる徴証もあって、同じく同時に在職した可能性を残す。

御所奉行と政所執事は、きわめて近接した関係にあるといえよう。[21]

次の史料は、これまでしばしば言及してきた、祇園社で行われる将軍のための御神楽に関するものである。[22]

〔史料19〕『祇園執行日記紙背文書』

目安

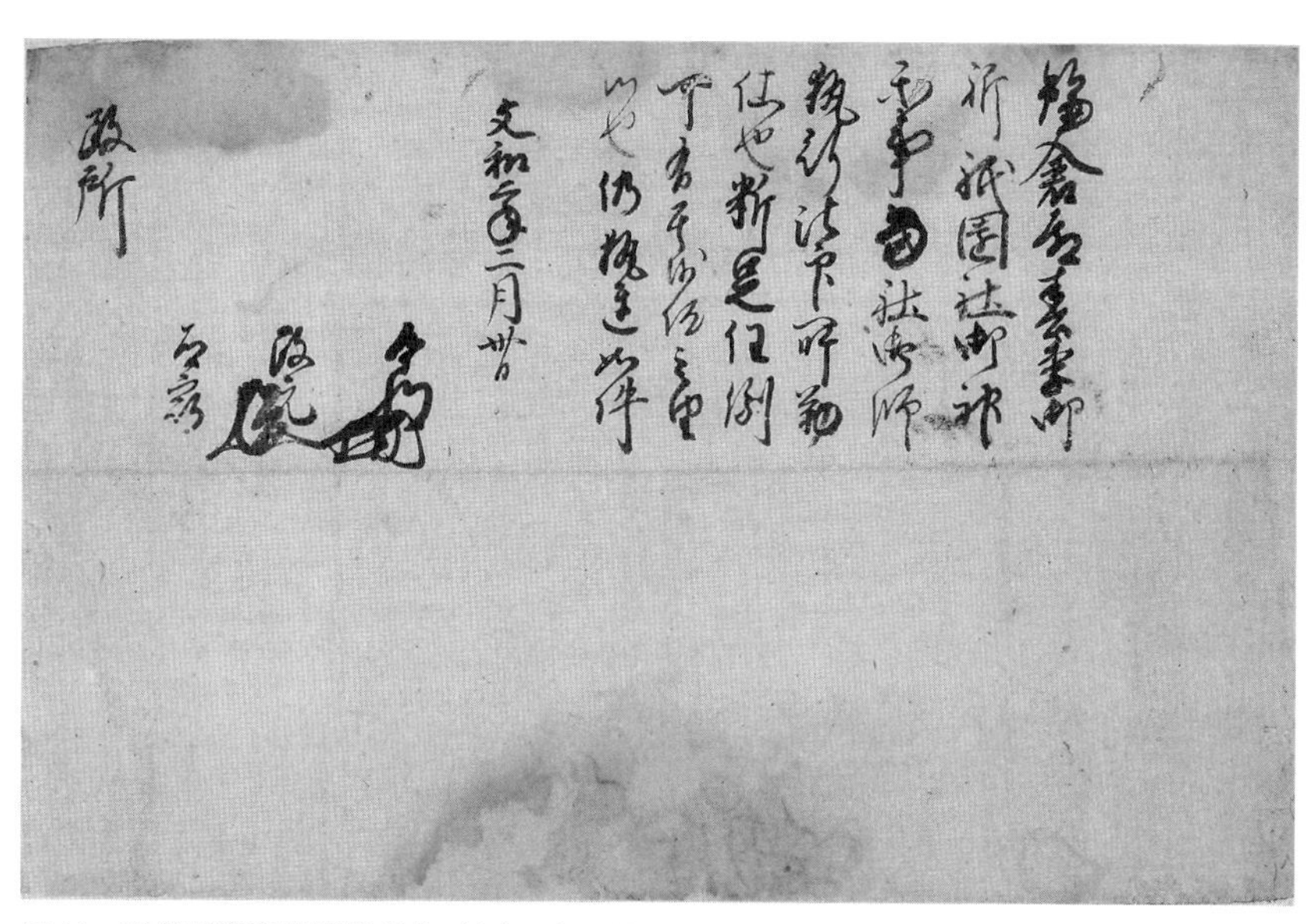

図 19　粟飯原清胤等連署奉書（文和 2 年 2 月 30 日，早稲田大学図書館所蔵）
署判者には御所奉行が少なくとも 1 名含まれると判断される。

祇園社御師執行法印顕詮申恒例御神楽料足事
右為㆓当社恒例春季御祈㆒、毎年々始被㆑行㆑之、自㆓政所㆒被㆑下㆓料足千疋㆒、御師顕詮所㆑致㆓奉行㆒也、随而今年分去正月十日、自㆓御所奉行方㆒任㆑例雖㆑被㆑成㆓御書下㆒、于㆑今不㆑被㆓下行㆒之間、不㆑及㆓遂行㆒之条、所㆓驚存㆒也、（中略）
観応三年五月　日

顕詮はこの申状で、御神楽の料足を給付するよう求めている。同年十月日の同内容の顕詮申状案には「去正月之比、被㆑成㆓御書下於政所方㆒畢」、「被㆑立㆓御使於政所方㆒」とみえる。料足は幕府政所から下行され、そして政所に下行を命ずるのは御所奉行である。政所に命令を下すのは、おもに政所執事の権限ではないかと考えられ、命令系統のうえでも、御所奉行は政所執事に重なると確認される。

〔史料20〕『荻野研究室収集文書』（折紙）
鎌倉殿春季御祈祇園社御神楽事、当社御師執行法印（顕詮）所㆓勤仕㆒也、料足任㆑例可㆑有㆓其沙汰㆒之由候也、仍執達如㆑件、

文和二年二月卅日

(鞍智時満)導朝（花押）
(二階堂)政元（花押）
(粟飯原清胤)道最

政所

鎌倉殿は義詮。この文書によって、祇園社の春の神楽は、将軍やそれに準ずる人物のための祈禱として行われたと確認される。この文書は、これまで政所執事の連署奉書と理解されてきた。たしかに、同時代史料の所見はないものの、『関東開闢皇代幷年代記事』によると、粟飯原清胤は文和二年（一三五三）二月以後に政所執事に還補、二階堂政元は同年八月に補任され、鞍智時満の兄にあたる佐々木導誉はその前年観応三年に還補されたとある。執事とそれに近い人物の連署である可能性は否定できない[23]（補註1参照）。

しかし、先の史料19で、政所に神楽料足の下行を命じたのは御所奉行であった。そして、奥に名を記す粟飯原清胤は、この時点で御所奉行である可能性が高く、この文書は御所奉行を主たる発給主体とするとも解釈しうる。連署となった理由として、清胤の花押がない点を挙げたい。あらかじめわかっていた清胤の不署判を補うため、導朝・政元は、執事に近い立場で署判したのではあるまいか。

この文書が御所奉行と、政所執事に近い人物との連署奉書であるならば、両者の命令系統の重なりはより明瞭になる。

第二節　伊勢氏と政所執事

第一項　伊勢氏と政所との関わり

伊勢貞継が政所執事となり、その職を保持した理由を考察するのが本章のおもな課題である。前節で、御所奉行と政所執事との関わりの深さを指摘した。貞継にとって、御所奉行在職が政所執事就任への足掛かりとなったことを確認しえたと思う。また御所奉行の所見は、貞継ののち、しばらく途絶える。貞継は、義詮執政期から、巻数の受取など、御所奉行に近い活動をみせており、おそらく御所奉行として最適任者で、ほかに継承する余地を与えなかったのであろう。御所奉行として最適任者ならば、政所執事としても他の追随を許さず、貞継が執事職を保持した理由の一端を窺いうると思う。

次に、他の点から伊勢氏と政所との関わりを考察したい。

〔史料21〕『松田貞秀筆記』応安元年（一三六八）四月義満元服

御装束以二料所年貢一伊勢入道沙二汰-進之一、御服所調進、奉行方申二付之一

御狩衣白文松唐草　御指貫紫

御扇

御具足料足政所沙汰、

打乱箱（下略）

義満の元服の記録のうち、装束や具足に関する記述の部分。具足、つまり櫛・小刀などの小物類や坏などの道具類では、費用は政所の担当となっているのに対し、装束の費用は、伊勢貞継の担当で、料所年貢から支出するとある。装束は、将軍が身に着けるもので具足と大きな差異があるとは考えられず、具足と同じく政所が費用を担当しても不思議ではない。貞継は、政所の職掌に関与していると判断しうる。

このとき貞継はいまだ政所執事ではない。おそらく、貞継は御服料足を担う御料所の管理者であり、そのため装束を担当したのであろう。さらに想像を逞しくするならば、伊勢氏による御服料足の調進は、根本被管として早い段階

から培われてきた職掌であるかもしれない(24)。

貞継にとって、政所に関わる職掌を担ってきたことは、執事として活動する際にも有利に働いたのではないか。貞継が執事職を保持する要因のひとつになった可能性が高い。さらに、貞継以降も伊勢氏が執事職を継承した理由を考える際にも、大きな手掛かりとなろう。

第二項　貞継の義満養育をめぐって

前項では、伊勢氏と政所執事との直接の関わりを検討した。伊勢貞継の執事就任の背景には、先に紹介した先行研究が指摘しているように、貞継と将軍との関わり合いの深さがある。貞継は、義詮執政期に将軍近習としてみえて、申次を勤め、また自邸に風呂御成を迎えた。将軍義満となって、応安四年（一三七一）には厩奉行となる。また、本章で検討してきた、将軍に関わる祈禱の巻数受取や御所奉行就任、御服料所の管理なども加わる。

とりわけ重要視されてきたのは、貞継が義満を養育したとされる点である。ただし、確実な証拠はなく、宮崎氏も系図や近世の覚書に拠って論じている。同時代史料に明証はないけれども、中世に遡って、二点関連する史料がある。

〔史料22〕『武家年代記』裏書・延文三年（一三五八）条

八廿二、鹿苑院(足利義満)誕生、春日東洞院伊勢入道照禅之亭、

義満は貞継亭で誕生したと記すが、その後の養育には言及しない。『武家年代記』は、表も裏書も明応八年（一四九九）までであり、中世の成立と見なされる。

〔史料23〕『満済准后日記』永享六年（一四三四）三月八日条(25)

波多野入道(元昌)来、御産所無為珍重祝着、若君(足利義勝)御二座伊勢(貞国)宿所一事、相二叶鹿苑院(足利義満)殿御佳例一条、弥珍重、照禅入道亭ニ御七歳マテ御座云々、太刀賜レ之、又持参了、

将軍義教の男子義勝は、二月九日、波多野入道宿所を産所として誕生し、三月四日に伊勢貞国亭に移っている。この移居は、義満が七歳まで伊勢貞継亭にいたという先例に叶っていると記されている。

義満は、四歳の頃、南朝軍の京都侵攻を逃れて播磨に滞在しており[26]、その際には伊勢氏との関わりは確認されないなど、慎重な検討が必要だが、少なくとも、義満幼年期から七十年ほどたった頃には、貞継亭での義満養育という所伝が成立していたと確認される。

もし、貞継が義満を養育したならば、義満の将軍就任とともに、貞継の政治的地位は高くなったはずだが、貞継は義詮時代から近習として目立った活動をしているためか、変化は顕著でない。少ない変化のなかでは、東寺の史料にみえる舎利奉請が注目に値する。

東寺には請来仏舎利があって、毎年のように数の増減を確認する勘計が行われ、その際、天皇以下が舎利の分与を請けることがあり、これを奉請と称した。舎利を請ける顔触れは、長者以下の東寺関係者や勅使を除くと、ときの政権の中枢にいる人々となる。奉請にあたり、請けた人物と舎利の数を列挙する奉請状が作成され、奉請状は「その時期の政治的権勢の具現であった」。

奉請を詳しく分析した橋本初子氏は、舎利を請けた人物を年次順に整理している。南北朝期、義詮が将軍に在職した貞治年間（一三六二—六八）頃から、奉請の人数が増えるとともに、武家が増加し、将軍が義満に交替した応安元年（一三六八）以降、武家が中心となる。伊勢貞継は、応安元年にはじめて、細川頼之や今川了俊らとともに舎利を請けており、以後、永和四年（一三七八）まで、八回にわたり奉請に参加している。この事実は、貞継が、義満初期に頼之の主導した政権の中枢にいたことを示している。そして、根本被管である伊勢氏の場合、政治的地位の向上の背景として、将軍義満との密接なつながりを想定するのが自然であろう[27]。

義満が貞継亭で養育されたという所伝は、確証はないものの、事実に近いと考えたい。

第三節　伊勢氏職掌の複合性

本章では、伊勢貞継が政所執事となり、その職を保持した理由を考察してきた。おもに御所奉行を取り上げて、御所奉行在職が政所執事就任への大きな足掛かりになったことを確認し、また貞継が執事在職以前から政所の職掌に関与していた点も指摘した。さらに背景として重要な、貞継による義満養育についても考察した。

最後に、貞継よりのちの御所奉行につき検討したい。貞継の後、御所奉行の所見は少ない。

・永享元年（一四二九）三月十五日、足利義教に将軍宣下がなされ、小槻周枝の持参した口宣を摂津満親が披露する。『普広院殿御元服記』[28]は、それを記したのち、「御所奉行事、昨日被二仰付一候」と記す。摂津満親が御所奉行に任ぜられたという意味であろう。満親は、義教元服の総奉行を勤めた。しかし、この後、満親は御所奉行と覚しい活動を遺していない。

・永正十二年（一五一五）と推定される十二月二日摂津政親書状[29]（『益田家文書』）に、「如レ仰御移徙珍重此事候、就レ其各出仕之次第承候、節朔之可レ為二人数一之由候、此方御所奉行と申、節朔勿論候、毎度此分候」とみえる。将軍足利義稙が三条高倉の新邸に移徙した際の、出仕の仕方に関する内容で、摂津政親は、自分は御所奉行でもあり、いつもと同じく節朔衆として出仕すると述べている。ただし、政親の御所奉行としての活動は明らかでない[30]。

このように、所見は限られるうえ、その活動の具体的な様子も知りえない。御所奉行は、貞継の歿後、形骸化していると判断される。

では、先に南北朝期の御所奉行の活動として確認した三点は、それ以後、義満執政後半期よりのちの時期にどのような人々によって担われたであろうか。

①将軍への仲介役を務める

将軍への仲介の役をつとめる人物は、南北朝期よりもさらに多様化する。仲介役を勤める人々のなかに御所奉行を見出すことは不可能である。

②祈禱巻数を受け取る

幕府主催の祈禱では、通常、公家や右筆奉行人、武家近習などが祈禱奉行となり、祈禱奉行が巻数受取にあたるようになると見なされる。祈禱奉行を勤める人々のなかに御所奉行を見出すのは難しい。

③奉献される馬を渡す

神社に馬を奉献する際に出される奉献状が多く残存している。神馬の奉献状は、例外的事例を除いて、伊勢氏当主が将軍の意を受けた奉書の形式をとることが多く、原則として、伊勢氏当主が神馬奉献という職掌を担っていると判断される[31]。馬を奉献する際に奉行となるのは御所奉行の職掌であった。伊勢氏当主は、御所奉行の職掌を継承していると見なしうると思う。

総じて、御所奉行の職掌のうち、独自性の少ない部分は他の担い手のなかに霧散してしまうものの、その一部分は伊勢氏に継承されており、御所奉行が形骸化した一因も、伊勢氏による実質的な継承に求められよう。『武家名目抄』は、御所奉行の変遷につき、「伊勢氏、政所執事及将軍家御父の職を世々にするに及びて、営中の大小事、大かた其摂する事となりしかば、此職掌おのづから彼にうつりて御所奉行は表立たる所役にのみ従ひしとみゆ[32]」と述べている。後半部分は的を射た指摘である。

先に、貞継と政所との関わりを示す事例として、御所奉行に加えて、貞継による御服料足の調進を示した。蜷川家の史料には、以後の伊勢氏も、御服料足に関わる様子が散見される。たとえば、天文三年（一五三四）の五か条の注文は、将軍家に関わる支出の覚書で、費用の出所を記し、冒頭の二か条「御服方」「供御方」では御料所を基本とする。供御方の御料所は伊勢氏の管轄であることが明瞭であり、御服も、同様に伊勢氏の管轄する御料所からの年貢で調進したと確認される(33)。

〔史料24〕『蜷川親元日記』文明十七年（一四八五）十一月十日条

一若上様（日野左大臣勝光公御息女）御着帯御帯要脚事、政所沙汰なり、仍執事代清備中入道（秀数）方へ遣二一行一、（折紙、）

御祝御帯要脚事、（注文有レ之、）三貫五拾文、被レ仰二付御倉一可二渡給一之由申候、恐々謹言、

十一月十日　親元（蜷川）

清備中入道殿

桑山浩然氏は、かつて室町幕府政所を論ずるなかで、執事と執事代の機能の相違に注目した。足利義尚室に関するこの史料でも、「政所沙汰」という表現に注目して、妊婦の締める帯の費用を、執事の管轄ではなく、執事代の権限範囲としたと解釈し、この費用が、将軍の私的な経済活動を担う執事と、幕府の公的な活動を担う執事代との間で、管轄の境目にあたると説明した。一方、森佳子氏は、桑山氏を批判し、両者に機能の相違はなく、あくまで執事—執事代という命令系統として解釈することを主張し、この史料もその命令系統として理解している(34)。

私は、この史料を、伊勢氏が執事就任前から行っていた御服料足の調進との関わりで解釈したい。この帯は、伊勢氏が費用を出す御服には含まれないため、「政所沙汰」であり、そこで執事代に命じて費用を出すのであろう。結果として、桑山氏の解釈にきわめて近い。もっとも、桑山氏のように、執事伊勢氏の担う職務を、将軍の私的な経済活動と大きく理解するのには躊躇を覚える。伊勢氏は、本来の政所執事の職掌とは異なる固有の職掌を持ち、そのため

時として、政所の実務を担う執事代とのあいだで、職務を分担する形になる場合もあったと考えたい。

政所執事伊勢氏は、将軍側近として政治上に重要な役割を果たすのをはじめ、多岐にわたる活動を示す。そのうち特定の職掌を担うものについて、政所執事という枠のなかで理解しがちだが、伊勢氏の担う職掌は、政所執事本来のものに限らず、複合的である。その淵源は、伊勢貞継が、将軍に関わる、由来の異なる種々の職掌を保ちながら、政所執事に就任した点にある。貞継は、御所奉行などの職掌を執事のもとに統合し、室町幕府の政所執事が担うべき職掌を確立したということもできよう。そうして確立された職掌は、伊勢氏でなければ継承できないものであった。

註

（1）南北朝期の同時代史料に、政所執事と明記される事例はまれである。南北朝期の政所執事を知る手掛かりとして、『武家年代記』（増補続史料大成）の政所項と、『関東開闢皇代幷年代記事』（尊経閣文庫所蔵、史料編纂所架蔵写真帳による、『続国史大系』五付録に翻刻されるが一部不正確）の「当御代（政所執事次第）」とがある。前者は、年代記の該当年次に執事の名を記すものの、貞和三年（一三四七）以降は百年ほど記載がない。後者は名前を列挙して、年次を注記し、文和三年（一三五四）までの記事を載せる。

今谷明氏作成の京都市編『京都の歴史』一〇（一九七六年）収載「室町幕府政所執事」表は、前者をもとに所見を加え、桑山浩然氏作成の『国史大辞典』一三政所項収載「室町幕府政所執事一覧」（一九九二年）は、両者を併記する。『角川新版日本史辞典』（一九九六年）や『岩波日本史辞典』（一九九九年）に付載された表は、桑山氏の表をもとに所見を加えている。各表で異なる箇所があるのは、作成者が所見を加えるにあたり、政所執事の活動と判断するか否かで見解がわかれたためである。

なお、『鎌倉大日記』（神奈川県史編集資料集四に翻刻された生田本による）の政所項は、鎌倉幕府から引き続き鎌倉での在職者を示すが、京都での在職者も混在している。暦応から文和年間（一三三八―五六）の記載を列記すると、

暦応元・和泉兼政、暦応四・二階堂行直（京都と注記される）、観応二・二階堂行光、文和元・二階堂成藤、同二・粟飯原清胤、同四・成藤再任

二階堂行直と粟飯原清胤は、前掲二種の記載と一致し、京都での在職。和泉兼政は、活動の痕跡は少ないものの、暦応元年には在

京している。二階堂行光（行元）は、京都で活躍する以前の時期、二階堂成藤は京都で活躍したのちの時期にあたり、関東での在職である可能性が高い。

(2) 一倉喜好「政所執事としての伊勢氏の抬頭について」（『日本歴史』一〇四、一九五七年）、五味文彦「在京人とその位置」（『史学雑誌』八三―八、一九七四年）、家永遵嗣『室町幕府将軍権力の研究』（東京大学日本史学研究室、一九九五年、この部分初出は一九九〇年）第一部第四章第二節等、宮崎隆旨「室町初期における伊勢氏の動向」（『史泉』五〇、一九七五年）。

(3)『祇園執行日記』は『八坂神社記録』（復刊は増補続史料大成）所収。

(4)『武家年代記』のほか『鎌倉大日記』正慶二（元弘三）年条や『関東開闢皇代幷年代記事』（俗名を行綱とするが誤りか）にもみえる。行譚については、家永註(2)著書第一部第一章第一節二二頁（この部分初出は石井進編『中世の法と政治』吉川弘文館、一九九二年）や細川重男『鎌倉政権得宗専制論』（吉川弘文館、二〇〇〇年）付載「鎌倉政権上級職員表」一〇〇頁に論及されている。

(5)『祇園社記続録』は『八坂神社記録』所収。

(6) 政所執事の初任は、ほかに『関東開闢皇代幷年代記事』、再任は註(1)で述べたように『鎌倉大日記』にもみえる。御厩別当補任は「天龍寺造営記録」（『大日本史料』第六編之七、四二八頁）、『祇園執行日記』。山田邦明『鎌倉府と関東』（校倉書房、一九九五年、初出は一九八八年）第一部第二章第一節。

(7) 引用文書は、Hi-CAT Plus で画像公開。山田註(6)著書に言及がある。正文が伝わるが、「御所奉行粟飯原下総守」などの傍書や付年号はない（『石水博物館所蔵文書』、『三重県史』資料編中世一、一二三五頁）。目録は刊本『八坂神社文書』三四、将軍家（足利尊氏）神楽幷神物御教書目録。

(8) 系図などには「行光」とみえるが、文書・記録では「行元」とある。政所執事在職は、『師守記』貞治三年六月十三日条と十五日条（史料纂集）から判断した。応安年間（一三六八―七五）の在職は、『花営三代記』（群書類従巻四五九）で確認される。なお、註(1)で述べたように、『鎌倉大日記』の記事から、観応二年に鎌倉で政所執事を勤めた可能性がある。

(9)『三鳥居建立記』は『八坂神社記録』所収。霜台は弾正台の唐名。ほかに上杉朝房も霜台と呼ばれたが、応安元年（一三六八）まで出家していない（『茂木文書』など）。俗名氏直の史料は『園太暦』正平七年八月三日条など。『源威集』一二（東洋文庫六〇七、二二八頁による）。『賢俊僧正日記』文和四年条（『醍醐寺文化財研究紀要』一三等に翻刻）にしばしば登場する「霜台」も尊宣であろう。少弼入道は『師守記』貞治三年八月十日条、また『後愚昧記』貞治五年八月十八日条（大日本古記録による）。ついで『門葉記』六八・冥道供五、貞治六年十一月十八日条（『大正新修大蔵経』図像一一による）。『空華日用工夫略集』康暦元年正月十四日条以下。本文の記述は発表時より少し修正した。

(10)『松田貞秀筆記』は、続群書類従巻八六七（刊本三七所収、底本闕により、内閣文庫本『松田家記』および『松田丹後守平長秀記』〈史料編纂所架蔵影写本『立入文書』〉を底本にしている）。貞継が伊勢守として登場するのは、本文後述の『門葉記』冥道供三くらいか。入道の確実な初見は『後愚昧記』康安元年十月十七日条、申次の史料で、家永註(2)著書第一部第一章第二節三九頁参照。近習の史料は、『六波羅蜜寺文書』貞治二年四月頃の御所近習連署馬奉加状（『大日本史料』第六編之二五、三七頁）。風呂御成は、『師守記』貞治二年閏正月二十三日条以下、同五年十月十三日条以下。厩奉行は『花営三代記』応安四年十一月二十五日条、政所執事は『同』康暦元年八月二十五日条。

(11) 引用史料は大日本古文書『醍醐寺文書』二六三八。

(12) 貞和三年六月九日の案（『祇園社記続録』三、『八坂神社文書』一六六七）、同年十二月十二日・同四年十二月二十日（『清水寺文書』）。いずれも前下総守と署判する。最初の事例は、『武家年代記』から判明する政所執事就任よりも前にあたる。

(13)『門葉記』六六・六八・七三の冥道供三・五・一〇による。

(14)『醍醐寺文書』一四一函一四、『大日本史料』第六編之二九、一〇三頁以下。なお、この史料に「供料者、二階堂中務少輔入道(行元)雑掌也」とある。前述の冥道供にみえる雑掌は、暦応五・高師直、文和二・土岐頼康、康安二・斯波高経で、実際に費用を負担している。しかし、実務官僚というべき二階堂行元が、個人で費用を負担したとは考えがたい。このときおそらく政所執事に在職しており（御所奉行を兼任していたかもしれない）、その立場で担当し、費用は幕府負担である可能性が高い。祈禱の財源が変化している点に留意したい。

(15) 引用史料はともに『宝物』第四巻、『増補八坂神社文書』下二、増補篇三〇・三二。

(16)『武家名目抄』二六冊、職名部一四、御所奉行項。『改訂増補故実叢書』一一による。

(17) 青山幹哉「鎌倉幕府将軍権力試論」（『年報中世史研究』八、一九八三年）。『吾妻鏡』は『新訂増補国史大系』による。なお、引用した『吾妻鏡』の解釈は、本章発表時から変更した。

(18) 細川註(4)著書の「鎌倉政権上級職員表」に鎌倉期の所見は集約されている。細川氏が御所奉行と判断した事例も含まれる。

(19)『鶴岡社務記録』は、『鶴岡叢書』第二輯。行方・師連については、細川著書五九頁および七八頁注二一。

(20)『武家五壇法記』は宮内庁書陵部所蔵柳原家旧蔵本（柳一二九四）、『大日本史料』第六編之二三、六九五頁。地蔵院覚雄の記録。

(21)湯山学「鎌倉御所奉行・奉行人に関する考察」（『鎌倉府の研究』岩田書院、二〇一一年、初出一九八六年）。湯山氏は御所奉行の出自を整理し、関東分国内の武士という共通点のほか、足利氏譜代の被官、および前代以来の評定・引付衆、行政官僚という特徴を指摘している。

(22)湯山註(20)論文によると、鎌倉府においても、上杉禅秀の乱ののち、二階堂盛秀は政所執事と御所奉行を兼帯している。

(23)引用史料は『祇園執行日記』三、正平七年十二月十五日条紙背文書、関連史料は同十三日条紙背文書。『八坂神社記録』上　社家記録裏文書一九三・一九二。ともに斜線で抹消されている。

(24)引用史料は『早稲田大学所蔵荻野研究室収集文書』上一二八、祇園社文書巻一・一六。この刊本の文書名は、室町幕府政所執事連署奉書。早稲田大学図書館所蔵、画像公開。森茂暁氏は、「佐々木導誉の発給文書について」（『政治経済史学』三三一、一九九三年）および『佐々木導誉』（人物叢書、吉川弘文館、一九九四年）一〇五頁以下で、この史料を政所執事連署奉書として論じている。なお、当然ながら、三名とも御所奉行と見なす解釈もありうる。

(25)御服料足の調進は、御所奉行としての職務であった可能性もある。また、秋山喜代子氏は、この史料などから、装束は、乳父・乳母の課役であることが多いと指摘し、貞継が義満を養育したこととの関わりで理解している（「乳父について」五七頁、『史学雑誌』九九―七、一九九〇年）。

(26)『満済准后日記』は『続群書類従』補遺。

(27)臼井信義『足利義満』（人物叢書、吉川弘文館、一九六〇年）一四頁参照。

(28)橋本初子『中世東寺と弘法大師信仰』（思文閣出版、一九九〇年）第二章第一節三「仏舎利の奉請と奉請状」および「東寺仏舎利の勘計・奉請一覧表」。永和四年の次に確認可能な康暦三年の奉請には貞継の名はみえない。奉請については、高橋敏子氏のご教示を得た。頼之執政期の貞継の政治的位置については本書第二部第一章参照。

(29)群書類従巻四〇四。註(10)で触れた『松田家記』および『松田丹後守平長秀記』は、同じ記事を「昨日被二仰付一歟」とする。

(30)大日本古文書『益田家文書』二五五。設楽薫氏のご教示による。

(31)なお、『明翰抄』（続群書類従巻九二七、各種の人名録の集成で、十七世紀の成立）に、御所奉行という項目があり、松田秀興、清貞秀以下、十八人の奉行人が列挙されているが、設楽薫氏のご教示によると、これはいわゆる御前沙汰衆の交名で、本章で取り上げてきた御所奉行とは異なるとのこと。御前沙汰衆の交名は、今谷明氏が数例紹介されている（『室町幕府解体過程の研究』第四章、岩波書店、一九八五年、初出一九八二年）。そのうち、文明十年（一四七八）頃と推定される交名（国立公文書館所蔵『武家書法式』七『公私輪書雑々』）は、十九名からなり、十八名は『明翰抄』の十八名と一致している。

(31)　典型例として『神馬引付』（群書類従巻二六）を挙げておく。

(32)　註(16)に同じ。

(33)　大日本古文書『蜷川家文書』三、五一二「幕府御服方料以下諸下行出所覚書」。端裏に「天文三・十一・七」とある。供御方項にみえる所領が、伊勢氏管轄の御料所であることは、同五一〇・五一一から確認される。

(34)　『蜷川親元日記』は、増補続史料大成。桑山浩然「室町幕府政所の構成と機能」（『室町幕府の政治と経済』吉川弘文館、二〇〇六年、初出一九六七年）。森佳子「室町幕府政所の構成と機能―文明期を中心として―」（『年報中世史研究』一三、一九八八年）。『蜷川親元日記』寛正六年四月二十五日条にも、帯要脚を政所執事代に命じて支出していることがみえる。

（補註1）　本章発表時、署判の導朝を導誉と読み、佐々木導誉としていた。発表後、林譲氏などから、花押は佐々木導誉ではなく鞍智導朝であると指摘をいただいた（『花押かがみ』三六五七番参照）。最近、山本康司氏は、この点を明確に指摘されている（「南北朝期室町幕府の政所執事と二階堂氏」『史学雑誌』一三二―四、二〇二三年）。今回、訂正して記述も改めた。論旨としては大きな変化はない。なお、山本氏は、史料20を、御所奉行の連署奉書と位置付けている。その可能性はあると思うけれども、本文では、「導朝・政元は、執事に近い立場で署判した」という記述にとどめた。

（補註2）　本章では、発表時に申次という表現を用いていたが、本書第四部第二章での検討に合わせて、申次という表現は極力避けることとし、仲介など別の表現に変えている。第四部第三章の（補註2）を参照されたい。

（補註3）　本章発表後、南北朝期の幕府政所に関わって、いくつかの分析が発表されている。坂本和久「室町幕府政所執事伊勢貞継の動向について」（『七隈史学』一三、二〇一一年）、設楽薫「室町幕府政所執事代の歴名について（其一）」（『室町時代研究』三、二〇一一年）、矢嶋翔「観応の擾乱期における幕府吏僚二階堂氏について―一族の分化と京都二階堂氏・鎌倉二階堂氏の形成過程―」（『中央史学』四三、二〇二〇年）など。

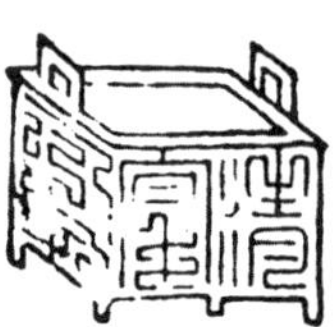

第四部

安定を生む基本的枠組み

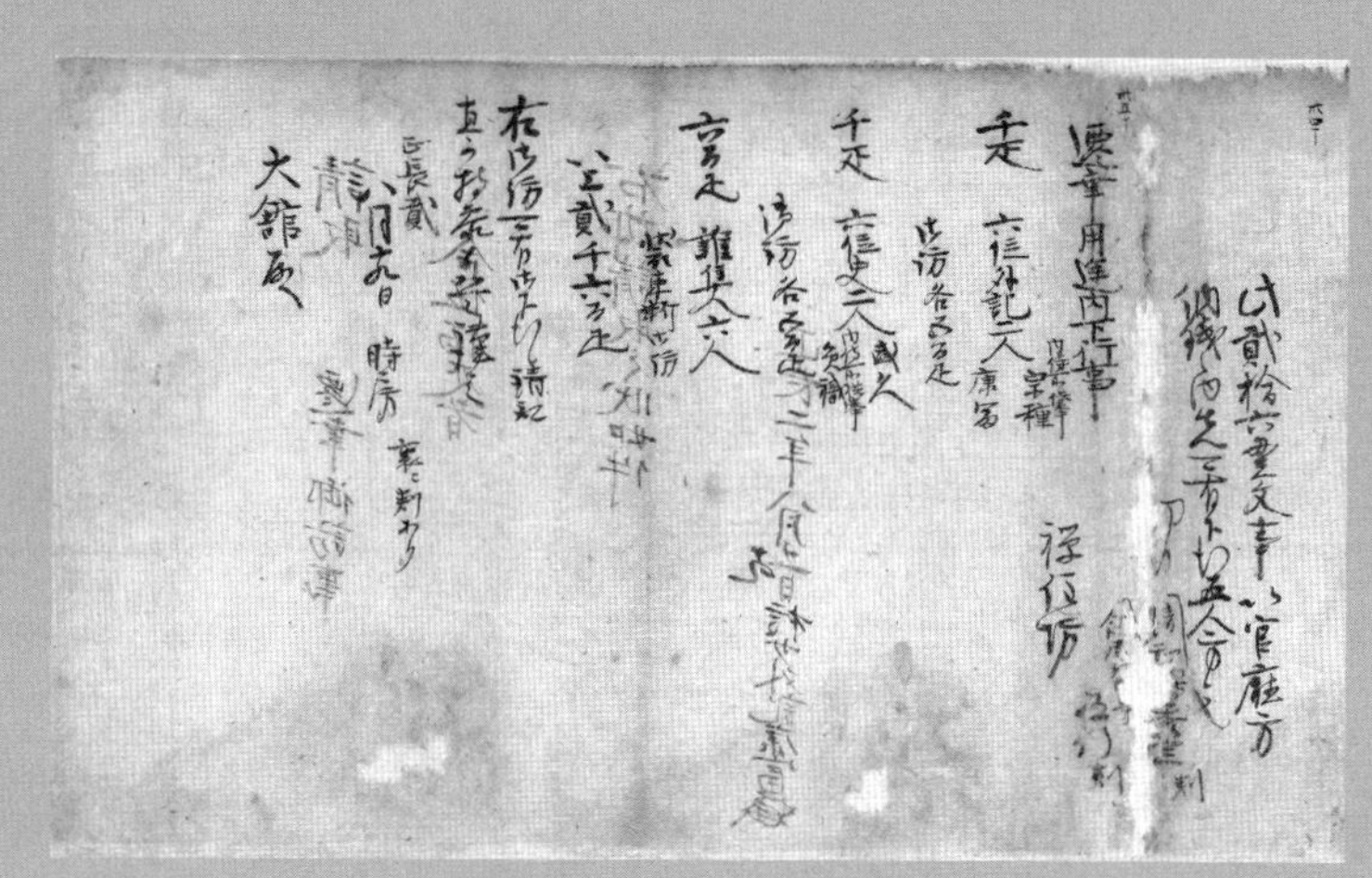

『康富記』永享元年 8 月 21 日条（国立国会図書館ウェブサイト）

第一章　安定期室町幕府の政治秩序

第一節　ふたつの中心点

近年の研究動向をみると、中世後期という時代を理解するにあたり、地域の自立性など社会を構成する多様な要素がそれぞれ主体性を獲得していく点を重視する傾向が強い。室町幕府はこの時期に存在した政権であり、政治主体の中心的役割を担っていた。当該期の政治のありようを考察する場合、室町幕府、足利将軍は多様な諸集団からなぜ支持をうけることができ、存立しえたのか、という問題は避けて通れない。本章ではこの問題につき、どのような秩序が形成されて室町幕府は存立していたのかという視点から分析を試みたい。

室町幕府の存在した時期、十四世紀中期から十六世紀中期まで、広義の室町時代の政治史は、ふたつの中心点を念頭に置くと理解しやすい。自立的な諸勢力は離合集散を繰り返して複雑な政治の構図を形作るけれども、ふたつの勢力として整理すると、おのおの異なる中心点を戴いて行動している。ふたつの中心点は時期によって推移し、おおむね三期に分けることができる。一番目の時期（第一期とよぶ）は、南北朝の対立と称される時期、十四世紀の中後期で、中心点のひとつは北朝を擁する幕府、とりわけその中心に位置する将軍であり、もうひとつの中心点は南朝、特に天皇となる。三番目の時期（第三期とよぶ）も中心点はわかりやすい。将軍家の内部にふたりの異なる将軍が並立し、ふたりの将軍を戴いて諸勢力が抗争した。おおよそ十五世紀半ば以降となる。第一期と第三期の間の時期（第二期とよぶ）、ふたつの中心点となったのは、京都にいる室町殿（以下、将軍現任、前任を問わず実権者を室町殿と呼ぶ）と鎌倉にいる関東公方である。室町幕府開創にあたり、鎌倉には精神的支柱として足利義詮が置かれ、関東を管轄する地方機関として鎌倉府が整備された。義詮が将軍として上洛すると、弟基氏がこれに代わり、基氏の子孫は関東公方を世襲する。そして基氏の子、氏満の頃から、実質を失いつつある南朝に代わり、もうひとつの中心点として機能しはじめる。しかし、氏満の次々代持氏にいたって京都幕府から攻撃を受け、永享十一年（一四三九）に持氏が敗死して、関東公方はひとつの中心点としての役割を終える。これ以降、応仁・文明の乱までの二十五年間ほどは、第三期への準備期間となる。

第二期は、京都幕府の側から整理すると、鎌倉府との緊張関係のもと、幕府内部での矛盾を抑え、あるいは矛盾を外部に転嫁して、内部対立が表面化することを避けようと努力した時期である。その結果、第一期ばかりでなく第三期も内乱状態に近いのに対し、第二期は室町幕府のなかでも安定した時期となった。この時期、室町殿を奉ずる体制を安定させ維持するため、どのような秩序が形成されたか、次に検討したい。

第二節　階層的なかたち（秩序）の構築

鎌倉後期以降、家をはじめとして、様々な集団が自立性をもちながら出現する。諸集団は自らの自立を守るために他者を戴き、他集団と相互に関係を結ぶ。幕府、北朝を構成する諸勢力は、第一期に、実質的にひとつの中心点となった足利将軍を奉じて覇権を確立した。鎌倉公方を奉ずる勢力を常に意識していた第二期に求められたのは、室町殿を奉ずるという基本的な結節点を強固にして、かつ室町殿を奉ずる体制の維持、安定を図ることであろう。そのため、まず個人や集団と室町殿との関係をより密接にすることが必要となる。そして、個人や集団の相互の関係を規定し、さらには室町殿の占める位置を明確にして、秩序を形成することももうひとつの課題となる。以下、ふたつに分けて第二期の状況を述べたい。政治的な秩序を検討する際、領域的な支配という視点は本来欠かせないけれども、本節ではこの視点をひとまず措き、あくまで人と人との関係に注目して進める。

第一項　室町殿との私的な関係の拡大

第一期に形成された将軍との私的な結びつきは、第二期に拡大していく。第二期にみられる種々の事象を、第一期もふくめながら整理してみよう。

A　有力守護・国人など

応永の乱を経て諸国守護の配置が安定する頃には、守護は在京することが原則となり、関東以東と九州を除く地域のほとんどの守護が京都に滞在した。室町殿と守護が生活空間をともにすることとなり、その関係は緊密度を増す(1)。さて、室町殿と守護との私的な関係を考える際、室町殿と守護家庶流との結びつきが注目される。室町殿の近辺にいる近習のうち武家の出自をみると、足利一門以外を中心に守護家の庶流である事例は多い。たとえば夭折した将軍足利義量（義持子）の近習は畠山庶流が占め、また義教執政期に奉公衆として確立する番編成の親衛軍には、足利一門の庶流をはじめ、有力守護家の庶流が多くふくまれている。

守護の被官で守護代を務めるような有力な家もまた室町殿と結びつきをもつ。畠山被官の斎藤氏や遊佐氏で室町殿近習と重なる事例が指摘されており、足利一門のなかで家格が高く室町殿近習を輩出しない斯波氏でも、甲斐氏が義満などから直接に所領安堵を受けている(2)。庶流や被官を介して、有力守護は室町殿との私的な関係を保持していることになる。

次に各地に基盤をもつ、国人と呼ばれる有力な武士たちには、室町殿と直接の結びつきをもつものも少なくない。のちに奉公衆として確立する家には、鎌倉期の在京人の系譜をひくものを中心に各地の有力国人が多くふくまれ、また室町殿近習にも国人を出自とするものがみられる。関東にいる京都扶持衆や駿河の富士氏、興津氏などもこの類にふくまれる。播磨国矢野荘地頭の海老名氏は、室町殿近習海老名氏と同族らしく、東寺との相論にあたって義満側室の高橋殿の助力を得るのもその縁かと推測される(3)。

これら室町殿を中心に結集する近習、有力守護らの集合体を想定し、室町殿ばかりでなくその構成員との私的な関係という視角を設けると、国人クラスをはじめ種々の武士が守護との関係を深めているのも注目される。京都近郊に事例をみると、上久世荘では、公文職をめぐって寒川氏と真板氏が争い、義持執政期を中心にしばしば幕府に提訴されるが、寒川氏は細川家の、真板氏は畠山家の被官となり、細川氏が管領の時期には寒川氏が勝訴するといった様相を呈している。伏見荘では、政所などを務めて殿原と呼ばれるクラスの三木氏・小川氏は、それぞれ畠山家・山名家の被官となり、荘内での地位の保全を図っている。

伊藤俊一氏によると、十五世紀半ばまでの時期（本章でいう第二期）、在地では荘園制社会の秩序が生きており、下級荘官職をもつ在地領主である沙汰人層がそれを担っていた。沙汰人層は、個別領主のもと荘家の経営を担い、一方で守護などからの課役を荘園制的負担体系に組み込み、軍事行動に参加するなど、守護に従い、両属的な立場で荘園制社会の秩序を守ったという。沙汰人層の求めた被官関係は緩やかであり、兼参を特徴とすると整理している(4)。先に掲げた寒川氏以下の方向性は、ある程度一般化しうることになる。また室町殿と結びつく有力な守護被官はまさに兼参であり、緩やかな被官関係という指摘はさきにみた室町殿との結びつきにも有効であろう。

B　公　家

尊氏は公家として正二位前権大納言、二代義詮も同じ官位であった。朝儀に参加することはないものの、高位高官となった公家としての足利将軍に家礼として奉公する公家が現れ、義満が官位を登りつめるとともにその数は増大する。さらに義満は、内大臣になる頃から公家として政所を開設し、家礼を家司として登用して制度化した。公家と室町殿との私的な結びつきは、家礼・家司という点を基礎として発展していく。また、義満の執政期、公家のなかには満の一字（偏諱）を受ける事例がみえ、摂関家である二条家や九条家にも及ぶ。偏諱の授与も公家と室町殿との直接的な結びつきを示す事象であり、以後の室町殿に受け継がれていく。

C　神官（社僧）・僧侶

京都祇園社には、尊氏の時期から足利将軍のために祈禱を行う御師という職が生まれ、石清水八幡宮や北野社にも同様の御師が設けられていた。御師に任ぜられると、室町殿を背景に社内での勢力拡大に成功して社を代表する立場にいたり、室町殿は御師を通じ、檀那として伝統ある神社を把握していく。御師という職は、両者の利益を実現するために生まれた私的な結びつきの所産である。

一方、顕密諸宗の寺院では、南北朝期以降、貴種の住持する院家である門跡が前面に登場してくる。院家とは特定の法流を継承する拠点であり、門跡も師資相承で継承されたが、室町殿は継承をうける人々と関わりをもって、門跡の師資相承に影響を与えるようになる。それは発展して、室町殿の子息をはじめ足利一族が複数の門跡に入室するにいたる。特に義満子息や弟の満詮の子息に事例が多く、義満の子法尊は皇族の門跡である仁和寺御室に入室している。

門跡はその院主その人をも意味する。室町殿と門跡とは、子息が入室するようになる以前の幕府初期から、修法を通じて結びつきを深めていた。幕府の密教修法として目立つのは五壇法である。五壇法は不動を中心に五大明王おのおの五つの護摩壇で行う密教の修法で、足利直義が主催して以降、天変祈禱に加えて兵乱調伏や戦勝祈願のため、将軍御所でしばしば催された。五つの壇には、山門・寺門・東密の門跡たちが招請され、室町殿と門跡双方にとって、関係を生み、かつ維持する機会となったと推定される。義満が北山殿に移居すると、聖護院道意をはじめとする数名の門跡たちは、毎月交代で北山殿に参住し、七日間ほどの修法を行うようになる。六月の五壇法のほかに、五壇法よりも格上の修法、大法を中心としていた。

また法華八講は、足利家の追善仏事としておりおりに挙行された。法華八講とは、法華経の論議で、山門・寺門と南都の興福寺、東大寺などの僧侶を招いて四、五日間、等持寺や相国寺など禅院で催された。足利家の私的な仏事に南都北嶺の高僧が参加するのは、室町殿と顕密諸宗の僧侶の接点として、かねてより注目されている。

一般の僧侶の場合でも、室町殿の近辺に所縁を求めて、自己の所望を実現する例がみられる。東寺では、寺僧への加入に足利満詮が介入する例などが知られる。高井祐尊は、東寺領播磨国矢野荘の代官として守護赤松氏周辺と人脈を形成したのち、東寺で雑掌として活躍したが、その子祐舜法橋は、義満の寵童で和泉守護に任じられた御賀丸に奉公している。室町殿や室町殿を中心とする集合体に繫がろうとする動きは、広範に存在したと推測される。

D　天皇・院

尊氏は、後醍醐に対抗するために北朝天皇を奉じ、天皇を頂点とする秩序に自らを位置付けた。そして義満は天皇、院との距離を縮めた。とりわけ、義満の妻日野康子が後小松天皇の母に准ずる存在として北山院という女院号を受け、子義嗣が内裏で親王の作法に準拠して元服したことは、象徴的な事実として知られている。義満と天皇との関係はさまざまに評価されているけれども、最近では両者に対立や競合をみるのでなく、共同ないしは融合という視点から理解しようとする傾向が強い。かつて佐藤進一氏は、将軍が天皇と一体化する現象を、将軍家絶対の観念を確立しようとする過程に位置付けた(5)。天皇との私的な結びつきを演出した義満によって、室町殿の権威には、治天を頂点とする伝統的な秩序における権威という新たな一面が、部分的であるにせよ付加されたといえよう。

以上四点にわたって室町殿と人々との私的な結びつきの拡大を整理してきた。Cで取り上げた僧たちは京都の人々、Aの武家も在京の人々を中心としており、当然ではあるが室町殿の居住する京都を主舞台としている。京都という限られた空間のなかで、室町殿と人々とが顔を合わせることは、結びつきを維持するために重要となろう。室町殿はしばしば武家や寺社などを訪れており、この御成は、将軍御所への出仕と対になって、室町殿と人々とが対面し、結びつきを確認する重要な行為となる。幕府経済の重要な部分を担った金品の献上、および返礼は、これら対面儀礼の場で行われる点も見逃せない。また逆に、室町殿から出仕を止められると、活動の場所を失って蟄居に等しい境遇に置かれ、人々の大きな関心事となった。

顔を合わせるばかりでなく、姿をみせるという点に視野を拡大すると、御成など室町殿が移動する際に行列の威儀を正したり、祇園会などで室町殿が桟敷で見物するのも、重要な意味をもった。民衆もふくめた、京都という伝統的な空間を把握することに室町殿は意を尽くし、そして室町殿は確実に受け入れられていったのである。

第二項　擬制的な序列による安定化

鎌倉幕府の場合、幕府の組織としてまず評定・引付が挙げられる。末期には形骸化したにせよ、評定衆・引付衆であることは幕府内での位置を表す指標たりえた。室町幕府では、評定・引付は義満執政の後半期には開催されなくなった可能性が高く、評定衆・引付衆は一部の人々の名誉職と化する。評定などに限らず、鎌倉幕府では、幕府の組織図を比較的に描きやすいのに対し、室町幕府では組織図を描くのは困難である。その理由は、室町幕府の場合、人で構成される要素が強いためであろう。両幕府に共通する部局でも、政所では、義満執政期以降、鎌倉時代以来の足利氏被官である伊勢氏が長官である執事をほぼ世襲し、侍所も長官に任ぜられた有力守護とその被官で構成され、いずれも京都市中の有力者を構成員に取り込んで、幕府の部局というより特定の長官に代表された集団が一定の役割を果たしているという印象が強い。管領は義満執政期に成立し室町幕府の中枢を担う職であるが、管領もまた斯波・細川・畠山のいずれかの当主とその被官人たちで機能している。なお、政所・侍所ともに、長官のもと、長官の被官人が政所代・所司代として実務を担い、事務官という要素をもつ奉行人が活動を支えるという、共通した構造をもつ。管領もまた、高氏など将軍の被官が務めた執事を淵源のひとつとしており、将軍—管領の関係は、政所執事—政所代などの関係と同形で、奉行人が支える点も共通している。尊氏と高師直とで形成された、首長をひとりの有力被官が補佐するというかたちが、室町幕府の基盤となったといえよう。

このように、室町幕府、特に義満執政期以降の幕府は、会議体や部局といった組織よりも人を中心に構成されている。評定衆、引付衆などに代わる幕府内での序列を示す新な指標は、武家に限らず、室町殿を奉ずる体制のなかで構成員相互の関係を規定する指標とも共通性をもったと推測され、その指標は、中心にいるべき室町殿との関わり方およびその程度の差を基盤に形成されたであろう。前項で室町殿と人々の私的な結びつきの拡大を整理したが、これらはあくまで個別的な関係で、室町殿を奉ずる体制のなかで構成員の相互関係を規定する指標に転化するにはより一般化する必要がある。その転化とは、個別的、私的な実態を整理し、それを基に一般的、公的と見なしうるようなかたちを擬制的に作り出すことにほかならない。具体的には格を設定し、序列を明確にすることである。

また前項でみたように、室町殿と人々との結びつきは義満執政期にとりわけ拡大した。その関係は義持以降にも継承されるものの、義満という個性によって拡大した関係を継承するのは容易ではなかったろう。義満が作り上げた関係を取捨選択しつつ安定させ、義満のカリスマ性を幕府のしくみのなかに固定化する、そのためにも、一般的、公的な面をもつ擬制的なかたちは必要だったといえよう。

武家では室町殿との関わり方を従来にない新たなかたちに表現し、公家や僧侶では室町殿との私的な関係のうえに既存のかたちを換骨奪胎して応用し、擬制的な序列を形成する。以下、前項にならって個別に検討しよう。

A　武　家

先に触れた室町殿の親衛軍というべき奉公衆は、義満執政期に形成され、義教執政期に確立したとされる。有力守護家の庶流や有力国人などが、室町殿の親衛軍という指標のもと、幕府のなかに一定の位置を占めたのである。しかも奉公衆を構成する家はほぼ固定し、奉公衆の一員であることは家格として機能した。このように室町殿との関わり方の類似する人々を固定的な集団として把握する傾向は義教執政期に拡大して、義政執政期の前半には各種の「衆」が確立し、幕府内での位置を表す指標となる。その代表例は相伴衆と御供衆である。相伴衆は、原義は宴席などで室町殿に相伴する人々となるが、実態は幕政に関与する有力守護であり、また御供衆は、室町殿の出行に随行する人々で、室町殿近習の上位のものたちである。いずれも、少なくとも明応の政変まで、家柄はほぼ固定している。近習は、室町殿と関わる職掌によって、室町殿への取次を任とする申次衆、出行に徒歩で従う走衆など、奉公衆と重なり合いながら多様に分化していく。

これら集団の序列も明確にされた。序列は、正月をはじめ式日化した室町殿との対面の機会に現れる。守護家では、管領を務める三職をはじめ、相伴衆、それ以外の守護である国持衆など、また足利一門の吉良・石橋・渋川ほか、近習では、御供衆以下、奉公衆の代表である番頭、奉公衆の有力者、一般の奉公衆など。これらお目見え以上の人々の各集団の間で、室町殿との対面儀礼に細かな差異が儲けられ、序列が可視化された。また、上下関係を反映する書札礼も、「衆」を基準に整備され、集団相互の関係を如実に表すこととなる。

室町殿との関係を基盤とした多様な集団の成立とその序列化により、個別に室町殿との関係を形成した人々は幕府のなかに一定のいわば公的な位置を占めることとなった。「衆」の確立は、室町殿を頂点とする擬制的な秩序を生み出したといえよう。

B　公　家

義持・義教は、義満に増して伝奏を駆使している。伝奏は、治天に上奏し、その意思を伝達する役割を負っている。義満の家礼、家司と伝奏が重なり合うようになると、義満は家司を通じて諸方に意思を伝える延長として、伝奏を介して諸方に意思を伝達するにいたる。義持・義教の執政期も、伝奏は義満執政期と同じ家柄から登用されたものの、公家に関する事柄の多くは、職にもとづいて伝奏が仲介役を担い、伝奏以外の室町殿の家礼・家司の活躍は後退する。室町殿は、一公家として他の公家を私的に家礼・家司とする状態の延長として伝奏を駆使し、その結果、公家の政務機構を吸収して、単に一公家としてではなく、体制としてすべての公家のうえに位置する立場を確保したのである。先に検討した法華八講は、将軍の家礼・家司で運営されていたが、義教執政期以降、伝奏・弁官に代わったとされ、実態に大きな変化はないとはいえ、象徴的な事実である。なお、室町殿の家礼となる家柄は固定化し、伝奏も引き続きそれを母体とする。室町殿との対面儀礼の場では、一般の公家と区別され、譜代の家礼であることは、他と差別化する指標として有効でありつづけた。同時に、伝奏の重用には、家礼のなかでの差別化という側面も窺える。

C　僧　侶

密教の僧侶では、義持執政期以降、護持僧の活躍が顕著となる。護持僧は、天皇の身体護持のため設けられた制に始まり、武家に転用された。将軍の護持僧は尊氏期から存在し、義教執政期には十二人を基本としている。室町殿に関わる恒例の祈禱は、義満執政期には、北山殿で毎月挙行される大法をはじめ多様に存在したが、義教執政期には、将軍御所で護持僧が交代しながら継続する祈禱を中心とし、臨時祈禱の担い手も護持僧に一元化されたらしい。室町殿との私的関係を護持僧という標識に単純化し、山門、寺門、東密の有力門跡を護持僧として位置付けて相互の対等性を演出しつつ、室町殿との関係において他との区別を設けたことになる。

室町殿との対面儀礼の場でも、護持僧は他の門跡、僧侶より優遇されている。なお、仁和寺御室と青蓮院・梶井・妙法院の山門派三門跡は、北山殿大法は勤めたが、護持僧とはならず、対面儀礼でも他の門跡と区別される。これら格の高い門跡には、室町殿の実子も入室しており、武家で足利一門として別の扱いをうけた吉良氏以下と同じ処遇と理解される。

D　天皇・院

義満は、天皇・院にかわって自ら公家にその家門を安堵したが、義持執政期になると、後小松院はふたたび院宣で公家家門を安堵するようになる。また義教没後、治罰を内容とする綸旨・院宣は増加する。義満が天皇、院との接近を演出したのち、両者は一体化を前提にふたたび役割を分担したという印象が強い。官位にもとづく秩序は、室町殿の権威の拠り所のひとつであり、官位の授与権限をもつ天皇を尊重することを通じ、室町殿の権威の保持を図ったといえよう。

以上、四項目に分けて検討したように、義持以降、室町殿を頂点とする階層的な序列が整備されて秩序が形成され、天皇、院もそれを支える。さらに序列に参加する人々に対しゆるやかな被官関係をもつものにとっても、室町殿との重層的な上下関係がより明確になり、室町殿を頂点とする秩序はよりひろい範囲で安定したことになる。このひろい範囲の秩序を、いま階層的なかたち（秩序）と表現し、ふたつの視点から分析したい。ひとつは頂点にたつ室町殿について、もうひとつは階層性そのものについてである。

第三節　階層的なかたち（秩序）の本質

室町殿を奉ずることで結集し、次いで足利持氏を奉ずるものたちと対立するにいたる諸勢力は、尊氏、次いで義満という独自の吸引力をもつ人格を失うと、人物の個性によらずに、室町殿という地位に一致して奉ずるにたる権威をいかに確立するか、腐心したであろう。天皇家との関係は、権威の源泉ではあるものの、実効的な権威を得るには不十分である。国王などとしての位置付けも、権威の一翼を担うものの万能ではない。将軍に就任する根拠はあいまいで、将軍就任者がおのずと充分な権威をもつことは期待できなかった。義持・義教の就任の経緯をみても、前将軍の嫡子、前将軍の指定、いずれも決定的な要因ではなく、両者とも備えない義教の場合、神に選ばれしものという神意が援用された。下から奉ずることそのものに擬制的な秩序を形成し、室町殿に頂点としての権威を付与すること、それが階層的なかたちのひとつの本質であろう。

これまで室町幕府の体制につき様々な議論が提示されているが、下から室町殿を支えるという視点でも、すでに佐藤進一氏は、室町幕府を論ずるなかで、将軍など統治者は平和と秩序を維持する責任と器用を要求され、家臣の支持がそれを保障したと想定している(6)。新田一郎氏は中世後期の理解のため「構造としての公方」という概念を掲げ、公方とは人々が敬うべき「上」一般を指す概念で汎用性をもち、権力は所与の構造としての公方の観念を経由して付与される正当性によって機能するという興味深い見解を示している(7)。従うならば、階層的なかたちは、室町殿が公方を体現するための装置となろうか。また金子拓氏は、石母田正氏の提唱した「礼の秩序」論を十五世紀前半の室町幕府（本章でいう第二期）で展開した。贈与交換儀礼である「御礼」は、権力側の意図と受容する側の積極的な姿勢が相俟って、室町殿を頂点とした武家、公家、門跡僧侶の総体的な秩序構造を構築するために有効だったと指摘しており、

室町殿を頂点とする秩序を分析した重要な成果である。(8)

次に階層性そのものを考えたい。本章でいう第三期には、被官関係が単一化するなど、上下関係がより明確になるといわれる。たとえば在地の状況をふたたび伊藤俊一氏によって概観すると、十五世紀半ば頃、荘園制社会の秩序は荘家の一揆などを通じて動揺し、沙汰人層が解体する。十五世紀半ば以降（第三期）、国人や有力な沙汰人層は守護との被官関係を強め、一方、名主百姓層などから地侍が登場し、上位者と被官関係を結ぶという。(9)下からの秩序の再編成が、結果として被官関係の形成を深化させ、社会の階層的な構造を強めていることになる。第二期にみられた階層的なかたちは、中世後期を通じて階層的な構造が形成される一過程に位置付けることも可能で、その場合、室町殿はその時点での頂点に過ぎなかったともいえよう。

十五世紀末に起こる山城国一揆は、国人の連合体を指導層として八年間にわたり自治を行った。国人の多くが細川管領家の被官で、伊勢氏被官もふくまれるなど、国一揆は幕府内部の力関係の影響をうけて存立していた。むしろ被官関係を利用して自治を行ったのであり、国一揆の主体性は階層的な構造を前提として発揮されたといえよう。また、第二期以降に表面化する土一揆も、武士などに率いられて政治性を有していたと指摘されている。この場合も、階層的な構造が浸透したゆえに、民衆のエネルギーが土一揆として発露することが可能となったと理解される。階層的な構造の進展とは、単なる上下関係の厳密化ではない。

第二期には、安芸国国人一揆（一四〇四年契約）のように、反守護を目的とした国人一揆も形成された。反守護というと、階層的なかたちに反抗しているようにみえる。しかし、室町殿には忠誠を誓い、戴くにたる守護を求めているのであり、階層的なかたちを前提として、むしろその強化を要求していると見なすべきだろう。また、第三期に本格化する下剋上は、家格を乗り越え、秩序を壊す行為であるが、結果として新たな被官関係が形成され、階層的な構造が再生産されてむしろ強化される点は見逃せない。そもそも上下関係を前提とした行為であり、下剋上により階層的な構造は発展していくと考えられる。

註

（1）概説であるが、関連する拙稿として「室町幕府守護の在京と在国」（『歴史と地理』五二七、一九九九年）。

（2）応永二年八月十五日足利義満御判御教書案（大日本古文書『醍醐寺文書』二八〇〇、一八函六四）は、（佐野）甲斐八郎将教に、越前・越中・伊勢の所領を、教光跡として安堵した内容である。甲斐教光はこの年五月十九日に死去したが、斯波義将の「執事」（『常楽記』群書類従巻五一三）とも表現される。将教も、明徳三年の相国寺供養で、斯波義重の従兵としてみえ（『相国寺供養記』同巻四三四）、越前などの守護代を勤めた。

（3）端裏書に応永七年十二月八日とみえる東寺目安案（『東寺百合文書』よ九六、大日本古文書『東寺文書』よ一一五）など参照。

（4）『室町期荘園制の研究』（塙書房、二〇一〇年）第一部第一章「南北朝〜室町時代の地域社会と荘園制」。

（5）「室町幕府論」（『日本中世史論集』岩波書店、一九九〇年、初出一九六三年）一五二頁。

（6）註（5）論文一四一頁。

（7）『日本中世の社会と法—国制史的変容—』（東京大学出版会、一九九五年）第二章第四節第二項。「中世後期の秩序構造の特質」（『日本史研究』三八〇、一九九四年）参照。

（8）『中世武家政権と政治秩序』（吉川弘文館、一九九八年）第二部「中世後期における『礼の秩序』の形成と機能」。

（9）註（4）に同じ。

○本章の元となる論考に掲げた参考文献のうち、本章に関わるものを、註で言及したものを除き、列挙する。

家永遵嗣　「足利義満と伝奏との関係の再検討」（『古文書研究』四一・四二、一九九五年）

家永遵嗣　『室町幕府将軍権力の研究』東京大学日本史学研究室、一九九五年

今谷明　『室町の王権—足利義満の王権簒奪計画—』中央公論社、一九九〇年

上野進　「室町幕府の顕密寺院政策—祈禱政策を中心として—」（『仏教史学研究』四三—一、二〇〇〇年）

大田壮一郎　『室町幕府の政治と宗教』塙書房、二〇一四年

笠松宏至　『法と言葉の中世史』平凡社、一九八四年

川岡勉　『室町幕府と守護権力』吉川弘文館、二〇〇二年
神田千里　『戦国時代の自力と秩序』吉川弘文館、二〇一三年
久留島典子　『一揆と戦国大名』日本の歴史一三、講談社、二〇〇一年
桜井英治　『室町人の精神』日本の歴史一二、講談社、二〇〇一年
設楽薫　「足利将軍が一門の『名字』を与えること―将軍側近職制の展開と関連において―」（『姓氏と家紋』五六、一九八九年）
瀧澤逸也　「室町・戦国期の武家昵近公家衆―その構成を中心として―」（『国史学』一六二、一九九七年）
遠史香　「南北朝期の石清水八幡宮祠官家と幕府政策―足利将軍家八幡御師職の成立をめぐって―」（『ヒストリア』一五六、一九九七年）
富田正弘　「室町殿と天皇」（『日本史研究』三一九、一九八九年）
福田豊彦　『室町幕府と国人一揆』吉川弘文館、一九九五年
二木謙一　『中世武家の作法』日本歴史叢書、吉川弘文館、一九九九年
細川武稔　『京都の寺社と室町幕府』吉川弘文館、二〇一〇年
三枝暁子　『比叡山と室町幕府―寺社と武家の京都支配―』東京大学出版会、二〇一一年
水野智之　『室町時代公武関係の研究』吉川弘文館、二〇〇五年
百瀬今朝雄　「将軍と廷臣」（週刊朝日百科日本の歴史一四『義満と室町幕府』朝日新聞社、一九八六年）
森茂暁　『中世日本の政治と文化』思文閣出版、二〇〇六年
森幸夫　『中世の武家官僚と奉行人』同成社、二〇一六年
吉田賢司　『室町幕府軍制の構造と展開』吉川弘文館、二〇一〇年

○元論考発表以降で、特に本章に関係する研究を挙げる。
石原比伊呂　『室町時代の将軍家と天皇家』（勉誠出版、二〇一五年、増補改訂版二〇二四年）
木下聡　『中世武家官位の研究』吉川弘文館、二〇一一年
木下聡　『室町幕府の外様衆と奉公衆』同成社、二〇一八年

小久保嘉紀　『室町・戦国期儀礼秩序の研究』臨川書店、二〇二一年
高鳥廉　『足利将軍家の政治秩序と寺院』吉川弘文館、二〇二二年
谷口雄太　『中世足利氏の血統と権威』吉川弘文館、二〇一九年
本郷恵子　『将軍権力の発見』講談社、二〇一〇年
桃崎有一郎　『中世京都の空間構造と礼節体系』（思文閣出版、二〇一〇年）
山田徹　「室町領主社会の形成と武家勢力」（『ヒストリア』二二三、二〇一〇年）

第二章　室町幕府運営にみる多様性と一貫性

第一章で整理したように、安定期の室町幕府は、組織で構成されるよりも、人で構成される要素が強く、義満・義持・義教といった足利家当主（ここでは室町殿と呼ぶ）を中心とした階層的なかたち（秩序）に整備されていた。第一章では、武家・公家・僧侶などと区別して述べたが、この区別を排除すると、序列のうち、室町殿の近い位置にいる人々は、似たような活動を行い、役割分担は明瞭でない印象を受ける。それでも室町殿との距離をもとにする秩序が機能していたのであれば、類似した立場で干渉を起こさないための工夫、いいかえれば人々に共通するなんらかの認識が存在していたのではないだろうか。本章は、室町殿に近侍する人々の活動のなかに、通底する認識を析出しようとする試みである。具体的には、収支の担当者および室町殿との間の仲介者を取り上げ、多くの人々が同じ仕事に携わることを確認しつつ、共通する認識を見出してみたい。

第一節　収支にみる一貫性と多様性

第一項　収支担当者の一貫性

1　賀茂祭費用から

『建内記』の記主万里小路時房は、永享年間末年から嘉吉・文安年間（一四四一―四九）にかけて、賀茂祭伝奏を務めた。賀茂祭の費用は幕府が負担する例となっていた。日記には、費用の支出を巡って幕府関係者と交渉する記事が多くみられる。

　　賀茂祭惣用事、任レ例可下令二申沙汰一給上候哉、恐々謹言、（謹言）
　　　三月五日　　　　　　　　　　　　　　時房（万里小路）
　　伊勢入道殿（貞国）
　　飯尾大和入道殿（貞連）(1)

嘉吉三年（一四四三）の事例である。賀茂祭伝奏である時房が、祭の費用総体につき、武家側の担当者に対して支出を依頼した文書である。合点の意味するところは、当初、政所執事伊勢貞国（真蓮）に宛てたが、政所執事代である飯尾貞連（性通）に変更され、書き止めも恐々謹言から謹言に変更された、ということになろう。もし、幕府政所に対して宛てたのであれば、執事から執事代への変更について、うまく説明するのは難しい。執事に宛てるのと、執事代に宛てるのは、別個のものと位置付けられていたと想定される。

室町幕府の財政は、おおむね政所が担当していたと整理されている。しかし、その具体像となると、必ずしも明確な説明を得るに至っていない。支出や財源を担当する人物は、政所関係者、すなわち政所執事である伊勢氏や執事代ほか政所奉行人に限定されてはおらず、また執事と奉行人の役割分担も、先の事例に見るように明瞭ではない(2)。本項の課題は、幕府の収支担当に関わるなんらかの原則、および特徴を見出し、その原則・特徴がある程度貫徹しているかどうか、確認していくことにある。手掛かりとして、執事と執事代で担当が異なることの意味から考察していきたい。

賀茂祭に関わる『建内記』の記事を、支出担当者に注目して整理していく。まずは嘉吉三年の進行から。十六日に

なると、

賀茂祭惣用事、相尋飯尾大和入道之処、無公銭、可被付折紙料足之由、有其沙汰、面々定不可有等閑歟、重可申左右之趣、有返報云々、

飯尾貞連に惣用について尋ねたところ、「公銭」がないので、「折紙料足」を充てることになったと返事があったという。二十三日には、貞連は、賀茂祭の必要経費は「上進折紙」から充てること、諸大名に未進状況を通達し、みな了解している旨を、時房に伝えている。

「折紙料足」「上進折紙」とは、いわゆる折紙銭のことであろう。対面儀礼などにあたって進上された金銭を指し、まず折紙の目録を進上し、相当する金銭は後納されるのが通例であった。室町殿に対する折紙銭は、交換・贈与に大きく依拠する幕府経済のなかで、無視しえない位置を占めていたことが、近年の研究で明らかにされつつある。

翌二十四日、飯尾貞連は、時房に使者を送る。

今夜大和入道送使云、用途事、面々領状、未及納所之間、以女房御奉書、殊更示遣伊勢入道之処、雖只今候、令納所候者、忩可申之由、申之、明日猶可催促之由、申之云々、

諸大名が折紙銭を納入しないので、伊勢貞国に連絡したところ、納入され次第、連絡するとのことで、なお貞国に催促します、と時房に伝えている。二十八日に、費用の一部、一〇〇貫文が納入されている。時房には飯尾貞連から連絡があったが、祭典侍を出すため早い支出を望んだ日野兼郷には、貞国から情報がもたらされている。五月八日に至って、時房は伊勢貞国の許を訪れ、賀茂祭に関わる対応に謝意を示している。

この嘉吉三年、賀茂祭の費用に関する幕府側の窓口は、執事代飯尾貞連である。しかし、財源が折紙銭となったことで、実質的な支出担当者は、伊勢貞国となっていた。

賀茂祭の費用支出の窓口を理解するため、次に他の年の状況を見ていこう。

○永享十二年(3)（一四四〇）

賀茂祭伝奏を時房とする旨、将軍足利義教に確認する際、賀茂祭惣用の担当を誰にするか、についても義教の決定を仰ぎ、義教は伊勢貞国と定めている。これは、飯尾貞連が在国したためで、時房は、前年の飯尾貞連の執行の様子を、くわしく貞国に伝えている。

○嘉吉元年(4)（一四四一）

この年は飯尾貞連が担当している。嘉吉二年と同内容の文書が貞連を宛所に出され、「任レ例」、書き止めは「謹言」となっている。

○嘉吉二年

四月二日条に、

賀茂祭惣用事、売物代付未レ定、仍催促之由、大和入道返答也、

四月八日条に、

賀茂祭惣用事、飯尾大和入道性通今日可二下知一云々、（中略）至二去年一定光坊奉行、自二蔵方一致二沙汰一也、而依二去年以来徳政之沙汰一、其足難渋、仍被レ召二越日吉要脚一云々、正実坊致二奉行一者也、（下略）

この年は、飯尾貞連が担当している。財源として、まず幕府の所有する器物などを売却した代金が想定されている。しかし、飯尾貞連は、価格設定を急いでいると時房に伝えており、すぐの現金化は難しかったようだ。ついで、「日吉要脚」が充てられることとなっている。日吉要脚は、明証はないものの、日吉小五月会馬上役を指すかと思われる。

この馬上役は、日吉神人と位置付けられていた、京中の酒屋土倉などの諸商売人から徴収するもので、幕府による課役ではない。「召し越す」という表現に一時的な流用であることが表されているかと思われる。

ここには、前年嘉吉元年からの変化も記されている。飯尾貞連が担当していた嘉吉元年（さらにおそらくそれ以前の数年）、賀茂祭の費用は、幕府の財産管理を担った土倉のひとつである定光坊から払い出されていたが、嘉吉二年には、同じ立場の正実坊からに変わっている。「蔵方」から「沙汰」していたけれども、嘉吉元年からの徳政により、嘉吉二年には、「其足難渋」となり、日吉要脚を充てることとなったためである。ここでの「蔵方」は、定光坊とは別のものを指しており、土蔵全般であろう。土蔵は、徳政によって窮地に陥り、負担を負えなくなっている、と想定され、いわゆる酒屋土倉役の徴収が難しくなっていることを指していると見なされる。(5)酒屋土倉役は幕府からの課役であり、前掲の嘉吉三年の史料で「無二公銭一」とされている公銭も、酒屋土倉役と見なして支障はないであろう。つまり、賀茂祭の費用は、本来は酒屋土倉役を財源としていたことになる。

○文安元年(6)（一四四四）

賀茂祭伝奏時房は、惣用のことを飯尾貞連に問い合わせていたが、南都下向のため、室町殿代行である管領畠山持国に相談してほしいと貞連から言われる。管領は伊勢貞国に相談するとのことだった。この後、時房は貞国と交渉する。貞国から正実坊らに、全額の支出命令が出されたのは、祭前日であった。財源は不明である。

○文安四年(7)

時房は、賀茂祭伝奏を引き受けるにあたり、惣用の完済を条件とし、伊勢貞国に固く命令する、という確約を得ている。こののち、時房は貞国と交渉している。財源は不明である。

表5　賀茂祭費用の幕府方支出担当者と財源

年　次	担　当　者		財　　源
永享12	伊勢貞国	飯尾貞連在国のため	?
嘉吉1	飯尾貞連		蔵方料足（酒屋土倉役か）
嘉吉2	飯尾貞連		蔵方料足難渋，売物代，ついで日吉要脚
嘉吉3	飯尾貞連	実際には伊勢貞国	公銭（酒屋土倉役か）なし，折紙料足
文安1	伊勢貞国	飯尾貞連南都下向中	?
文安4	伊勢貞国		?

以上、数年の賀茂祭費用の幕府側の担当者と財源を整理すると、表5のようになる。

まず、通例の場合、賀茂祭費用の幕府方担当者は政所執事代である飯尾貞連であった。冒頭に引用した嘉吉三年の時房書状で、宛所が伊勢貞国から飯尾貞連に変わるとともに、「任レ例」という言葉が追加されているのもその反映であろう。同じく通例の場合、賀茂祭費用の財源は酒屋土倉役と想定される。執事代が酒屋土倉役の徴収や支出に関わったことは、多くの史料にみられ、先学も指摘している。しかし、酒屋土倉役が滞納となるなか、売物代、あるいは日吉要脚の流用、そして折紙銭など、財源は他に移行する。その移行とともに、担当者も伊勢貞国に変わっていくと理解される。嘉吉三年の時房書状は、当初、通例と異なって伊勢貞国に宛てられている。その理由は、前年に財源が酒屋土倉役から変化したなかで、記録には明示されないが、実質的な担当者が伊勢貞国に変わったため、時房は当初、この年嘉吉三年も、引き続き伊勢貞国かと想定したためかと思われる。

つまり、賀茂祭伝奏である万里小路時房が惣用の支出を依頼するにあたり、相手を政所執事伊勢氏とするか、政所執事代の奉行人とするかは、費用の財源に左右されたのである。ここから、室町幕府の支出担当者となるのは、その財源徴収に関わった人物である、という仮説が成り立つ。他の事例で検証していこう。

2　収支担当者の一致——伊勢氏・奉行人の場合——

伊勢氏や奉行人が支出担当者となる事例は多いものの、財源が明確にわかる場合は

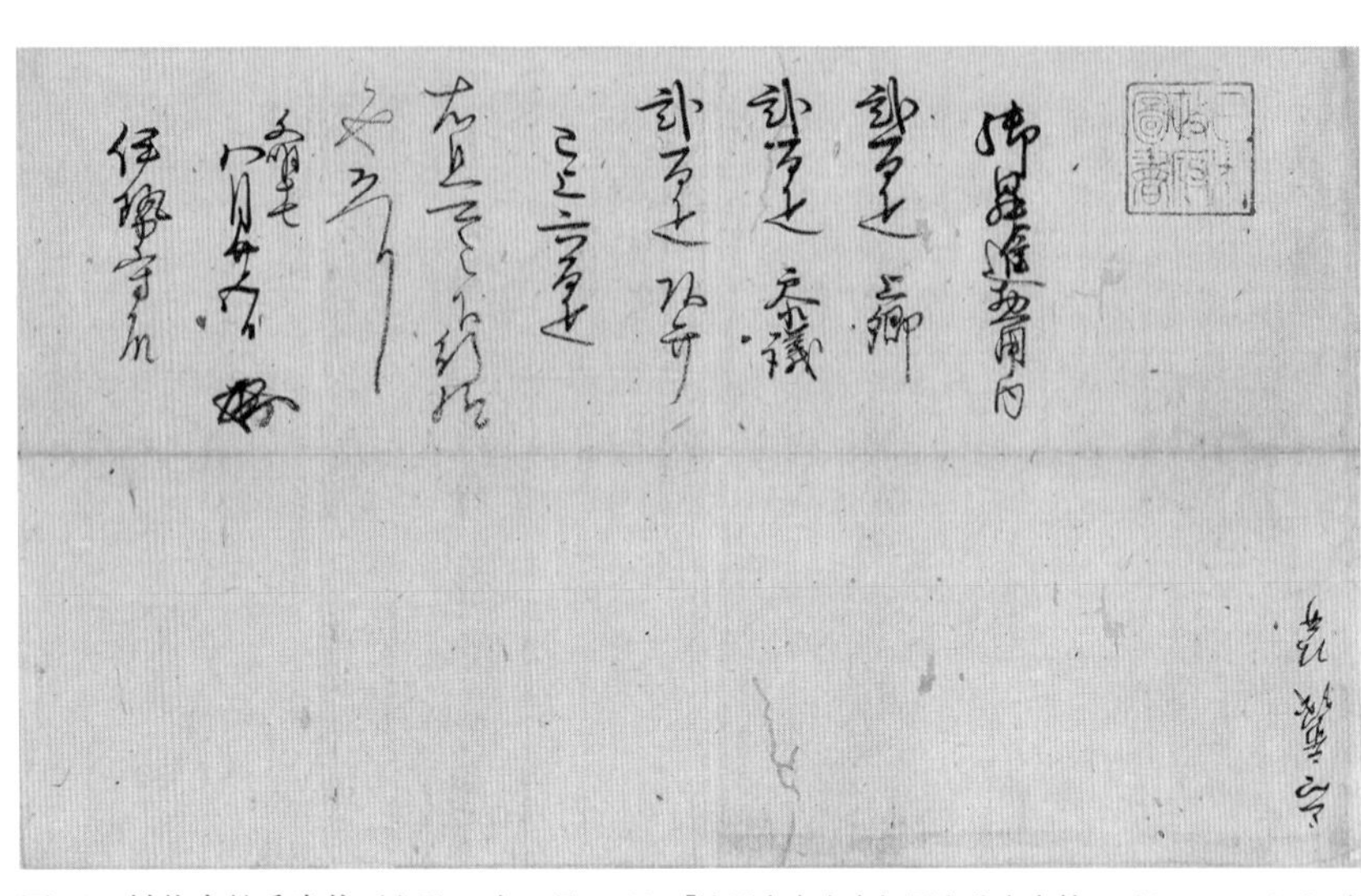

図20　勧修寺教秀書状（文明17年8月25日,『蜷川家古文書』国立公文書館デジタルアーカイブ）

限られる。伊勢氏や奉行人が財源にまで関わった可能性のある事例を、さらにみていきたい。

○伊勢氏の事例―文明十七年　足利義尚兼右近衛大将(8)―

文明十七年（一四八五）八月二十八日、足利義尚は、右近衛大将を兼官する。小除目による異例の叙任であった。この時の必要経費は総額一二五貫文で、伝奏勧修寺教秀は「御昇進惣用」と表現し、幕府側は「御祝用脚」と称している。

〔蜷川家文書〕（折紙）

（端見返書）「上卿　参議　頭弁」

御昇進惣用内

弐百疋　上卿（菊亭公興）

弐百疋　参議（四辻季経）

弐百疋　頭弁（甘露寺元長）

已上六百疋

右、且可㆘令㆓下行㆒給㆖候也、恐々謹言、

文明十七

八月廿五日　（勧修寺教秀）（花押）

（伊勢貞宗）伊勢守殿

小除目の上卿、参加公卿、奉行弁への御訪の一部について、伝

奏教秀から伊勢貞宗に支出命令が出されており、他の費目も同様の形式をとる。幕府側の窓口、支出担当者は伊勢貞宗とわかる。皆済したと付記する支出リストが『蜷川家文書』に伝わっており、支出はすべて伊勢氏とその配下の蜷川氏が担ったと判断してよいだろう。

伊勢氏被官である蜷川親元の日記に、「都合百弐拾五貫文、此御要脚事、面々へ被㆓仰懸㆒了」とあり、財源の確保も、伊勢氏が担当した可能性が高い。財源には、諸大名からの進納銭が充てられている。

〔蜷川家文書〕（切紙）

就㆓来月御祝儀㆒、千疋可㆑致㆓進上㆒之由、蒙㆑仰候、畏入候、則申付候、奉㆑憑㆓御心得㆒候、恐々謹言、

七月十八日　　豊時（山名）（花押）

伊勢守殿まいる

御返報

山名豊時の進納を約した書状で、このほかに他の大名の進納状も伝わり、政所代蜷川親元のもとに集められている。管領畠山政長以下の進納者と金額を記したリストでは、山名豊時の進納が確認されるとともに、集計額は三五〇貫文となっている。この事例でも、伊勢氏は、支出担当者となる一方で、その財源徴収に関わっている。

○政所執事代の事例―延徳二年　足利義材将軍宣下―(9)

延徳二年（一四九〇）七月五日、足利義材は将軍宣下を受ける。

〔将軍宣下記〕

三局副使下行事、如㆓去九日折紙㆒、可㆑為㆓三千疋㆒候也、謹言、

六月四日（ママ）　　教秀（勧修寺）

諏方信濃守殿（貞通）于レ時執事代、

将軍宣下にかかる伝奏勧修寺教秀は、政所執事代諏方貞通に対し、必要経費の支出を命じている。同じ差出・宛名の支出命令は他にもみえ、また武家側の担当者である御祝奉行飯尾兼連が執事代諏方貞通に支出を命ずる文書もみられる。このときの支出担当者は執事代諏方貞通であったとわかる。

〔将軍宣下記〕

御要脚事、如二先々一、以二納銭方臨時役一、可レ有二其沙汰一之旨被二仰出一、上意之旨、相二談伊勢守貞宗朝臣一、執事代貞通申二付之一、

宣下方御要脚注文在レ之、事、如二先規一、酒屋土倉方相二掛之一、明日中三万疋分可レ進二納之一、有二難渋輩一者、可レ被二譴責一之由候、恐々謹言、

六月九日　貞通（諏方）

中村九郎左衛門尉殿（定家）

源村平左衛門尉殿（沢）（定広）

此両人、雖レ非二御倉一、納銭方之儀、近年依二執沙汰一如レ此、

将軍宣下の費用は、納銭方臨時役が充てられ、酒屋土倉からの納銭を統率した中村・沢村両人に、三〇〇貫文の納入が命じられる。奉書に署判するのは、執事代諏方貞通である。この事例でも、支出担当者となった執事代は、財源徴収に関わっている。

こののち、三〇〇貫文では足らず、朝廷からの使者の禄となる砂金代一二〇貫文を、中村・沢村両人に負担させ、かわりに、「上様御料所」つまり日野富子の収益であった嵯峨谷酒屋役を十年間借り召して、両人に与えることとした。

〔将軍宣下記〕

将軍　宣下禄初砂金代百弐拾貫事、中村九郎左衛門幷沢村平左衛門両人、致₂進納₁之上者、以₂洛外嵯峨谷辺土酒屋以下役銭₁、被ㇾ付₂其足₁了、早自₂来亥歳₁到₂申歳₁拾ヶ年間、任₂員数₁収₂納之₁、不ㇾ可ㇾ有₂相違₁之由、所ㇾ被₂仰下₁也、仍下知如ㇾ件、

延徳二年十月七日

前信濃守神宿禰（諏方貞通）

伊勢守平朝臣（伊勢貞宗）

この直後の地の文には、「執事代可₂申付₁候由、被ㇾ仰₂出之₁」とあり、この追加分の収納も、執事代諏方貞通が担当したと推測される。

右の文書に貞宗が署判しているのは、下知状という形式のため、執事が奥に署判したのだろう。しかし、この費用追加について貞通が記した記録には、「宣下方之儀、悉皆白川殿（伊勢貞宗）御存知」とあり、先に引用した地の文にも「相₂談伊勢守貞宗朝臣₁」とみえる。この将軍宣下全般に伊勢守貞宗が関与していることは確認しておく必要がある。

○奉行人の事例―文明五年　足利義尚の元服(10)―

文明五年（一四七三）十二月十九日、九歳の足利義尚は元服するとともに、征夷大将軍に任じられる。義持の事例が先例とされた。家司として広橋兼顕が担当し、その父綱光が取り仕切っている。

〔親長卿記〕文明五年十一月七日条

御元服惣用之内、中院大納言（通秀）幷右少弁（甘露寺元長）御訪、各千疋宛分可ㇾ被₂渡遣₁候也、謹言、

十一月七日　判（広橋綱光）

飯尾大和守（元連）殿

飯尾加賀守（為信）殿

元服の儀式に参加する公家たちは、「乱中」の「困窮」を理由に助成を申請した。引用文書で、甘露寺元長らが一〇貫文の助成を受けている。署判するのは、元服行事を実質的に担った広橋綱光で、宛所となった飯尾元連と為信は、支出担当者となる。この時点での政所執事代は、清貞秀と見なされ、執事代として支出担当者となったのではない。

〔蜷川家文書〕（折紙）

若公様（足利義尚）御元服要脚酒屋土倉役注文在二別紙一事、加二諸役免除在所幷寄進所々等一、平均随二其分限一令二支配一、相二懸之一、厳蜜可レ被二執沙汰一、若有二難渋之族一者、為レ被レ処二罪科一、可レ被レ注二申交名一之由、被二仰出一也、仍執達如レ件、

文明五
八月十六日　　　　　　　　　　　　　　　元連（飯尾）
　　　　　　　　　　　　　　　　　　　　為信（飯尾）

定泉坊

元服費用の財源は、酒屋土倉に対する臨時役であったことがわかる。その命令を奉じているのは、支出担当者と確認された飯尾元連と為信である。酒屋土倉役は政所執事代の担当で、通例であればさきの延徳二年の例のように、政所執事代から命じられたと思われる。執事代は、在国していたなど、なんらかの事情で伝達が出来なかったのであろうか(11)、代わりに徴収の命令を伝えたのは担当奉行両名であった。定泉坊は、酒屋土倉役を徴収し、納入を請け負う立場と見なされる。

この事例では、支出担当者が財源徴収に関わっていることが確認される。ただし、朝倉氏から「御元服御祝要脚」が進上されたことが蜷川親元の日記にみえており、飯尾元連と為信がすべての徴収に関与していたかどうかは明らかでない。

3　収支担当者の一致——摂津氏・二階堂氏の場合——

次に頭人家と呼ばれる摂津氏および二階堂氏が収支担当者となる事例をみたい。両氏は、朝廷行事、将軍家の元服など、重要な儀式に総奉行となる事例が散見され、しばしば支出担当者となっている。

○摂津之親—文正元年　後土御門天皇大嘗会—

文正元年（一四六六）十二月、後土御門天皇の大嘗会が催行され、費用は幕府から支出されている。幕府側の担当者は、総奉行摂津之親、および奉行人の飯尾之種・清貞秀、朝廷側の担当者は伝奏甘露寺親長であった。親長は、別記（『大嘗会伝奏事』）のほか、切符案（『大嘗会下行切符案』）・雑記（『大嘗会雑々』）など、いくつかの史料を残し、費用にかかる具体像を窺う材料となっている。(12)

〔親長卿記別記〕文正元年閏二月六日条

大嘗会惣用事、任レ例可下令二申沙汰一給上候也、恐々謹言、

後二月七日　(甘露寺)親長

(之親)摂津掃部頭殿

追申

自二来四月一、国郡卜定用脚等、可レ有二下行一、事々得二御意一候哉、

親長の残した「切符案」などによると、細かな費用の下行要求においても、親長が摂津之親に宛てるこの形式が採られている。もっとも、下行命令は、之親から奉行人飯尾之種に伝達され、飯尾之種と清貞秀両名から御倉に払い出しが命じられている。

〔親長卿記別記〕文正元年十月二十九日条

此五拾貫文事、以二彼要脚之内一、可レ被二渡進一候也、

月　日　　飯尾肥前守之種判
　　　　　清和泉守貞秀判

禅住坊

大嘗会伝奏御訪五千疋之事、以二禅住坊所納之内一、可レ被レ渡二彼代一候也、恐々謹言、

文正元
十月廿九日　　之親判

飯尾肥前守殿

摂津之親が支出の責任者で、飯尾之種・清貞秀も支出担当者と位置付けられよう。文正度大嘗会の費用に充てるため、段銭が徴収されている。

〔東寺百合文書〕に二三五(13)（折紙）

東寺領丹波国大山庄大嘗会段銭事、為二免除地一之上者、可レ被レ停二止催促一之由候也、仍執達如レ件、

文正元
五月廿六日　　貞秀在判
　　　　　　　之種在判
　　　　　　　之親在判

守護代

免除による徴収停止を内容とする事例だが、支出担当の三名が署判している。他の事例では個別事情により偏差もみられるものの、徴収に関わる文書はこの三名が署判するのが基本のかたちと思われ、支出担当者が徴収にも関わったと見なして大過ないであろう。なお、在京守護は、この大嘗会に際し、一国一〇〇貫文と錦綾代を支出しており、(14)

単なる守護出銭ではなく、段銭の守護請という一面を持つと指摘されている。支出する二十一名の守護には、それぞれ担当奉行が充てられたようで、飯尾之種・清貞秀を含む十二人の奉行人の名がみえる。この守護支出全体の徴収担当者は明らかでなく、摂津之親らが、財源の確保全般を担当したかどうかは明確にしがたい(15)。

○二階堂政行―文明十八年　足利義尚任大将拝賀―

義尚の右近衛大将兼任の際に、伊勢貞宗が収支担当者となっていることは先にみた。義尚は、翌年七月二十九日に拝賀を行う。武家側の総奉行は二階堂政行、奉行は飯尾元連・松田長秀・中沢之綱（『大乗院寺社雑事記』七月二十九日条）、伝奏は勧修寺教秀であった。

〔親長卿記〕文明十八年七月十九日条

御拝賀御訪残先日五百疋到来、五百疋事、申ニ遣勧修寺大納言(教秀)一、五百疋下知到来、

御拝賀惣用之内五百疋、頭弁装束料可レ為ニ下行一候也、恐々謹言、

文明十八

七月十一日　判(勧修寺教秀)

二階堂判官殿(政行)

総奉行である二階堂政行が支出担当者となっている。このほか、大宮長興は、子息時元の参陣御訪につき、勧修寺教秀や二階堂政行と交渉し、教秀から政行に宛てて、三〇貫文を下行する旨の「下知折紙」を出してもらっている（『長興宿禰記』七月十二日条）。また、西洞院時顕は、武家から御訪を得るべく二階堂政行と交渉し、家門近衛政家の書状を求められ、政家は政行に宛てて書状を認めている（『後法興院政家記』五月十二日条）。

大将拝賀の財源は多様である。大宮長興の整理によると、財源は「諸国段銭」「諸国々役面付」で、一環として行われた禁裏築地の費用に「洛中洛外地口」が充てられた（『長興宿禰記』七月二十九日条）。他も含め、順に整理したい(16)。

・段　銭

〔宝鏡寺文書〕（折紙）

太神宮領越中国弘田庄大将御拝賀要脚段銭事、先々為二免除地一之上者、可レ被レ止二催促一之由候也、仍執達如レ件、

文明十八
十月二日

（中沢）之綱（花押）
（松田）長秀（花押）
（飯尾元連）宗勝（花押）
（二階堂）政行（花押）

守護代

免除の事例だが、二階堂政行と、先の奉行三人が署判している。免除・徴収の奉書は五例ほど確認され、奉行人は少し異なることはあるものの、いずれも政行が奥に署判している。二階堂政行は段銭の徴収も担当したと見なしうる。同様の奉書により、石見・摂津などでも徴収・免除が確認される。ただ、段銭の徴収は進まないため、「諸国々役面付」、つまり守護による一定額の納入も行われ、畠山氏からの納入などが確認される（『大乗院寺社雑事記』七月十三日条）。国役の部分に政行が関わったか否かは確認できない(17)。

・棟別銭　禁裏築地の修築などに充てるために徴収された地口銭については、徴収・免除に関わる文書・記録が少なからず伝わる。東寺でも、地口銭の免除を受け、六月に「内裏御修理料地口免除目録」が作成されている。その奥に東寺奉行の松田数秀が免除の旨を証明しているが、「内裏御修理料地口幷大将御拝賀要脚棟別等」とある。地口銭とは別に、大将拝賀に充てるために棟別銭が賦課されたことが判明する。東寺の廿一口方評定引付をみると、「内裏御修理」に充てる「地口」の初見は六月十二日条である一方、「棟別」は五月二日条からみえ、棟別銭は地口銭とは別の系統の課役と見なされる。

棟別銭の担当奉行は、斎藤民部（基紀か）と中沢之綱、棟別一〇〇文で、東寺の賦課対象は一一八であった。徴収が実行されようとするなか、東寺は、東寺奉行松田数秀を介して免除を画策し、数秀は「二階堂・中沢・斎藤民部方」に催促を延引するよう依頼する（五月二十五日条）。六月二日条にいたって、「奉書」がなされたとの記事がみえ、次の文書が引用される。

〔東寺百合文書〕い三五（折紙）

東寺境内棟別事、被ㇾ仰出ㇾ子細候、其間事先可ㇾ被ㇾ止ㇾ催促ㇾ候也、恐々謹言、

五月廿九日　　　　　　　　　政行判

中沢備前守殿（之綱）

斎藤民部殿（基紀カ）

こののち、棟別徴収に関わる記事はない。二階堂政行は、棟別銭の徴収においても、担当というべき立場に立っていたと見なされる(18)。

・借　銭　実現はしなかったものの、義尚は、五山東班衆からの借銭を画策した。六月八日、蔭凉軒主亀泉集証は、義尚から、二階堂政行などを介して、拝賀の費用として五山東班衆に五〇〇貫文の借銭を命じられ、政行ら担当奉行四人の責任で「自ㇾ諸国ㇾ到来」から返弁すると伝えられる。しかし亀泉は、東班衆も昔と異なって困窮しており、かつて益之宗箴の在職時に、義政から二度借用の依頼を受けたが断ったと述べ、命じても誰も応じないだろうと、政行らの説得に応じなかった。ここでも政行は、亀泉への依頼を担当し、その返弁の責任者ともなっている(19)。

この大将拝賀の事例では、段銭・棟別銭・借銭ともに、支出担当者である二階堂政行が担当し、関与していると確認され、収支の担当者は一致しているといえよう(20)。

○摂津氏―大永元年　後柏原天皇即位―

後柏原天皇は、明応九年（一五〇〇）に践祚したが、幕府側の政情不安定もあり、即位まで二十二年を要した。公家側の担当者伝奏は、文亀年間（一五〇一―〇四）には町広光であったが、永正年間（一五〇四―二一）には広橋守光にかわり、武家側の担当者総奉行は、摂津氏で一貫しているものの、之親・政親・元親（元造）と親子に継承されている。関連史料が豊富ななか、伝奏が武家側に支出依頼をした文書は、文亀年間に三例ほど確認される。

〔言国卿記〕文亀元年（一五〇一）八月二十八日条(21)

町切符如レ此、

一御即位惣用之内五百疋、由奉幣御拝出御、内蔵寮御服調進、且可下令二下行一給上候也、

文亀元

八月廿四日　広光（町）

摂津中務大輔殿（元親）

この「切符」の袖に、署判はないがおそらくは摂津元親が奉行人松田頼亮に宛てた支出命令が加えられ、さらに二日後の日付で、松田頼亮・松田長秀・飯尾清房の奉行人三名と摂津元親が連署（ただし判を加えたのは頼亮と長秀）で、御倉玉泉坊に宛てた支出命令（「下書」）が出されている。文正度とやや形式は異なるが、命令の流れは同じと見なされよう。この後も、摂津氏は公家からの支出依頼を受ける窓口となり、また奉行人に支払い命令を出しており、この件の支出担当者と確認される。

財源として、この事例でも段銭が徴取されており、文亀元年の雛型が残る。

〔即位文書類集(22)〕（即位下行帳）

御即位要脚其国段銭事、早守二事書之旨一、来八月十日以前厳蜜可レ被レ致二執沙汰一之由、所レ被二仰下一也、仍執達如レ件、

文亀元年六月廿五日　飯尾加賀前司（清房）

惣奉行也、依二父掃部頭在国一也、
摂津(元親)中務大輔
松田(長秀)丹後守
松田(頼亮)豊前守
某殿

さきの下書と同じ面々が署判している。総奉行摂津元親は、収入・支出の双方の責任者、他の三人の奉行人も収支の担当者となろう。実例でも文亀元年には同じ署判者の徴収奉書が確認される。のち永正七年（一五一〇）にも段銭を徴収する奉書が確認される。奉行人は一部変更されているものの、摂津政親が奥に署判し、摂津氏が一貫して段銭徴収に関わっていると確認される。

段銭で実際に納入されたと確認されるのは、但馬（文亀元年）・越前（永正七・八年）・河内（永正十二年）などである。文正度と同じく、費用不足を補うために多様な財源も垣間見え、段銭の可能性を残す「越州上杉殿(房能)御進上」（文亀元年）のほか、未納のままだったらしい大内義興からの「唐船荷物千貫」（永正十四年）、永正十七年には未納だった「畠山次郎(稙長)進上御折紙」などが確認される[23]。これらの財源について摂津氏が担当したか否かは確認しえない[24]。

第二項　支出担当者の多様性

支出担当者が財源徴収にまで関与している事例をみてきた。政所執事伊勢氏、政所執事代を含む奉行人、頭人家摂津氏などと、いずれも家としての職掌といいうる面々である。さらに支出担当者に焦点を絞っていくと、このほかにも多様な人物が確認される。いくつか事例を挙げていきたい。

○赤松満政―永享十～十二年　足利義教石清水八幡宮参詣―

足利義教は、三月下旬の北野一切経会の前後に石清水八幡宮に参詣するようになり、永享八年（一四三六）から確認される。足利義満以来、二月から三月に石清水八幡宮を参詣するのは定例化しているかと思われる。少なくとも永享十年から、この行事の担当は中山定親で、その日記『薩戒記』(25)に、費用についても記載されている。順にみていきたい。

・永享十年　三月四日、中山定親は、費用について義教に伺いを立てる。「又要脚事、如二先々一可レ仰二播磨守一歟之由伺二申之一、有二御許諾一」と日記に記しており、これ以前と同様に、費用担当者は赤松播磨守満政と判明する。

〔薩戒記〕三月十二日条

　八幡御参詣総用之内

　御輿修理料　五百疋

（中略）

　　以上六千疋

右、要脚事、可レ有二下知一候也、恐々謹言、

　　三月十二日　　　　　定親(中山)如二先々一加二裏判一了、

　赤松播磨守(満政)殿

支出に関わる文書が赤松満政に宛てられており、満政は支出担当者と確認される。ただし、支出は順調ではなかった。

〔薩戒記〕三月十三日条

御社参下行物六千疋事、取二播磨守・伊勢守(伊勢貞国)等折紙一、付二正実坊一之処、無二要脚一之由返答、可二如何一哉之由、下

家司盛継（中原）来申、以㆓此旨㆒示㆓播磨守㆒、可㆑返㆓折紙㆒之由仰㆓含之㆒、帰来云、返㆓進折紙㆒了、何様可㆑談㆓合伊勢守㆒
之由、所㆑答也者、

金銭の払い出しにあたって伊勢貞国が関与していること、また正実坊のところに金銭がないという状況を受けて、赤松満政は伊勢貞国に相談すると返答していること、これらから、支出の窓口は赤松満政だが、伊勢貞国も深く関わっていることがわかる。費用の調達について詳細は不明だが、二十日には、半額三〇貫文、二十八日には残額が支出されている。

・永享十一年　前年と同様に、中山定親は、要脚は赤松満政に命じるかどうか、義教に伺いを立て、了解を得ている（三月四日条）。定親が、惣用六一貫文の支出を命ずる書状を満政に宛てているのも同じである（十四日条）。この年も支出は遅れたようで、定親は満政に書状を出し、下行を催促している（二十日条）。

・永享十二年(26)　この年は延引して、八幡社参が実現したのは十一月であった。この年も、先例に任せて、費用の担当者は赤松満政である。この年は八幡登山に腰痛のため手輿を用いることとなり、手輿修理料も合わせて総額六三貫五〇〇文であった。再び御倉に金銭がないという状況をうけ、定親は「可㆓伺申㆒」と、満政に命じている。この年もまず半分、のちに半分支出されたようだ。また、手輿を舁く役には八瀬童子が充てられ、八瀬童子に一六貫文余の支出をすべく、定親は満政に宛てて支払い命令を出している。

以上のように、数年間、恒例となっていたとおぼしい義教の八幡社参について、支出担当者は赤松満政であった。赤松満政は、義教の有力な近習として、顕著な活動を残している。満政を論じた森茂暁氏は、財政との関りにも言及している。

〔醍醐寺文書〕(27)（折紙）

此分可㆑被㆑進候、

禅住坊

貞国（花押）

満政（花押）

清瀧宮護摩理性院供料千疋、臨時、可レ被二下行一候也、恐々謹言、

永享十一

五月十日　　定親

伊勢守殿

支出依頼の際にみられる複合文書である。祈禱を担当した中山定親が伊勢貞国に、醍醐寺理性院が行う同寺清滝宮で臨時護摩費用の支払いを依頼し、それをうけて伊勢貞国と赤松満政が袖に書き加え、資金を管理する御倉禅住坊に払い出しを命じている。資金の受給者はこの文書を禅住坊に持参して金銭を受けとる。

この事例では、支出担当者は伊勢貞国であるが、払い出しにあたって、赤松満政が関与している。さきの八幡社参の例では、支出担当者は赤松満政であったが、伊勢貞国が関与していた。森氏は、赤松満政と伊勢貞国が共同して払い出しにあたった事例として、ほかに、永享十二年二月、若君祈禱護摩料を、醍醐寺理性院に支出するよう、御倉正実坊に命じた文書に、両名が連署している例（『醍醐寺文書』）、嘉吉元年（一四四一）正月、大般若会の布施につき、両名の書下で正実坊に命じている例（『蔭涼軒日録』）を紹介している。署判がわかる『醍醐寺文書』二例とも日下署判は貞国であり、貞国がおもに担って、満政は相奉行といった立場かと推測される。赤松満政が伊勢貞国に準ずる立場で御倉からの払い出しに関わるのは、この時期、ある程度まで常態化していたかと思われる。

赤松満政は、近習でありながら支出担当者となっているが、その背景には、伊勢貞国とともに支出の実際に携わっている、という実績があると想定される。八幡社参の事例で、赤松満政が財源徴収にまで携わったかどうかは確認できない。御倉に金銭がない状況ながら、伊勢貞国に相談しつつ支出を実現していることから判断すると、八幡社参に

独自の財源があって、その徴収に携わった可能性を想定するのは難しいものの、幕府の収入のある部分について、伊勢貞国とともに関わっていた可能性はあるだろう。少し早い時期だが、森氏も指摘するように、永享二年十二月、幕府領国となっていた筑前国の年貢二〇〇〇貫文が大内氏から納入された際、仲介した満済は赤松満政にこの年貢を進めており、満政が幕府の収入面に関与した徴証となりうるかもしれない。

○赤松持貞(28)

足利義持の時代、近習として顕著な活動を残したのは、富樫満成と赤松持貞である。ともに短期間で失脚した点も共通する。赤松持貞については、文書では確認できていないものの、支出担当者となっていたと思われる事例がある。

〔兼宣公記〕応永三十一年（一四二四）十二月二十七日条

次春日御師師秀申節分夜御祈禱用脚等事、伺申入之処、自越後守（赤松持貞）許可下行云々、

春日御師の祈禱費用につき、広橋兼宣が足利義持に披露し、赤松持貞から支出するように、と命じられており、持貞はこの件についての支出担当者といいうるであろう。持貞が支出に関わる事例は、『満済准后日記』にも確認され、関東討伐の祈禱において供料三〇貫文の下行が「赤松越後守持貞奉行」（応永三十年七月二十二日条）、満済の元に届いた仁王経法の供料二〇〇貫文が持貞の「奉行」であり（同三十二年三月十八日条）、石清水八幡宮での祈禱料は持貞から届いている（同年十二月九日条）。いずれの事例でも、持貞は費用徴収に関わっているとは確認しえないが、独自財源を準備するような内容ではないことにも留意が必要だろう。

○大館満信(29)

大館満信は、足利義教執政初期に活躍する近習として知られる。正長元年（一四二八）七月二十日、称光天皇が死

去する。前日より、後花園天皇の践祚（二十八日）にむけ準備が始まり、万里小路時房は、「内々奉レ仰、新帝践祚間事致二沙汰一」（『薩戒記』十九日条）と、この件の担当者となった。時房の日記には、践祚にかかる費用の記事がある。

〔建内記〕正長元年七月

新主御服用脚急事候、弐千疋先被レ渡二遣山科宰相（教興）使一候、直可レ進二請取一候、恐々謹言、

七月十九日　時房（万里小路）

大館（満信）殿

時房は、後花園天皇の御服費用の一部として、山科教興に二〇貫文を支出するよう、大館満信に命じている。同様の文書は立て続けに出され、御畳・御簾（金額相談）、昼御座等御膳等新調二〇貫文、供御所申請器物等三貫五〇〇文、御厨子所申請雑具等新調（金額不明）などの支出が満信に命じられている。践祚費用は幕府の負担で、満信が支出担当者であったと思われる。

翌年八月二十九日、後花園天皇は、高倉殿から土御門殿に遷居する。中原康富は、六位外記として行事に参加し、自らと関係者の参加費用（「御訪」）につき日記に記している(30)（第四部中扉の写真参照）。

〔康富記〕永享元年（一四二九）八月二十一日条

此弐拾六貫文事、以二官庁方納銭之内一、先可レ有レ下二行五人方一候也、

同日　清和泉守　秀定判

飯尾加賀守　為行判

禅住坊

遷幸用途内下行事

千疋　六位外記二人内侍所供奉宗種・康富・御訪各五百疋

（中略）

以上弐千六百疋

右御訪、可レ有二御下行一候、請取直可二持参一候、恐々謹言、

正長弐
八月十九日　　　　　　時房裏ニ判あり

大館殿

これも複合文書である。万里小路時房が、大館満信に対して、支払い命令を出している。ここでも満信は幕府の支出担当者である。おそらくは践祚から一連の行事として、時房も満信も立場を継続しているのであろう。

この事例では、支出の経過がわかるので、煩瑣ながら経過を整理しておきたい。中原康富は、まず頭右大弁甘露寺忠長の許で、自らなどに支払われる金額の交渉結果を聞き、忠長から請取を作成するように指示される。康富は、帰宅して請取を作成し、忠長に持参すると、今日二十一日は義持の衰日、二十日は赤口日なので、請取の日付を十九日に改め、そのうえで伝奏万里小路時房に持参するようにと言われる。時房に持参するとたちまち「切符」（大館宛文書を指す）が作成され、大館満信に持参するよう言われる。満信に持参すると留守で、奉行人清秀定に持参するよう言われる。持参して秀定と対面し、秀定は「袖書」（禅住坊宛文書を指す）を加えて署判し、飯尾為行に持参するように言われる。請取は清秀定の許に留められた。為行に袖書を加えた切符を持参して花押を据えてもらい、帰宅する。切符は禅住坊に送付したようで、翌二十二日、禅住坊から使者を介して金銭を受領している。

財源は、袖書にみえるように「官庁方納銭」の流用である。再び煩瑣となるが、「官庁方納銭」について検討したい。太政官庁は、前々年応永三十四年八月十四日に焼失する。足利義持・称光天皇の死去を経て、翌正長元年十月十

七日に日時定、二十三日に木作始が行われ、立柱上棟は翌永享元年十月二十七日である。後花園天皇の土御門殿遷居の時点では、いまだ立柱上棟に至っていなかった。日時定のまえ、十月十三日ころの女房奉書には、「武家のやうと（用途）たつね候て申候へと、までのこうち（万里小路）に、きとおほせられ候て申され候へく候」（『薩戒記』正長元年十月十三日条）とみえ、万里小路時房を担当として、幕府に費用負担を依頼している。幕府の担当奉行は清秀定であった（『建内記』同月二十日条）。このとき秀定は政所執事代である。秀定は、「用脚未集」で正長元年内の立柱上棟は実現可能かわからないと答えている（『同』十九日条）。実際に、立柱上棟は翌年十月になっているが、八月の段階で、費用の確保はできておおり、それが遷居に流用されたのであろう。「納銭」は、執事代が関わっていることもあり、酒屋土倉役の臨時役を想定するのが自然な解釈であろうが、「納められた銭」という普通名詞で、武家大名からのこの目的に特定した献銭である可能性も排除できない。引用史料で、清秀定は「官庁方納銭」からの払い出しに関与している。秀定は、「官庁方納銭」の収納、つまり官庁再建において財源の確保をも担当し、遷居費用に充てられる財源の担当者として関与しているのではないかと思われる(31)。

この遷居の事例では、大館満信は、支出担当者ではあるものの、財源の確保には関与していないかと思われる。しかし、次の史料はなにがしかの背景を想像させる。

〔御前落居奉書(32)〕

（足利義教）
（花押影）

一大館上総入道（満信）於二納銭方一借用分肆千参百五拾貫文事、為二質券一、彼領知内拾壱个所、在所注文別紙封レ裏遣レ之、本利相当之間致二知行一、可レ遂二勘定一之由候也、仍執達如レ件、

永享二
十月廿日　　　　　　　　　　　　貞連（飯尾）
　　　　　　　　　　　　　　　　秀定（清）

一衆中

大館満信は、永享二年正月末に失脚する。満信は、納銭方に四三五〇貫文の借用があり、本利相当の利益が得られるまで、満信が権利をもつ所領が差し押さえられている。ここでの納銭方は、酒屋土倉の役銭としてよいだろう。まず、満信が納銭方にこれだけの借銭をすることが可能だったのは、満信が幕府の支出に関与し、納銭と関わる機会が多かったことが背景として想定される。満信のまったくの私的流用というよりは、満信の判断で幕府の経費として支出したものが私的と見なされたかと思われる。たとえば、支出にあたって財源を確保すべきところ、納銭を充てたために、財源未納という扱いになったとも想像しうる。遷居に際しての官庁方納銭の流用なども、この具体例なのかもしれない。この想像にたつと、支出を担当する者は、財源確保に責任を有するという意識が垣間見えるように感ずるが、いかがだろうか。

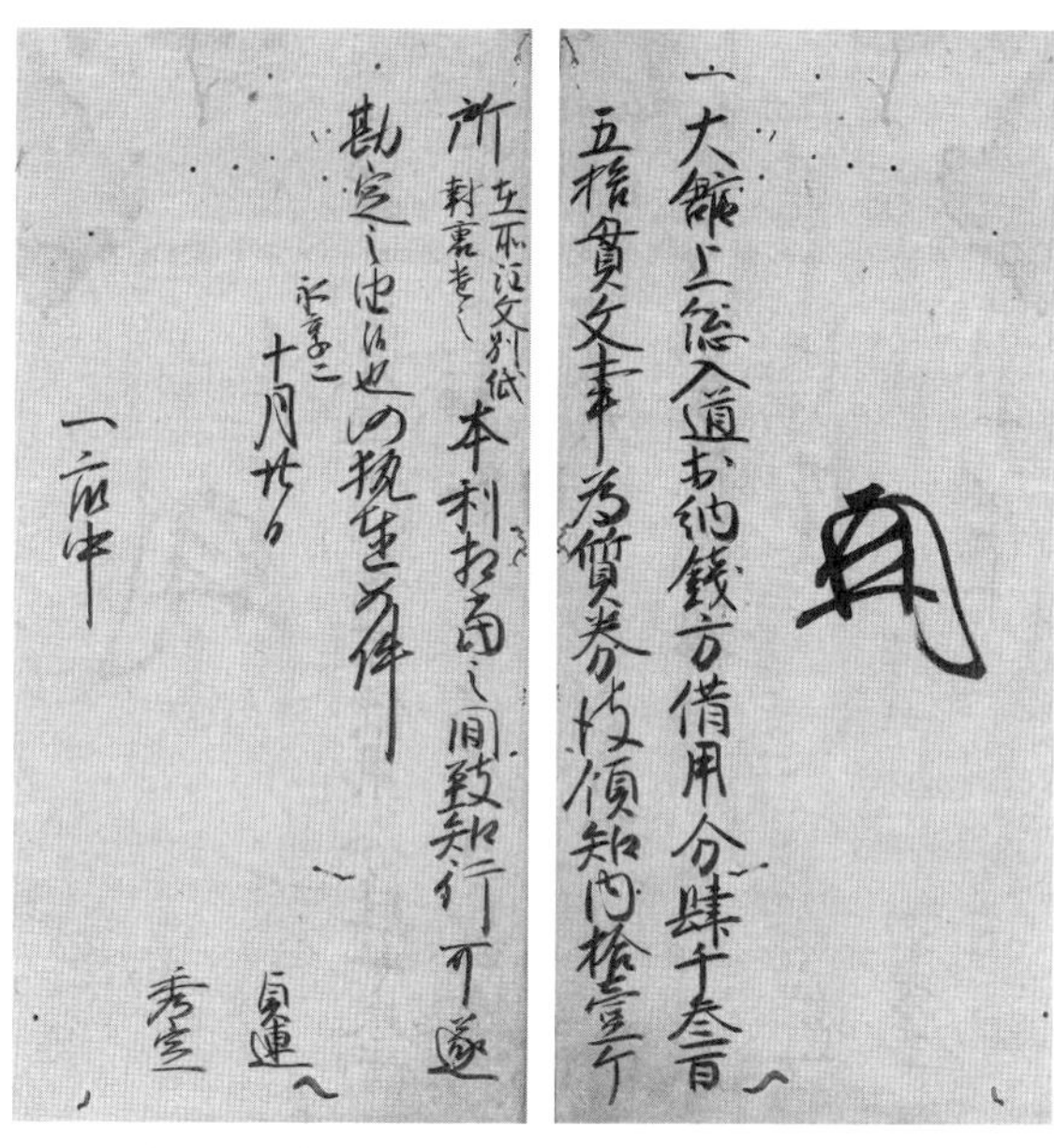
一大館上総入道納銭方借用分肆千参百五拾貫文事、為質券於領知内拾壹ケ所（左衛門佐別紙封裏在之）、本利相当之間、致知行、可遂勘定之由也、仍執達如件、
永享二
十月廿日　貞連
一衆中

図21　室町幕府奉行人連署奉書案（永享2年10月20日,『御前落居奉書』東京大学法学部研究室図書室法制史資料室所蔵）

『満済准后日記』には、赤松持貞でみたのと同様、大館満信が祈禱費用の支出に関わっている事例があるので紹介しておきたい。聖護院の大法尊星王法の執行につき、供料二〇〇貫文の支出を満信に要求し（正長元年四月二十九日条）、日吉社千座大威徳供の供料一〇二貫文は、満信に命じて下行し（同十月十五日条）、聖護院の行う義教御台の御産祈禱で、供料五〇貫文は満信の「奉行」であった（永享元年二月十七日条）。

以上、赤松満政、赤松持貞、大館満信ら、有力近習が、幕府の支出に関わっていることをみてきた。幕府安定期、支出担当者は、伊勢氏、奉行人、摂津氏に、有力近習も加えることができる。

第三項　小　括

幕府の支出担当者は、伊勢氏、奉行人、摂津氏などに、有力近習を挙げられる。このうち、伊勢氏と奉行人は、財源徴収から一貫して担当するのが原則だったと思われる。摂津氏なども財源徴収から担当する事例がみえる一方で、財源によっては関与しない事例もある。そして、御倉への払い出し命令に自ら署判せずに奉行人が連署し、また段銭などの財源徴収に奉行人が参加するなど、全体に奉行人が支えている点も異なる。有力近習は、財源との関わりは明瞭でなく、支出そのものでも、御倉への払い出し命令などで伊勢氏や奉行人の支援を必要としている。

いまいちど支出担当者を整理してみると、

・当該案件の財源に関与する：伊勢氏、奉行人、摂津氏など
　　財源に関与した明証はない：有力近習
・支出に当たり他に支援をする：伊勢氏、奉行人
　　伊勢氏や奉行人の支援を必要とする：摂津氏など、有力近習

ただし、有力近習でも、赤松満政は、他の場面で払い出しにあたって伊勢氏を支援するなど、幕府財政にある程度まで関与していたかと思われ、大館満信も納銭方に深く関わっていた可能性がある。有力近習の場合、伊勢氏や奉行人の支援を得るという条件のもと、財源にも関与することがあり、それゆえにこそ支出担当者となりえたとも解釈できよう。

幕府のなかで、支出の窓口は一定せず、ある程度の幅がある。しかし、財源確保から支出まで、同一人が一貫して

担当するという原則のもと、窓口がその都度選ばれていたと考えられる。そして、一貫して担当するのが難しい場合は、伊勢氏や奉行人が支援をした。伊勢氏や奉行人が、幕府のなかで特異な存在であることを、改めて確認しておきたい。

第二節　仲介者の多様性と一貫性

第一項　仲介者の重要性

階層的なかたちに属し、ある程度室町殿に近いところに位置する人々は、室町殿に様々な要求を上申する。そもそも、自らやその属する集団の多様な要求を実現するために、上位者の裁定が必要であり、効果的な上位者として室町殿を仰ぎ、それを頂点とする階層的なかたちに属しているのである。また、ときに室町殿に情報を伝達し、室町殿の意向を確認したり、判断を仰いだりする必要も生ずる。逆に言えば、階層的なかたちの頂点に立つ室町殿には、成果を期待する支持者の要求を正確に理解し、下命を効率的に伝達することが要求されている。そのため、室町殿に上申し、また室町殿の意思を伝達する方式が整備された(33)。

上申や下命を担う人々を仲介者と呼んでおく。史料上、仲介者の行為は、申次・取次・媒介と表記され、申沙汰・奉行といった一般的な表現が充てられることも多い。上申や下命を担う人々は、実に多様である。なかには、伝奏、蔭凉軒主など、肩書を有して職掌として仲介を行う人々もいる(34)。また、行事ごとに仲介者が定められることもある。一方で、当時の日記を読むと、室町殿に要求を上申する必要が生じた場合、室町殿に近い立場にある人々のうち、個人的な縁で都合の良い人物に仲介を依頼している事例が多い。仲介者は、武家・公家・僧侶を問わず、室町殿の側近と言いうる立場にいる多様な人々で、仲介を依頼するものの立場や案件の内容で特定されることは少ない。

なお、室町殿との間の伝達方法は、案件ごとに異なり、時代による差異も大きく、簡単に整理するのは難しい。仲介者が室町殿に披露して、結果は仲介者から依頼者に伝えられることもあれば、仲介を経て、申請者が直接に室町殿に伝え、反応を得ることもある。仲介者はさらに、番を組んで申次を職掌としている人々や、室町殿が奥にいる場合は女房などに、取次を依頼することもある。また、室町殿に対面して伝える場合でも、室町殿との距離感はさまざまで、その場に会話を取り次ぐ別の人物がいる場合もあったろう。仲介者は多様な状況に対応しながら仲介を進めていることに留意しつつ、論を進めたい。

室町殿への上申にあたっての仲介者の選定について、具体例をみておこう。『看聞日記』を記した伏見宮貞成親王は、義持に対する年始挨拶（「御慶」）を、仲介者を介して、貞成が仲介者に宛てた書状を披露してもらうかたちで行っていた[35]。応永二十八年（一四二一）、それまでと同様に清原常宗（良賢）に依頼した（正月十三日条）けれども、七十四歳の常宗は、「老屈七十四云々、至極」で「室町殿細々参候、申二御免一不二出仕一」を理由に義持に披露しがたいと断ってきた（十四日条）。そこで貞成は、前年十二月（四日条）に伝奏に補された勧修寺経興に依頼する。「被レ補二伝奏一之間、可レ為二其人一歟」と、伝奏に補されたことをもって、年始礼の仲介者たりうると判断したのである（十七日条）。しかし、経興は承諾しない。

〔看聞日記〕応永二十八年正月

十八日、晴、前宰相（綾小路信俊）以レ状申、勧修寺（経興）へ罷向之処、室町殿（足利義持）申次事難儀云々、再三令レ申之間、所詮裏松（義資）ニ可レ被レ仰、若辞退申者、裏松・常宗（清原良賢）等辞退之間、可二申次一之由奉書ニ被レ載被レ下者、可二申次一之由申云々、仍如レ申載レ状重仰レ之、近日之儀毎事履二薄氷一之間斟酌歟、但不肖之身申次故障歟、如何々々、

経興は、貞成の使者綾小路信俊の口頭での再三の依頼に対し、裏松義資に依頼し、もし断られたら、義資・常宗らが断ったので経興に依頼する、という内容の貞成の奉書をいただければ仲介をする、と返答している。貞成は、何が

原因で義持の不興を買うか先がみえないなかで、貞成の年始礼の仲介役を果たすことに逡巡したのか、伝奏になったばかりで経験不足でもあり、自身で仲介役は難しいと判断したのか、と事情を推測している。貞成が天皇父となるのは七年後のことで、この時はいまだ皇位継承に不安が残る状況であり、伏見宮貞成の仲介役を務めることに躊躇するような雰囲気が醸成されていたかもしれない。貞成が奉書を作成したにもかかわらず、経興は結局断り、裏松義資が承諾する（二十三日条）。義資は、義持の意向に問題がなければこの後も引き受けると答えており、実際、翌年も義資が貞成から義持への年始礼の仲介役を勤めている（応永二十九年正月十六日条）。申請者の立場では、誰に仲介役を頼むか、は事態を滞りなく進めるのに重要であったろうし、仲介者の立場では、誰の仲介をするか、は自らの立場を左右する事柄だったのである。

ここで、「庭中」について整理しておきたい。藤原良章氏は、庭中が本来有する直訴という面に注目し、鎌倉幕府や朝廷の訴訟制度のなかで確立された、制度としての「庭中」について、「奉行人をこえた直訴」と整理した(36)。室町幕府の訴訟制度では、初期には庭中という制度は存在したが、次第に失われる。義満執政期以降、奉行人が室町殿に披露することで訴訟を進めるのが通例になる。そのなかで、奉行人を超えた直訴は許容されていないと思われるが、まれに室町殿への直訴を認めることがあったようだ。義満執政前半期にみられる次の事例はよく知られている。

〔空華日用工夫略集〕永徳二年（一三八二）十一月(37)

六日、相府（足利義満）令下、天下訴訟不レ達者、許下来二于庭中一而自訴上、吾国所レ謂庭中者是也、人咸喜レ之、

七日、宝篋院（足利義詮）忌、府君（足利義満）至、坐未レ定、告レ余（義堂周信）曰、昨日既行二庭中沙汰一矣、必有二訴人来者一、約二衣鉢侍者一令レ告レ之、蓋慮二通謁者阻一レ之也、既而訴人至二于庭中一者五六人、府君近二簾間一而親視二其出状文字一、逐一断レ之、多是権勢家事、奉行吏有二憚而不レ達者一、府君謂レ余曰、権門者必以レ余為レ怨、余曰、既称二沙汰一、何怨之有、

義満は、「訴訟不レ達者」に殿中での直訴を許可しており、御簾ごしに訴人を近くに寄せて訴状を覧じ、判断を下し

ている。直訴の多くは、「奉行吏」が権勢のある勢力を憚って訴訟を義満に伝えないものだったようだ。ここでの義満への直訴＝庭中は、まさに奉行人を超えたものと言いうる。ただし、出訴者を「通謁者」が阻止しないように、禅僧である衣鉢侍者を通して、出訴を義満に伝えるようにしているのは留意しなければならない。通謁者とは、出訴者と義満の間で申次の役を果たすものをさすのであろう。通常であれば申次は必要であり、申次の判断が訴訟の行方を左右する場合もあった。そこで申次も排除するのだが、排除しても、衣鉢侍者が仲介の役割を果たしている。仲介者は省略することのできないものなのである。

さらに、義持・義教の時代、庭中という言葉は、室町殿への文字通りの直訴としてまま史料にみえる。

〔満済准后日記〕

A公方様（足利義持）渡二御畠山大夫（満慶）亭一云々、若宮神主庭中、仍被二召籠一云々、（応永二十二年〈一四一五〉十二月二日条）

B等持寺僧永玖、昨朝相国寺へ渡御時、等持長老事、書二載一巻一庭中申入云々、就二此事一内々可二究明一之条可レ然之由、被二仰出一也、（永享六年〈一四三四〉正月十九日条）

『満済准后日記』から二例挙げた。庭中が行われている場所は、A・Bともに室町殿の渡御した先である。他の事例も勘案すると、庭中は、通常の居所とは異なる空間、あるいはそこに移動する途中で行われている。先の義満の事例も、義満は翌日七日には等持寺に滞在しており、また衣鉢侍者が仲介していることから、当日六日も等持寺で庭中に対応した可能性が高い。将軍御所では室町殿の滞在する空間が固定しており、手順を踏まないと室町殿への接近は難しいのに対し、外出する際は、室町殿と接触しうる機会が増えて、直訴の可能性も高まる。

さて、Aのように庭中そのものが認められていないように判断される例がある一方で、Bのように、要求が受理され究明が進む例もいくつか確認される[38]。おそらく原則は禁止であるものの、なんらかの条件を満たせば庭中は受理される可能性があったことになる。

義持の有力近習として取り上げてきた赤松持貞は、応永三十四年十一月、庭中による讒訴が契機となって失脚している。庭中を受けて、持貞は、満済に支援を依頼するため、第一報を伝え、さらに翌日、詳しい情報を満済に知らせる。

〔満済准后日記〕応永三十四年十一月

昨日御所様（足利義持）畠山修理大夫入道（満慶）亭へ入御、還御時於二路次一越後守（赤松持貞）身上悪事庭中云々、仍及二生涯一事也、（十一日条）

去十日自二匠作（畠山）禅門亭一還御時、於二御所門前一遁世者一人持二参書状一、自二高橋殿一御文候トテ進之間、畠山七郎取レ之備二上覧一云々、其後此遁（世）者不レ知二行方一云々、所詮此状ノ中ニ越後守行儀三ケ条、共以女事云々、訴申入間、

（十二日条）

庭中の場は、義持が畠山満慶亭に渡御した帰り道、将軍御所の門前で、庭中を行ったのは遁世者であった。遁世者は、高橋殿——おそらくは義満の愛妾で西御所と称された女性——からの文書を捧げて直訴し、畠山七郎が取り次いだ。文書には持貞の女性関係のスキャンダルが記されていた。

なぜこの庭中は受理されたのか。「高橋殿御文」について、そのように称しただけで、高橋殿とは関係なかったのか、体裁はあくまで高橋殿の書いたものとして整えられていたのか、はたまた実際に高橋殿の書いたものだったのか、実態はわからない。しかし、「高橋殿御文」ということは、畠山七郎が取り次ぐと判断した大きな理由だったであろう。遁世者という点に意味があるのかどうかも考える必要がある[39]。

そして、形の上からは、畠山七郎が取り次いだために、義満はその文書をみたのであり、仲介者が取り次ぐべきと判断するかどうか、別の表現をすれば、仲介してくれる人物がいるかどうか、が庭中の成否を左右していると考える。殿中の外で行われる庭中でも、仲介者は欠かせないということになる。室町殿への直訴の諸事例は、かえって仲介者の重要性を示していると考えている。

第二項　仲介者の奉書

仲介者が必要なのは、室町殿のほうから何事か伝達があり、それに応答する場合も同じである。仲介者には、室町殿側近といいうるような立場の、武家・公家・僧侶などさまざまな人物が確認される。とりわけ室町殿らの伝達の場合、仲介者は口頭で伝達するのではなく文書の形に表し、その痕跡が残る場合がある。義持・義教執政期にみえる実例を挙げ、仲介者の多様性を示してみたい。

検討の対象は、史料上「奉書」と表現されるものに限定する。「赤松播磨守状」といった表現で、内容は奉書と同じ事柄を扱う事例も散見されるが、個人としての書状と区別するために除外する。また、仲介者には、伝奏など、一定の職掌に基づいて奉書を発するものも含まれる。室町殿の仰せを奉ずる伝奏奉書は、室町殿の公家家司の立場で奉書を発給したことから発生したと理解されており、伝奏の扱う内容は多様であるため、奉者の立場を伝奏か否か判断するのは難しい。そこで、広橋・勧修寺・万里小路ほか、いわゆる武家伝奏やそれに類するものが奉じた文書は除外する。伊勢氏の奉書も、御内書添状などと区別が難しいために除く。加えて、武家の有力近習も、祈禱奉行として、祈禱に関わる奉書を出す場合がある。そこで、奉書の内容にも留意し、一定の職掌に基づかないと理解されるものを仲介者の奉書と見なして整理していきたい。

まずは、武家・公家・僧侶から一例ずつ挙げてみる。

○赤松持貞

〔満済准后日記〕

今日於二相国寺雲頂院一、太清（宗渭）和尚卅三年遠忌云々、御所様（足利義持）為二御丁聞一渡御、還御時分可レ被レ仰子細在レ之、可二参

申入旨、以赤松越後守(持貞)奉書申送之間、則出京、参申入御所、御対面、(応永三十年六月五日条)

自田中融清法印方申云、今朝以赤松越後守奉書被仰出、自来十七日迄廿四日一七日間、権別当法印芳清(田中)為御代官可参籠由被仰出之間、畏入由申入、為御意得注進申云々、(応永三十四年正月十四日条)

赤松持貞の奉書の内容は、前者では、満済に将軍御所に参向するよう、義持の意向を伝えており、後者では、石清水八幡宮の田中融清に参籠するよう、義持の仰せを伝えている。持貞の奉書は、満済の日記に何度か登場し、およそこれに類する内容となっている。

○高倉永藤

〔兼宣公記〕応永三十一年八月二十八日条

藤宰相(高倉永藤)奉書到来、明後日者自　北野直可有御　院参之間、渡御仁和寺宮事可被延引、得其意可申入云々、

高倉氏は足利家家司で、衣服で室町殿に奉仕した。この時義持は北野参籠中で、明後日の参籠明けに御室入道永助親王のもとに赴く予定にしていたが、直接に院参することになった。高倉永藤の奉書は、義持の意向を受けて、記主広橋兼宣に対し、渡御を延引する旨、御室に申し入れるように、と伝えている。

○西雲庵妙喜

〔看聞日記〕永享四年七月十八日条

竜泉院(同渓秀茂)南禅寺入院事、雖御先約自是被執申之間不可有子細之由、室町殿(足利義教)奉之、西雲菴奉書、喜悦也、殊就執申有御沙汰之条添気味、南御方(庭田幸子)就親昵被執申、眉目之至也、

西雲庵は、入江殿（三時知恩寺）に属する尼で、義教に近侍していた。大炊御門信宗の姉妙喜と見なされている。(40)竜泉院は、前建長寺住持の同渓秀茂（もと正会）で、貞成妻の庭田幸子（南御方）と親しかったようだ。庭田幸子は西雲庵を仲介者として、義教に同渓を南禅寺住持とするよう「口入」していたが、義教は先約があるとしていったん断っている（三日条）。奥方への働きかけが功を奏したか、この日、伏見宮家の推薦を尊重し、先約を反故にして、同渓を住持とする旨、義教の判断が出される。伝達の形態は、西雲庵の奉書であった。

以上、武家・公家・僧侶、各一例をあげ、室町殿に近侍する人々が奉書を出して室町殿の意を伝えていることをみてきた。仲介者の多様性が確認されると思う。その内容は、出仕に関わる命令から権利認定の情報提供など多岐にわたるが、のちの証拠とするための文書ではなく、室町殿の意向を伝達することに主眼があると整理できると思う。仲介者の奉書が果たした機能について、もう少しみていきたい。

○富樫満成(41)

富樫満成は、赤松持貞のまえ、義持の有力近習として権勢を誇っていた。

〔東寺百合文書〕く八　廿一口方評定引付　応永二十三年五月九日条

公方御奉書案

聖清阿闍梨・同宝清僧都・弘承律師、東寺還住□〔幷カ〕所職以下毎事如レ元不レ可レ有二相違一候之由被二仰出一、若猶於二老若中一及二異儀一之輩候者、被レ注二進交名一、堅可レ有二御罪科一候、以二此旨一為二門跡(満済)一可レ被レ加二下知一之由候、恐々謹言、

五月九日　富樫兵部大輔満成判

三宝院
祗候人御中

書き止めは「――由候、恐々謹言」であり、意を奉じていることを明確にしつつ、書状に近い形式となっている。こ

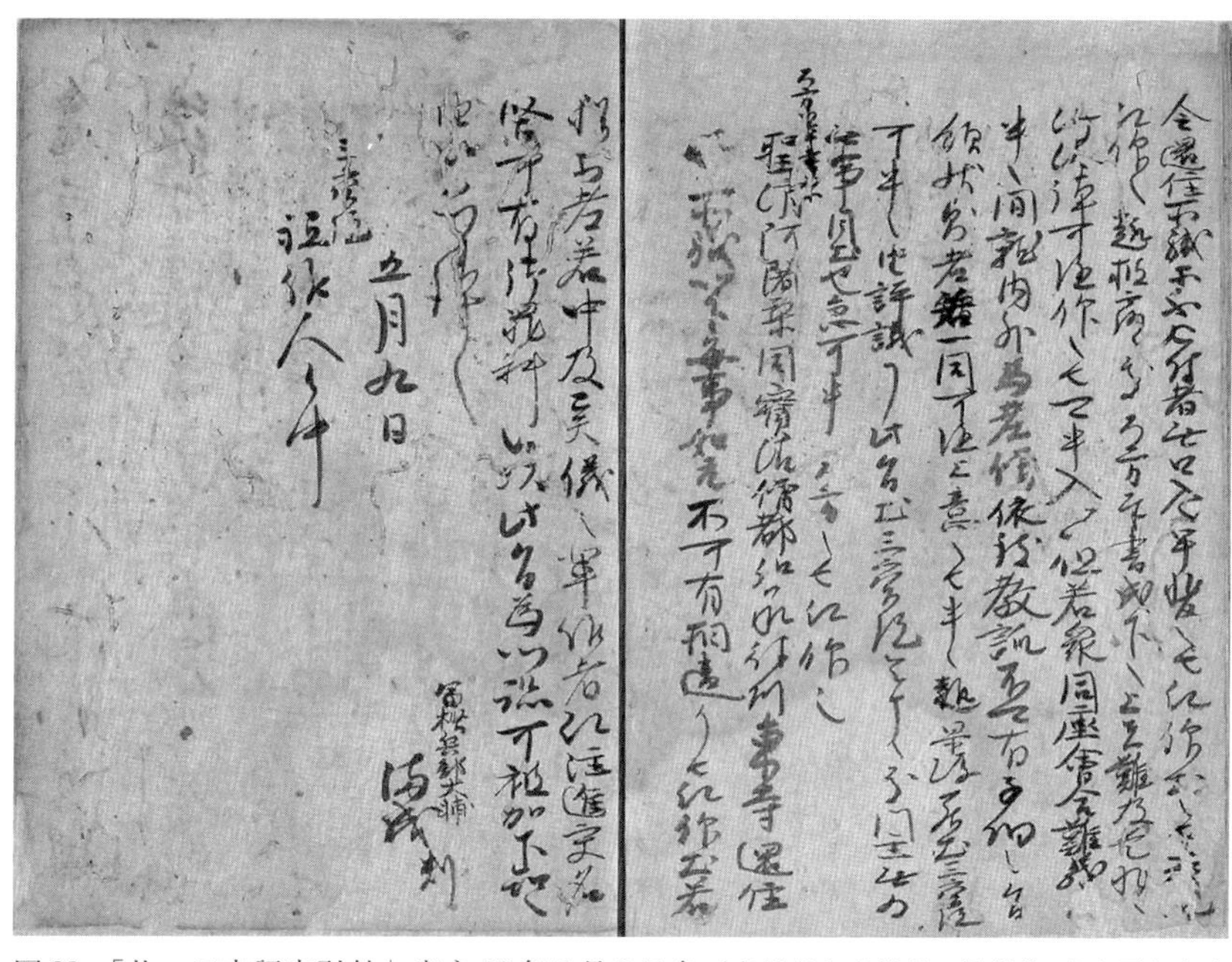

図22 「廿一口方評定引付」応永23年5月9日条（京都府立京都学・歴彩館 東寺百合文書WEB）

れまでみてきた仲介者の奉書の実例となろう。肩に「公方御奉書」と記され、単に富樫満成の書状ではなく、義持の仰せを奉じた文書と認識していることを示している。

東寺僧聖清は、三年前の応永二十年（一四一三）九月、東寺僧の若衆から「犯過人」（応永二十三年四月二十六日条）として訴えられ、東寺追放となっていた。翌年から、宝清が赦免を試みるものの成功しない。のち、義持に働きかけがあったようで、応永二十三年五月一日に、義持は、満済を通じて東寺に対し、聖清の東寺還住を命じる。東寺供僧は、聖清の還住は承諾するが、元の所職に戻すことはせず、連座の処分を受けたらしい宝清・弘承の東寺出仕を認めない。そこで義持は、聖清につき、還住が実現しても所職が返付されなければ「無㆓口入之甲斐㆒」（応永二十三年五月九日条）として、満成の奉書を出し、三名の東寺還住と所職回復を命ずるよう、満済に命じたのである。東寺供僧は、「公方奉書成下之上者、難㆑及㆓是非之沙汰㆒」（同）として全面的に義持の意向を受け入れている。

義持は、口入の内容を明確に伝えたいものの、御判御教書や御内書などの直状はもちろん、幕府の発給文書となる管領奉書もそぐわないため、仲介者である満成の署判する奉書というかたちをとったのではないかと想像する。

○富樫満成・伊勢貞長

伏見荘の御香宮神主で畠山氏被官である三木善理の関わる事件につき、『看聞日記』にそって、煩瑣ではあるが詳しく見ていきたい(42)。応永二十四年閏五月二十七日、荘内の即成院に強盗が乱入する。主犯は、三木善理の弟三郎であったようで、伏見宮側は侍所に掛け合うが、兄弟たちは行方をくらます（六月十七日条）。伏見宮側は富樫満成を仲介者として室町殿に働きかけを行うが進展をみない（二十六日条）。その後、三木側の畠山氏を通じた画策が功を奏したようで、九月一日に、義持は、鹿苑院鄂隠慧奯を介して、善理を免じて御香宮祭礼に参加できるように命じ、伏見宮側は承諾している。十一月には侍所から公人が遣わされ、義持の意向として、善理に家臓物を返付するよう伝えられる。伏見宮側は、「無㆓証状㆒、只公人以㆑詞申之間不審也、若掠申歟」と、義持の意向という証拠がないと拒否する（二十六日条）。

翌年六月、義持は富樫満成を介して侍所での対決を命ずるが、善理は出頭せず、また、伏見宮側は広橋兼宣に義持への執り成しを依頼するも進展しない。ふたたび祭礼の時期九月になり、義持の判断が下る。

〔看聞日記〕応永二十五年九月十一日条

善理・善康等名田屋敷可㆑被㆓返付㆒之由、富樫大輔(満成)以㆓奉書㆒侍所(一色義範)ニ被㆑仰之間、以㆓両使(侍所)㆒申云々、於㆓盗人事㆒者不㆑及㆓御口入㆒也、善理事者非㆓本人㆒之上、一往御罪科了、於㆓于今㆒可㆑有㆓御免㆒之由被㆓仰出㆒云々、

犯人ではなく、罪科も行われたとして、善理らの田地屋敷の返還が、富樫満成の奉書で侍所に命じられている。伏

見宮側は、善理の請文を条件としようとする。富樫満成と交渉するも、書状の取次は難しいが、機会があれば口頭で意向を伝えるとかわされる。侍所所司代は、義持が昨年からの畠山方の要求を許可しなかったのは、伏見宮貞成への配慮なのだから、承諾すべきであると示唆し、畠山方は、所司代が義持の意向を二度までも実行しないならば、自ら沙汰付を行うと主張する。義持から、広橋兼宣を介して、口入が実現しない事情を尋ねられ、返還に問題はないことに加え請文のことも回答したが、兼宣は、まず返還のことだけ義持に披露する、と回答する（以上十五日条まで）。伏見宮側は、義持の判断を受け入れざるを得なかった。

年末になって、善理が四か条の訴訟を起こしたと三方入道（範忠、山城守護代、侍所所司代）から連絡がある（十二月二十七日条）。翌年四月に至って、再び三方からこの件が提起され、「伊勢因幡守（貞長）以二奉書一被二仰出一」とのことであった（十五日条）。四か条は、宿所の造替、年貢紀返、寺庵田地返付、敵対者の追放であった。翌日、伏見宮側は伊勢貞長と交渉する。

〔看聞日記〕応永二十六年四月十六日条

此事伊勢因幡守（貞長）以レ面委細尋之処、今度奉書自二公方一不レ被二仰出一云々、去年十二月畠山（満家）頻申之間、伺二上意一之処、既安堵之由被二思食一、未無二其儀一歟、重可レ申之由被二仰下一了、其時御下知未無二落居一之由、此間三木（善理）歎申之間、以二旧冬仰一今度之奉書所レ出也云々、就レ中三位（田向経良）・（小川）禅啓等可レ被レ処二重科一之由、公方無下被二仰出一事上間、奉書にも不レ載レ之、只三方（範忠）任二訴人申旨一、楚忽之申状驚入之由、因幡委細申云々、

伊勢貞長は、三木側の要求を受け、去年十二月に義持から受けた仰せで奉書を出していた。こののち、伏見宮側は、広橋兼宣や清原常宗への接触を試みつつ、三方に陳状を出すが取次を遠慮される（二十一日条）。のち、畠山方と四か条を巡って駆け引きが行われている（二十六日条）が、結末は明確でない。

ここでは、富樫満成と伊勢貞長の奉書がみえる。伊勢貞長は、伊勢氏庶流で、義持の近習として活躍がみえる。満

成は、奉書の前年六月から継続してこの件を担当していた。貞長は、畠山方からの依頼でこの件に関与している。

仲介者の奉書という視点では、二点、注目される。まず、満成奉書は侍所にて宛てられ、貞長奉書も、侍所に宛てられた可能性が高い。仲介者の奉書は、幕府内部での処理文書として機能している。ただし、応永二十四年十一月に、伏見宮側が義持の意向である「証状」がないと主張しており、仲介者の奉書が、義持の意向を示す証拠になっていると考えられる。単なる内部での指示ではなく、指示の正統性を担保する役割も担っていたことになろう。

もう一点は、貞長奉書が、義持の命令から四か月ほどのちに出されている点である。奉書に表すかどうかは、仲介者の意向に委ねられているともいえよう。仲介者の裁量の余地はある程度まであったと想定される。

○大館満信

正長二年（永享元年〈一四二九〉）二月六日、大乗院門跡経覚から、三宝院満済に、「宇多土一揆大将ハイ原ノトネト云者兄弟」が去る四日に討たれ、敵は退却したと注進があった。正長の土一揆の一連の動きであろう。満済はさっそく義教への披露を試みる。翌日の大館の報告を引用する。

〔満済准后日記〕正長二年二月七日条

大館入道（満信）来、昨夕注進披露処、御感無レ極、可レ被二〔進脱カ〕御書於大乗院一歟如何、可二計申入一云々、次楊本（やない）・小林両人高名云々、御感御教書可レ被二成遣一歟云々、御返事。（申云）、御内書事ハ先度已被レ遣了、今度ハ自二此門跡（満済）一仰旨具可二申遣一条宜也、楊本・小林両人方へハ大館奉書ニテ可レ被二感仰一条可レ然候歟之由申入了、又仰此儀可レ然云々、仍両人方へ大館奉書遣レ之了、

義教の御感を表明するため文書を発するにあたり、満済は、大乗院経覚には、先に御内書を遣わしたので今回は満済が伝える、楊本・小林両氏には、大館満信の奉書を出すという案を出している。義教は同意し、両名には大館奉書

が出された。室町殿の意向を奉書で伝える場合に、幕府として正式な奉書である管領奉書、あるいは奉行人奉書ではなく、仲介者の奉書が選択されている。仲介者の奉書は、おそらくは奉者の立場が明確でない点、正式なものとして劣るのであろうが、室町殿の意向を外部に伝達する文書として機能している。また、御内書の代替をした満済の文書も、仲介者の奉書といいうるものだったかもしれない。

○一色持信

一色持信も義教の近習として活動が知られる。永享四年五月、義教の上御所移徙に際して、大友持直から五〇〇貫文が贈られる。義教はその返事の仕方を、満済を介して畠山満家と山名時熙に諮問している。

〔満済准后日記〕永享四年五月十九日条

大友方（持直）へ今度御礼御返事可レ被レ遣レ之、就レ其大内新介持盛事、大友内々加二扶持一由被二聞食及一間、以外次第也、速可レ放二扶持一旨可レ被二仰下一也、然者可レ被レ載二同御内書一歟、又別可レ被二仰遣一歟、両様之間両人同可レ申二意見一云々、

大友持直は、このとき反幕府の立場に立つ大内持盛を援助しており、義教は、援助をやめるよう伝える際に、御礼を述べるのと同じ御内書に記すか、別の御内書などに記すか、と問いかけている。これにたいし、山名時熙は、次のように答える。

〔満済准后日記〕永享四年五月十九日条

大友方へ御内書事ハ、雖レ為二何篇一不レ可レ然候歟、▨以二一色左京大夫（持信）奉書一、大内新介不レ可レ致二扶持一由、厳密被レ仰二遣大友使者一、剰召二寄奉行所一、猶可レ被二仰含一条可レ宜云々、

大友持直に御内書は出すべきでない、一色持信の奉書で、大内持盛への援助停止を厳しく命じ、さらに使者に仰せ

含めるべきだ、と山名時煕は厳しい態度を取る。結果、大友持直には御内書を出し、大内のことを簡単に触れ、詳細は満済から伝える、満済から大友持直に援助停止を伝える、ということになったようだ（二十日条）。

山名の意見としてではあるが、仲介者の奉書は、御内書を代替するものとして位置付けられている。正式な形式ではないが、室町殿の意向を伝達する文書として認識されていたのであろう。なお、満済の出した文書の形式は明確でないが、ここでも仲介者の奉書といいうるものであった可能性は残る[43]。

仲介者の奉書につき、事例をみてきた。改めて整理すると、まずさまざまな人物が奉者となっており、仲介者の多様性を反映している。また、他の奉書や御内書と比べて、おそらくは略式と位置付けられていたと思われる。しかし、室町殿の意向を伝達する文書として、幕府内外で、それらに準ずる役割を獲得していたと確認される。そして、書状形式に近いこともあり、他の形式に比べて仲介者の裁量がはいる余地があったことにも留意が必要だろう。

第三項　仲介者の一貫性

仲介者が多様であるなか、ひとつの案件に複数の仲介者が関与してしまうと、処理の進行に混乱が生じかねない。仲介者の多様性はどのように維持されていたのか。混乱を回避するなんらかの方策があったのではないか、という前提に立つと、記録にまま「本路」という表現があるのに気づく。

〔建内記〕正長二年六月二十一日条

禅師号事有二御執　奏一、是前住南禅巌中周噩和尚去年六月廿六日円寂、而門中出二所望一之間、志波（斯）兵衛佐義淳申二室町殿（足利義教）一、及二御執　奏一云々、昨日以二中（仲方）正蔵主一可二　奏聞一旨被レ仰三下之一、（中略）今日所レ奏也、有二　勅許一、本儀陣儀也、（中略）今度日次之沙汰可レ有二其程一者尤可レ為二陣　宣下一、得二其意一可レ申二沙汰一之旨被レ仰三下之一、仍伺二申　室町殿一任二本路一、以二正蔵主一申三入之一、之処、来廿六日以前所二申請一也、已無二余日一之上者、任二近例一可レ有二其沙汰一之由有二

御返事一云々、

厳中周噩への禅師号宣下につき、義教から、仲方中正を介して、万里小路時房に奏聞が命じられる。勅許のうえで、日程に余裕があれば陣儀とすることで義教の意向を確認することになり、時房は仲方中正を介して義教に伺う。この際、仲方を介することについて「本路に任せて」と表現されている。

「本路」とは、儀式の記録にしばしばみえる表現である。儀式の場では、着座の場所などから、所作のために別の場所に移動する際、どの径路をとるかも参加者の関心事であった。元の場所に戻る際に、往路と同じ径路で戻る場合に、「本路を経て」と表現される。禅師号宣下の事例で「本路に任せ」とは、往路と同じ道筋で、という意味であり、義教からの意向が仲方を介して伝えられたので、その返答をする場合には、同じく仲方を介す、ということになろう。

室町殿との意思疎通のなかで、同じ者を介することを明確にしている事例をさらにみていきたい。

〔満済准后日記〕永享二年十月

自二山名方(時熙)一以二書状一申送、管領(斯波義淳)申入計会次第等、昨朝出仕次申入処、時宜無二相違一、委細事可レ被レ申二入御門跡(満済)一由被二仰出一、可レ得二御意一云々、（七日条）

予先参二御前一、管領申事被レ仰了、所詮只今申入所々、悉以二由緒一故勝定院(足利義持)御時被二返付一間、今更又御沙汰難レ有歟由可二申遣一云々、去七日山名此事申入歟、其御返事也、非二本路一条雖二不審千万一、依レ仰申二遣管領一了、（十日条）

管領斯波義淳は、困窮の様子を、山名時熙を介して義教に訴えた。所領の回復を求めたのであろう。義教は満済に詳しく伝える旨を時熙に返答している。三日後、満済は義教に対面し、所領回復を改めて命ずるのは難しい旨を義淳に伝えるよう、命じられている。満済は、義淳の上申を時熙が仲介したので、下命も時熙が伝達するのが本路であり、「不審千万」と思いながらも、義教の意向を義淳に伝えている。満済は、関与したくない事情もあったのかもしれないが、上申と下命は同じ者であるべき、という意識を持っていたことになろう。

この二例は、下問・奉答、上申・下命という、まさに往路と復路に相当するような場合に、仲介者を同一にする、という意識を示している。「本路」という表現は、もう少し広い意味でも使われている。先に富樫満成奉書でみた『看聞日記』の事例を再びみよう。満成の奉書が出たあと、伏見宮側は満成と交渉するが、その前に、清原常宗に執り成しを依頼する。

〔看聞日記〕応永二十五年九月十二日条

常宗（清原）ニ又令二談合一之処、此事此間奉及事也、常宗申次者不レ可レ叶、就二本路一富樫（満成）ニ可レ被レ仰之由指南之間、又富樫ニ対面委細令レ申間、

常宗は仲介を断り、満成を介して異議を提示するのがよいと、伏見宮側に教唆している。この事例では、満成は侍所に奉書で命じており、伏見宮側に伝えたわけではない、それでも、伏見宮側が満成を介するのは「本路」と表現されている。先に見たように、満成は、三か月前の六月にもこの件に関わっている。おそらくは、この時点での担当者という位置付けだったかと思われる。常宗は、この件の担当者である満成を介するのが本来の姿であるとして自ら仲介することを辞去したのである(44)。

次の事例では本路という表現は用いられていないが、同趣旨の考えが反映されている。

〔満済准后日記〕応永三十一年正月二十四日条

自二右京大夫（細川満元）方一、以二楢入道一申様、旧冬内々被二仰出一、奥ノ佐々河殿（足利満直）へ、被レ遣二御内書一御使僧、大慶西堂方ヨリ、所二召具一僧先上洛、仍自二慶西堂方一書状於以申通、幷西堂書状等令二披覧一、此等趣可レ達二上聞一条可レ為二本望一云々、（中略）予（満済）返答云、以前此題目以二誰人一被二仰出一哉、同者以二其仁一可レ被レ達二上聞一条可レ宜歟、雖レ然事煩敷様候間、何様可レ致二披露一、

細川満元は、満済に、奥州佐々河御所足利満直に遣わした使僧からの報告を、義持に伝えてほしいと依頼している。満済は、この件について以前に義持の命を仲介した人物が報告するのが本来であるとしながらも、義持への伝達を引き受けている。「事煩敷様候」とは、おそらくはこれまで義持との意思疎通は複雑な経過をたどっていて、仲介者を確定するのは難しいと判断したかと思われる。一連の流れのある案件は、本来はひとりの仲介者が担うべきという意識を見て取れるであろう。

本路という表現を通じて、室町殿との間の、下問と奉答、上申と下命で仲介者を同一にするという意識を確認し、さらに一連の案件では仲介者をひとりにするのが本来のあり方であるという認識もみてきた。仲介者を一定にするという意識は、おそらくはある程度まで時代を通底し、いま検討している室町前期に特有のものではないだろう。しかし、室町前期に他の時期よりも記録されているのは事実であり、この意識が顕著となっている反映と考える。室町殿に近く仕える人物であれば、だれでも仲介者になりうるという状況のもと、仲介者に一貫性を持たせるのは、案件の処理に混乱を生じさせないための工夫であったと理解される。前節で見た、財政担当者の場合も、支出の窓口となる人物には幅があった。財源確保から支出まで、同一人が一貫して担当するという原則のもと、支出担当者は活動していた。仲介者も財政担当者も、多様な人物が担いうるという点で共通している。その多様性のなかで、ひとりが案件を終始一貫して担うことにより、順調に推移させようとしていることも類似している。「本路」に象徴される認識は、安定期の室町幕府にとって、運営上に欠かせない共通認識であったのではないだろうか。

最後に、万里小路豊房が義教に直訴した、よく知られる事件をみたい。

〔建内記〕正長元年五月二十一日条

一昨日十九日、中納言入道（万里小路）豊房、称㆓御礼㆒参、参㆓室町殿㆒、御対面之処、自㆓懐中㆒取㆓出折紙㆒、彼入道不知行所領書㆓付之㆒進㆓入之㆒、言句不㆑聞㆑之、退出之処、以㆓申次㆒伊勢加賀守、被㆑返㆓下折紙㆒、被㆑仰曰、如㆑此之訴訟直申入之条、且無㆓先規㆒歟、付二誰人一可レ被レ申歟、直訴為二傍例一不レ可レ然之趣、以外有二御定一、中納言入道申云、近習之輩無二其縁一、外様経二年序一之間、存余申二入之一、直訴之条一向可レ有二御免一、被レ仰二下奉行人一可レ付二其人一也、重仰曰、経二年序一之由令レ申之条不レ得二其意一、勝定院殿（足利義持）御時付二誰人何奉行人一申入哉、於二其時之延引一者不レ可レ有二御存知一、只今不慮如レ此御政道、併近日之儀也、而延引之由令レ申之条不レ可レ然者、〈可レ付二誰人一之由不レ及二分明之仰一云々〉直訴出物、又招二武人之嘲哢一、公家之瑕瑾者乎、

豊房は『建内記』記主時房の兄だが、甘露寺家からの養子で時房に家督を譲らざるを得ず、この時すでに出家、時房とは所領を巡っても対立関係にあった。豊房は、足利家当主となって五か月ほどの義教に御礼として対面した際、不知行所領のリストを置いていく。義教は、申次を介してリストを返却した上、所領の直訴は先例ないと厳しく拒否する。豊房は、近習に縁がなく、他のルードは進捗がないまま年月を経ているので、奉行人を指定していただいて、その奉行人を介して上申します、というが、義教は、政権担当者になって間もないので、年月を経ているなど私の関知するところではない、と、奉行人などを指定することはなかった。

室町殿への直訴は原則として禁止であることは明瞭である。義教は「付二誰人一可レ被レ申歟」（誰かを介して要請すべきではないか）「勝定院殿御時付二誰人何奉行人一申入哉」（いったいどの近習、どの奉行人を介して義持に申し入れていたのか）といっており、室町殿への上申には仲介者が必要であることも確認される。また、豊房の発言から、室町殿の近習が仲介者となるため、近習と接点がないと室町殿に上申は難しくなること、室町殿が担当奉行人を決める場合もあることも確認される。

義教が新たに仲介者を指定しなかったのは、直訴という形式的な不備と、「年序を経る」もしくは「延引」という主張に納得せず、自らが仲介者を指定する案件ではないと判断したためである。後者の背景として、義持執政期の仲介者を上申者の意向だけでむやみに改めるべきではない、いったん決めた担当者は容易に変更するものではない、と

いった認識を読み取ることも、あながち無理なことではないように考えている。

註

（1）『建内記』は大日本古記録による。引用は、嘉吉三年三月五日条。

（2）一例を挙げると、足利義教の近習赤松満政の関わりが森茂暁氏によって指摘されている（「室町前期の国家祈禱と幕府財政—修法供料の支出における伊勢貞国・赤松満政の関与をめぐって—」『福岡大学人文論叢』四二—二、二〇一〇年）。桑山浩然氏は、「将軍の私的な経済生活は執事によって、幕府としての公的な活動は執事代によって総括されていた」とまとめ、また納銭方などが執事代の傘下にあると指摘している（「室町幕府政所の構成と機能」『室町幕府の政治と経済』吉川弘文館、二〇〇六年、初出一九六七年）。森佳子「室町幕府政所の構成と機能—文明期を中心として—」（『年報中世史研究』一三、一九八八年）参照。執事代については、設楽薫「室町幕府政所執事代の歴名について（其一）」（『室町時代研究』三、二〇一一年）。

（3）『建内記』永享十二年三月十四日条。

（4）『建内記』嘉吉元年四月二日条。関連史料は、三月二十日・四月七日条、同年五月記紙背文書。

（5）酒屋土倉役には、毎年恒例の定額の負担のほか、費目を明示して臨時に賦課されるものもあるけれども、賀茂祭の費用は毎年の支出であり、恒例役からの支出かと推測される。

（6）『建内記』文安元年四月七日・十日・十一日・十二日・十四日・十六日・十七日条。

（7）『建内記』文安四年三月十四日・四月二十日・同二十四日条。

（8）『蜷川家文書』は大日本古文書による。引用は一九九、同形式の史料は前後にあり、『小野均氏旧蔵文書』（史料編纂所所蔵）にも一通みえる。「御祝要脚」「皆済」は二〇七。『蜷川親元日記』は文明十七年八月二十八日条（増補続史料大成）。次の引用は一八七。一九五に朝倉から、二〇三・二〇九に管領畠山政長から、『蜷川親元日記』に土岐（九月一日条）・六角（十月二日条）からの進納が確認され、二一三に進納リストがある。山名豊時の一〇貫文はこのリストと一致する。朝倉からの文書には「御拝賀」とあり、翌年の拝賀に関わる費用かもしれないが、蜷川親元の「文明十七」というメモや、二一三のリストとの一致から、拝賀は誤りと見なしておく。『大日本史料』文明十七年八月二十八日条参照。

（9）『将軍宣下記』は宮内庁書陵部所蔵松岡本乙本（二〇九・三九一）により、意により改行など施した。国文学研究資料館から画像公開。『大日本史料』延徳二年七月五日条（第八編之三七、三三五頁以下）に翻刻される。続群書類従巻六五七にも所収。奉行人清元定筆録と思われる。「上様御料所」などと記載した貞通の記録は、延徳二年将軍足利義材仰事条々事書（『蜷川家文書』二七五）。『将軍宣下記』によると、砂金代の本来の必要経費は二四〇貫文で、その半分の賦課となる。両人が実際に負担したのは、嵯峨谷酒屋役からの収納を勘案して、一〇〇貫文だった。

(10) 引用史料のうち、『親長卿記』は史料纂集による、『蜷川家文書』六五。『大日本史料』文明五年十二月十九日条参照。朝倉氏からの進納は『蜷川親元日記』文明五年十二月二十二日条。

(11) 政所執事代清貞秀の活動は、『蜷川親元日記』で、八月二十五日には確認される。

(12) 別記『大嘗会伝奏事』は、増補史料大成に『親長卿記補遺』として所収、国立公文書館内閣文庫本『大嘗会伝奏引付』（一四五—〇八九八、画像公開）を参照した。『大嘗会下行切符案』の原本は宮内庁書陵部所蔵『親長卿大嘗会要脚覚書』、国文学研究資料館から画像公開。『大嘗会雑々』の原本は國學院大學図書館所蔵『大嘗会雑記』、画像公開。引用はふたつとも別記から。田沼睦「室町幕府財政の一断面—文正度大嘗会を中心に—」（『中世後期社会と公田体制』岩田書院、二〇〇七年、初出一九七七年）に詳しい。切符については、田沼氏のこの論文のほか、下坂守「中世土倉論」（『中世寺院社会の研究』思文閣出版、二〇〇一年、初出一九七八年）、久水俊和「室町期即位礼用途の支出構造」（『室町期の朝廷公事と公武関係』岩田書院、二〇一一年、初出二〇〇七年）などで分析されている。朝廷儀礼の費用については、松永和浩「公事徴収システムと諸階層の得分」（井原今朝男編『富裕と貧困』生活と文化の歴史学三、竹林舎、二〇一三年）で全体像が整理されている。

(13) 大日本古文書『東寺文書』二七〇。『多田神社文書』文正元年十二月十三日の大嘗会段銭の徴収を命ずる奉書は、摂津之親・飯尾為数・清貞秀・飯尾元連の連署奉書となっている（『兵庫県史』史料編中世一、三二四）。

(14) 『斎藤親基日記』文正元年十一月三日、増補続史料大成。

(15) 後土御門天皇の大嘗会は、永享二年（一四三〇）の後花園天皇の大嘗会を先例とした。後花園天皇の大嘗会では、武家側の総奉行は摂津満親と思われる。御禊行幸に関し、伝奏清閑寺家俊は、必要経費の支払い命令（切符）を摂津満親に渡している（『師郷記』永享二年十月七日条、史料纂集）。また、摂津満親と奉行人二名の連署奉書で、大嘗会段銭を免除した事例が確認される（『多田神社文書』永享二年閏十一月十二日室町幕府奉行人連署奉書、『兵庫県史』二五六）。永享度大嘗会でも、文正度と同様に、幕府支出担当者は徴収にも関与していたと推測される。

(16) 関連史料は、おおむね『大日本史料』文明十八年七月二十九日条に収録されている。『長興宿禰記』は史料纂集による。なお、長興は、御簾・畳・禁裏御服は、拝賀の費用から二階堂政行が進納し、政行によると以前は「政所納残」から支出した、とも記している。この「残」は写本の誤りで「銭」かと思う。

(17)『宝鏡寺文書』は史料編纂所架蔵影写本。奉書は、石見：『益田家文書』二月十三日（大日本古文書六二五）・『萩藩閥閲録』同日（巻一二一―一、周布吉兵衛、史料編纂所架蔵謄写本）、摂津：『多田神社文書』六月二十六日（『兵庫県史』三三九）。越中ではほかに、『東大寺雑集録』十二月三日（『富山県史』史料編中世一〇〇一）。

(18) 地口銭に関する文書は、『室町幕府文書集成　奉行人奉書篇』上に収録された文書だけを挙げても、一四一九・一四二〇（次掲地口銭免除目録）・一四二一・一四二二、一四一三・一四二三も関係史料。記録は『後法興院政家記』六月二十八日条（『陽明叢書』記録文書篇三）。地口銭免除目録は、『東寺文書』書一三―一五、史料編纂所架蔵影写本。廿一口方評定引付は、ワ函七九。引用は、大日本古文書では、い函三六号にあたる。付箋は略した。

(19)『蔭凉軒日録』文明十八年六月八日条、増補続史料大成による。

(20) 長享二年（一四八八）九月十七日に義熙（義尚）の任大臣節会が行われ（関係史料はおおむね『大日本史料』同日条収録）、伝奏は勧修寺教秀であった。教秀は近衛政家に、二階堂政行から下行物三〇貫文が到来したと伝えており（『後法興院政家記』八月十六日条）、九月十八日付で、二階堂政行と奉行人三名が連署して、籾井に宛てて、砂金代の残りとして一〇貫文の下行を命じた文書（下書）も残る（『尊経閣古文書纂』編年文書仁包三四〇、『尊経閣善本影印集成』八五）。この時も二階堂政行は支出を担当していた。財源への関与は明確でないが、籾井に大内氏進納からと財源を指定して命じており、関与していた可能性はある。

(21) 後柏原天皇の即位をめぐる財政については、久水俊和氏が、註(12)論文などで分析されている。関連史料として、各種公家日記のほか、国立歴史民俗博物館所蔵の船橋清原家旧蔵資料があり、『室町期禁裏・室町殿統合システムの基礎的研究』（井原今朝男代表科学研究費報告書、二〇一二年）に、井原氏の詳細な解題・分析とともに、翻刻されている（同博物館所蔵田中穣氏旧蔵典籍古文書などに写本がある）。『言国卿記』は史料纂集。ほかに『宣胤卿記』文亀元年十月二十六日条（増補史料大成による）、『和長卿記』文亀三年五月十七日条（内閣文庫紅葉山文庫本、一六二―〇二五三、画像公開）。

(22) 船橋清原家旧蔵資料。書名（外題は「御即位　第一」）ともに井原註(21)報告書による。『土佐家文書』文亀元年九月二日室町幕府奉行人連署奉書（史料編纂所架蔵写真帳）。永正七年の奉書は、『多田院文書』『東文書』、『大日本史料』永正七年九月二十三日条・十月五日条。

(23) 但馬は『言国卿記』文亀元年八月二十八日条。越前は船橋清原家旧蔵資料『永正八年即位下行帳』・『元長卿記』永正八年二月十五日条（史料纂集による）。河内は『守光卿記』永正十二年二月二十五日条（史料纂集による）。「上杉殿」は『泉涌寺文書』文亀元年十二月十三日大橋宗長即位要脚進納状（史料編纂所架蔵写真帳）。大内は『宣胤卿記』永正十四年十月十六日条。畠山は『元長卿記』大永元年二月十一日条。

(24) 摂津氏が総奉行となる事例から、二例を紹介する。

・摂津之親　文安六年（一四四九）足利義成元服

文安六年四月十六日の足利義成（義政）の元服（将軍宣下は二十九日）では、総奉行摂津之親、奉行布施貞基、松田貞長で、「御要脚土倉役六百貫、玄良（斎藤）申二付之一、執事代之故也」「要脚下行、貞基・貞長申二付之一」（『斎藤基恒日記』十七日条、増補続史料大成）であった。摂津氏は支出を担当した形跡がないが、担当奉行二名が支出に従事しており、史料の記載は実質的な担当を記したといえようか。ただし、段銭徴収もなく、酒屋土倉役からの徴収は、通例通りに政所執事代が担当しており、摂津氏は財源に関与していないと思われる。政所執事代が酒屋土倉役を担当するという原則の方が優先されたということになろう。

・摂津政親　明応三年（一四九四）足利義高元服

この事例では、摂津氏は総奉行ではあるものの支出担当という明証はない。しかし、財源の情報が豊富なので、言及しておきたい。明応三年十二月二十七日、足利義高（義澄）は元服し、同日に将軍宣下を受け、その様子は『御元服聞書』で詳細がわかる。『御元服聞書』は、内閣文庫本に二種あり、画像公開されている。田中誠「国立公文書館内閣文庫所蔵室町幕府奉行人清元定筆『御元服聞書』」（『古文書研究』九四、二〇二二年）に紹介、翻刻されている。総奉行は摂津政親、奉行は松田英致・飯尾元行であった。財源とする要脚は先々は納銭方であったが「政所方難二事行一」なので、諸国段銭が徴収された（十月一日条）。『御元服聞書』に引用された丹波の例では、摂津政親・松田英致・飯尾元行・清元定が連署している。実例では、丹後の事例で、摂津政親と松田英致が連署している（『一色家古文書』明応三年十一月十八日室町幕府奉行人連署奉書、史料編纂所架蔵謄写本）。ただし、他の徴収もなされている。まず、「地下人」に「御用」を賦課し、一〇貫文から三〇貫文、数十か所に及んだといい、担当奉行は執事代諏方貞通と、侍所開闔松田頼亮であった（十一月二十一日条）。さらに、『蜷川家文書』明応三年十一月十四日の事書（二九三）によると、「御元服幷色々御祝方以下要脚」に充てるため「洛中洛外諸商売・同富有輩」に借用を行っている。『御元服聞書』にもこの記事があり、担当奉行は執事代諏方貞通と斎藤宗基であった。この事例では、段銭は摂津政親が関わるが、それ以外は財源ごとに役割が分担されている。

おおよそ、摂津氏が支出担当となる場合、段銭徴収では摂津氏が担当者となるが、それ以外の費用を徴収する際には、財源の特性に応じて役割分担がなされていたと判断される。その際、執事代の役割が大きいことには留意が必要かも知れない。

(25) 大日本古記録による。

(26) 別記「永享十二年十一月八幡御社参記」による。「要脚事」九月二十四日条によると、中山定親は、義教に誰に命ずるかと伺いを立て、義教から「先々誰哉」と聞かれて満政と答え、「可㆑為㆓其定㆒」と仰せを受けた。定親は、自分の失であり「先々申㆓播磨守㆒、可㆑為㆓其分㆒歟」と、先例通り満政でよろしいか、と伺うべきだったと記している。以下の記述は、「要脚事」「御手輿事」による。

(27) 森茂暁註(2)論文、および「赤松満政小考―足利義教政権の一特質―」（『福岡大学人文論叢』四二―三、二〇一〇年、この論文では「赤松播磨（守）状」も取り上げ、近習奉書などと見なすことに言及している）。引用は『醍醐寺文書』六九函六八、史料編纂所架蔵写真帳。もう一例の『醍醐寺文書』は同函六九。『蔭凉軒日録』嘉吉元年正月十四日条。筑前の例は、『満済准后日記』永享二年十二月十四日条、『続群書類従』補遺。

(28) 赤松持貞については、森茂暁「赤松持貞小考―足利義持政権の一特質―」（『中世日本の政治と文化』思文閣出版、二〇〇六年、初出二〇〇一年）など。『兼宣公記』は史料纂集。該当箇所の原本は、国立歴史民俗博物館所蔵、画像公開。

(29) 大館満信については、設楽薫「足利義教の嗣立と大館氏の動向」（『法政史学』三一、一九七九年）。

(30) 高倉殿は、三条公光の土御門高倉亭を指し、故通陽門院御所である（『薩戒記』正長元年七月十九日条）。『康富記』は増補史料大成。原本は国立国会図書館所蔵、画像公開。

(31) 文明十一年（一四七九）十二月七日、天皇は土御門殿に還幸する。伝奏を勤めた甘露寺親長に別記が残る。井原今朝男氏は「甘露寺親長の儀式伝奏と『伝奏記』の作成―室町後期における公家官制史の一考察―」（『室町廷臣社会論』塙書房、二〇一四年、初出二〇〇九年）で詳しく分析されている。このときは幕府の支出担当は奉行人布施英基で、親長と交渉する様子は詳しくわかる。しかし、財源は、棟別銭の徴収などが確認されるものの、幕府側の担当者は明瞭でない。

(32) 『御前落居奉書』は『室町幕府引付史料集成』上所収。

(33) 室町殿を奉ずる個々の集団内、あるいは集団相互で利害の対立が生じた場合、室町殿に要求されるのは調整能力である。訴訟処理の方式が整備されるのは、調整をより説得力あるものにするためであろう。また、室町殿が交代すると前室町殿と異なる判断が示される事例が多い。これは前室町殿に不利益を蒙った勢力の挽回であり、結果として室町殿を支える勢力内部の均衡を保つことになる。管領も交代すると異なる判断が示される場合があり、同様の意味を持ったであろう。

(34) 興福寺では南都伝奏が担当者として機能するなど、伝奏は寺社の窓口として一定の役割を果たした。禅宗寺院の場合、義持執政期以降、相国寺鹿苑院内の蔭凉軒主が、五山派を統括する僧録の代理として、窓口の機能を担った。奉行人も職掌として仲介を行っているといいうる。奉行人については、本書第二部第二章・第四部第三章および結論で言及する。

(35) 『看聞日記』は図書寮叢刊。応永二十五年正月十六日・応永二十六年正月十三日条など参照。

(36) 「鎌倉幕府の庭中」「公家庭中の成立と奉行」（『中世的思惟とその社会』吉川弘文館、一九九七年、初出一九八三・八五年）。

(37) 『空華日用工夫略集』は太洋社刊本による。永徳三年七月六日条によると、義満は宝篋院忌預修のため洛中等持寺にいるが、「庭中訴者多」ため、住持義堂周信と対話する時間がなかったようで、この時点でも義満は庭中に対応している。

(38) Aの類似例として、『看聞日記』応永二十八年十月十一日条など。Bの類似例として、『満済准后日記』永享二年九月八日条、永享五年十月二十三日条、応永二十八年七月二日条、『看聞日記』応永三十一年七月二十七日条、『建内記』正長元年九月二十二日条など。石井良助氏は、室町時代の庭中をふたつに分け、「その一は一般的に将軍に直訴することで、この意味における庭中は禁止されていた」と述べるとともに、注で『看聞日記』『満済准后日記』などの事例を挙げ、多く庭中訴人が処罰された旨の記載がないと指摘し、重視・特例視された事例のためか、としている（『中世武家不動産訴訟法の研究』第二篇第二章第七節第二款、註二六二、弘文堂書房、一九三八年）。

(39) 「菊第（今出川実富）大納言進退事、室町殿（足利義持）相国寺入御之時、於法界門下庭中申、不可然之由有御沙汰云々、大納言以上人路頭庭中申、放埒之由口遊云々」（『看聞日記』応永二十八年十月十一日条）という事例もあり、大納言以上の場合、路上の庭中はふさわしくないという認識があったようだ。

(40) 田村航「西雲庵の素性―足利義教政権期における大炊御門家―」（『日本歴史』七三五、二〇〇九年）参照。

(41) 富樫満成については、室山孝「近習富樫満成考」（『加能史料研究』一三、二〇〇一年）参照。廿一口方評定引付は、『東寺廿一口供僧方評定引付』所収。叙述のおもな典拠は、順に、応永二十年九月二十日条、応永二十一年十月晦日条・十一月二十六日条・十二月三日条、応永二十三年四月二十四日条・同月二十六日条・五月二日条・同月八日条・同月九日条。

(42) この件については、笠松宏至「中央の儀」（『法と言葉の中世史』平凡社、一九八四年、初出一九七九年）など参照。

(43) この事例については、高橋修氏が、「足利義持・義教期における一色氏の一考察――一色義貫・持信兄弟を中心として――」（『史学研究集録』八、一九八三年）で注目している。「持信を含む近習は、幕府の公的な内容を扱った文書を発給する権限を持っていた可能性がある」（四七頁）、「近習奉書と呼べるものが存在する事は確かなようだ」（五一頁）という指摘がなされている。

(44) 仲介者を同一にする、という意味で本路を用いている例は、ほかに『建内記』正長元年三月条（大日本古記録第一冊一〇四頁）、永享元年三月九日条、永享十二年七月十七日条、『満済准后日記』正長二年四月八日条など。貞治四年（一三六五）二月、内裏造営に関わって、幕府から朝廷に意向を問う「武家申詞」を武家使節二階堂行元が伝え、それに対して四月一日に再度の勅答が出される。勅答は「任二本路一被レ遣二行元一訖」とみえ、武家申詞の伝達者が勅答の伝達者となっている。南北朝期での所見となる（『師守記』貞治四年六月五日条、史料纂集）。本路は、『日本国語大辞典』では、「（一）あらかじめ決めてある道。（二）道理。由来」という語義が掲げられている。後者のうち、本来あるべき道筋、といった意味で用いられている事例も少なくない。

第三章　室町幕府の賦と奉行人

第一節　ふたつの賦

賦の具体的な姿を明らかにするのはかなり難しいけれども、おおよその様子は、鎌倉幕府のそれならば『沙汰未練書』、室町幕府のならば『武政規範』や少なくない実例から知ることができる。しばしば引用される『康富記』応永二十五年（一四一八）十二月の、管領が賦を行う実例をみよう。

山城国大住荘についての訴訟を提起するため、三日の早朝、中原康富は管領細川満元の屋敷に向かい、被官の飯尾善右衛門入道と「賦事」につき交渉する。「夕方可二取来一」という返答を得て、申状を預けて帰ると、夕方、飯尾の許から「大住申状賦到来」。翌々日、康富は、「為二大住賦付一」、幕府奉行人松田直頼の許に赴く(1)。最初の「賦」は、訴訟受理に伴う一連の手続きを指すと解され、『武政規範』の記事が参考となる(2)。では、奉行人に「賦」を付すとはどういうことであろうか。

〔康富記〕宝徳三年（一四五一）十二月五日条

政所代三戸部許行二向之一、政所二階堂被官人也、政所之賦取レ之為レ付二飯尾孫右衛門（之清）方一也、清八郎左衛門（貞秀）参会有二助言一、即三戸部出逢、書二出賦一、令二悦喜一者也、目安・賦等見レ左、（中略）

隼人正康顕謹言上、

（申状、中略）

（ア）隼人正康顕申丹波国隼人保内金泉房仁本物返地事、可レ有二御糺明一歟之由候也、恐々謹言、

十二月五日　　久時判

飯尾孫右衛門尉殿

このの七日に幕府奉行人である飯尾孫右衛門尉之清のもとに「政所賦」が遣わされ、之清が日下に署判する、奉行人連署の召文奉書が出されている。この事例では政所に出訴しており、政所執事二階堂忠行の被官人三戸部を通じて賦を得ており、経過は先の事例と似ている。この例では、「目安賦等見レ左」として、申状とともに、（ア）の奉書が引用され、この奉書こそ、奉行人に渡される「賦」であろう。賦という語は、このような文書をも意味するのである。[3]

もうひとつ、六波羅探題の例をみよう。六波羅の検断沙汰を語る史料として知られる、弘安五年（一二八二）十月日東大寺衆徒等申状[4]のうち、副進文書のなかに、

一通　備後民部大夫（町野政康）賦状案　可レ被二申沙汰一由載レ之、

とあり、本文で、

任二傍例一、以二備後民部大夫一訴申之処、可レ被二申沙汰一之由、去九月一日賦状分明也、

と述べている。この事例では、町野備後民部大夫政康を介して、六波羅に訴えを起こし、政康の署判する賦状を受けている。賦状の内容は「申沙汰」すべし、である。さきの「御糺明あるべきか」と文言は異なるけれども、提起された訴訟の進行役を命ずるという点で、共通しよう。

時期が下がって天文年間（一五三二—五五）にいたると、内容の異なる文書が賦と呼ばれている（詳細は清水久夫氏の論考[5]に詳しい）。一例を掲げると、

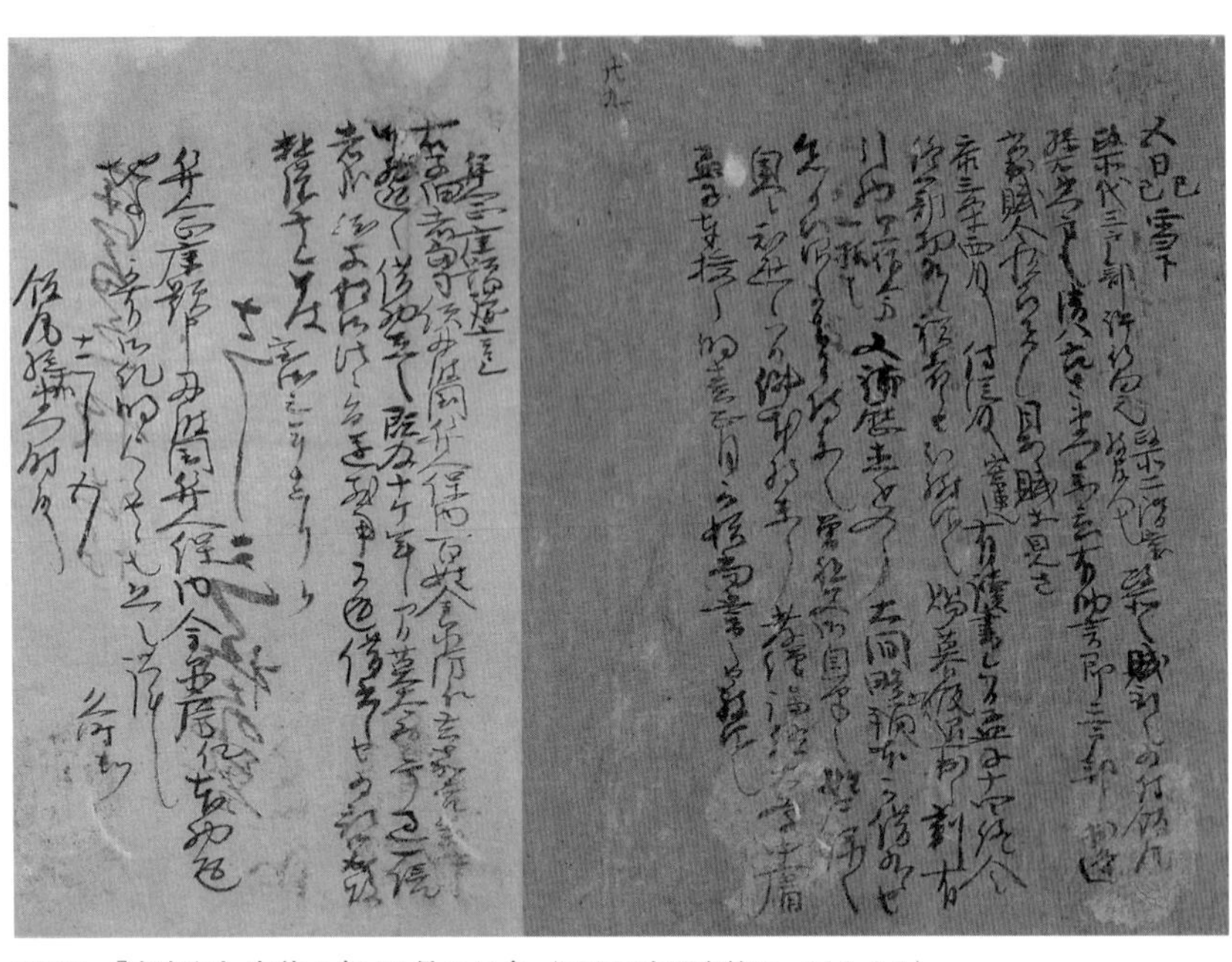

図 23 『康富記』宝徳 3 年 12 月 5 日条（国立国会図書館ウェブサイト）

〔大徳寺文書〕（折紙）

（あ）　意見状旧冬大晦日披二露之一只今進レ之候、

紫野大徳寺塔頭如意庵与二千秋刑部少輔晴季一相論

土御門万里小路東北頬四丁町事、寺家理運之段、

委曲意見状之上者、以二其旨一可レ被レ成二御下知一之

由候也、恐々謹言、

天文八
二月廿五日　常興（大館）（花押）

松田丹後守殿（晴秀）

松田対馬守殿（盛秀）(6)

この文書は、天文九年（一五四〇）に作成された目録に「賦」と表記されており、宛所となった幕府奉行人の松田丹後守晴秀と松田対馬守盛秀は、同日付で連署奉書を出している。天文年間、将軍義晴は、内談衆と呼ばれる人々に支えられていた。天文年間の賦は、署判者が、いずれも大館常興をはじめとする内談衆であり、また内談衆が義晴に披露した結果として、奉行人（一人か二人）に対し、奉行人連署奉書の発給を命ずる点で一致する。

天文年間の賦には、次のような形式上の特徴が指摘されている。

1「由候也」や「由、被ㇾ仰下ㇾ候也」という文言をもつ奉書で、書き止めは「恐々謹言」である。

2料紙は折紙で、折紙の通例と同じく（a）年号は付年号、（b）差出は実名書である。

最初に検討した『康富記』の賦も、1は共通し、また2（b）の特徴がみられ、折紙であった可能性は高い。さらに、奉行人を宛所にする点でも一致する。同じく賦と呼称された両者は、内容では異なるものの、形式面は同一といってよかろう。

室町幕府の賦は、二種類確認される。以下、『康富記』に引用されたような、奉行人に訴訟の進行役を命ずる賦をA型、天文期のような、奉行人に文書発給を命ずる賦をB型と呼ぶこととする。本章は、これら二種の賦を手掛かりとして、室町幕府の訴訟処理、特に前半期のそれに対する理解を深めようとする試みである。賦は、訴訟開始と、結果としての文書発給という、重要な時点で出されており、幕府が訴訟を処理する方式を考えるうえで、好材料となるのではあるまいか。また、訴訟処理の担い手として、筆頭に挙げられるのは幕府奉行人であるが、賦は奉行人を宛所としているため、訴訟に関わるときの奉行人の職掌を整理するのに、手助けになると思われる。そして最後に、不十分ながらも、賦の意義につき言及することとする。(7)

第二節　室町幕府の訴訟処理の方式

第一項　賦の事例

まず、文書としての賦の特徴を確認しておこう。

①幕府奉行人を宛所とする。

②「由候也」や「由、被二仰下一候也」などの文言をもつ奉書で、書き止めは「恐々謹言」など書状的である。
③差出は実名書である（おそらく折紙である）。

そして、内容では、

A型　提起された訴訟の進行役を命ずる。

B型　文書発給を命ずる。

賦と明記されないけれども、右の特徴をもつ文書は、数種見出される。そのような賦に類する文書を列挙し、考察の材料を増やすこととしよう。

まずB型から。天文期から遡り、将軍義満の時代にも類する文書がある。

〔寺門事条々聞書〕

（い）多武峯衆徒等乱二入宇陀郡一、焼二払宝生寺以下在々所々一之条、太不レ可レ然、先止二楚忽之入部一、穏可レ経二訴訟一之由、去月廿九日被レ成下二御教書一之処、一切不レ応二上裁一、剰今月五日重焼二払高塚寺已下一、打二入龍蓋寺一構二城郭一云々、濫悪之至、可レ有二厳蜜御沙汰一之由、重。可レ被レ成三下御教書於峯寺一之旨、被二仰下一候也、謹言、

十月八日　　曇寂（広橋仲光）

飯尾美濃入道殿（貞之）

応永十年（一四〇三）、（南都）伝奏の広橋仲光（曇寂）が、義満に披露した結果を、幕府奉行人飯尾貞之（常廉）に伝える文書で、先の特徴を備えている。(8)

将軍義持の時代、義持に近く仕えた富樫満成や伊勢貞長も類似した文書を出している。一例を挙げると、

〔秋田藩採集文書〕酒出金大夫季親家蔵文書

（う）「伊勢因幡守貞長入道照心（初号七郎左衛門尉、）書」（朱書、以下同ジ）

佐竹和泉彦三郎申美濃国山口東西・丹波国報恩寺沙汰人等跡、・同国桑田寺栗作地頭職久下六郎左衛門跡、・拝師庄領家半済・
同大門村事、可レ読〔続カ〕二年記一之由披露之処、可レ被レ成二御教書一之旨被二仰出一候、恐々謹言、
「記応永卅四」
十二月廿六日　　照心（伊勢貞長）（花押影）
松田丹後守（満秀）（9）殿

幕府奉公衆の佐竹氏に伝来した文書。伊勢貞長（照心）は、義持に披露した結果を、幕府奉行人松田満秀に伝えている。

時期は下がって、長享二年（一四八八）、蔭凉軒主亀泉集証が署判した文書がある。

〔蔭凉軒日録〕長享二年五月七日条

（え）鹿苑院西之在家敷地事、如二先規一可レ為二寺家進退一旨、可レ被二奉書一由被二仰出一候、同接〔摂〕津守方（政親）江可レ被二打渡一由、
可レ被二仰遣一候、委曲寺官可レ被レ申候、恐々謹言、
五月七日　　名判（亀泉集証）
飯尾太和（ママ）入道殿御宿所

前日、義政が鹿苑院を訪れた際、亀泉が披露した結果である。はじめ使者が幕府奉行人飯尾元連（宗勝）に口頭で伝えたが、元連の求めに応じて、この文書が出されている。『蔭凉軒日録』には、他にも同種の文書を引用する箇所がある。(10)

次にA型の賦に類する文書を掲げよう。公家の署判した文書から、

〔吉田家日次記〕永徳三年（一三八三）七月五日条

（イ）大嘗会悠紀主基抜穂使斎郡料足事、申状二通進レ之候、可下令二申沙汰一給上之由被二仰下一候也、恐々謹言、
七月五日　　嗣房（万里小路）

松田丹後守（貞秀）殿(11)

大納言万里小路嗣房は、吉田兼敦の依頼をうけ、室町殿に参って将軍義満に伺い申し、その内容を右のように書いて、申状とともに兼敦に渡している。八日に、幕府奉行人松田貞秀に嗣房の状が付され、貞秀は、「伺い申すべし」と返答している。形のうえで先の条件をみたし、また「申沙汰」という文言も、六波羅の例と一致している。

次に鎌倉府の例をみよう。

〔皆川文書〕

（ウ）長沼淡路次郎申下野国塩原庄内三依郷事、可㆑有㆓申沙汰㆒候、恐々謹言、

十二月廿二日　（上杉）憲実（花押）

雑賀遠江守殿(12)

関東管領上杉憲実が、（御所）奉行人雑賀某にて宛てており、応永末年から永享年間（一四二九—四一）にかけてのものである。奉行人に宛てている点（先に掲げた①）、「申沙汰」を命ずる点で賦に類似する。そのかわり、実名書だが、折紙（③）ではない点で相違する。また書き止めは書状的で、奉書形式（②）でないけれども、奉書でないのは関東管領が自ら署判したためであり、この文書を賦に類似すると捉えるうえで、さほど問題にならないと思う。

ここで、守護に出訴する事例をみよう。

〔康富記〕嘉吉二年十二月二十日条

参㆓前管領細河九郎殿（勝元）㆒、丹州隼人保松本下地事、高安及㆓違乱㆒之間事、以㆓目安㆒令㆑申㆓奏者平尾㆒也、委細披露之間、付㆓安富因幡㆒重委可㆓披露㆒之由被㆓返答㆒云々、（九郎の）叔父右馬頭（細川持賢）如㆑此沙汰事者被㆓成敗㆒云々、典厩之返答也、即奏（ママ）平尾書㆓賦折紙㆒出之間、持向付㆓安富㆒了、目安書直可㆑給候、聽可㆑伺候由申候間、直㆑之又重持向了、太刀一振・折紙弐百疋、出候了、

丹波守護は、嘉吉二年（一四四二）八月に死去した前管領細川持之の跡をうけ、九郎勝元であった。この年十二月の記事である。奏者平尾某が、披露ののち賦を出している。披露に対し、細川氏の奉行人と思われる安富因幡入道某に付して、かさねて披露することが命じられており、安富に宛てられた賦にも、披露の文言が載せられた可能性は高い。

形式上、賦と似た特徴をもつ文書で、披露を命ずるものもある。(13)

〔東寺百合文書〕を七五（折紙）

（エ）（端見返書）「雑賀折紙案文」

東寺八幡宮領山城国上久世庄公文職事、七十余年当知行之処、寒河出羽入道(常文)及二違乱一之由、寺家歎申候、早々可レ有二御披露一之由候也、恐々謹言、

応永十五
十二月六日　、、

布施民部入道(常進)殿

〔地下文書〕京都御所東山御文庫勅封二三―六―一二

（オ）管領

内膳司雑掌申江州粟津橋本五个庄并松本以下商売人等万雑公事等事、急速可レ有二御披露一之由候、恐々謹言、

応永廿
六月十一日　(飯尾)禅勇判

中沢備前入道(氏綱、法名行靖)殿

〔菅浦文書〕（折紙）

（カ）山門自二東塔一申江州菅浦与二大浦一相論間之事、彼事書進レ之候、可レ有二御披露一之由被二仰出一候、恐々謹言、

卯月廿日　薬師寺元吉（花押）

飯尾肥前殿（為種）

（エ）は不完全な案文だが、端見返書から、署判者は雑賀某とわかる。（エ）と同じ応永十五年の東寺の引付に、「令二公文同道一于二官領（ママ）一出仕之間、其日申次雑賀、、令二対面一」(14)とあり、雑賀は、管領の申次を勤める被官で、（エ）の仰の主体は、管領斯波義教となる。（オ）は、始めに「管領」と注記があり、同じく管領の意向を伝える、管領被官の奉書であろう。また、文安二、三年頃、菅浦惣は訴訟を繰り広げ、山門に寄沙汰して、将軍幼少のため諸事を代行した管領に出訴しており、（カ）は文安三年（一四四六）と推定される。(15)署判者の薬師寺元吉は、細川持賢の被官と見なされる。このとき、管領細川勝元もまた幼少のため、細川持賢が管領の権限を代行していたと考えられ、（カ）は、実質上、管領の意向を受けたものとなる。(16)この三通は、いずれも幕府奉行人を宛所にしており、管領の意向を受けて、訴訟の進行を幕府奉行人に命ずる点で一致している。管領は、訴訟開始に賦を行っており、これら三通の文書が賦と呼ばれた可能性は高い。

管領被官は、B型に似た文書も出している。

〔東寺百合文書〕ミ一三六（折紙）

（お）「諏折紙」（端見返書）

東寺領山城国上久世庄公文職事、寒河（不レ知二仮実名一）乱二入地下一致二狼籍一之間、已可二喧嘩一之旨被二訴申一候、先属二無為一様可レ被レ申二守護方一由候、恐々謹言、

十月十日　　諏　在判

飯尾大和入道殿（兼行、法名浄称）

諏とは、諏方と捉えるのが自然であろう。応永十五年の東寺の引付に「諏方入道一献事」として「去年新見一円事、以二諏方一令レ伺二管領一、（中略）其外寺訴共付二彼仁一間、可レ有二会尺一」(17)とみえ、諏方入道は、さきの雑賀と同じく、管

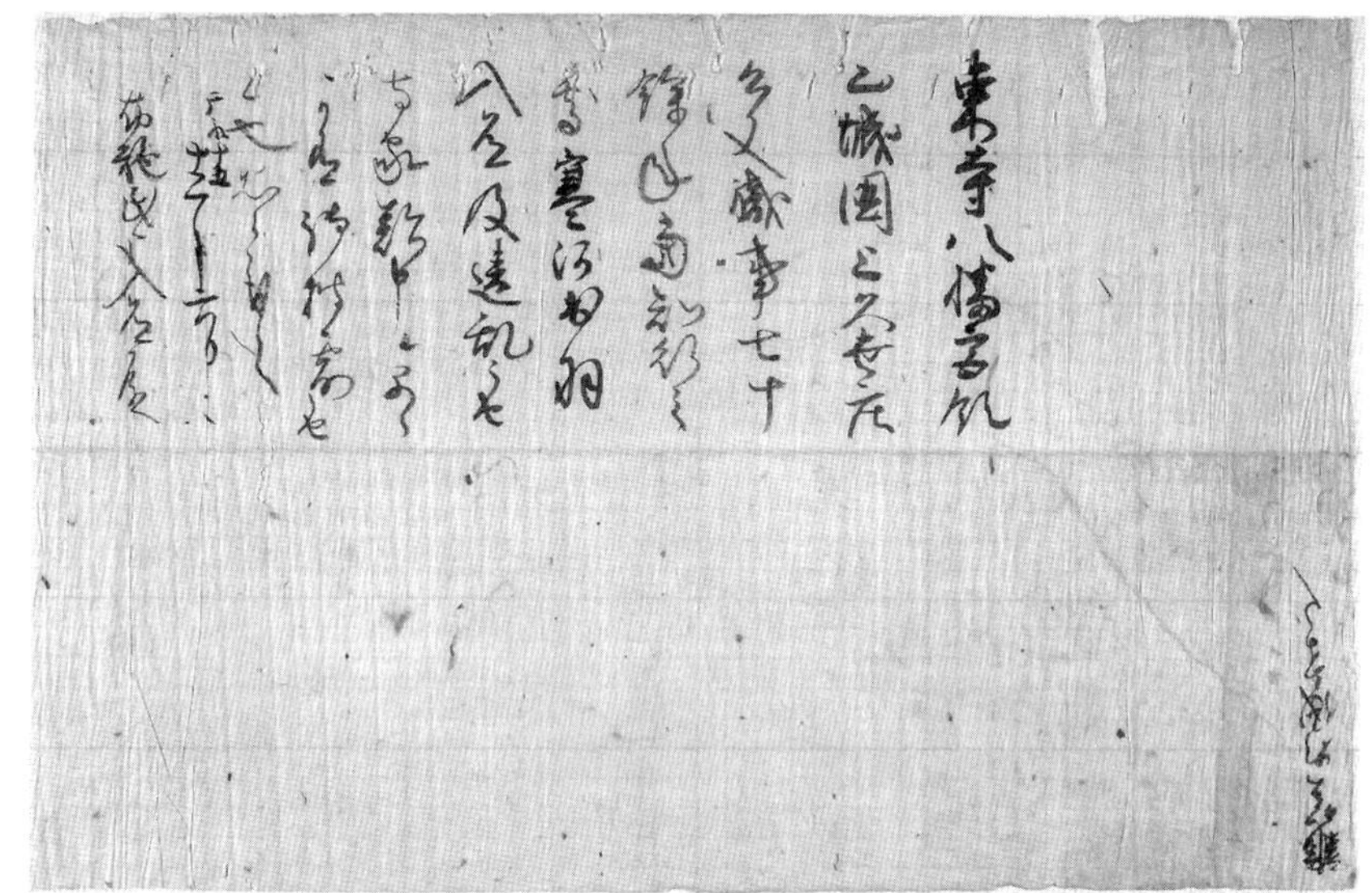

図 24　管領被官雑賀某奉書案（応永 15 年 12 月 6 日，京都府立京都学・歴彩館 東寺百合文書 WEB）

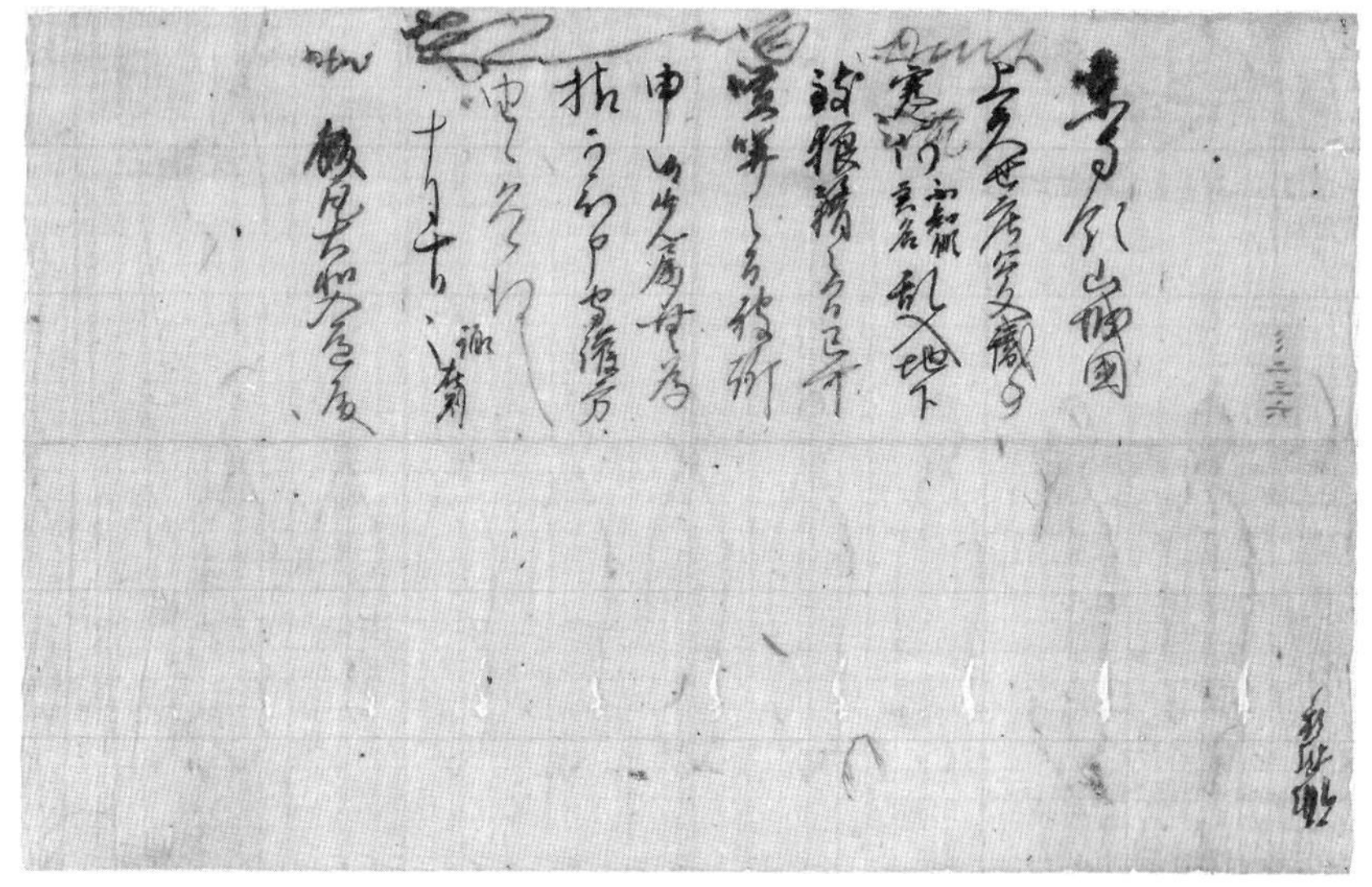

図 25　管領被官諏方某奉書案（年未詳 10 月 10 日，京都府立京都学・歴彩館 東寺百合文書 WEB）

領斯波義教の被官と見なされる。義教が管領を勤めた応永十年代半ば、上久世荘公文職の相論は活発であり、本文書の諏方は、管領斯波義教の被官と捉えて大過なかろう。

本文書には、文書の発給を命ずる文言はない。だが、たとえば、文安五年、管領細川勝元の被官安富元盛は、幕府奉行人飯尾肥前入道永祥に宛て、「侍所へ可レ被レ□由可レ申由候、恐々謹言」と書き止める奉書を出し、永祥は、翌日付で、自ら日下に署判し、所司代に宛てた奉行人連署奉書を発給している(18)。本文書の場合も、守護代に宛てて、奉行人奉書が成されたかもしれない。

第二項　賦からみる訴訟処理の方式

これまで賦と呼ばれる文書、賦に似た文書を、A型・B型にわけて列挙してきた。A型の文書の出される場合と、B型の文書の出される場合とでは、訴訟を処理する方法に違いがみられると思う。ふたつの視点から違いを整理してみよう。

まず、披露という点から。B型では、内談衆、伝奏、近習など、文書の署判者が披露をしている。A型でも、文書の署判者は披露をするが、その結果、重ねての披露を奉行人に命じている。奉行人に申沙汰（執沙汰）を命ずる場合も、訴訟の進行役となった奉行人は、必要な材料をそろえて披露することを重ね、裁可を仰ぐであろう。A型では、署判者の披露よりも、奉行人の再披露が重要となる。それに対し、B型では奉行人は披露しない。両者の違いを端的に表現すると、A型は奉行人が披露する場合、B型は奉行人が披露しない場合となる。

次に、訴訟の進行役という点から。A型が出されると、奉行人が進行役となる。奉行人に披露が命じられる場合、たとえば、先にあげた『康富記』の丹波守護の例をみると、奉行人安富因幡入道は、翌々日に披露し、敵方の主張と合わせもう一度披露するようにとの命をうけており、披露を重ね、訴訟を進行させることとなる。一方、B型が出される場合は、個々に検討しなければならない。なぜなら、進行役がいろいろの事情で披露できないため、進行役以外の人物が代わって披露し、その結果として、文書発給を進行役に伝える、ということはしばしば起こりうるからである。進行役から依頼されての披露なのか、披露する人自ら進行役なのかの判断の規準は、披露する人間が訴人と交渉をもつか否かにあり、訴状を訴人から受けていれば、進行役と見なしうるであろう。

まず（い）から。関連文書に、伝奏広橋仲光が訴人から申状を受け取っていることがみえる。伝奏は通例、訴訟の進行役になると考えられる。（お）の管領被官も、他に進行役がいるとは考えがたい。だが、（あ）の場合は、のちにみるように、内談衆とともに奉行人も訴訟の進行を担っており、内談衆を訴訟の進行役とするのは難しい。

（う）の近習は、取次を勤めることがあり、進行役に代わって披露することもあったかもしれない。しかし同時に、近習が訴人から申状を受け取り、披露する、すなわち訴訟の進行役となることもあった。たとえば、「此以後事者、閣二本奉行人一、以二伊勢因幡殿(貞長)・富樫大輔殿(満成)両人一、連々直　上様へ歎申候」[19]といった表現は、近習が、奉行人と同様に、訴人と直接に交渉したことをよく物語っている。また、蔭凉軒主は、（え）では訴人の意向を受けて披露しており、進行役と呼ぶことが出来るものの、同じく長享二年に、奉行人の依頼を受けて義政に披露し、その奉行人に宛てて、（え）と同様の文書を出している例があり[20]、必ずしも進行役になるとは限らない。

それでも、B型が出される場合、伝奏や管領被官は進行役であり、近習や蔭凉軒主も、ときとして進行の役を担っている。この場合、奉行人は進行に関与しない。では、奉行人が進行役となる場合と、進行役にならない場合とは、どのように関係するのだろうか。やや異質な内談衆によるB型（あ）はひとまず除外し、他の事例から整理してみる。

まず、出訴の窓口は、奉行人が進行役となるか否かに影響しない。伝奏と将軍に近仕する公家をひとまとまりにするならば、彼らは、A型もB型も出している（（イ）と（い））。管領被官も、両方を出していると見なしうるであろう（（エ）・（オ）・（カ）と（お））。B型（（え））を出している蔭凉軒主は、たとえば、将軍義政が「寺家領等事諸篇愚披二露之一、而後自二愚方一白二付于奉行一、或以二愚一行二奉行披二露之一」[21]と定めたと主張しているように、将軍に披露した結果、奉行人に再度の披露を命ずることもあった。このように窓口による区別がないならば、披露する相手が将軍か管領かという違いも、奉行人が進行役となるか否かには関わらないこととなる。将軍も管領も、あるときは奉行人に再披露を命じ、また文書発給を命ずるのである。そして管領は、訴訟の進行するなか、必要に応じて、将軍への披露を命ずることとなろう。

奉行人が進行役となる場合と、奉行人が進行役にならない場合の関係は、出訴の窓口などに左右されず、つねに一定と考えられる。図示しよう。

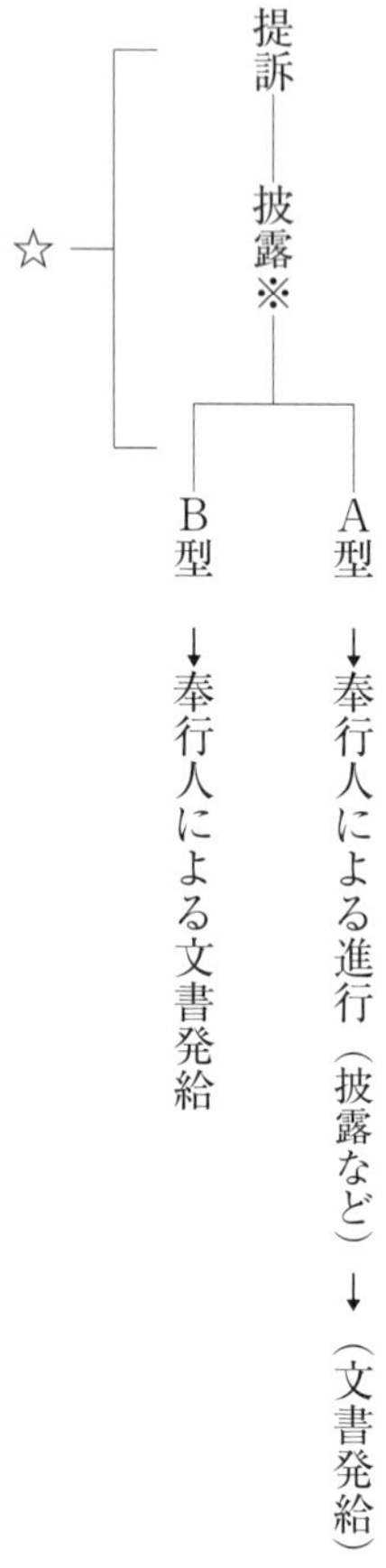

提訴――披露※
　├ A型　→奉行人による進行（披露など）→（文書発給）
　└ B型　→奉行人による文書発給
☆（提訴から披露※までの部分）

伝奏、近習、管領被官などこれまであげた、奉行人以外の人々が訴訟の進行役となる場合、担当するのは☆の部分にあたる。披露の結果、奉行人の再披露が必要ならば、A型の文書が出され、裁定が下されるならば、奉行人に文書発給を命ずるB型が出される。

B型が出される場合、披露※は数度に渡ることもあろうし、また、伝奏が伝奏奉書を出すように、披露※をした人物は、奉行人に命ずることなく、自ら文書を発給して裁定の結果を伝えることも可能であるが、右図では省略する。

なお、A型では、奉行人に申沙汰を命ずる場合と、披露を命ずる場合があり、訴訟進行のうえで微妙な差異があるかもしれない。第一節で触れた政所の例では、奉行人に「執沙汰」を命ずる賦が付されると、奉行人は召文奉書を出しており、第一節の冒頭に挙げた管領に出訴したときも、賦を受けた奉行人は召文奉書を出している。一方、披露を命ぜられた場合、奉行人が披露して採決が下ることもあろうし、敵方の主張などの披露を重ねていくこともあろう。

右図のような訴訟処理の方式を、評定・引付によって訴訟を処理する体制と比べると、奉行人が披露せず、訴訟進行に関与しない方法の比重がかなり高まっていることを指摘できよう。奉行人の披露しない訴訟という捉え方から連想されるのは、鎌倉幕府の訴訟制度で〈奉行人をこえた直訴〉と定義される庭中である[22]。庭中とは、もともと、庭から口頭で訴える直訴であり、鎌倉幕府の評定・引付制においては、引付の座で引付頭人に訴えるなど、奉行人を介さない訴えの形で残り、内容は奉行人の緩怠を訴えることが多かった。室町幕府は、将軍に直接ではなく、仲介者を通すという形に変えて、直訴という要素を、訴訟処理に巧みに取り入れている。その結果、出訴をするときの窓口は多くなり、さまざまな人が披露※を行うこととなる。公家なら伝奏、禅寺なら蔭凉軒主など、出訴者の立場に対応する形はある程度まで取り入れられているけれども、安堵ならば安堵奉行というような、訴訟内容により窓口が分かれているのではない。

右の図式は、管領が幕府訴訟に関与し、伝奏が活躍する時期に有効となる。おおよそ、将軍義満の執政期から、将軍義政の執政初期までの図式となろう。

第三節　奉行人の職掌

ここでは、奉行人に視点を置いて右の図式を検討することにより、訴訟に関わるときの奉行人の職掌につき考えたい。二点に分けて考察する。

1　披露に関連して

奉行人が進行役となって披露する場合と、進行役とはならない場合では、どこが異なるのであろうか。ここでも二点に分けて考えたい。

○訴陳に番う

A型が出され、奉行人が訴訟の進行役となると、これまで述べたように、召文が発給されたり、敵方の主張の披露が命ぜられたり、論人の存在に注意が向けられるようである。場合によっては、訴陳状の交換へと進むであろう。一方、奉行人以外が披露をする場合、披露を重ねて、訴陳に番えるに至ることはまれではなかろうか。B型の（い）や（お）は、武力行使を止める内容であり、また、他から披露を依頼されたという可能性も残るものの、（う）やそれに類する文書は、安堵や課役免除を命じており、いずれも訴陳に至るには程遠いことも参考となろう。理非の究明が必要で、訴陳状の交換が行われ得る場合には、奉行人が進行役となるのが通例、と考えられる。

すると、披露※は、理非究明が必要か否かの判断を仰ぐこととなる。これは、まさに「入門」の沙汰であろう。先学の指摘されている入門の用例、特に『九条家文書』の輪田荘雑掌目安案をみると、入門とは、理非に入るか、即座に採決を下すかを判断する場で、「その段階において訴の結審をみざる場合において、（訴陳状の応酬に始まる）通常の訴訟手続が開始される」のである。(23) もっとも、奉行人に披露が命ぜられても、必ずしも訴陳に番うに至るとは限らず、奉行人の再披露で採決が下されることもまたあると想定される。なお、先に触れた『康富記』の丹波守護に出訴する例で、披露※を担当する奏者に渡されたのは目安である。入門と目安が深く関わることは改めて紹介するまでもないだろう。そして、賦を受け披露を命ぜられた奉行人安富因幡入道は、「目安書直可レ給」と述べている。奉行人の再披露には、目安でない訴状・申状が必要なのである。

理非の究明を担当しうるのは奉行人となると、なぜ奉行人だけがそのような職掌を持つのかが問題となるが、いまのところ起請文の存在を指摘できるだけである。奉行人の連署する起請文は、永享三年（一四三一）、長禄二年（一四五八）の二通が知られており、それぞれ十二人・十五人が連署し、文章はほぼ同じで、二か条からなり、沙汰が理に叶うよう勤めることを誓っている。また、単署の例もある。『室町家御内書案』上には、天文年間、奉行人が「御前御免」のとき、すなわち将軍に披露できる御前沙汰衆に加えられたときに出す、単署の起請文の文例が引用されている。「北野牛王」に書かれ、五か条からなり、最初の二か条は永享・長禄のものとほぼ同文である。このほか、北野社の『目安等諸記録書抜』という史料に、応永二十五年（一四一八）十二月八日、飯尾清藤が出した起請文の写がみえることが指摘されている。文章は、他と異なるけれども、披露を延引しないことや、「於㆓理非㆒者、不㆑可㆑存㆓私曲㆒事」という条文など、裁判の公正に努めることを内容とする。この起請文は北野社に提出されたという見解もあるが、「寺社申事」というように一般化した文章となっていることなどから、幕府に提出した可能性も十分に考えられよう。その場合、同じく単署である天文期の例から類推すると、清藤が将軍に披露する資格を得たときに出した起請文ではなかろうか。必要に応じてさまざまな時点で起請文を提出させることにより、奉行人の披露の公正さを保とうとしたと考えられる(24)。

○訴状を受け取る

先に掲げた図式によると、奉行人が訴訟に関わるのは、披露※ののちである。すると、奉行人は、命を受けた後でないと、訴人から訴状を受け取らないこととなる。

〔建武以来追加〕室町幕府追加法一九四条

一　奉行人直請二取訴状一披露事　正長二　八　卅

論人出帯之時、参差之沙汰出来之条不レ可レ然、於二向後一者、上裁并賦別奉行之外、所レ被二停止一也、各可レ令二存知一矣、

正長二年（一四二九）の追加法は、「上裁并賦別奉行」という例外を除き、奉行人が「直に訴状を請け取り披露の事」を禁ずる、という内容で、その理由は、「論人出帯の時、参差の沙汰出来」を防ぐためである。事書の部分、「直」は、少なくとも「請取」にかかるであろう。例外を除き、奉行人が、しかるべき手続きを経ずに、訴状を受け取ることを禁じていると解釈される。「参差の沙汰出来」とは、披露の結果について異議を申し立てる人物（論人）が現われた場合に、先の披露の結果と相反する裁許がなされることを意味すると思う。それは、異議申し立てが、先の披露とはまったく別個に、独立した訴訟として行われたためであり、その原因は、奉行人が訴人から、誰かを介することなく、直接に訴状を受け取っていたため、異議申し立てを受理する際に、先に披露が行われていることを知る手立てがなかったからではないか。先立つ披露の有無を知るためには、まず、奉行人以外が訴状を受け取り、どのような訴訟が提起されているかを把握していなければならない。

奉行人が進行役となる訴訟では、訴人と奉行人の間に、披露※をする人物が介在して、奉行人と披露の相手のほかに、その訴訟を関知する役を果たすこととなる。この第三者による把握こそ、奉行人以外が進行役となる場合との大きな違いと考えられる。

もっとも、あくまで原則のことであって、第三者の手を経ずに、奉行人が訴人から直接に訴状を受け取る例も少なくない。寺社などを個別に担当する、いわゆる別奉行が、担当寺社の訴状を受け取る場合である。別奉行という名称は、義政のころから顕著となり、所見も多くなるけれども、個別の寺社に担当奉行を置くことを将軍が許可する例は、南北朝中期からみえ、応永期にはかなりの事例を挙げることができる。別奉行は、披露※の立場に立つこととなり、

その増加により、奉行人が進行役となる場合と、それ以外の場合の差異が曖昧になっていくと推測される。

2　文書を作成すること

披露することは、奉行人のみにみられる職掌といえないのに対し、発給命令を受けて、将軍の御判御教書や管領奉書を作成するのは、奉行人固有の職掌と見なされる。奉行人の作成するものはそれらに留まらず、『満済准后日記』には、諸大名や、関東からの使節などの申詞、あるいはそれらに対する将軍の仰詞を、奉行人が書き記す例が多くみられる。

〔満済准后日記〕永享三年（一四三一）三月二十六日条

就二関東使節事一、自二管領一申入題目以二口状一披露、旁難治至極也、所詮召二給飯尾肥前守（為種）一、自二管領一申詞注サセ、以レ彼明後日可二披露一由存、（25）

満済が、管領斯波義淳の申詞を将軍義教に披露するにあたり、口頭では難しいので、奉行人飯尾為種に記させて、書面で披露したいと考えている一節である。申詞を書き記すとは、単に話し言葉を文字に変えるのではなく、話の内容をまとめて書くことなのである。御判御教書などを作成する場合も同じであり、単に書くだけでなく、文章を考えたうえで書き付けることが奉行人の任務となる。

以上を別の視点から整理しておこう。奉行人を集団として捉えるとき、将軍義教の頃から明瞭に、右筆方という呼称が用いられるようになる。文筆に携わることが、奉行人にとって、他と区別する基本的な職掌であることを的確に物語っている。また、奉行人内部に、御前沙汰衆、御前未参衆という区分があり、将軍に披露する資格を有するか否かが、両者の差異であった。奉行人にとって、披露は固有の職掌ではないものの、重要な位置を占めていたことの反映であろう。

奉行人は、訴訟に関与するとき、命令を受けたうえで、披露して進行役となること、文書を作成すること、この二点を勤める。伝奏や近習の場合、訴状を受け取り、披露して、場合によっては、自ら署判する奉書で決定を伝えるなど、訴訟処理の全般を担当することが可能であるけれども、奉行人の場合、原則としては不可能である。伝奏や近習に比べると、奉行人は、特定の部分に関与するという感が強い。奉行人が、職能を持つ人々であることを、改めて考えさせられる。

第四節　賦の意義

これまで、賦やそれに類する文書を素材に考察をすすめてきたが、最後に、賦そのものの意義について言及しておきたい。本来ならば、賦と明記される史料、すなわち第一節で掲げた諸史料すべてから帰納すべきであろうが、困難なため、もういちどふたつに分けて、まず、天文期に文書発給を命ずる賦を除いたうえで、訴訟の進行役を命ずるもの（A型と称してきたもの）を中心に検討し、そののち、天文期に文書発給を命ずる文書を賦と呼んだ理由について、手掛かりを提示したい。

進行役を命ずる賦では、訴状はまず、賦に署判する者に付され、のち賦とともに奉行人に渡される。訴状の移動は、訴訟の担当者（進行役）の変更と理解することも可能であろう。同じような担当者の変更は、他に「与奪」という行為にもみられる。与奪とは、個人または機構から他の個人・機構へ案件の委託されることをいい、ある奉行人が担当不可能となったとき、他の奉行人へと変更する場合にしばしば用いられる表現である[26]。賦と与奪とを比較すると、与奪は、奉行人の間など、同じ立場の間の変更であるのに対し、賦は、管領被官から幕府奉行人へなど、異なる立場への変更である。そのため、与奪自体は、訴訟の進行を意味しないけれども、賦は、訴訟が受理されて、次の段階に移行したことを意味する。与奪は、並列関係にある二者間の受け渡しであり、賦は、いわば直列関係にある者への受け渡しとなろう。

このように、賦とは、訴訟の担当者の変更であり、訴訟が次の段階に移行したことを意味する(27)。担当者の変更ということ自体に注目すると、想起されるのは、第二章で検討した本路という考え方である。本路の考え方を敷衍すると、同一の件で、意志の交換が数度にわたって行われる場合、仲介者は常に一定となろう(28)。ところが、賦や与奪は、仲介者（担当者）を変える行為である。たとえば管領の賦を想定すると、訴人と管領を仲介するのは、はじめ管領被官であるが、賦を出したのちは、奉行人が仲介の役を果たし、管領被官は関与しなくなる。本路という考え方の存在するなかで、賦や与奪といった、仲介者（担当者）を変える行為は、特殊であり、それだけに結節点として重要な役割を担ったのである。

では、天文期の賦を取り上げよう。天文期の訴訟処理を、第二節で掲げた図式と比較すると、大きな違いは二点ある。ひとつは、訴訟受理が、おおよそ別奉行によって行われたと推測されることである。このため、従来、賦の中心的存在であった、訴訟の進行役を命ずる内容の賦は、必要なかったのではないかと推測される(29)。もうひとつは、奉行人が将軍義晴に披露しないこと。奉行人は、訴訟進行を担当し、内談衆と奉行人の臨席する場に披露するが、その内定を経て、将軍に披露するのは、内談衆の面々である。このような、訴訟の評議を行う場と将軍に披露する場とが乖離する傾向は、少なくとも将軍義政の初期にはみられ、そして、奉行人が将軍に直接に披露せず、申次を介するようになるのは、将軍義尚・義材の頃からであると指摘されている。将軍への披露の替わりに奉行人に要求されるようになったのは、意見の具申である(30)。

この状況下、発給命令を伝える文書の必要度は高まるであろう。自らは披露せず、発給命令をうける奉行人にとって、裁可が虚偽でなく、正式な発給命令であることを確認するためには、誰が披露し、どのような裁可であるのかを文書の形で残し、後の証拠に備えるのが最良の方法となろう。（え）の例で、奉行人が、蔭涼軒主に対し、文書の形で命令することを求めているのも参考となる。文書の受け取り手にとっても、発給命令書を保管することで、文書の正当性を主張できることとなる。[31] 奉行人奉書が頻繁に発給される天文期、賦は比較的多く残存している。

文書発給を命ずる文書を賦といった可能性の徴証は、すでに南北朝末期に存在する。明徳二年（一三九一）の申状に「任二去六月廿六日御賦之旨一、忩被レ成二下御判御教書一、可レ令レ全二知□一」とある。[32] 発給命令は、裁可を得て、文書が発給される点で、先に述べた進行役を命ずる賦の特徴、訴訟の担当者の変更であり、訴訟が次の段階に移行したことを意味する、のうち、少なくとも、次の段階に移行するという点にあてはまる。そして、内談衆が以後の進行、つまり文書発給の手続きに関与しないという点で、担当者の変更と見なすこともあるいは可能かもしれない。[33]

註

（1）飯尾善右衛門入道は、応永十六年（一四〇九）と判断される和泉国信達荘沙汰次第（大日本古文書『醍醐寺文書』四五七（一〇）、四函五九―一〇）などにも、管領細川満元の被官としてみえる。『康富記』は、増補史料大成。

（2）「引付内談篇」の「賦事」のうち、「至二賦式日一、令レ持二参申状・具書於管領一、渡二于賦奉行一、請二取之一則伺申、無二証文以下之相違一者、加二訴状銘一、相二副吹挙之折紙一、遣二引付之開闔一」（『中世法制史料集』二室町幕府法）。

（3）鳥居和之「室町幕府の訴状の受理方法―義教・義政期を中心に―」（『日本史研究』三二一、一九八八年）は、註（2）に引用した『武政規範』の「折紙」に注目し、賦と呼ばれた可能性を指摘している（三頁・二四頁など）。

（4）史料編纂所架蔵影写本『東大寺文書』第一回採訪之二。『三重県史』資料編古代・中世（上）黒田荘八二一。大日本古文書『東大寺文書』一〇、六三（未成巻文書一―一―一二）は関連文書。佐藤進一『鎌倉幕府訴訟制度の研究』（岩波書店、一九九三年、初出一九四三年）九一頁に全文が引用されている。また、石井良助『中世武家不動産訴訟法の研究』（弘文堂書房、一九三八年）七六頁参照。

（5）「将軍足利義晴期における御前沙汰―内談衆と『賦』―」（『日本史研究』二〇七、一九七九年）。

（6）大日本古文書『大徳寺文書』一五五九。

（7）鳥居氏は註（3）論文で、賦の意味の変化に注目し、その経過を検討されている。註（33）参照。

（8）『大日本史料』第七編之六、三一一頁。『寺門事条々聞書』は、国立公文書館所蔵（古〇二二―〇三六七『雑々聞書』）、画像公開。一連の文書とともに書写、引用されている。

（9）『秋田藩採集文書』（『岐阜県史』史料編古代・中世四、八四六頁）、「酒出金大夫季親家蔵文書」は『秋田藩家蔵文書』一八、秋田県公文書館所蔵、画像公開。本書第四部第二章第二節第二項三七二頁参照。

（10）『蔭凉軒日録』は増補続史料大成による。鳥居和之氏は、註（3）論文で、蔭凉軒主の署判する文書に注目され、義晴執政期の賦と同じ機能を持つと指摘されている（一一頁・二二頁など）。また、鳥居「将軍家御判御教書・御内書の発給手続」（『年報中世史研究』七、一九八二年）一二〇頁参照。（補註1参照）

（11）『吉田家日次記』は史料編纂所架蔵写真帳による。

（12）『栃木県史』史料編・中世一、一八三頁、佐藤博信「上杉氏奉行人についての覚書―島田泰規のこと―」（『中世東国の支配構造』思文閣出版、一九八九年、初出一九八七年）は、この文書を素材とした論考である。

（13）典拠は順に、大日本古文書『東寺文書』九五、史料纂集『地下文書』一二一―二、滋賀大学日本経済文化研究所史料館編纂『菅浦文書』上二八二。

（14）『東寺百合文書』ワ二四、鎮守供僧評定引付、応永十五年九月三十日条（『大日本史料』第七編之一〇、四五七頁）。

（15）勝俣鎮夫「『村訓』の成立―近江国菅浦にみる―」（週刊朝日百科日本の歴史別冊『文献史料を読む・中世』朝日新聞社、一九八九年）、「惣村菅浦の成立」（『戦国時代論』岩波書店、一九九六年）を参照されたい。元吉は、文安二年ころ、細川持賢が守護を勤める摂津国西成郡の守護代である徴証がある（今谷明「摂津における細川氏の守護領国」『守護領国支配機構の研究』法政大学出版局、一九八六年、二八四頁）。持賢が、細川宗家の代行をしていたことは、本文に引用した『康富記』嘉吉二年十二月二十日条などにみえる。

（16）奉行人の披露する相手は、管領と考えておきたいが、（エ）・（オ）の場合、将軍である可能性も残される。いずれにせよ、提訴をうけて、管領に披露され、その結果を伝える文書である点に注意したい。管領のもと審議が行われて、すなわち披露が重ねられて、その結果を将軍に披露する場合にも、奉行人に宛てて、将軍への披露を命ずる文書が出される可能性があるけれども、その場合、文書のなかに、審議結果が盛り込まれると想像され、いま検討している、単に披露を命ずる文書とは、内容が異なると思う。

(17)『東寺百合文書』く四、廿一口方評定引付応永十五年二月十二日条（『大日本史料』第七編之九、一六四頁）。

(18)（文安五年）十一月二十一日安富元盛奉書案・文安五年十一月二十二日室町幕府奉行人連署奉書（大日本古文書『醍醐寺文書』二六三六・二六三五、十七函六四・六三）。小泉（本郷）恵子「細川家関係故実書について」（科学研究費補助金研究成果報告書〈研究代表者桑山浩然〉『室町幕府関係引付史料の研究』、一九八九年）九二頁参照。

(19)註(1)の『醍醐寺文書』に同じ。

(20)『蔭凉軒日録』長享二年三月二十一日条など。

(21)『蔭凉軒日録』延徳二年九月十六日条。

(22)藤原良章「鎌倉幕府の庭中」（『中世的思惟とその社会』吉川弘文館、一九九七年、初出一九八三年）、「訴状与訴状者背武家之法候」（『同』、初出一九八八年）。（補註2参照）

(23)笠松宏至「入門」（『日本中世法史論』東京大学出版会、一九七九年）。

(24)永享三年は『建武以来追加』、長禄二年は『蜷川家文書』。前者は『中世法制史料集』二室町幕府法、参考史料一三六・一三七、後者と『室町家御内書案』上所収のものは、同書の補註八七に引用されている。清藤のものは『北野天満宮史料』古記録二八二頁、鳥居註(3)論文一四頁参照。清藤の初見史料とみられ、こののち応永三十年五月に死去するまでの数年間に、清藤は顕著な活動の跡を残している。山家「奉行人飯尾清藤」（『日本歴史』六七五、二〇〇四年）参照。

(25)『満済准后日記』は『続群書類従』補遺。

(26)筧雅博「得宗・与奪・得宗方」（網野善彦・笠松宏至・勝俣鎮夫・佐藤進一編『ことばの文化史』中世一、平凡社、一九八八年）一六七頁。

(27)この解釈は、鎌倉幕府の賦にも適用できよう。鎌倉幕府の賦は、問注所から引付への移管である。

(28)室町幕府では、別奉行をはじめとして、将軍（幕府）との仲介者は固定する傾向がみられ、本路の考え方の延長上に理解することができよう。

(29)鳥居氏は、註(3)論文一六頁以下で、嘉吉頃には折紙（賦）が省略され、賦銘に担当奉行人の名が記されるようになると指摘している。

(30)設楽薫「将軍足利義材の政務決裁」（『史学雑誌』九六―七、一九八七年）、「室町幕府の評定衆と『御前沙汰』」（『古文書研究

二八、一九八七年）、「足利義尚政権考」（『史学雑誌』九八―二、一九八九年）。

(31) 御判御教書などの案文には、しばしば担当奉行人の名が記される。これは、担当者を明確にしておき、その文書の正当性を主張する根拠となすためなのかもしれない。

(32) 明徳二年八月日官長者家雑掌目安（『壬生家文書』五、一二二四、「壬生家家領関係文書」一）、宮内庁書陵部所蔵、画像公開。鳥居註(3)論文二六頁参照。

(33) 鳥居氏は註(3)論文で、次のようにまとめられている。「はじめ、訴状加銘と折紙がセットであったものが、折紙が省略される。そして、蔭凉軒主の一行が出され、訴状とともに奉行人に渡るようになる。蔭凉軒主の一行、これは内談衆の出した賦の機能は同じであった。賦奉行の出す推挙の折紙が賦と呼ばれた段階があったとすれば、同じ賦という言葉が、奉行人奉書の発給を命じる賦へと変化していくことに一つの流れが得られるのではなかろうか」（二四～二五頁）。賦奉行の出す、訴状の受理・配布を意味する賦（a）と、天文期に内談衆の出す、奉行人奉書の発給を命ずる賦（b）の間に、蔭凉軒主の出す文書（c）をおき、訴状とともに奉行人に渡るという点でaとcが共通し、奉行人奉書の発給を命ずる点でbとcが共通することから、aとbを結びつけている。なお、本章では、賦を解明するのに不可欠な、賦奉行や賦銘についての検討はなしえなかった。（補註3参照）

（補註1）　本章発表後、設楽薫氏は、「将軍足利義晴期における「内談衆」の成立（前編）―享禄四年「披露事条々」の検討を出発点として―」（『室町時代研究』一、二〇〇二年）で、天文期の賦と同様の機能と形式を持つ文書を総括し、永正～天文期に、細川家家督の奏者が細川家奉行人に同様の文書を発し、なかに「賦」と明記されている事例に言及している（一一五頁）。

（補註2）　本章では、論旨を明確にするため、発表時から若干の文章を追加している。また、申次という表現を避けるようにした。史料表現での申次には、申次の言葉の意味に即して、仲介を果たす者たちをひろく指す場合と、より限定して、職掌として、番を組んで将軍などへの取次を行う者たちを指す場合があると考えている。本書第四部第二章では、限定した意味との混乱を避けるため、ひろい意味での申次に対し、仲介者という表現を用いた。本章発表時にはひろい意味で申次と表現していたが、指す対象はおもに近習であった。そこで、第二章に準じて仲介者と表現している。

（補註3）　本章発表後、賦を検討した論考のうち、代表例として、岩元修一氏の訴訟手続きに関する一連の論考を挙げたい。岩元『初期室町幕府訴訟制度の研究』（吉川弘文館、二〇〇七年）第二部、特に第三章「南北朝期室町幕府の訴訟受理手続き―賦の検討を中心に―」。山家も、岩元氏の研究に導かれて、端裏に記される銘の日付を分析した（「端裏銘の日付」鎌倉遺文研究会編『鎌倉遺文研究Ⅲ　鎌倉期社会と史料論』東京堂出版、二〇〇二年）。また、端裏への記載のひとつとして端裏ウハ書を検討したことがある（「端裏ウハ書をめぐって」湯山賢一編『古文書料紙論叢』勉誠出版、二〇一七年）。

結　論

本書のねらいを改めて整理しておこう。第一に、室町幕府は、鎌倉幕府の基盤をどう継承し、状況に合わせて展開していったか。その過程を明らかにすることを通じて、義満執政期から義政執政期と目される安定期室町幕府への理解を深めること。第二に、安定期室町幕府がどのような基本的な枠組み（基盤）の上に成立していたのかにつき、これまでの像を豊かにする可能性のあるような、新たな情報を提供すること。検討対象は、経済基盤と組織制度であった。最初に、それぞれにつき、本書で示そうとした内容をまとめておきたい。序論で提示した、継承・変容・（新たな）試行、（新たな）工夫・通念、といった表現を用いて整理していく。

第一節　経済基盤の継承・展開と新たな工夫

第一項　地頭御家人役、新恩地年貢・五十分一役

経済基盤については、第一部・第二部で扱った。第一部第一章で述べたように、地頭御家人役と新恩地年貢・五十分一役とは、近い位置付けにあるため、あわせまとめる。室町幕府は、鎌倉幕府下で御家人に賦課された経済的負担を、地頭御家人役と呼びつつ、継承を試みたけれども、有効な基盤として維持するのは困難であった。第一部第二章

では、その変容の一端として、守護による賦課の再編を明らかにし、国役化など、安定期室町幕府でのあり方への見通しを示した。地頭御家人役の史料所見が少ないなか、変遷の様子は寺社領で表面化しており、本来の御家人からの徴収は順調ではなかったことを反映している可能性が高い。地頭御家人役は、財源としての機能はかなり低下したと評価せざるをえない。この事実は、財源という視点では、幕府が御家人に依拠することの実効性が失われたことの如実な反映となる。

第一部第一章で検討した新恩地年貢・五十分一役は、地頭御家人役をはじめとする、幕府を支える基本的な財源の補塡という位置付けがあったと判断される。御家人と南北朝期に給恩地を与えられる人々はどのように異なるのか、については、慎重に検討すべき課題であろうが、鎌倉期と南北朝期という時代の差異も考慮に入れつつごくおおまかに整理すれば、御家人は御恩・奉公を通じて将軍との密な関係を意識しうるのに対し、給恩地を与えられる人々は、範囲もより広く、将軍との関係もゆるやかであるということになろうか。新恩地に賦課するのは、幕府から給恩地を与えられる人々という、御家人とはやや異なる、新たな支持層を形成する意味もあったと思われ、野心的な新たな試行であった。しかし、定着することはなく、幕府財源としてほぼ評価しえない。

室町幕府は、経済基盤としては、御家人を基盤として継承することも、被恩賞給与者に依拠する試みを確立することも、なしえなかった。ただし、地頭御家人役、そして五十分一役は、ある程度まで形式的にせよ、消滅することなく残存している点にも留意は必要である。基本的な財源を武士に依拠するしくみは、鎌倉幕府を継承し維持されていることになる。納入の方法では、南北朝前期より、鎌倉幕府下で基本であった守護を経由した納入に加えて、幕府への直接納付も確認され、のちの奉公衆などによる直接納入と守護による国役などの納入の併用へと繫がっている(1)。

地頭御家人役のうち、特に恒例役は、幕府の基本的な部分の必要経費を担う役割を負っていた。新恩地年貢・五十分一役は、この補塡を目指したのであろうが、成功をみなかった。その結果、義満執政期において、酒屋土倉への恒例賦課が成立し、京都の都市経済に依存して、幕府の基本的な経費は賄われるに至った。これは基本的な経費を武家に依存することの実質面での失敗を意味する。これまでもしばしば指摘されているように、財源の根幹を武家から都市民に移行した、という点で大きな意味を持つ。

本書では、臨時的経費を含め、安定期室町幕府の財源を包括的に論ずることはできていない。若干の概観をしておくと、幕府財源は、所領からの収入を除くと、おおまかにふたつに大別できると思う。ひとつは、幕府内の日常的な交流範囲で発生する、おもに献上のかたちをとる納入で、守護出銭、折紙銭を代表とし、さらには権利付与の対価として発生する公文銭や交易による収入などを含めてよいだろう。もうひとつは、段銭など、限りなく例外を設けないかたちでの一律賦課で、守護に支えられて実現するという特徴を持つ。京都を舞台とする直接的な収益と守護を介する収益の併用と整理しうる。

さて、第一部第一章・第二章では、御家人役の継承や新恩地年貢などの試行に失敗した理由について、あまり言及していない。依拠すべき具体例に好適なものがないために厳密な検討は困難で、通説的見解を出ないけれども、おおまかな見通しを述べておきたい。鎌倉幕府では、経済的負担の御家人役は、守護を介して納入するのが基本であったと思われる。室町幕府でも、直納と守護を介する納入であり、納入方法に大きな変化はない。問題となるのは、納入する側の変化、仲介する守護の変化となろう。

負担する御家人層は、鎌倉後期から弱体化が進み、幕府による再編成が試みられてきたことは、軍事動員をはじめとするこれまでの研究に明らかである(2)。さらに鎌倉幕府の崩壊により、鎌倉将軍、さらには鎌倉幕府との関係で規定されていた御家人という立場は不明瞭になる。鎌倉末期以降、御家人は身分化が進むとされるけれども、室町幕府下において、身分として主張しても他との差別化は難しく、明確な利点は少なかったと思われる。御家人身分を維持することの意義は低下し、経済的負担の納入は滞り、経済的以外の負担である番役も衰退していくのであろう(3)。室町将軍家と直結する道を選んだ武家たちを除いて、負担を通じて室町将軍と繋がるメリットがなかったことになる。また、南北朝期の新恩地給与は、鎌倉期と比べて、乱発気味であり保障の度合いが低かったと想定される。新恩地の不安定さが大いに増すなか、新恩地を給与される者にとって、負担により維持の確実性が増すことはなかったと推測される。経済的負担を納入するにみあう反対給付に期待を持てる状況ではなかったであろう。

仲介する守護を検討するにあたり、室町期に幕府による段銭徴収が制度化される点は見逃せない。(4)地頭御家人役なども段銭も、直接納入者を除き、守護が仲介するというかたちは同じである。守護にとって、段銭徴収は実現しえていたと思われる。これに対し、地頭御家人役などでは、なぜ個別の現地への賦課は機能せずに形式的な国役へと転化したのか。段銭納入者にとって、対守護の関係を有利に保つために守護を介して段銭を支出したという面はあるかもしれない。しかし、自発的に積極的に守護を介して段銭を納入したとは考えられず、納入者の立場では、段銭と地頭御家人役で大きな差異はないと思われる。守護の問題として整理することも意味があると考える。

まず、段銭は基本的に臨時的な賦課であり、地頭御家人役の恒例的な賦課と比べて義務が重いという理解もありうるかもしれない。ただし、地頭御家人役にも本来は臨時役が存在し、恒例か臨時かを、地頭御家人役などと段銭との大きな差異と見なすことは難しい。むしろ、地頭御家人役や新恩地年貢は対象が限定的なのに対し、段銭は原則として一律賦課であるという違いに注目したい。まず、守護にとって、一律賦課は、所轄する国内への浸透を図る契機であり、大きな動機付けとなったことは想像に難くない。加えて、鎌倉幕府下と比べて現地は混乱し複雑化しており、個別事情を把握しての賦課は困難だったという状況も想定しうるであろう。守護にとって国内個別所領の情報は不足していたと仮定すると、個別所領の実情を把握したうえで賦課するには困難が伴う一方で、一律賦課を原則とし、例外として除外するには大きな問題は生じなかったことになる。もっとも、現地に即した個別所領情報が不足していたならば、段銭においても、徴収の実効性に限界があったと理解すべきなのかもしれない。

吉川弘文館
新刊ご案内

〒113-0033 東京都文京区本郷7丁目2番8号
電　話 03-3813-9151(代表)
FAX 03-3812-3544／振替 00100-5-244
(表示価格は10%税込)

●2024年9月

『日本歴史』編集委員会編

きょうだいの日本史

親愛、信頼、
羨望、嫉妬、
憎悪、殺意…

かたや固い絆で結ばれた家族、かたや他人同然のライバル。時に複雑な感情をも孕む、「きょうだい」の関係性。古代の天皇から昭和のスターまで、歴史上の兄弟姉妹たちの多様なあり方から、彼らの生きた時代を見通す。

A5判・二八〇頁／二二〇〇円

恋する日本史

無名の人物が貫いた純愛、異性間に限らない恋心、道ならぬ恋が生んだ悲劇…。天皇・貴族から庶民まで、昔の人びとの知られざる恋愛を紹介する。

A5判・二五六頁／二二〇〇円

寺前直人・設楽博己編

Q&Aで読む弥生時代入門

水田稲作の開始、金属器の普及、身分と序列の成立など、様々な変化を経て約一〇〇〇年続いた弥生時代。考古学のみならず自然科学や人類学の成果が反映された最新の時代像を、五五の問いに答えて解明。図表やコラムも充実。

A5判・二八八頁／二七五〇円

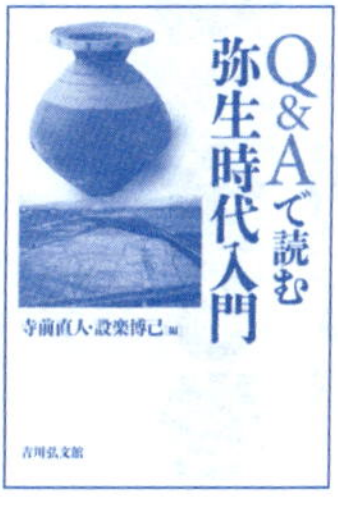

山田康弘・設楽博己編

〈2刷〉Q&Aで読む縄文時代入門

二七五〇円

列島の東西をつないだ〈東海〉のあたらしい中世史像を描く新シリーズ！

『内容案内』送呈

東海の中世史

全5巻 刊行中

企画編集委員 山田邦明 水野智之 谷口雄太

伊勢湾や太平洋をのぞみ、畿内と東国の中継地点であった東海。その地域的な個性に注目しつつ、信長・秀吉・家康らを輩出するにいたる歴史的な特色を持つ中世を鮮やかに描く。進展著しい研究成果をふまえ、最適な執筆陣がわかりやすく叙述。武家や公家、寺社、宗教、荘園、交通など、多様な角度から、これまでにない新たな東海の中世史像に迫る。

各二九七〇円

四六判・平均二四〇頁・原色口絵四頁　※巻数順に毎月1冊ずつ配本中

●既刊の3冊

①中世東海の黎明と鎌倉幕府

生駒孝臣編

白河院政が始動すると、河内源氏ら京武者が進出し、東西の往還路として東海の地位が上昇。内乱を経て鎌倉幕府により東海の秩序が再編されるまで、御家人の動向、発展する陸海運・寺社・荘園制の実態と併せて描く。

本文二四六頁

❷足利一門と動乱の東海

谷口雄太編

蒙古襲来、鎌倉幕府滅亡、南北朝内乱と、動乱の渦に東海も巻き込まれていく。三河を地盤に覇権を握った足利氏のほか、北畠・土岐・今川氏とその支配地域の動向を詳述。東海一帯に影響力を及ぼした寺社勢力にも説き及ぶ。

本文二三六頁

❸室町幕府と東海の守護

杉山一弥編

足利将軍は、京都と鎌倉を結ぶ政治経済の動脈として東海諸国を重視した。東海各国の守護・奉公衆・国人の具体的な動向に加え、荘園や山岳信仰、窯業、自然災害など、室町期東海の地域的な特徴を詳しく取り上げる。

本文二四〇頁

室町幕府と東海の守護　杉山一弥［編］

足利一門と動乱の東海　谷口雄太［編］

【続刊】

❹戦国争乱と東海の大名

水野智之編　＊9月発売

❺信長・家康と激動の東海

山田邦明編　＊10月発売

本シリーズの特色

◉三重・岐阜・愛知・静岡の四県（旧一〇国：伊勢・志摩・伊賀・美濃・飛騨・尾張・三河・遠江・駿河・伊豆）を対象に、院政期から織豊期までの歴史を描く、これまでにない新しい中世史。

◉戦国時代、なぜ〝東海〟から天下人（織田信長・羽柴〈豊臣〉秀吉・徳川家康）が三人も出たのか。その背景にある地理的な個性に注目しつつ豊かな文化・経済基盤に迫る！

◉東と西を結ぶ結節点として、東海の陸運・海運に着目。伊勢国安濃津（あのつ）・遠江国元島（もとじま）遺跡などの交通の要衝に触れ、列島規模の陶磁器流通や、瀬戸焼・常滑焼の生産も解説。

◉足利一門である今川氏や、土岐氏・北畠氏などが、南北朝・室町時代を席巻していた実態を浮かび上がらせ、列島の中世史に新たな風を吹き込む！

◉富士浅間社・熱田神宮・伊勢神宮などの神社、密教や浄土真宗、禅宗などの仏教寺院を取り上げ、その信仰世界を描く。広大な土地を領有したり、一揆を主導するなど、寺社が勢力を誇ったことにも言及。

◉東海地域の歴史叙述に相応しい執筆陣が、最新の研究成果を豊富な図版とともに詳細・平易に記述。近年話題のテーマをコラムで補完し、巻末に本文理解を深める関連年表を付す。

三舟隆之・馬場　基編

カツオの古代学

和食文化の源流をたどる

和食に欠かせないカツオ。古代には税として駿河・伊豆から都に運ばれたが、保存加工法は謎が多い。土器や木簡などを再検証し、最新の科学技術による分析で古代の調理法を再現。今なお続くカツオ文化の基層に迫る。　Ａ５判・三〇四頁／三五二〇円

◉好評既刊

古代の食を再現する　みえてきた食事と生活習慣病　〈3刷〉三一六頁

古代寺院の食を再現する　西大寺では何を食べていたのか　二三二頁

Ａ５判／各三五二〇円

新川登亀男著

創られた「天皇」号

君主称号の古代史

天皇という称号は、いつから使われるようになったのか。中国に起源をもつ成り立ちや含意をひもとき、天子・皇帝ほかの呼称があったなか天皇が選択された理由に迫る。称号をつうじて、日本国家のかたちを問いかける。　四六判・三六八頁／三八五〇円

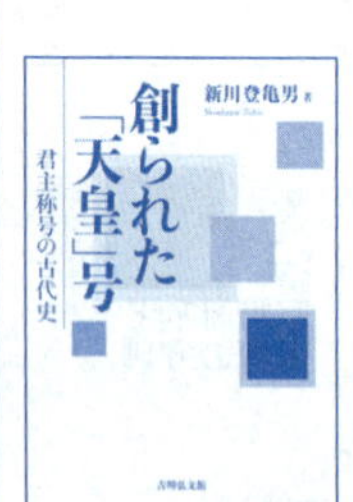

梶川敏夫著

ビジュアル再現　平安京

地中に息づく都の栄華

京都市内の地下には平安京の遺跡が数多く眠っている。発掘調査の成果をもとに、都の全体像や内裏、貴族の邸宅、寺院などを豊富なカラー図版を交えて復元。著者自ら描く臨場感あふれるイラストが平安の都へと誘う。　Ａ５判・三四四頁／三三〇〇円

水と人の列島史

農耕・都市・信仰

松木武彦・関沢まゆみ編

水資源に恵まれた日本列島。水と不可分の関係をもち発展してきた社会と文化の様相を、権力・異界・記憶をキーワードに追究する。古代からの水の利用や治水、各地の信仰や儀礼を分析。水をめぐる多彩な姿を描く。

四六判・二七〇頁／二五三〇円

島津氏と薩摩藩の歴史

五味文彦著

日本列島の西南端を拠点に、院政期から幕末まで権力を保ってきた島津氏。いかにして権力を形成し、「薩摩藩国家」が幕末に倒幕の一大勢力となったのか。島津氏と薩摩藩の政治・文化・社会の動きを通史的分析で明らかにする。

四六判・二一二頁／二四二〇円

星占い星祭り（新装版）

金指正三著

古代中国から伝来し、日本独自に展開した星占い・星祭り。災いを除き福を招くべく行われたその実態とは。成立から北極星・北斗七星の崇拝と祭り、天変、妙見信仰、今日の九曜・九星まで、平易に説いた名著を新装復刊。

Ａ５判・三二〇頁／四一八〇円

近世古文書用語辞典

（天野出版工房・発行）

佐藤孝之・天野清文編

数千点におよぶ古文書を渉猟し、約一万一五〇〇の用語・用字を精選。豊富な文例にわかりやすい現代語訳を付す。類書屈指の収録語数でありつつコンパクトなサイズを実現。古文書をより深く学ぶための必備必携の辞典。

四六判・七〇八頁／四九五〇円

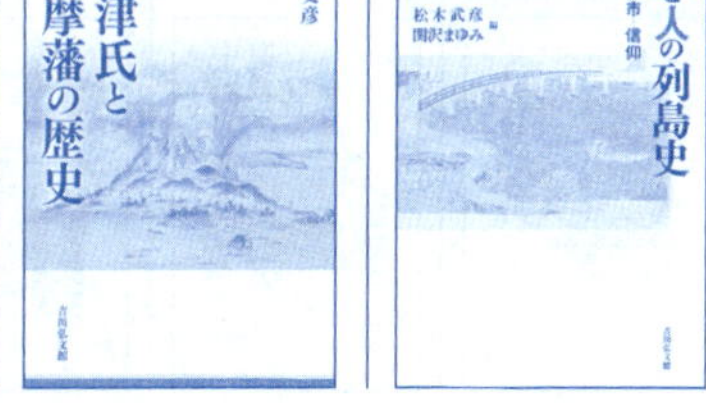

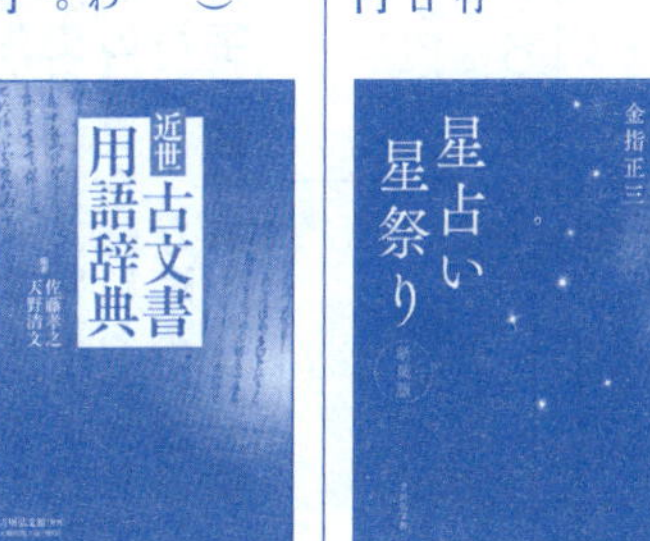

歴史文化ライブラリー

●24年5月～8月発売の12冊

四六判・平均二二〇頁　通巻600冊達成

人類誕生から現代まで／忘れられた歴史の発掘／常識への挑戦／学問の成果を誰にもわかりやすく／ハンディな造本と読みやすい活字／個性あふれる装幀

596 源氏物語の舞台装置　平安朝文学と後宮

栗本賀世子著

弘徽殿・藤壺・梅壺など『源氏物語』で后妃たちが暮らす場所には、それぞれ意味があった。平安京内裏の「後宮殿舎」に着目し、多様な平安朝物語の記述と比較しながら、素材となった史実や物語に込めた作者の意図を探る。

二〇八頁／一八七〇円

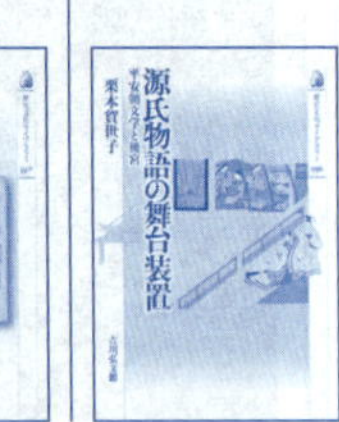

597 名物刀剣　武器・美・権威

酒井元樹著

その来歴から「名物刀剣」と呼ばれる平安～南北朝ごろの日本刀。武器、美、権威の関係性に着目し、歴史的遺産としての独自性を考える。『享保名物帳』を読み込み、学際的な視点から名物刀剣の特徴を分析、魅力に迫る。

二七二頁／一九八〇円

598 中国の信仰世界と道教　神・仏・仙人

二階堂善弘著

道教・仏教・民間信仰が混在する中華圏の宗教。関帝・媽祖・八仙など信仰される神々の特徴と、『西遊記』『封神演義』にも影響を受け変容する姿を解明。中国や日本の文化に影響を与えてきた実態を簡潔に解説する。

二四〇頁／一八七〇円

599 文房具の考古学　東アジアの文字文化史

山本孝文著

道具を使って文字を書く―。文字文化はいかに生まれ発展してきたのか。文字が持つ権威・芸術性などに触れ、記号・絵文字に始まる歴史を紹介。文字と同時に日本へ伝播した筆記具と併せて描く、古代東アジアの文化史。

二八〇頁／二〇九〇円

600 武人儒学者 新井白石 正徳の治の実態

藤田 覚著

家宣・家継二代の将軍に仕えた新井白石。礼楽や勲階制度、将軍の対外的呼称の変更、貨幣復古政策など、儒学者として政治改革を進めつつ武士としての誇りを持ち続けた。江戸幕府と徳川氏の永続実現に奮闘した生涯に迫る。

二二四頁／一八七〇円

601 陰陽師の平安時代 貴族たちの不安解消と招福

中島和歌子著

日時や方角の吉凶を熟知し、占いやまじないで国家や貴族らの不安を解消した陰陽師。暦の計算や天体観測により凶事の予見もできるなど、頼もしい存在だった。彼らがになった陰陽道の基礎知識や時代背景を丁寧に解説。

三〇〇頁／二〇九〇円

602 青銅器が変えた弥生社会 東北アジアの交易ネットワーク

中村大介著

弥生時代中期、大陸文化とともに導入された青銅器は、その後の列島社会をどう変えたのか。青銅器をめぐる交易網の形成や弥生人の行動を考古学の視点から読み解き、東北アジア社会の変動の中に弥生文化を位置づける。

二七二頁／一九八〇円

603 検証 学徒出陣

西山 伸著

アジア・太平洋戦争終盤、多くの学生・生徒が戦場へ送られた。近年の実態調査を生かし、「特権」縮小や一九四三年夏の大量動員、徴集延期停止、特攻など「学徒出陣」の真実に迫り、遺稿集が語り継ぐ戦後にも説き及ぶ。

二二四頁／一八七〇円

604 アイヌ語地名の歴史

児島恭子著

独特な響きをもち、アイヌ語を起源とする北海道の地名。地形や自然環境を語る地名がほとんどだが、人々が生活をしていく上での行動や世界観が示されたものでもある。アイヌの文化・歴史としての地名を解き明かす。

二五六頁／一九八〇円

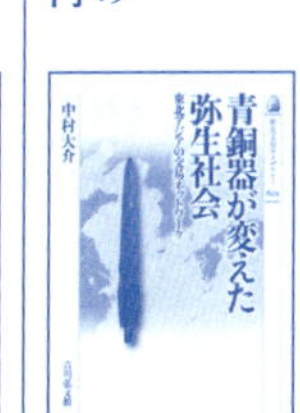

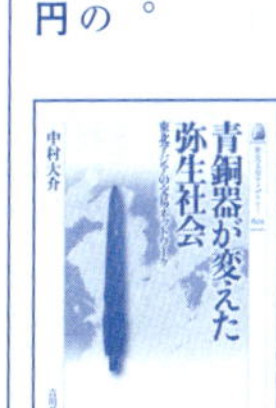

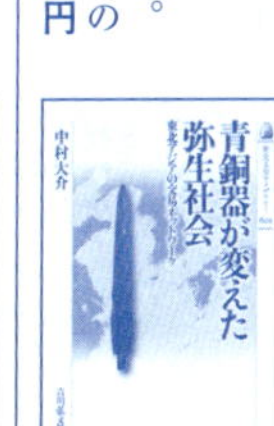

605 **采女（うねめ）なぞの古代女性** 地方からやってきた女官たち

伊集院葉子著

律令で定められた古代の女官、采女（うねめ）。地方エリート層出身の女性が「天皇に献上された美女」へとイメージ形成されていったのはなぜか。律令前史の宮廷女性の実像に迫り、ゆがめられた〈采女幻想〉から解き放つ。

二四〇頁／一八七〇円

606 **苦悩の覇者 天武天皇** 専制君主と下級官僚

虎尾達哉著

壬申の乱に勝利、皇位を簒奪し、クーデタ政権をうちたてた天武天皇。勝利に貢献した功臣たちを厚遇しつつ忠良な下級官人群を創出しようとする中、官僚統制に苦悩する専制君主の側面を再発見。人間天武の実像に迫る。

二二四頁／一八七〇円

607 **妖怪を名づける** 鬼魅の名は

香川雅信著

様々な怪異を引き起こす妖怪。中世までは種類の限られた妖怪が、江戸時代に激増するのはなぜか。俳諧と妖怪の意外な接点に着目。奇談を集め、妖怪を創造した俳人たちの情報ネットワークから〝妖怪爆発〟の謎に迫る。

二七〇頁／一九八〇円

好評既刊より

590 **伊勢参宮文化と街道の人びと** ケガレ意識と不埒者の江戸時代

塚本 明著 伊勢参りを支えた社会の虚と実。 二〇九〇円

591 **名言・失言の近現代史 上** 一八六八―一九四五

村瀬信一著 格調高い名演説から哀愁漂うギャグまで。 一九八〇円

592 **世界史のなかの沖縄返還**

成田千尋著 日米関係を超えた多角的な視点で追究。 一九八〇円

593 **平安京の生と死** 祓い、告げ、祭り

五島邦治著 死者と生者が近しく交流する死生観とは。 一八七〇円

594 **江戸城の土木工事** 石垣・堀・曲輪

後藤宏樹著 家康から家光までの築城の歴史に迫る。 一八七〇円

595 **名言・失言の近現代史 下** 一九四六―

村瀬信一著 「ことば」が語る、現代政治の内幕！ 一九八〇円

読みなおす日本史

毎月１冊ずつ刊行中　四六判

女帝・皇后と平城京の時代

千田　稔著

二四八頁／二四二〇円（補論＝千田　稔）

磐余（いわれ）から飛鳥、平城京へと遷都を重ね、六人の女帝と光明皇后が育んだ「ヤマトの時代」。仏教が公伝した欽明朝から称徳天皇まで、海外文化の吸収や律令体制の強化、計画都市など、国家の礎を築いた歴史を描く。

東大寺の瓦工

森　郁夫著

一八四頁／二四二〇円（解説＝清水昭博）

世界最大の木造建築である東大寺大仏殿をはじめ、大伽藍の屋根を覆う膨大な瓦。奈良時代より千二百年もの間、風雨から堂塔を守ってきた瓦に光を当て、浮かび上がる職人たちの奮闘を活写。瓦作りから東大寺造営に迫る。

武士の掟　中世の都市と道

高橋慎一朗著

一六〇頁／二二〇〇円（補論＝高橋慎一朗）

中世武士たちは、自ら支配する都市にさまざまな掟を作って出した。なかでも「道」にまつわるものが多かったのはなぜなのか。道路掃除の掟からは、支配者たちの道路へのこだわりと、目指した都市のすがたが見えてくる。

元禄人間模様　変動の時代を生きる

竹内　誠著

一八四頁／二四二〇円（解説＝深井雅海）

元禄文化という大輪の花を咲かせた太平謳歌の時代。経済が伸長し、弓馬より忠孝を重んじるなど、大きな転換期を迎えた武士や町人たちの社会に光を当て、その浮き沈みが映し出す多彩な人間像をあざやかに描いた名著。

荘園史研究ハンドブック（増補新版）

荘園史研究会編

古代から戦国期まで、多様な形態をもつ荘園。国の土地制度のなかに荘園を位置づけ、時代ごとの変遷と特徴に多様な側面から迫る。コラム、用語解説、荘園史の名著の紹介、デジタル資料の活用方法などを増補した入門書。Ａ５判・三一四頁／二八六〇円

荘園史研究
ハンドブック
増補新版
荘園史研究会編
吉川弘文館

平安時代の国衙機構と地方政治

森　公章著

A5判・四〇四頁／一三二〇〇円

尾張国郡司百姓等解文・清胤王書状群・高山寺本古往来・吏途指南・半井家本『医心方』紙背文書など、平安時代の国衙の様相を示す史料を読み解き、地方政治を考察。一部史料には訓読文を併載し、研究の基礎を提供する。

院政期の都市京都と政治

美川　圭著

A5判・三三六頁／九九〇〇円

摂関政治から院政へと向かう政治の転換期、京都はいかに変貌してきたのか。鳥羽殿・宇治・六波羅など、権門都市のあり方を追究。院と天皇の関係や貴族政治の実態、関連する冷泉家時雨亭文庫所蔵史料の特質も言及する。

中世前期政治史研究

元木泰雄著

A5判・四四〇頁／九九〇〇円

内乱を招きつつ政治構造が変化した中世前期。天皇家・公家・武家など権門の動向を軸に公武政権の展開を辿り、都市と王権とのかかわりを解明。受領や院近臣をめぐる諸相にも迫り、家格の成立や身分秩序を問い直す。

日本考古学　58

日本考古学協会編集

A4判・一一四頁／四四〇〇円

浅草寺日記　第44号（補遺編4）

浅草寺日並記研究会編

A5判・五六八頁／一一〇〇〇円

二四の市町村の沖縄戦を一冊で知る！

続　沖縄戦を知る事典

戦場になった町や村

古賀徳子
吉川由紀　編
川満　彰

A5判・二二四頁／二六四〇円

沖縄戦の戦場は中南部だけではなかった。地上戦がなかった地域でも、住民は日米軍の動向に翻弄され、命を脅かされた。市町村史の『戦争編』を基に、沖縄戦を立体的に描き出す。

『内容案内』呈

沖縄戦を知る事典

非体験世代が語り継ぐ

吉浜　忍・林　博史・吉川由紀編

〈好評7刷〉A5判・二二二頁／二六四〇円

戦闘経過、住民被害の様相、「集団自決」の実態など、六七項目を収録。豊富な写真が体験者の証言や戦争遺跡・慰霊碑などの理解を高め、〝なぜ今沖縄戦か〟を問いかける。

日本史年表・地図

児玉幸多編

B5判・一三八頁／一六五〇円

2023年の記事を追加した新年度版

世界史年表・地図

亀井高孝・三上次男・林　健太郎・堀米庸三編

B5判・二〇八頁／一七六〇円

豊かで多様な〈近世〉のすがた。最新の研究成果から、その全体像をわかりやすく描く

日本近世史を見通す

全7巻 刊行中

各三〇八〇円

A5判・平均二二二頁／『内容案内』送呈

近世とはいかなる時代だったのか。多様で豊かな研究成果を、第一線で活躍する研究者が結集してその到達点を平易に描く。通史編・テーマ編に加え、各巻の編者による討論巻からなる充実の編成で、新たな近世史像へ誘う。

既刊の6冊

1 **列島の平和と統合** 近世前期
牧原成征・村　和明編【2刷】二二二頁
グローバル化のなかで動き出す「近世日本」成立のうねり。

2 **伝統と改革の時代** 近世中期
村　和明・吉村雅美編　二〇八頁
泰平のなかで変化してゆく時代、改革政治の模索と行方とは。

3 **体制危機の到来** 近世後期
荒木裕行・小野　将編　二〇六頁
山積の国内問題、強まる外圧。崩壊に向かう近世日本。

4 **地域からみる近世社会**
岩淵令治・志村　洋編　二二〇頁
災害、不況、労働…。近世の百姓や町人の生活から考える。

5 **身分社会の生き方**
多和田雅保・牧原成征編　二一六頁
戦争のない「平和」な身分社会を人びとはどう生き抜いたか。

6 **宗教・思想・文化**
上野大輔・小林准士編【2刷】二〇〇頁
ひろがる書物、いきづく宗教。日本文化の転換期に迫る！

【続刊】

7 **近世史の課題** 討論（仮題）
小野　将ほか編

推薦します

高埜利彦（学習院大学名誉教授）

松本幸四郎（歌舞伎俳優）

※50音順、敬称略

好評既刊

世界遺産 宗像・沖ノ島 みえてきた「神宿る島」の実像
佐藤 信・溝口孝司編　四六判・二七六頁／二六四〇円

御成敗式目ハンドブック
日本史史料研究会監修／神野 潔・佐藤雄基編　四六判・三一六頁／二四二〇円

関白秀吉の九州一統
中野 等著　四六判・三一八頁／二七五〇円

高台院【人物叢書323】
福田千鶴著　四六判・三一二頁／二五三〇円

戊辰戦後の仙台藩〈家老〉一族 坂家のファミリーヒストリー
佐藤和賀子著　A5判・二四八頁／二六四〇円

日中和平工作 一九三七―一九四一
戸部良一著　四六判・三一二頁／二九七〇円

Q&Aで読む日本外交入門
片山慶隆・山口 航編　A5判・二四八頁／二五三〇円

高楠順次郎 世界に挑んだ仏教学者
碧海寿広著　四六判・二〇八頁／一九八〇円

文書館のしごと アーキビストと史料保存
新井浩文著〈2刷〉四六判・二八四頁／二二〇〇円

源氏・北条氏から鎌倉府・上杉氏をへて、小田原北条氏とつながる四〇〇年。対立軸で読みとく注目のシリーズ！

対決の東国史 全7巻

四六判・平均二〇〇頁／各二二〇〇円　『内容案内』送呈

●既刊の6冊　＊＝2刷

❶**源頼朝と木曾義仲**　長村祥知著
鎌倉に居続けた頼朝、上洛した義仲。両者の行く末を分けた選択とは？

❷**北条氏と三浦氏**＊　高橋秀樹著
武士団としての存在形態に留意し、両氏の役割と関係に新見解を提示する。

❸**足利氏と新田氏**＊　田中大喜著
鎌倉期の両者には圧倒的な力の差がありながら、なぜ対決に至ったのか。

❹**鎌倉公方と関東管領**
植田真平著
君臣の間柄から〈対決〉へ。相克と再生の関東一〇〇年史。

❺**山内上杉氏と扇谷上杉氏**
木下 聡著
二つの上杉氏―約一〇〇年にわたる協調と敵対のループ。

❼**小田原北条氏と越後上杉氏**＊
簗瀬大輔著
五つの対立軸から探り、関東平野の覇権争いを描く。

〈続刊〉❻**古河公方と小田原北条氏**……………石橋一展著

人物叢書

日本歴史学会編集　四六判

紫式部

今井源衛著　二三一〇円

王朝ロマンの最高峰『源氏物語』作者の全生涯を、その社会的・政治的背景の上に鮮やかに描き出す。

藤原道長

山中　裕著　二〇九〇円

一条天皇

倉本一宏著　二二〇〇円

藤原彰子

服藤早苗著　二四二〇円

清少納言

岸上慎二著　二〇九〇円

源氏物語を楽しむための王朝貴族入門

繁田信一著　四六判・二四〇頁／一八七〇円

光源氏や頭中将らが活躍する宮廷は、史実と異なる設定で描かれているが、実際の王朝社会とはどう違ったのか。貴族たちの日常生活や仕事をわかりやすく解説。物語がよりいっそう楽しめる。【歴史文化ライブラリー】

光源氏に迫る　源氏物語の歴史と文化

宇治市源氏物語ミュージアム編　A5判・二〇八頁／二四二〇円

時を越え、世界中で読まれ続ける『源氏物語』。主人公をキーワードに、歴史・文学・美術など多様な切り口からアプローチ。その生涯や恋愛模様のほか、紫式部の生きた時代に迫り、物語の舞台になった平安王朝へ誘う。

牛車（ぎっしゃ）で行こう！　平安貴族と乗り物文化

京樂真帆子著　A5判・一七六頁／二〇九〇円

平安貴族が用いた牛車とは、どんな乗り物だったのか。乗り降りの作法、車種の違い、動力＝牛の性能、乗車マナーなど、失われた日常生活を豊富な図版とともに生き生きと再現。牛車を余すところなく語った注目の書。

『小右記』と王朝時代

倉本一宏・加藤友康・小倉慈司編　A5判／四一八〇円

摂関期の政務・儀式を子細に記した『小右記』。その成立と後世の来歴、実資の事績と人間関係を探り、政務運営や貴族の交際など社会の諸側面を考察。『小右記』と実資の新たな評価を見いだす。二四〇頁

摂関政治最盛期の「賢人右府」藤原実資（さねすけ）が綴った日記が現代語訳で甦る　『内容案内』送呈

現代語訳 小右記 全16巻

倉本一宏編　四六判・平均三三八頁

❶三代の蔵人頭❷道長政権の成立❸長徳の変❹敦成親王誕生❺紫式部との交流❻三条天皇の信任❼後一条天皇即位❽摂政頼通❾「この世をば」❿大臣闕員騒動⓫右大臣就任⓬法成寺の興隆⓭道長女の不幸⓮千古の婚儀頓挫⓯道長薨去⓰部類記作成開始

各巻三〇八〇円～三五二〇円　全巻セット五一九二〇円

●近刊

平安時代の親王と政治秩序 処遇と婚姻
安田政彦著　B5判／一五四〇〇円

相馬一族の中世【歴史文化ライブラリー608】
岡田清一著　四六判／二〇九〇円

運慶と鎌倉
神奈川県立金沢文庫・横須賀美術館編　B5判／二四二〇〇円

上杉謙信の本音 関東支配の理想と現実【歴史文化ライブラリー609】
池享著　四六判／一八七〇円

四国の名城を歩く 愛媛・高知編
松田直則・日和佐宣正編　A5判／二七五〇円

近世日本の対朝鮮外交
古川祐貴著　A5判／九九〇〇円

近世日本の形成とキリシタン
清水有子著　A5判／九九〇〇円

日蘭貿易の歴史的展開
石田千尋著　A5判／一九八〇〇円

江戸幕府と情報管理【読みなおす日本史】
国文学研究資料館編／大友一雄著　四六判／二四二〇円

鋳物と職人の文化史 小倉鋳物師と琉球の鐘【歴史文化ライブラリー610】
松井和幸・新郷英弘著　四六判／一八七〇円

明治前期の国家と地域教育
荒井明夫著　A5判／一三二〇〇円

学問の家 大槻家の人びと 玄沢から文彦まで
一関市博物館編　A5判／二四二〇円

加藤友三郎【人物叢書324】
西尾林太郎著　四六判／二六四〇円

安保改定と政党政治 岸信介と「独立の完成」
濱砂孝弘著　A5判／九九〇〇円

日本ファッションの一五〇年 明治から現代まで【歴史文化ライブラリー611】
平芳裕子著　四六判／二〇九〇円

気候地名をさぐる【読みなおす日本史】
吉野正敏著　四六判／二四二〇円

料金受取人払郵便

本郷局承認

6771

差出有効期間
2026年7月
31日まで

郵便はがき

113-8790

東京都文京区本郷7丁目2番8号

吉川弘文館 行

愛読者カード

本書をお買い上げいただきまして、まことにありがとうございました。このハガキを、小社へのご意見またはご注文にご利用下さい。

お買上**書名**

＊本書に関するご感想、ご批判をお聞かせ下さい。

＊出版を希望するテーマ・執筆者名をお聞かせ下さい。

お買上書店名　　区市町　　書店

ふりがな ご氏名		年齢　　歳　男・女
〒 □□□-□□□□	電話	
ご住所		
ご職業	所属学会等	
ご購読 新聞名	ご購読 雑誌名	

今後、吉川弘文館の「新刊案内」等をお送りいたします(年に数回を予定)。
ご承諾いただける方は右の□の中に✓をご記入ください。　□

注 文 書

月　　日

書　　名	定　価	部　数
	円	部
	円	部
	円	部
	円	部
	円	部

配本は、○印を付けた方法にして下さい。

イ. 下記書店へ配本して下さい。
(直接書店にお渡し下さい)

(書店・取次帖合印)

書店様へ=書店帖合印を捺印下さい。

ロ. 直接送本して下さい。
代金(書籍代+送料・代引手数料)は、お届けの際に現品と引換えにお支払下さい。送料・代引手数料は、1回のお届けごとに500円です(いずれも税込)。

＊お急ぎのご注文には電話、FAXをご利用ください。
電話 03−3813−9151(代)
FAX 03−3812−3544

第二項　所　領

鎌倉幕府は、関東御領をはじめ多様な手段で、特定の権益を有する所領を設定し、収入を得ていた。本書では、その継承について全面的な検討をなしえていないけれども、第一部第一章で、「本役所」という表現をめぐって、鎌倉幕府が有した所領への権益を室町幕府が継承しようとする努力につき分析した。本役所の継承は困難で、室町幕府の財源として有効になりえなかったと思われる。

室町幕府の創建から安定期において、所領がどのように位置付けられていたか、については、吉田賢司氏や山田徹氏の研究に詳しい。鎌倉幕府の権利を継承する試みが難航するなか、南北朝中期以降、政所料所をはじめ多様な「料所」を設定する試行がみられる。しかし、必ずしも効果を得られない。義満執政期には、近親者のために設定されたものなど、多様な「御料所」が出現し、所領として機能していく(5)。

室町幕府にとって、新たな所領を確保することとともに、効果的に所領を運営する方策を工夫することが課題となる。第二部第一章では、所領を寄進していながら、得分の半分程度を留保するという寄進の形態を指摘した。見かけは寄進という行為であるが、事実としては代官補任という側面を持つことになり、所領からの権益を確保するための新たな工夫と言えよう。そして、この一部寄進、一部代官補任という行為は、ある程度の広まりを見せたと推測される。将軍やその近しい人々・寺院の所領を幕府関係所領と総称しておくと、幕府関係所領もその例外ではなかったであろう。寄進にあたって、将軍やその近しい人物という立場は、有効に作用したと思われる。第二部第二章では、幕府奉行人の所領を検討するなかで、一部寄進、一部代官補任の事例が含まれる可能性に言及した。

第二部第三章では、安定期室町幕府の幕府関係所領を検討した。守護との協調も想定しつつ、幕府関係所領は、ある程度まで安定的に確保されていたと見なした。守護との協調という視点は、第一部第二章で、若狭国太良荘において、一色氏の守護在任という条件下に、地頭御家人役の賦課が実現すると理解したのと通底している。第二部第三章後半では、第二章の検討も踏まえて、同じ所領に異なる幕府関係者の権利が確認される場合が少なくないことに注目した。幕府は、禅院や守護との連携など、さまざまな工夫で所領の得分を確保し、一方で、その得分を分割し、多様な関係者の得分を生み出す主体としても機能している。

所領の特性は、経営が順調であれば、恒常的な収入を期待しうる点にある。近年、御料所は幕府を維持する財源として再評価され、また、応仁・文明の乱以後、都市経済への依拠が困難となった幕府経済は、所領依拠へと回帰すると指摘されるなど、幕府財源として所領を評価する傾向が強い(6)。いわゆる室町期荘園制の議論と連動した評価であろう。第二部では、安定期室町幕府において、所領は少なくとも幕府関係者の経済維持に一定度の役割を果たしていたことを確認しえたかと思う。幕府財源を、幕府関係者の経済維持を含めた広い視野でとらえるならば、安定期においても、所領は幕府財源としてある程度まで機能していたことになる。

所領に期待されるものとして、本書では、所職所領の伝領にみえる政治的な側面にも注目した。第一部第三章と第四章では、所職所領領有にあたっての記憶の影響を検討した。特定の領域をかつて特定の人物が領有していたという事実、そしてその記憶が、当該領域の以後の領有のありかたに影響を与えているのではないか、と想定している。足利義持の時代、京都扶持衆である宇都宮持綱が上総守護に補任される背景として、鎌倉期に足利氏が上総守護を勤めた記憶を想定し、また駿河大岡荘内諸別当職が足利義満弟の満詮に伝領されている背景として、多くを類推に依拠しながらではあるが、北条時政後室ゆかりの所職として義満らの母紀良子へ伝領されたかと推測した。記憶としての作用もまた、所領の継承・変容のひとつのあり方ではないかと考えている。大岡荘の事例は、寄進が政治情勢と無縁でないことのひとつの現れとも言いうる。第二部第一章でも、南北朝期、細川頼之政権下で禅宗界の中心を占めた龍湫周沢への所領寄進を取り上げ、寄進のもつ政治的な意味について具体的に検討した。

第二節　組織の継承・展開と新たな秩序

第三部では、幕府組織を扱った。第一章では、訴訟を処理する組織を検討した。鎌倉幕府からの評定・引付の継承を基礎にしつつ、内談方をはじめとする変容を加え、義詮執政期には御前沙汰という新たな試行をはじめ、義満執政期には、将軍あるいは管領への個別伺の並立という新たな工夫で安定した。鎌倉幕府の基本をなした合議による組織は実効性を徐々に失っており、継承が困難であった点で、御家人役と共通する。また、御前沙汰は、御前沙汰始などの儀式として残存し、試行がのちにある程度形式的に残存する点で、経済基盤での試行であった五十分一年貢と共通する。第二章では、伊勢氏の政所執事就任の背景を検討した。伊勢貞継は、伊勢氏の足利氏被官としての固有の職掌のうえに、御所奉行の職掌を継承し、政所執事に就任した。伊勢氏は、鎌倉幕府以来の政所という枠組みは継承しながら変容を加え、独自の政所執事像を確立して、それを継承していったと評価しうると思う。

将軍あるいは管領への個別伺が行われる場面は、組織として整備されているとは評価しえない。ふたつの個別伺の結果は、発給文書の点で、将軍の御判御教書による権利保障と管領奉書による守護宛の実行命令という形をとる。武士や寺社などには将軍が直接に対峙し、守護には管領を通じて命令することになる。将軍と管領で、直接支配と守護を介する統治を分掌することを発給文書の上に具現化している。この発給文書の使い分けは、恩賞方における、将軍下文による恩賞給与と執事奉書による守護宛の施行という対応と一致する。そこで、将軍あるいは管領への個別伺が並立する状態は、将軍と執事を中心とする恩賞方の組織から発展したと理解している(7)。幕府の訴訟処理の組織は、家長と被官代表者という、家としての基本的な構造を展開するかたちで安定したのである。政所執事においても、被官の有する、家長である将軍との個別の関係を発展させて安定をみた。鎌倉幕府の政所別当から変容していると評価されよう。いずれも、被官としての立場をオーソライズするかたちで安定をみており、家としての構造を幕府組織に転化したことになる。

第四部第一章では、安定期幕府において、家としての構造の応用という新たな工夫をもとに、基本的な枠組みが形成されていたことを検討した。家長とそれを支える人々との関係を展開して、中心に室町殿を措定し、幕府を構成する人々との距離感を基準として、同心円状の階層をなすかたちを作り上げ、新たな秩序とした。武家では距離感による弁別を新たなかたちに表現した。その代表は「衆」であり、幕府に参加する家ごとに固定化された。官職を本来の秩序とは別に武家独自に体系化していく試みも、階層的な固定化に寄与している。(8) 幕府組織も、管領は細川・斯波・畠山、侍所はおもにいわゆる四職家、政所執事はおもに伊勢など、家による請負といった様相を呈している。公家や僧侶では将軍との私的な関係のうえに既存のかたちを換骨奪胎して応用し、擬制的な序列を形成した。

十五世紀後半（第四部第一章でいう第三期）には、応仁・文明の乱から明応の政変といった危機を経て、幕府の政権としての実力は低下していく。一方で、武家では、衆の整備がより進み、また官位による秩序がより深化するなど、将軍を中心とする階層的なかたちは、かたちとしては強化されていくと考えられる。室町幕府が性格を変化させつつも存続していく一因として、階層的なかたちが一定の安定を保つ装置として機能したことを挙げうるであろう。

幕府の秩序が中心となるべき将軍との距離感を基準にしているという点で、安定期室町幕府は初期の江戸幕府に類似する点がある。徳川家康・秀忠の時代には、出頭人と呼ばれた将軍側近のものたちが幕政に大きな役割を果たしていた。家光執政後半期から、合議制や月番制が導入されるなど、官僚制とも表現される職に基づく政治体制が整備され、江戸幕府は安定を迎える。(9) では、なぜ安定期室町幕府は、家の構造を基本とした秩序にとどまり、一方で江戸幕府はそこから展開をなしえたのか。丁寧な検討を要する課題ではあるが、安定期の室町幕府は、畿内を中心とした政権で、関東と対立する状況にあったことは要因としてあげうるであろう。ある程度の戦争状況が継続し、代わりうる主体が存在していた状況のもと、当面の安定を目指す反面、将来にわたり安定的な支配を生む体制を構築しえず、限定的な政権の維持にとどまったかと思われる。

第三節　階層的なかたちを支える通念としての本路、そして奉行人の意義

階層的なかたちのなかで、室町殿の近くに位置する人々は、似たような活動を行い、役割分担は明瞭でない。第四部第二章では、支出担当者、仲介者の多様性を具体的に示した。そして、職掌が区分されていないなかで互いに干渉を起こさないための工夫として、支出担当者は財源まで関与する、仲介者は着手した案件を最後まで担当する、など、担当に一貫性がみられることを指摘した。ひとりが案件を終始一貫して担うことにより、順調な運用を図っているのである。そしてこの担当の一貫性は、史料上「本路」と表記される。「本路」に象徴される認識は、階層的なかたちで秩序を保った安定期の室町幕府にとって、運営上に欠かせない共通認識＝通念であったと見なされる。

仲介者は案件を一貫して担当するため、申請者との結びつきが強くなる。あらかじめ申請者ごとに仲介者が固定されることも少なくない。代表例は、寺社などに個別に設定された別奉行である。別奉行は、第三部第一章補論で述べたように、将軍により指定されるのを特徴とする。また、京都から遠い地域や紛争地域に居住する有力武士との間の仲介者も固定される傾向にある。義持から義教執政期に、おもに有力守護による仲介（取次）が確認されている。足利満直をはじめ南陸奥の国人は細川氏、九州肥後の菊池氏は義教執政期に畠山満家が取り次いでいる。駿河今川氏の後継者相論では、守護範政の窓口は山名時熙、反対派は細川持之であった。信濃は畠山満家の担当、信濃の国人一揆大文字一揆は山名時熙の担当、また伊勢では、守護土岐氏は満済、国司北畠氏は赤松満祐、国人長野氏は畠山満家が、それぞれ窓口となって取り次いでいる(10)。これらの事例では、申請内容ではなく、申請主体で仲介者が変わることにな

る。

階層的なかたちを支えた本路という通念は、仲介者の固定化という現象につながる。固定化は一方で、仲介者の多様性を損ない、その変容を生むと思われる。第四部第三章で検討した文書としての賦、あるいはそれに類する文書に署判するものは、その案件の仲介者と表現しうる。第三章で挙げた実例を概観すると、賦の類に署判するものは、幕府安定期は多様であったが、天文期には内談衆に集約されるとも整理できよう。内談衆については設楽薫氏が分析を進めている。ここでは、設楽氏が、天文期の内談衆成立の一過程に、足利義尚のもとの評定衆を位置付けている点に改めて注目したい(11)。安定期にみえる地域有力者との間の仲介者の固定という傾向は、戦国大名における国衆との取次、織田・豊臣政権における諸大名との取次に継承されていく。豊臣政権における取次の研究を主導した山本博文氏は、設楽氏の研究に言及し、豊臣政権における取次は義尚期の評定衆などの新しい側近勢力との類似性が強い、と述べている(12)。安定期にみえる仲介者の多様性が、本路という一貫性の意識に支えられるなかで、本路の導く固定化の傾向に影響され、政権を維持するしくみとして変化していく道筋として理解したい。

幕府が安定をみる時期、公家社会でも本路という認識は確認される(13)。公家社会においても、治天への仲介者として、本来それを任務とする蔵人・伝奏のほか、時代が下がるにつれ、禁裏小番に参加する側近の公家衆、あるいは女房衆の役割が増す。仲介者はある程度多様である。担当者という点では、行事には上卿、奉行弁、もしくは奉行職事、あるいは儀式伝奏などが設けられ、それぞれ一貫して担当している。ただし、公家社会には官位による秩序が存在している。たとえば、公家官位の秩序の外にある僧侶は、仲介者の役を果たしたとしても、公家と同列とはならない。行事における担当も、公卿・弁官など官位に従った役割分担という一面を持つ。公家は官位という基軸を基に運営されるのに対し、武家では、仲介者・担当者という側面では類似の基軸を持たず、階層的なかたちのみが機能していることになる。階層的なかたちという理解を進めるにあたり、公家社会との比較はなお深めるべき論点となろう。

共通認識としての本路をめぐって、二点述べてみたい。「内々」および奉行人についてである。安定期室町幕府において、正式な申請ルートとは別に、「内々」と表現される働きかけが行われ、実質面では内々が重要な意味を有したとされ、この時期の幕府運営を象徴する言葉とも評価されている(14)。内々の対概念である正式ルートは、「外様」「公儀」などの史料表現を充てられているが、「本路」もそのひとつかと思う。

　次予（万里小路時房）・勧（勧修寺経興）中同道向二三宝院僧正（満済）壇所一、勘文内々自二執柄（二条持基）一被レ付二僧正一之由示レ之、□（是カ）今夜為二披露一若被レ忩歟之由故也、僧正云、明日披露可レ然、且満済者内々儀也、任二本路一自二執柄一可レ被レ付二管領（畠山満家）許一尤可レ然、明日面々同道可レ被レ付二管領一也、其時内々可二披露一由付二満済一者可二披露一、此事管領付二三人一予・勧・右大（広橋宣光）、披露尤可レ然歟云々、

万里小路時房の日記『建内記』正長元年（一四二八）三月某日記(15)である。のちの将軍義教が義円から還俗して義宣に改名するにあたり、名前の候補を挙げた勘文をどのように義円に披露するか、時房らと三宝院満済が相談している。勘文の作成者は二条持基である。満済は、勘文は持基から（時房らを介して）管領畠山満家に渡すのが本路であり望ましいとし、満家から時房ら伝奏三人に渡して、伝奏三人が義円に披露するよう、意見を述べている。管領満家を経由するのが本路であり正式ルートなのだろう。二条持基は、一方で内々に勘文を満済に渡し、満済から義円に披露するよう、時房らを介して満済に依頼している。このルートは、三度にわたり内々と表現されている。満済は、管領満家から満済に対し内々に義円に披露するよう依頼があれば、披露を行うと表明している。満済が内々のルートを担うにあたり、本路に当たる管領の意向を尊重しているのは興味深い。実際には、満済の披露に対し、義円の本心での反応が期待されるのであろう。本路とは、ある程度形式的なものだとわかる。形式的であっても本路によるルートが堅持されたことに注目したい。階層的なかたちは職掌が未分化なため、内々も含め、多様な意思疎通のルートが生ずる。本路という共通認識は、秩序を形式的に整え維持する機能を負っていたと見なされる。

本路については、第四部第三章でも言及した。担当者（進行役）を変更する行為は、本路という通念からみて特異

である。賦や与奪は担当者の正式な変更を意味し、結節点として重要な意味を持ったと思われる。そして、賦をうけて担当者となるのは奉行人である。

奉行人について、本書では、第四部第三章でその基本となる職掌を検討し、第二部第二章で、所領を中心に経済基盤の検討を行った。鎌倉幕府のもと、一般御家人とある程度まで区別される存在であったことは、一八三頁に引用した史料に明らかである。経済面では、政所奉行人などが給分を受けているという事実に端的に表れている。所領の点でも、幕府に奉公する通常の武士は、本領安堵を中心に家の継承を念頭に置いた給付を受けるのに対し、奉行人は、個々の活動や職能に応じた、属人的な給付を受ける傾向にあった。職掌としては、文書を作成すること、つまり右筆を基本とし、訴訟では理非究明も担当した。奉行人は、武力とは異なる職能をもつ人々として幕府に位置付けられたのである。

奉行人は賦をうけて担当者となる。また、第四部第二章で検討したように、支出担当者という点では、自ら担当者になるばかりでなく、他の武家が支出を担当する際にしばしば補佐を担う。担当者の一貫性は、奉行人が担当を継承し補佐するなどしていたからこそ維持可能だったのである。階層的なしくみは奉行人に下支えされていたと評価することも可能であろう。改めて、室町幕府における奉行人という存在の意義を強調して、本書を閉じたい。

註

（1）　地頭御家人役は、南北朝前期より、直接納付と守護経由の二本立てと確認され、新恩地年貢・五十分一役についても、同様に二本立てで徴収された可能性は高い。南北朝期における直接納付は、のちに整備される段銭徴収における京済とはことなり、幕府直臣によるものではないとされる（吉田賢司「武家編制の転換と南北朝内乱」『日本史研究』六〇六、二〇一三年）。しかし、直接納付と守護を介する納付の二本立てというかたちが幕府成立期から確認されることの意義は大きいだろう。安定期室町幕府は、守護による統治に依拠する一方で、さまざまな場面で直接統治という部分を残している。地頭御家人役にみえる、奉公衆などの直接納入、守護による国役などの納入という並立は、安定期室町幕府の基本的なかたちの象徴ともいえよう。

(2)　七海雅人『鎌倉幕府御家人制の展開』（吉川弘文館、二〇〇一年）、清水亮『鎌倉幕府御家人制の政治史的研究』（校倉書房、二〇〇七年）、高橋典幸『鎌倉幕府軍制と御家人制』（吉川弘文館、二〇〇八年）など参照。

(3)　室町幕府の御家人制については、吉田賢司「御家人制の消滅」（早島大祐・吉田賢司・大田壮一郎・松永和浩『首都京都と室町幕府』京都の中世史五、吉川弘文館、二〇二二年）。

(4)　段銭については、志賀節子・三枝顕子編『日本中世の課税制度　段銭の成立と展開』（アジア遊学二七〇、勉誠出版、二〇二二年）に、研究の到達点と可能性が示されている。

(5)　吉田註(1)論文、山田徹「足利将軍家の荘園制的基盤―「御料所」の再検討―」（『史学雑誌』一二三―九、二〇一四年）。

(6)　山田註(5)論文のほか、早島大祐氏の一連の論考、最近作では「室町幕府の国のかたちと幕府の支配」（註(3)『首都京都と室町幕府』）など参照。

(7)　亀田俊和氏は、義詮による将軍親裁強化を「諸政策の恩賞化」と評価し、寄合方をその一環に位置付けている。「南北朝期室町幕府研究とその法制史的意義」（『南北朝期室町幕府をめぐる諸問題』国立台湾大学出版中心、二〇二二年、初出二〇一九年）、「日本中世訴訟制度史における室町幕府寄合方の意義」（『ヒストリア』三〇三、二〇二四年）など参照。

(8)　足利一門の家格を論じた谷口雄太『中世足利氏の血統と権威』（吉川弘文館、二〇一九年）、武家による独自の官位秩序を論じた木下聡『中世武家官位の研究』（吉川弘文館、二〇一一年）、家格秩序を論じた木下『室町幕府の外様衆と奉公衆』（同成社、二〇一八年）参照。

(9)　藤井譲治『江戸時代の官僚制』青木書店、一九九九年。三宅正浩「江戸幕府の政治構造」（『岩波講座日本歴史』近世二、岩波書店、二〇一四年）参照。

(10)　桜井英治『室町人の精神』（講談社、二〇〇一年）一四九頁以下、吉田賢司『室町幕府軍制の構造と展開』第二部第二章（吉川弘文館、二〇一〇年、初出二〇〇一年等）、川口成人「足利義教政権後期における都鄙間交渉の転換―取次役からみた室町幕府と地域権力―」（『古文書研究』八二、二〇一六年）などに詳しい。

(11)　設楽氏の研究のうち、内談衆については「将軍足利義晴の政務決裁と『内談衆』」（『年報中世史研究』二〇、一九九五年）、「足利義晴期における内談衆の人的構成に関する考察」（『遥かなる中世』一九、二〇〇一年）、「将軍足利義晴期における『内談衆』の成立（前編）」（『室町時代研究』一、二〇〇二年）など。義尚の評定衆については、「足利義尚政権考―近江在陣中における『評定衆』の成立を通して―」(『史学雑誌』九八―一二、一九八九年)。

(12) 戦国期の一例として、黒田基樹「戦国大名北条氏の他国衆統制(一)―『指南』『小指南』を中心として―」(『戦国大名領国の支配構造』岩田書院、一九九七年、初出一九九六年)。山本博文「豊臣政権の『取次』の特質」「豊臣政権の『指南』について」(『幕藩制の成立と国制』校倉書房、一九九〇年、初出一九八四年・一九八九年)。設楽氏研究への言及は、同書序、一二頁。その後の研究状況について、山本氏は『天下人の一級史料―秀吉文書の真実―』第四講「豊臣政権の『取次』と奉行」(柏書房、二〇〇九年)で見解を述べている。

(13) たとえば『満済准后日記』正長二年四月八日条に「仙洞御短冊三首今日詠進了、付₂本路₁付₂遺雅世卿方₁也」(飛鳥井)(『続群書類従』補遺)。満済は仙洞のもとでの通念に従って、和歌短冊を飛鳥井雅世を介して仙洞に進上したと判断される。

(14) 筧雅博「『内々』の意味するもの」(網野善彦・笠松宏至・勝俣鎮夫・佐藤進一編『ことばの文化史』中世四、平凡社、一九八九年)

(15) 大日本古記録による。一、八七頁。

初出一覧

序論（新稿）

第一部　経済基盤の継承と展開

第一章　室町幕府初期の財政基盤（『史学雑誌』一三〇編六号、二〇二一年）

補論　定率賦課の系譜（新稿）

第二章　太良荘に賦課された室町幕府地頭御家人役（東寺文書研究会編『東寺文書にみる中世社会』東京堂出版、一九九九年）

第三章　上総守護宇都宮持綱——根本所領の記憶——（『日本歴史』四九〇、一九八九年。初出時副題は「満済と義持」）

第四章　駿河国大岡荘と足利満詮——北条氏所領の記憶——（『静岡県史研究』一〇、一九九四年。初出時副題なし）

第二部　幕府関係所領の意義

第一章　禅僧への所領寄進——禅院領からみた室町幕府——（『東京大学史料編纂所研究紀要』五、一九九六年）

第二章　室町幕府前期における奉行人の所領——所領からみた奉行人の本質——（『室町時代研究』二、二〇〇八年。初出時副題なし）

第三章　室町幕府関係所領の様相

第一節　室町幕府と加賀国（『加能史料』会報一六、二〇〇五年）

第二節　室町幕府関係所領の重なり合い（新稿）

第三部　組織の継承と展開

第一章　室町幕府訴訟機関の将軍親裁化（『史学雑誌』九四編一二号、一九八五年）

補論　合議と親裁をめぐって（新稿。第二節は「御内書引付素描―伊勢氏の一側面―」付論「『御前落居奉書』試論」〈科学研究費補助金研究成果報告書（研究代表者桑山浩然）『室町幕府関係引付史料の研究』一九八九年〉）

第二章　室町幕府政所と伊勢貞継（『室町時代研究』一、二〇〇二年）

第四部　安定を生む基本的枠組み

第一章　安定期室町幕府の政治秩序（「室町時代の政治秩序」〈『日本史講座』四、東京大学出版会、二〇〇四年〉のうち「三　階層的秩序の構築」などで編成）

第二章　室町幕府運営にみる多様性と一貫性（新稿。第二節第二項は、「申次の奉書」〈『遥かなる中世』八、一九八七年〉を下敷きにしている）

第三章　室町幕府の賦と奉行人（石井進編『中世の法と政治』吉川弘文館、一九九二年）

結論（新稿）

あとがき

最初に、本書の表題を『室町幕府の成立基盤』とした意図を説明したい。本書の目的・ねらいとして、序論と結論で二点を掲げた。あえて簡単にまとめれば、⑴従前の基盤を継承する過程、⑵安定期幕府の基盤、それぞれを検討すること、となる。「基盤」は双方に出ているので、そのまま援用した。「成立」は、「一つの形としてまとまりを持つこと」(『日本国語大辞典』せいりつ項)とすると、「成立基盤」で安定した形としてまとまるための基盤という意味となる。⑵の意図を表すとしたい。また「成立」は「なりたち」と読むとき、「できあがるまでの過程」(『同』)という意味がある。〈基盤の成り立ち〉であれば、基盤ができあがるまでの過程となり、⑴の意図を表している。無理はあるけれども、「成立基盤」で〈基盤の成り立ち〉も含意することとしたい。

次に、本書以外の成果と本書との関わりをまとめてみたい。二〇一八年の日本史リブレット人『足利尊氏と足利直義』(山川出版社)では、足利将軍家の権威確立をテーマとしている。権威の淵源として、源氏三代将軍、得宗家など北条氏、建武政権を挙げ、さらに足利氏自身の伝統も含め、いかに継承しようとしたかを叙述してみた。本書では、第一部・第三部を中心に、鎌倉幕府からの継承を意識しており、視点は共通している。第一部第三章・第四章は、所領の記憶という、奇異と思われるかもしれない位置付けをしたが、第三章は足利氏の、第四章は北条氏の、それぞれ遺産の継承を扱うという意味合いも込めている。さらに、本書に収録されない論文では、禅僧や禅宗寺院を扱ったものが多い。素材として、足利家と所縁のある尼僧無着や無外如大、あるいは五山禅院の塔頭を取り上げている。京都の宗教界に関係を持たなかった足利氏は、わずかな所縁をもとに、禅宗の世界の統制を目指し、既存の五山制度を再設計して一応の成功をみる、このような見通しのもとに、各論文を成稿している。従前の制度を継承し変容させていく具体像を追究している点で、本書と共通しているといえよう。

以上、本書を理解していただく一助となれば幸いである。

＊

＊

南北朝期の禅僧義堂周信は、夢窓疎石の弟子で、春屋妙葩を補助して、夢窓派の興隆に大きな力があった。日記と語録、大部な詩文集を遺した。きわめて貴重な史料群で、本書でも日記の記事を分析している。詩文集『空華集』を見ると、とくに序などの文章に、「毛穎子（もうえいす）」が登場する。義堂が縷縷のべるなか、遮るように突如現れて発言したり、義堂が受けた問いに、頼みもしないのに代わりに応えたり、堂堂と振る舞っている。毛穎とは筆のこと。唐の韓愈に「毛穎伝」があり、筆を人に擬し、史伝の様式でその生涯を記した文章として知られる。義堂は、自らと異なる筋を第三者に語らせ、それを受けて文章をまとめる工夫を施したのであろう。第三者の役を託したのは、文章を記す道具である筆であった。

あれ、鍵盤入力装置子（キーボードし）が何か言っている――この論文集、初出一覧を見ると、発表から年月を経たものが多いですね。なかには四十年近く前のものも。このタイミングで論文集とは、いまの若手研究者にはうらやましい限りですよ。あなたの他の業績もこの本と共通しているとのことですが、あなたの興味関心は限定的で、アップデートもされていない、ということかもしれませんね。さて、中身を拝見して、気になることがふたつあります。ひとつは、個々の章や全体で描こうとした像と、研究史で明らかになっている像とを切り結ぶことへの努力が足りないように思います。読者にとっては、研究史に位置付けて理解するのは難しいかもしれません。もうひとつは、論が飛躍することが多いように感じます。史料の示す限られた事実から展開するにはそれなりの補助が必要なはずです。私が思うに、異なる時期・時代や他の地域を対象とした歴史研究、あるいは他分野の研究、これらで明らかにされている事実、さらにはすでに提示されている多様な論理などでしょうか。補助を欠いた飛躍の経過は伝わりにくいと思います。結果、飛躍して描く像は、明快さを取り違えたかのように、豊かさを欠いて単純になってしまっていないでしょうか。

反論の余地はない。義堂に倣って、鍵盤入力装置（キーボード）子の指摘を素直に受け止めたい。長いこと研究者を名乗っているなか、本書をまとめるまでに、長い年月を要してしまった。遅い歩みながらも論文を少しずつ公にするなかで、まとめて全体像を提示したいという思いは持ち続けていた。ただ、発表後に関連する論文等は陸続し、吸収して自らに反映する困難さは、時間の経過とともに増していく。罔然と過ごすなか、行末の限りを意識せざるを得なくなり、重要ながら枝葉ともいいうる諸事を捨象させてでも、全体像を提示する覚悟をした次第である。まずは、長らく成稿できずにいた本書第一部第一章の元論文をなんとか脱稿し、その勢いで補論や補註を工夫して、全体をまとめ上げた。再収録にどれだけの意義があるのか、については、読者の判断を俟つしかあるまい。若手研究者のいま置かれる状況から隔絶しているのは、時代の差異として措くことが許されるだろうか。古き良き時代の名残、とでも言えればまだよいのだが。また、鍵盤子の二つの指摘についても、私なりに消化すると、第一の問題は、研究史の認識不足に起因しており、第二の知識不足というべき問題点と類似していると思う。努力を怠ってきました、と総括するしかない。

さて、凡例には、諸機関からWeb公開されている史料画像を参照した旨、記している。以前に発表した論文ではこのような注記はしなかった。改めて、研究環境の変化に驚いている。私が研究を始めた頃にも動きはあった。『鎌倉遺文』の刊行は佳境を迎え、『国史大辞典』など大小の日本史辞書が次々に刊行された（いくつかは私もお手伝いした）。平凡社や角川書店の地名辞書も刊行が続いていた（その後、平凡社の一冊に参画した）。紙媒体で、検索などの利便が向上していったのである。そして電子媒体の充実を迎える。まずは目録データが公開され、史料や論文の探索が飛躍的に容易となった。さらに、全文データ、画像データの公開が続く。

全文データの利便性は画期的である。たとえば、史料上の言葉で辞書を引いても適切な語義が見つからない場合、全文テキストデータでその語を検索すると、類似の用例が見つかり、辞書にない新たな語義を抽出しうることも少なくない。また、くずし字で一字が判読できない場合、前後の語を検索して、不明な字の候補を探ることも有効となる。史料画像、そして論文や古い著作の画像の公開は、居ながらにして参照できるという夢のような環境を生んだ。このような研究環境の整備は、隣接分野へのアプローチも容易にしている。たとえば、義堂の文章を読む際には、宋元の僧の言説に加え、仏教経典・中国古典の知識も援用することとなるが、インターネット上に公開された各種データベースを駆使すれば、知識に乏しい門外漢でも、文章表現の典拠を明らかにして表面的な理解には到達しうるようになった。

環境整備はさらに進むだろう。改めて申すまでもなく、研究環境の整備が進んでも、研究成果が革新的に前に進むとは限らない。利便性には気づかない落とし穴も待っている。成果に対する評価のハードルも上がってくる。それでも、変化を続ける環境の長所・短所を深く理解し、一線を画するような研究が生まれることを望んでやまない。本書がその土台のひとかけらになりうるならば本望である。

最後に、齢を重ねるなか論文集を出すにあたって、改めて人と環境に恵まれたことに感謝したい。学生時代の先生方、諸先輩、ついで運よく職を得た史料編纂所でさまざまな仕事を共にした方々、また自治体史ほかで苦労を分け合ったみなさま、改めて謝意を記します。そして、研究の道に入るのを支えてくれた亡祖父母、亡父母（とくに母）、姉、研究の継続を支えてくれた妻、娘たち（孫も入れておきますか）にも感謝を述べたい。末筆ながら、少しでも良くなるよう多大な労力を割いていただいた吉川弘文館の堤さんには、感謝とともに、長年の約束がひとつ果たせてすこし安心している。

二〇二四年九月三十日

山家浩樹

索　　引

(1)　人名，寺社名，所領名に分類した。
(2)　人名に関して，足利氏は全体にわたって頻出する室町将軍歴代と直義は採録せず，天皇・上皇は「天皇」表記で統一した。
(3)　表から採録した場合は，156②のように頁数と丸数字で表番号を示した。

人　　名

あ　行

か　行

〈僧侶〉

さ　行

た　行

〈僧侶〉

〈俗人〉

な　行

は　行

ま　行

〈僧侶〉

〈俗人〉

や・ら・わ行

〈僧侶〉

〈俗人〉

寺　社　名

あ　行

か　行

さ　行

た 行

な 行

は 行

ま　行

や・ら行

所　領　名

畿　内

東海道

東山道

北陸道

山陰道

山陽道

南海道

西海道

【おもな室町将軍(および直義)と禅僧の印章】
226 頁＝足利尊氏「仁山」と直義「古山」
318 頁＝足利直義(印文不詳)と義満「天山」
索引 15 頁＝夢窓疎石「夢窓」と義堂周信「義堂」
(『国史大辞典』第一巻別刷「印章」より。いずれも上・下の順)

著者略歴

一九六〇年　神奈川県に生まれる

一九八四年　東京大学大学院人文科学研究科修士課程修了

現在　東京大学史料編纂所教授

〔主要著書・論文〕

『足利尊氏と足利直義（日本史リブレット人）』（山川出版社、二〇一八年）

「実朝の追善」（アジア遊学二四一『源実朝―虚実を越えて』二〇一九年）

「越前国坂北庄をめぐる天皇と室町殿」（『室町時代研究』三、二〇一一年）

室町幕府の成立基盤

二〇二四年（令和六）十一月二十日　第一刷発行

著　者　山家浩樹（やんべこうき）

発行者　吉川道郎

発行所　株式会社　吉川弘文館

郵便番号一一三―〇〇三三
東京都文京区本郷七丁目二番八号
電話〇三―三八一三―九一五一〈代〉
振替口座〇〇一〇〇―五―二四四番
https://www.yoshikawa-k.co.jp/

組版＝有限会社　緑舎
印刷＝藤原印刷株式会社
製本＝誠製本株式会社
装幀＝黒瀬章夫

ISBN978-4-642-02990-2